[WASHINGTON]²

[WASHINGTON]²

20 años siendo testigo de la realidad política de Washington y 12 años como director de la publicación en español de The Washington Post

Alberto Avendaño

Este libro no podrá ser reproducido, ni total ni parcialmente, sin el previo permiso escrito del editor. Todos los derechos reservados.

© 2017 Alberto Avendaño

Publicado en coedición con el editor Palabra Libre & Ñ Group LLC
www.PalabraLibre.com

Primera edición: agosto 2017

ISBN (Rústica) 978-1-942963-10-3
ISBN (Tapa dura) 978-1-942963-11-0

Caricaturas:
GOGUE
Armando Caicedo
Ulises Kuroshima

Fotografía:
Alfredo Duarte Pereira,
Paco Alacid,
Tomás Guevara,
Ivonne Alemán Zanatta.

Diseño editorial:
Viviana I. Rouco

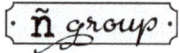

Contenido

Introducción casi biográfca y dedicatoria 1
Personajes 21
    Isabel Allende...25
    Jorge Ramos...32
    Pepe Mujica..43
    José Andrés..50
    Ángel Cabrera..56
    Ligia Peralta...61
    Alejandro Solalinde..68
    Grace Flores-Hughes......................................72
    Torcuato Zamora..79
    Javier Rupérez..84
    Luis de Lezama..88
    Lidia Soto-Harmon...92
    Armando Caicedo..96
    Emilio Estefan...101
    Israel Lozano..103
    Celinés Toribio..106
    Martin Baron...109
    Mark Hugo López...115
    Gogue Rodríguez López 118
    Tim Kaine..123
    Enrique Morones..130
    Luis Conde...133
    Dolores Huerta...138
    Donald Graham...144
    Armando Trull...148
    Luis Alberto Ambroggio.................................153
    Jordi Gracia..157
    Fidel Castro..162
    The Onís Awards..170
    Inés Rosales..174
    Carlos Núñez..178
    Fernando Villapol...182
    Manuel y Adelina Pena 187
    Ramón Rouco...197
    Marcos Galvany..202
    Nicolás García Mayor..................................206
    Pepe Marín...211
    Cecilia García-Akers 215
    David Trone..218
    Gerardo Garro 223

Presidenciales USA 2016...............................228
    #GOPDebate 229
    ¿Qué le pasa al elefante?...........................232
    Burritoman vs Trump 234
    Cubrir a un político tóxico 239
    Jeb Bush's travails...241
    La carga de Jeb Bush 243
    King Donald..245

    Inmigrante Donald Trump 249
    La Latina que apoya a Trump 251
    Hillary hace historia 253
    Hillary y Donald: problemas de pareja 256
    Trump Kong vs Hillary 259
    Trumpreguntas 261
    Kaine sí puede 264
    Nuestros hijos votarán 267
    A declaration of Independence from Donald Trump ... 270
    Una declaración de independencia de Donald Trump .. 272
    Perder ganando, ganar perdiendo 275

OTRAS OPINIONES 278

    ¿Es Obama el Deportador en Jefe? 279
    Is Obama the Deporter in Chief? 280
    Sobre deportadores 281
    About Deporters 283
    Immigration Wall 284
    Mandato Constitucional 285
    A Constitutional Mandate 286
    La paradójica crisis 287
    The Paradoxical crisis 288
    Just Questions 289
    Preguntas nada más 290
    Glitch, Health, and Care 291
    Facebook Talk on Health 292
    #PapaenDC 293
    #PopeinDC 294
    Bradlee, mi héroe 295
    Bradlee, My Heroe 296
    Nueva guerra mundial 297
    4 Pills to Swallow 299
    4 píldoras que tragar 300
    The Rise of the Spanish Speaker 301
    Fútbol y ansiedades raciales 302
    Fútbol and racial anxieties 303
    The other Sate of the Union Address 304
    El otro State of the Union Address 306
    Global Education Blooms here 308
    La educación global florece aquí 309
    A Tale of two Bills 310
    Historia de dos propuestas de ley 312
    Christmas Political Stories 314
    Cuentos políticos de Navidad 315
    What's in a Name? 316
    El valor de un nombre 317
    Crisis of the migrant kids 318
    Crisis de los niños migrantes 319
    10 años con The Post 320
    10 years at The Post 321
    Reading Dr. Pumar 322
    El show anti-inmigrante 323

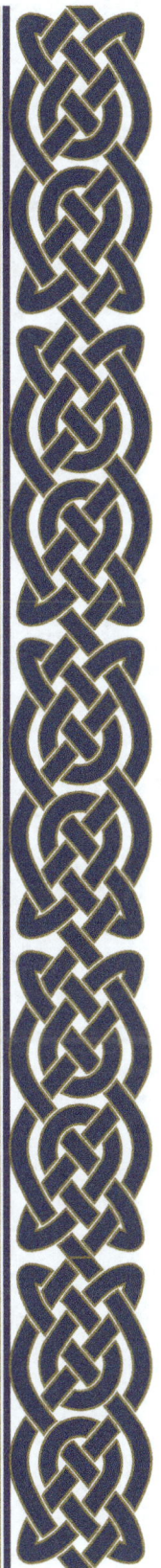

Contenido

Ansiedad racial 325
Racial anxieties 326
We are Robert Menéndez.................................327
Todos somos Robert Menéndez 328
Trump & DC: The sound of silence....................330
Trump y DC: el sonido del silencio....................332
I love Concha Buika 334
Por amor a Concha Buika..................................335
Francisco Moreno y los hispanounidenses 336
Impractical Definitions 338
Hispanos? No, gracias.......................................339
Hispanics? No, thanks 340
Hispanic emotions 342
Emociones Hispanas 343
Leopoldo Martínez: ¿A dónde va Venezuela? 344
Venezuela, la patria de todos 346
Apocalypse Now...349
El apocalipsis ahora 350
Identidad y Raza.. 351
El Metro de DC y la vida....................................352
The pit and the pendulum.................................354
El pozo y el péndulo 355
A nation of laws..356
Crisis at the border...357
La extraña pareja política 358
Immigration again 359
¿De quién es esta tierra?...................................360
Whose land is it? 361
Ingrid and Catherine..362
Orgullo Borinqueño 364
Justice Sotomayor..367
¿Quién limpiará tu inodoro?..............................369
Who is going to clean your toilet?....................370
Deporten a Mr. Trump 371
Deport Señor Trump 372
The importance of Averroes.............................373
Je Suis Charlie 374
Día de la Infamia Suprema 375
Indultar al pavo..379
Afrohispanidad 381
¿Qué Herencia Hispana?...................................384
¿Quiénes son estos jóvenes?............................386
About the author..389

Introducción
casi biográfica y dedicatoria

Éste es un libro de opinión —mucha opinión y algunas entrevistas— dedicado a la mayoría de los hispanos de Estados Unidos. Es decir, es un libro para quienes no son violadores, ni narcotraficantes, ni "ilegales", ni ninguna de esas cosas que somos los hispanos según se puede ver a diario en los medios de comunicación en inglés y según palabras, en su día, del actual presidente de Estados Unidos Donald Trump

Éste es un libro dedicado también a quienes hoy son inmigrantes en Estados Unidos, especialmente dedicado a sus hijos. Pero es un libro, sobre todo, para "los otros". Para esas personas que casi nunca salen en los medios de comunicación de Estados Unidos, esos hispanounidenses que casi no existen en el mundo mediático en inglés, ni como expertos, ni como parte del discurso de la normalidad. Es, por tanto, un libro para mayorías que están dispuestas a escuchar las humildes e imperfectas opiniones de un reportero con muchas millas estadounidenses a la espalda y muchos vicios y defectos recogidos con esmero y con cariño por el camino. Es un libro dedicado, pensado y dirigido a quienes viven en Estados Unidos en dos idiomas —inglés y español— con la doméstica normalidad que te da la vida. Para todos aquellos que viven el milagro cotidiano del American, dual language, bicultural way of life.

Mark Twain le dijo a Ruyard Kipling durante una entrevista de prensa publicada en Estados Unidos hace unos añitos, en 1889, que los seres humanos somos incapaces de decir la verdad cuando hablamos de nosotros mismos. Es más, aseguró Twain, si quieres que un hombre mienta pídele que escriba su autobiografía. Es por eso que le pido a quien lea esta introducción casi autobiográfica que perdone mis casi mentiras y que me crean cuando digo que en estas líneas cuento hechos que se acercan a la verdad tanto como humanamente me ha sido posible.

La mía, a fin de cuentas, es una historia inmigrante más en Estados Unidos. Posiblemente una historia más irrelevante que inmigrante, pero sin duda llena de los retos y las ansiedades que sólo conoce quien se ha puesto en el camino.

Todo empezó en Galicia, ese país celta de España, donde entre el sonido de las gaitas y el sabor de los mejores vinos del mundo (juicio objetivo de reportero) me hice poeta y estudié filología germánica en la Universidad de Santiago de Compostela. Allí hice realidad mi American Dream gallego: llegar a la universidad procediendo de una familia humilde. Me recuerdo, como ahora, siempre escribiendo: ficción, teatro, narrativa juvenil, siempre poesía. Traduje al idioma gallego a clásicos de la literatura británica y estadounidense, como E. A. Poe. Con 18 años formé parte del Grupo de Comunicación Poética Rompente en Galicia (1975-1982). Éramos algo parecido a los "detectives salvajes" de Roberto Bolaño: gallegos (Avendaño, Romón, Reixa y Pexegueiro) perdidos en Galicia.

El dictador, general Francisco Franco, acababa de morir. Eran los años de la transición democrática española donde aprendí a convivir con escritores y activistas de una generación fantástica: recitales en las calles, manifestaciones también callejeras más o menos permitidas donde repartíamos poemas en panfletos si es que la policía no repartía otras cosas entre nosotros. Fueron años de gritos poéticos en bares acompañados de bandas, como Siniestro Total, que luego triunfarían en la escena del rock español, colaboraciones con artistas plásticos, como Antón Patiño y Menchu Lamas, para publicar nuestros propios libros ya que a los jóvenes poetas "salvajes" de finales de los años 70 en España no nos publicaba nadie y menos en gallego, nuestra lengua de guerra lírica. Visto desde hoy, el hecho de que decidiéramos montar nuestra propia editorial creo que nos hizo "emprendedores" antes de que la palabreja se pusiera de moda.

Luego, siempre demasiado joven, me moví por Europa: Portugal, Irlanda, Gran Bretaña, Francia, Italia... pero, sobre todo, Milano. Escribí, interpreté y dirigí teatro. Traduje y doblé películas para la televisión de Galicia. Sí, una vez le puse voz a Sean Connery como James Bond. Publiqué literatura para jóvenes lectores en gallego gracias al gran Xavier Senín. Traduje y adapté al gallego, con versión en castellano, un clásico de la literatura irlandesa: "The Playboy of the Western World". Con este espectáculo tuve el privilegio de ser el ayudante de dirección de Mario Gas, una leyenda del teatro español y europeo. Y fui director en gira con esta obra producida por el Centro Dramático de Galicia que me dio el dinero suficiente para venir a Estados Unidos por primera vez. Eran los años 80. Regresé a Galicia, pero no al teatro. A finales de los años 80 comencé a presentar y dirigir mis propios shows en la Radio-Televisión de Galicia de la mano del gran comunicador Fidel Fernán. Hice mucha radio y mucha televisión en directo y aproveché unas vacaciones de Navidad para ir a Lubbock, Texas, y casarme con Zuni en una habitación de hotel ante un juez difícil de entender para mí y que me miraba con unos ojos que me parecieron abarrotados de bourbon.

Regresamos a Galicia y yo volví a la televisión. Pero un día, poco después de mi regreso de una cobertura periodística por Cuba en 1991, donde pude conversar con El Comandante Fidel Castro, Zuni se puso a hacer las maletas. En esos días no tenía trabajo en la TV ni en la radio. Había hecho mucho y de repente nada. En la mentalidad de mi mujer cubano-estadounidense eso no era posible. Zuni decidió que si quería hacer carrera en periodismo debía irme con ella a Estados Unidos. Recuerdo que me dijo: "You made it in your country, you can make it in mine". Y obedecí. Unos meses antes, el doctor Severo Ochoa de Albornoz _el español premio Nobel de Medicina en 1959 que había hecho sus investigaciones en Nueva York_ me había dicho durante la cena al acabar nuestra entrevista de televisión en Santiago de Compostela en 1990: "Avendaño, váyase a Estados Unidos, será el paraíso para usted". Y yo le respondí que esa sugerencia me parecía una locura. Años más tarde, en mi casa de Maryland, a 30 minutos de la Casa Blanca, lloraría como un niño al ver al actor Imanol Arias interpretar al doctor Ochoa y al recordar aquella noche en Galicia con el sabio que había regresado y me había indicado un camino.

En Estados Unidos empecé desde el kilómetro cero, en Lubbock, Texas, al inicio de 1992. Allí, en West Texas, cambiar pañales y cuidar a mis hijos, Kenia Elena (nacida en Santiago de Compostela) y Xan Ayres (quien nacería en 1993 en territorio tejano), junto a mi inseparable Zunilda, se convirtió en algo tan normal como ser "freshman" en la Texas Tech University donde conseguiría mi licenciatura Magna cum Laude en periodismo. Durante un tiempo pertenecí a la Foreign Press Association e incluso llegué a cubrir las finales de la NBA para el diario El Mundo de Madrid, entre los Chicago Bulls de Michael Jordan y los Phoenix Suns de Charles Barkley. Recuerdo el título de una de mis crónicas deportivas: "Tarde de Sol y Toros". Pero sin duda lo mejor de esos años fue contar con el apoyo de Xosé Luis Blanco Campaña quien fue director de la Radio y de la TV de Galicia. Él me contrató durante cuatro veranos para conducir y dirigir diferentes shows permitiéndome así mantener vivo el vínculo con el viejo país.

Aterrizar, o sea, conducir un camión con los muebles desde nuestra casa en Texas hasta el área metropolitana de Washington en 1996 fue el segundo acto de otro reto: seguir creciendo con la familia, hacer trabajos con salarios mínimos y hasta la medianoche para salir adelante, conseguir un contrato como lector de lengua y literatura española en Johns Hopkins University y dejarlo todo, otra vez, para volver al periodismo cuando un gran empresario y hoy amigo, Armando Chapelli, me confió una publicación que había comprado: El Tiempo Latino.

El recorrido fue complejo. Pero en mis años en prensa hispana de Estados Unidos, creo haber conseguido formar equipos (siempre mínimos) con los que salir del círculo repetitivo, autocentrado y con visión chata de mucha prensa hispana tradicional. Primero reestructuramos (sin despedir a nadie, aunque sin contratar a nadie) un periódico sólo de papel en el año 2000. En 2001 comencé una alianza editorial con The Washington Post y en 2004 El Tiempo Latino se convirtió en la primera publicación en español del Post en toda su historia. Mi relación con Don Graham, el presidente de una de las compañías de prensa más importantes del mundo, es algo que atesoro en este viaje. Así como mi primer encuentro con el mítico director del Post, Ben Bradlee. Tanto Graham como Bradlee salen en este libro de notas de reportero.

Entre 2004 y 2013 trabajé para The Washington Post bajo la tutela de la familia Graham. La persona clave en el inicio de ese proceso fue Christopher Ma, un hombre que guardo en mi corazón porque se convirtió en mi mentor y en una referencia de lo que era posible. Chris murió el 23 de noviembre de 2011. Así lo reflejó el Post en sus páginas: "Over the past 14 years, Mr. Ma played a pivotal role in taking The Post's family of products beyond those of a traditional newspaper. He pushed the company to launch Express, a daily tabloid designed for commuters that became profitable, and guided the purchase and business-side operations of El Tiempo Latino, a Spanish-language weekly that The Post acquired in 2004 … "Chris was a man of impressive journalism and business achievements, but he was also… much more important to people than that," said Washington Post Chairman Donald E. Graham. "He was wise, generous, kind and patient."

Las palabras de Don Graham sobre Chris "sabio, generoso, amable y paciente" describen al periodista y al ejecutivo que un día me dijo hablando de la potencialidad que representaba mi agenda de desarrollar los contenidos en español con el Post: "Es tu visión, Alberto, y haremos lo posible por ayudarte a desarrollarla". Esa era la generosidad estadounidense que Chris encarnaba.

Introducción

Christopher Yi-Wen Ma había nacido el 20 de marzo de 1950 en Columbus, Ohio. Sus padres habían emigrado de China a Estados Unidos. Estudió filosofía en Harvard donde fue editor del periódico literario de la universidad y se doctoró en leyes en la University of California at Berkeley. Practicó el derecho durante seis meses pero pronto le llamó la vocación por el periodismo que le llevaría a trabajar para Newsweek y a ser editor de US News & World Report. Cuando lo conocí, a primeros de 2004, Chris era un visionario que empujaba al Post a diversificar su impacto mediático desde su posición de vicepresidente de desarrollo empresarial. Con su fallecimiento perdí a alguien muy cercano. A un mentor. A un maestro.

Después de Mr. Ma tuve el privilegio de trabajar con Arnie Applebaum como Publisher hasta que dejó el Post cuando aún estábamos en el mítico edificio de la calle 15. Fue entonces que Kris Holmes se hizo cargo como gerente general de El Tiempo Latino.

La vida es cambio y arrebatos. Y antes de finalizar una década en el Post de la familia Graham, el dueño de Amazon, Jeff Bezos, compra el periódico washingtoniano y El Tiempo Latino es parte de esa compra, por lo que en 2013 seguimos siendo un producto mediático en español de The Washington Post pero ahora propiedad de Bezos.

Al inicio de 2016, durante una reunión en el salón de actos del nuevo edificio del Washington Post en la calle K de Washington, DC, le dije a Jeff Bezos que al ser su padre, Miguel Bezos, de origen cubano, esto hacía del Post un medio de comunicación estadounidense propiedad de un hispano. Bezos soltó una carcajada y expresó su agradecimiento por traer a colación a su padre en la conversación. Pero nada más lejos de mi intención que hacer un chiste o intentar iniciar una charla sobre relaciones familiares con el fundador de Amazon. Mi punto era encontrar la estrategia para El Tiempo Latino en la nueva era del Post. La contestación de Bezos me resultó demoledora: no había estrategia. En diciembre de 2016, El Tiempo Latino, el periódico que yo había ayudado a construir y proyectar nacionalmente en Estados Unidos durante 16 años es vendido y desvinculado del Post. Ese diciembre dejo atrás El Tiempo Latino y en enero de 2017 firmo mi separación de The Washington Post. De esa separación nace la necesidad de este libro.

2000-2016 fueron años que, al mirar atrás, me llenan de orgullo profesional y humano: ayudamos a educar a nuevos profesionales hispanos que hoy están diseminados por grandes empresas —incluido el Post— en todo el país, fuimos la plataforma empresarial que algunos profesionales latinoamericanos pudieron utilizar para conseguir su residencia en este país y posteriormente su ciudadanía estadounidense, fuimos parte activa de la ecuación empresarial y migratoria del área metropolitana de Washington y trabajamos para aumentar la participación cívica de nuestras comunidades. En el proceso hicimos amigos en la profesión, incluso en la política —en los dos partidos mayoritarios— y nos enriquecimos con la experiencia de vida estadounidense e hispanounidense.

Me hice cargo de El Tiempo Latino en el año 2000, al empezar el siglo XXI. Fue el año que terminó con la elección presidencial más reñida en la historia del país. El nuevo presidente, el republicano George W. Bush (hijo del que fuera presidente George H.W. Bush), derrotó a su oponente demócrata, Al Gore (quien fuera vicepresidente con el presidente Bill Clinton durante los años 90) por 537 votos de diferencia. Pero el país estuvo un mes sin saber quién había ganado. Hubo recuento de votos en el estado de Florida.

Recuerdo que en una de nuestras primeras páginas decidí publicar un enorme signo de interrogación ante la incertidumbre. El país más poderoso del mundo no sabía a quién había elegido presidente. Al final la Corte Suprema —el poder judicial— entregó la presidencia —el poder ejecutivo— a Bush en una controversial decisión de 5 contra 4 el 12 de diciembre del año 2000. Bush llegó al poder recibiendo menos votos que su oponente, aunque ganando estados clave como Florida, y sería reelegido cuatro años después de manera más holgada. En los 8 años de Bush, reinventé el concepto del periódico en español de Washington y lo puse en contacto directo con los pasillos de la política. La administración Bush era extremadamente "friendly" con los hispanos y el español se hablaba con fluidez en importantes posiciones de poder.

Recuerdo la mañana del 11 de septiembre de 2001. Estaba reunido para hablar sobre el sitio web de mi periódico cuando escuchamos algo así como un golpe sordo. Nuestras oficinas se encontraban entonces ubicadas en Arlington, Virginia, al otro lado del río Potomac y a poco más de cinco minutos del Pentágono en coche. Salí a la calle, bajé hasta Rosslyn y nunca podré olvidar lo que vi: miles de personas caminaban cruzando el Key Bridge desde Washington hacia Virginia. La capital de la nación estaba siendo evacuada. Era una larga marcha humana de la que emanaban densos y tensos murmullos más que voces —no recuerdo un solo grito— sobre el Francis Scott Key Bridge, el puente inaugurado en 1923 en honor al hombre que había escrito la letra del himno de Estados Unidos, el Star Spangled Banner, y que había vivido no muy lejos del puente, en lo que hoy es el vecindario de Georgetown.

No era el primer ataque terrorista en suelo estadounidense del que yo era testigo. Cuando terminaba mis estudios en Texas Tech University, en Lubbock, ocurrió no muy lejos de allí el atentado de Oklahoma City perpetrado por individuos estadounidenses de ideología neonazi. Un camión cargado de explosivos estalló delante de un edificio federal en Oklahoma el 19 de abril de 1995. Murieron 168 personas incluyendo los niños de una guardería que había en el edificio. Dos años antes, el 26 de febrero de 1993, una camioneta-bomba había estallado bajo la Torre Norte del World Trade Center de Nueva York, las

Introducción

Torres Gemelas. Murieron seis personas y hubo más de mil heridos. Esta vez los asesinos estaban vinculados a al-Qaeda y al yihadismo islámico, términos aún no muy familiares para los ciudadanos estadounidenses. Pero no fue hasta el 11 de septiembre de 2001 cuando todo cambió. Casi tres mil muertos y más de seis mil heridos fueron el inicio de una guerra global que dura hasta hoy.

Nuestro periódico era semanal, salíamos los viernes. Pero ese martes, 11 de septiembre, conseguimos producir un tabloide de 8 páginas que el miércoles 12 de septiembre estuvo en más de 1.500 puntos de distribución del área de Washington (el Distrito de Columbia, el estado de Maryland y el estado de Virginia) informando en español de lo que había ocurrido. Para un periódico tan humilde como el nuestro fue un esfuerzo enorme. Mi editorial aquel día se publicó en inglés bajo el título "Unity and Firmness" y fue un llamado a valorar nuestros principios por encima del odio: "This tragedy has the makings to affect not only the immediate future of this nation, but also the very balance of power throughout the world... we must respond with calm, unity, firmness, and an immense capacity to forgive".

Y una semana después de los ataques del 11-S de 2001, entre el 18 de septiembre y el 9 de octubre, comenzaron una serie de misteriosos ataques con esporas de ántrax enviadas en cartas y dirigidas a diferentes medios de comunicación y a dos senadores demócratas en Washington. Murieron cinco personas y 17 resultaron infectadas. Según el FBI, la investigación fue una de las más complejas en la historia de la agencia. El autor de los ataques, un empleado federal que vivía en Maryland, no muy lejos de donde estaba la casa de mi familia, se suicidaría en julio de 2008 al saber que había sido indentificado por el FBI.

Comencé pues el nuevo siglo con el reto de hacer crecer una pequeña empresa periodística mientras los acontecimientos se precipitaban y no había horas en el día para buscar voces hispanas que mezclar con las fuentes institucionales en Washington. Y luego surgían las crisis tecnológicas. Eran tiempos en los que "cortar y pegar" no eran términos sólo de computadoras. Recuerdo cortar y pegar a mano. Y si surgían problemas había que llevar literalmente bajo el brazo las páginas a la imprenta a altas horas de la madrugada. Ni el terrorismo, ni las nevadas de récord, ni ninguna crisis evitó que nuestro periódico llegase puntualmente a las calles del área metropolitana de Washington en español.

Recuerdo, en esos 16 años, el Washington de la política, de la conexión latinoamericana, de las manifestaciones a favor de los inmigrantes; pero también el Washington de las nevadas históricas y de los francotiradores que aterrorizaron la región durante tres semanas en octubre de 2002. En aquellos días, la gente al parar en una gasolinera y bajarse para ponerle gasolina al coche abría el paraguas delante de su cuerpo por temor a que alguien le estuviese apuntando con un rifle desde algún lugar.

Recuerdo la masacre de la Universidad Virginia Tech cuando un hombre armado acabó con la vida de 32 personas el 16 de abril de 2007. Ya éramos parte de The Washington Post pero seguíamos siendo una empresa que debía salir a flote con sus propios recursos. Y había que seguir y explicar las noticias de nuestro entorno aunque éstas se precipitasen sobre nuestra minúscula redacción en una avalancha tan despiadada como apetecida por cualquier periodista.

Y entonces llegaron las presidenciales de 2008 y Washington fue una fiesta. El 7 de noviembre de ese año publiqué una columna editorial con este título: "Yes we can/Sí se puede". El mismo texto serviría de prólogo para un libro de caricaturas de Obama hechas por el artista colombiano Jorge Grosso y publicado en abril de 2009 al cumplirse los primeros 100 días del mandato de Barack Obama. Éste es parte del texto:

"It was a fiesta in Washington, DC. It was as if springtime bloomed in the middle of the autumn of democracy. It resembled Hemingway's Paris, or one of those days in 1968 when youth dreamed of the impossible. The embraces between strangers were sincere. I saw enormous smiles spread across black faces and promises of jubilant hope on the lips of a crowd filled with diversity. Jokingly, friends of all colors shouted in a chorus: "All whites are Obama!"... It was as much an improbable victory as it was a triumph of hope over despair... Yes, the president elect may be a source of pride for African American history, but he is also a defining point for new times in a country characterized by its continuous steps forward despite its many falls to the abyss. Race does not imprison Barack Obama, it incites him. He comes to power supported by a solid democracy and welcomed by a field of political quick sands. His achievement: Returning hope to the system. His challenge: making "Yes we can" a reality. In order to do this, he will need to define what we can do as a society. Then, we, as a community, will need to remain alert so that we can restore the path to a common and achievable happiness... In the Madison Hotel in DC, Roxana Olivas, Director of Latinas Unidas for Obama, spoke to me of "a new era"... Media specialist Beatriz Pérez Gómez took me through the hallways where you could hear a combination of shouts and whispers as votes were being tallied. A tall, African American man with intensity in his eyes unbuttoned his coat to show me his shirt decorated with an image of Obama as Superman, a red "O" sported across his chest. That night I spoke for the National Public Radio of Spain, two European TV channels, and other foreign media. On November 5th, I arrived home at dawn. My 15-year-old son, Xan, was still awake. Xan, the son of a Spanish-American father and a Cuban-American mother, had colored all the states that had voted for Obama in blue. He hugged me as soon as he saw me. Back in November 2000, Xan, at 7 years old, had gone to bed sad, filled with unease at the results of the uncertain election that left the country in a democratic limbo. He asked me then, "Daddy, what do I have to do to be president?" My son, too, is Obama."

En enero de 2009 tuve el privilegio de ser co-presentador de la Gala Latina durante la "Inauguración" presidencial de Obama. Compartí el escenario con una de las grandes periodistas hispanounidenses, Teresa Rodríguez, y allí se reconoció el trabajo de artistas como el actor Edward James Olmos y el músico de la Fania All Stars, Johnny Pacheco. Fue una noche inolvidable.

Y todo lo que sucedía en la vida de Washington y del país era parte de nuestro crecimiento como periódico, de nuestros retos, de nuestros galardones que empezaban a llegar _primero como premios de la National Association of Hispanic Publications, luego como José Martí Awards, o como premios de New America Media o como reconocimientos de entidades comunitarias, de autoridades locales y estatales. Sin duda, entre 2000 y 2016 primero como empresa independiente y luego como empresa independiente propiedad de The Washington Post conseguimos ser el medio en papel más galardonado de

Estados Unidos. Hay que decirlo para que no se olvide y para que quienes vivieron esta aventura junto a mí se sientan orgullosos.

Durante el proceso de elaboración de este libro, junto a la diseñadora gráfica Viviana Rouco, tanto ella como otros colegas me preguntaron si no quería publicar algunas frases que han dicho sobre mí ilustres y poderosos personajes del periodismo estadounidense e iberoamericano que me conocen bien. Dije que no. Que quería que este libro se defendiera solo. Esta respuesta sorprendió a quienes conocen el perfecto estado de mi ego.

Lo cierto es que me siento un profesional con mucha fortuna.

Soy afortunado por haber tenido la oportunidad de emprender este viaje desde mis años en la Radio y Televisión de Galicia, en España, hasta poder contribuir a la voz de la comunidad hispana de Estados Unidos y de pasear por los pasillos históricos del antiguo edificio del Washington Post en la calle 15 del Distrito de Columbia o por la amplia redacción del nuevo edificio del Post en la calle K y tener el privilegio de vivir los primeros pasos de su nueva era bajo el liderazgo del director Martin Baron y del propietario Jeff Bezos.

Por otra parte, imagínense que les pido a mis amigos unas palabras introductorias para este libro y que mis amigos se quedan sin palabras…

Prefiero recordar. Quedarme, por ejemplo, con la emoción que sentí cuando el 2 de octubre de 2006 uno de mis héroes profesionales y a quien seguía desde mi adolescencia en España, Bob Woodward, me envió un e-mail en el que se dirigía a mí con la palabra "Sir".

Entonces Woodward me escribió como parte de una entrevista que le hice sobre uno de sus libros en el que analizaba la administración del presidente George W. Bush: "I have had the opportunity to try to understand seven presidents, going back to Nixon. It's my job to try to find out what happened and why. This is my 14th book in 32 years, and I still love what I do and am very happy to still be able to do the job that I love, reporting for The Washington Post", me dijo.

Le hice a Woodward varias preguntas, pero estas dos que reproduzco aquí las considero muy relevantes hoy.

Avendaño: Is it true that in politics lying comes with the territory?

Woodward: Not necessarily, but many politicians and others have made it a practice. As a reporter I try to find out the truth about what happened and I think it is ultimately to the benefit of the public as well as those in power to tell the truth. As my former editor Ben Bradlee used to say: "The truth emerges."

Avendaño: Who are those who cannot afford the price of truth: People in power or the American people?

Woodward: Neither. Leaders should be the voice of realism ---that means telling the truth. When leaders stumble so do those being led.

Para ofrecer un poco de contexto debo contar que en la primavera de 1974 yo era un adolescente que terminaba la escuela secundaria o bachillerato en Vigo, España, donde nuestro profesor de inglés había decidido interrumpir las clases para hablar sobre lo que estaba pasando en Washington. Fueron días de conversación sobre el escándalo Watergate, sobre cómo la constancia de un periódico _The Washington Post_ y de periodistas como Bradlee, Bernstein y Woodward, y el apoyo de la dueña del periódico _Katharine Graham_ habían puesto al presidente Richard Nixon contra las cuerdas, y habían cuestionado las malas prácticas del poder ejerciendo el derecho constitucional estadounidense a la libre expresión y a la libertad de prensa. Hablar de esto en una España que vivía el final de la dictadura del general Franco, con un limitado acceso a las libertades, instaló el chip del periodismo en mi mente adolescente. Nixon se vio forzado a dejar el poder el 8 de agosto de 1974. Unos 30 años después, el 17 de mayo de 2004, me fotografían en Washington con el hijo de Katharine Graham, Don, para celebrar que el Post acababa de comprar El Tiempo Latino. Y de pronto me vi habitando y trabajando en aquel espacio periodístico que yo había imaginado al final de mi adolescencia en España.

La vida es siempre mágica. Por eso hoy quiero añadir a la pócima de esa magia este libro con notas del reportero y del opinador que viven conmigo. Pero

El 17 de mayo de 2004, The Washington Post compra El Tiempo Latino. Esta foto fue tomada esa mañana en el desaparecido edificio del Post en la calle 15 de DC. De izq. a der., Don Graham, Presidente de la Washington Post Company, Armando Chapelli Publisher de El Tiempo Latino, Alberto Avendaño Associate Publisher de El Tiempo Latino y Bo Jones Publisher y CEO de The Washington Post.

Introducción

antes de subir este libro a Amazon, me vuelve a escribir un amigo y me dice que tengo que reproducir lo que dicen de mí los otros.

Una persona con la que he creado una hermandad especial, global, gallego-americana, de raza cósmica, es el abogado internacional Michael Ramos con quien fundé The Plaza Institute en Washington (en Bethesda-La Nueva Galicia) y quien se empeña en hablar de mí como un fenómeno hemisférico. Ramos estudió filosofía en Princeton, tiene un doctorado en leyes por Columbia University, se enamoró de España al vivir tiempos de juventud en Marín, Galicia, y después de trabajar en Wall Street y bregar con el mundo financiero internacional decidió crear su propio grupo legal en la región de Washington, DC. En mi vecindario, en Bethesda, en la frontera entre el estado de Maryland y la capital federal de Estados Unidos conocí a este abogado y humanista que hoy es mi gran aliado estadounidense. Esto es lo que Ramos escribió sobre mí en una ocasión: "Alberto Avendaño is global Washington's leading journalist focused on Hemispheric Affairs active in all its delivery forms during over 3 decades. From television to radio, and print to digital new media, Alberto continues to innovate within new technologies to deliver award-winning journalism that both informs and influences public affairs, with citizens and their leadership, in Washington and throughout Spain and Latin America... Alberto currently serves as Managing Partner of The ñ Group, a private media consulting firm in Washington. Alberto also serves as Chairman of Plaza Institute, as well as a member of the Spanish Language Academy in the United States."

Cuando en enero de 2017 dejé el nuevo edificio de The Washington Post para siempre, mi amigo y colega —"el mejor director de periódicos del mundo"— Martin Baron me escribió un email en el que decía que había sido "un honor" trabajar conmigo. Tuve que recordarle que había sido yo el que había trabajado para él y no al revés. Sin duda no tiene precio haber conocido a Marty, haber sido testigo de parte de su día a día y de haber aprendido de uno de los grandes profesionales de la industria de la información. En este libro reproduzco una conversación con Marty Baron y publico una de sus caricaturas preferidas: un trabajo del artista gráfico GOGUE en el que aparece King Donald (Trump) rompiendo furibundamente en mil pedazos un ejemplar de The Washington Post. En algún lugar de Youtube está también una video entrevista que mantuvimos antes de los Oscar de 2016 cuando triunfó Spotlight, la película en la que se cuenta la historia de una investigación periodística cuando Marty dirigía el Boston Globe.

En los últimos 16 años mi relación con el periodista de Univisión y Fusion, Jorge Ramos, ha crecido y se ha hecho personal, como se puede constatar en las páginas que le dedico. Recuerdo que al inicio de este siglo, cuando yo ejercía de "Publisher" en El Tiempo Latino, Jorge me dejaba publicar sus columnas de opinión de manera gratuita. Empecé a pagar cuando se sindicó con The New York Times. Luego nos veíamos en Washington cuando venía a promocionar sus libros o me invitaba a su programa dominical "Al Punto". La última vez que nos vimos, en 2016, hablamos de nuestros hijos, del camino que habíamos recorrido y de lo que les queda a ellos por recorrer. Cuando terminé mi ciclo en El Tiempo y en el Post Jorge me envió un cariñoso y cómplice e-mail.

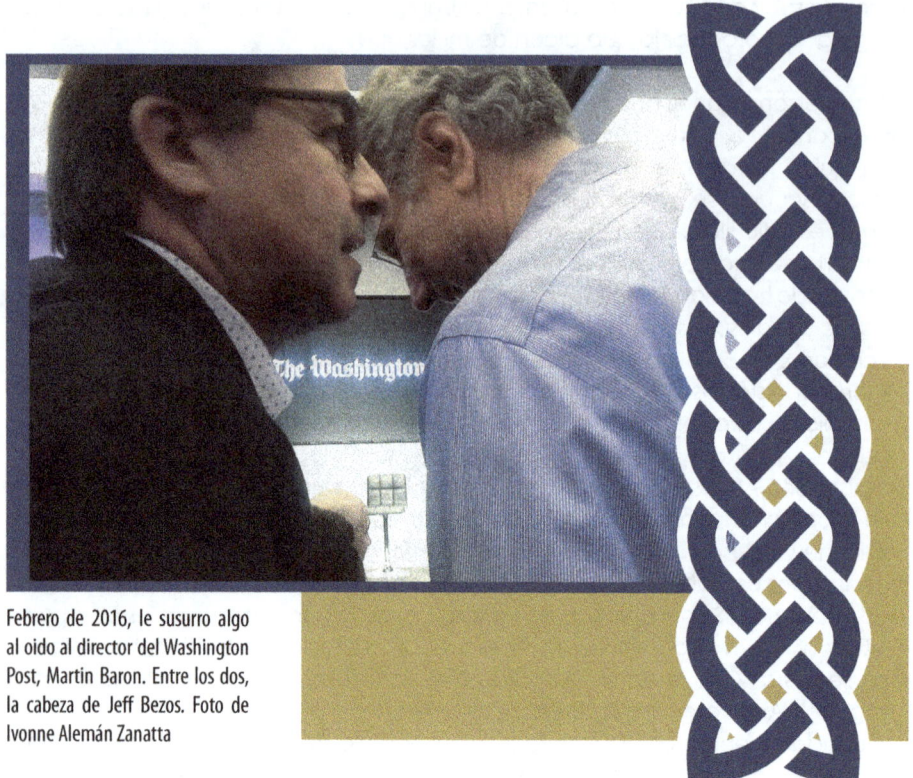

Febrero de 2016, le susurro algo al oido al director del Washington Post, Martin Baron. Entre los dos, la cabeza de Jeff Bezos. Foto de Ivonne Alemán Zanatta

Otro importante periodista que ha marcado mi vida en estos años de Washington ha sido Armando Trull. Después de una trayectoria en TV hispana de Estados Unidos, de canales de TV y agencias de noticias estadounidenses, Trull se convierte en una fuente periodística de prestigio en la National Public Radio desde la región de Washington. No sólo he publicado alguno de sus premiados reportajes sobre el drama de los niños migrantes y de la violencia en América Central, sino que en 2016 tuve la fortuna de poder producir para Armando una serie de reportajes en video sobre el viaje migratorio indocumentado desde El Salvador hasta Estados Unidos, la crisis de violencia que vive la región centroamericana, y otro sobre la experiencia en Honduras del senador y ex candidato a la vicepresidencia de Estados Unidos, Tim Kaine. Estos trabajos en texto y video aparecieron en El Tiempo Latino y en washingtonpost.com y, con uno de ellos, ganamos un premio Emmy. En estos años de amistad, he tenido el privilegio de seguir y compartir parte de la trayectoria profesional de Trull y he disfrutado al verle recibir numerosos y merecidos reconocimientos profesionales incluyendo el Emmy. Trull es mucho Trull.

Hay una foto con aires de antaño, con solera, casi vetusta, que marca mi primer encuentro con la novelista Isabel Allende en Washington. Incluyo esa foto en este libro porque hablar y posar con Isabel es una experiencia vertiginosa, emocional, siempre profundamente humana. Amo a Isabel. Y ella, aunque no me ha declarado su amor todavía, siempre me ha dado muestras de su aprecio.

Introducción

Hay otra foto con Emilio Estefan, que forma parte de mi primer encuentro con el gran productor cubano-estadounidense. Emilio me habló entonces de sus raíces gallegas y desde el primer momento abrazó todo lo que nos une. Le dedicó su libro de memorias "The Rhythm of Success" a mi mujer, Zuni, escribiendo: "Para mi cubana". Recuerdo que cuando la conoció —durante una recepción en un hotel de Washington a la que acudieron amigos de los Estefan, como la jueza de la Corte Suprema de Estados Unidos Sonia Sotomayor— Emilio le preguntó a Zuni: "¿Cómo te trata el gallego?" Emilio Estefan representa para mí la cordialidad del alma. Durante una conversación, cuando yo me quejaba de lo difícil que me resultaba convencer a mi corporación (The Washington Post) para que abrazara la causa del periodismo en español, Emilio me animó con un abrazo. Me contó historias de los tiempos en los que nadie en Estados Unidos le creía cuando empezó a lanzar a quienes se convirtieron en los grandes fenómenos de la música hispanounidense. La hispanidad le debe además a Emilio millones de gracias por haber producido para la televisión el homenaje a Celia Cruz antes de su muerte: fue el tributo más hermoso que puede recibir un artista y fue ejemplo de normalidad cultural hispana y estadounidense.

Y hablando de gallegos, recuerdo mi primer encuentro con Martin Sheen. Fue en 2010. Me fui con Paula Andaló —una experimentada periodista argentina que entonces trabajaba de jefa de redacción en El Tiempo Latino— a la universidad de Georgetown para entrevistar a Sheen (Ramón Estévez) y a su hijo Emilio Estévez porque allí presentaban el estreno de The Way una película cuya trama y peripecias tenían lugar en el Camino de Santiago.

"I am a gallego, my father was a gallego and my mother was Irish, both immigrants... my mother had twelve pregnancies. Ten survived. I am the seventh

Con Armando Trull peleándonos por nuestro premio Emmy.

son. I learned early on about community and sharing, you know", me dijo Sheen con una sonrisa.

El evento de Georgetown había sido organizado por The College of William and Mary y patrocinado en parte por Michael Ramos y por mí como parte de The Plaza Institute en Bethesda lugar que el profesor George Greenia _un sabio conocedor de El Camino_ llamó "La Nueva Galicia" mientras nos agradecía públicamente por nuestro apoyo. Y es que mi vida periodística y mi vida personal y cultural se han entrelazado a lo largo de los años para mi gozo y sorpresa

En mis 16 años en prensa hispanounidense he tenido el privilegio de vivir en paralelo a una de las personas que más positivamente han influenciado la realidad hispana de Estados Unidos. Hablo de José Antonio Tijerino, el presidente y CEO de la Hispanic Heritage Foundation (HHF). A Tony Tijerino le debo la admiración que se le debe a las personas que entienden que el cambio se consigue desde dentro hacia fuera, desde el corazón hacia las calles de la comunidad. Con él he compartido honores y he sido testigo de sus logros. Cada año los premios que otorga la HHF durante el Mes de la Herencia Hispana en Washington son una cita de orgullo nacional estadounidense.

Con Emilio Estefan en Washington, después de una gala del Congressional Hispanic Caucus Institute. Nuestro anfitrión fue el Chef José Andrés. Foto de Javier García.

Con Martin Sheen en la Universidad de Georgetown en la presentación del film "The Way". Foto de Paula Andaló.

Introducción

Tijerino me ha dicho que su función es servir en una organización con 30 años de existencia cuya misión es identificar, inspirar, preparar y posicionar a los líderes latinos en las aulas, en la comunidad y en la fuerza laboral para contribuir positivamente al desarrollo de Estados Unidos. Y me ha repetido siempre que su papel es hacer que la juventud lidere: "Yo no soy más que un facilitador". Tijerino busca que los niños latinos pasen de "invisibles", como se sintió él de pequeño, a "invencibles". Y yo me siento orgulloso de ser su amigo. Gracias Tony.

Del 16 de mayo de 2005 al 23 de noviembre de 2009 mi vida cambió en Washington y el significado de la palabra periodismo y la conexión con la comunidad alcanzó otra dimensión. Ese fue el tiempo en que ejerció en el cargo la Cónsul General de El Salvador, Ana Margarita Chávez. La ex Cónsul escribió en una ocasión que yo fui para ella "el cómplice perfecto para ayudar a miles de latinoamericanos", pero la comunidad hispana e hispanounidense recuerda aún a la cónsul más "cachimbona" que ha pisado las calles de la capital estadounidense. Al lado de Ana Margarita vivimos momentos duros de la realidad inmigrante indocumentada, pero también las fiestas del orgullo y las celebraciones por los logros de los nuevos estadounidenses. Me involucré pronto con los cónsules latinoamericanos cuando, a instancias de Ana Margarita, se funda en noviembre de 2006 el grupo Cónsules Unidos de Iberoamérica y entro en contacto con un grupo de diplomáticos que hace un trabajo complejo y necesario entre la comunidad inmigrante. En el camino me queda la amistad con personas como Ana Margarita o como el Cónsul General de México Aníbal Gómez Toledo, hoy destinado en Londres, con quien estrechamos lazos tan diplomáticos como familiares, o con el también mexicano Juan Carlos Mendoza Sánchez quien acaba de dejar Washington para asumir mayores responsabilidades.

No voy a escribir aquí la relación de cónsules, de embajadores, y de un buen número de presidentes latinoamericanos con los que he tenido el placer de compartir desde lo humano a lo profesional y político en mis años en el Post y en El Tiempo en Washington. Pero quiero comentar alguna curiosidad. La sorpresa de mis colegas del Washington Post cuando en medio de una charla con el entonces presidente de El Salvador, Tony Saca, el presidente salvadoreño y yo nos ponemos a hablar en español sobre el Real Madrid (del que Saca es un fanático) y sobre el fútbol español y la rivalidad Madrid-Barcelona que se vive con intensidad entre los salvadoreños. Los jefes de sección del Post nunca entendieron qué estaba pasando entre nosotros. Recuerdo también la sorpresa en la cara de mis colegas del Washington Post cuando durante otra entrevista privada en la redacción del periódico con el entonces presidente de Guatemala Álvaro Colom, éste se puso a hablar conmigo sobre Galicia y de cómo recordaba el tiempo que había pasado con su mujer en la villa de Bayona. De nuevo, los periodistas del Post allí presentes no entendían qué estaba pasando. Y para contar una historia más de este tipo, puedo recordar mi sorpresa cuando al conocer en 2007 al entonces Cónsul General de Bolivia en Washington, Oswaldo Cuevas Gaete, éste me dice que conocía mi trabajo como escritor en Galicia. "¿Conoce usted mis secretos de juventud, señor cónsul?", le pregunté con sorpresa. Oswaldo es teólogo y un hombre de una sensibilidad única. Resulta que él y un grupo de artistas en La Paz a finales de los años 70 y principios de los 80 conocieron el trabajo literario y teatral que mis colegas y yo estábamos haciendo en Galicia —el Grupo Rompente. Cuando nos conocimos en 2007 en Washington supimos que éramos hermanos espirituales. Así es el cosmos. Así de cerca estamos todos los seres humanos.

Una mañana del año 2009 el entonces dueño de The Washington Post, Donald E. Graham, me pidió que lo acompañara a la entrada de la sede del diario. Me habían invitado a participar en un desayuno privado con "Sus Altezas Reales los Príncipes de Asturias". Pero nadie me había dicho que Mr. Graham me iba a poner a su lado para recibir a los herederos de la Corona española. Poco después de las 8 am se estacionaba delante del edificio del Post una limusina negra. De ella salió el entonces embajador de España ante la Casa Blanca, Jorge Dezcallar, quien se dirigió hacia las escaleras donde esperaba Mr. Graham. Recuerdo que un sol frío nos bañaba el rostro mientras el embajador nos presentaba a los Príncipes quienes venían acompañados por un discreto despliegue de seguridad. Mr. Graham y don Felipe entraron en el edificio y yo los seguí junto a doña Letizia y el resto de la comitiva. Durante el desayuno nos acompañó una pequeña representación del liderazgo editorial del periódico y un exprofesor del Príncipe durante sus años en la universidad de Georgetown.

A raíz de mi experiencia, aquella mañana washingtoniana de 2009, debo decir que el nuevo rey de España sabe explicarle su país —en un inglés fluido— a oídos anglos más dados al estereotipo y a la generalización que al detalle sofisticado y revelador de una realidad compleja. Soy testigo accidental de cómo don Felipe sabe ensartar un discurso transatlántico e iberoamericano sin perder de vista la realidad española en lo que a su promoción y proyección se refiere. Y me consta también su seducción por lo hispanounidense. Mi sorpresa fue cuando un par de meses después de ese desayuno recibo un paquete con la foto de los entonces Príncipe y Princesa de Asturias con esta dedicatoria: "Para Alberto Avendaño con nuestro saludo lleno de afecto y el grato recuerdo de nuestra visita al Washington Post". Además, la Casa Real envió otras dos fotos en las que don Felipe y doña Letizia saludaban a mi hijo Xan y a mi hija Kenia después de "haber conocido a su padre en Washington". Mi ego y yo nos quedamos sin palabras.

Para terminar debo mencionar a los tres artistas que ilustran este libro. GOGUE Rodríguez López, Armando Caicedo y Ulises Kuroshima. Los tres compartieron la tribuna de El Tiempo Latino y washingtonpost.com en este último ciclo electoral estadounidense.

Debo comenzar por el caricaturista editorial, novelista, experto en mercadeo y educador (ah, y colombiano de Miami) Armando Caicedo. Conozco a Armando desde que en el año 2001 le abrí las puertas de El Tiempo Latino en Washington a su visión del mundo por medio de un trazo humorístico. Es un maestro de quien espero más enseñanzas. En este libro hay una conversación con Armando y alguna muestra de su humor editorial.

GOGUE pertenece a mi tribu gallega. Es un artista del mural, de la escultura y

Introducción

del comentario humorístico a través de personajes ya míticos en el diario Faro de Vigo. Contacté a GOGUE donde vive, en O Grove _un paraíso gallego_ para proponerle un comentario gráfico semanal durante la campaña presidencial estadounidense. El resultado fueron caricaturas de Trump, Clinton, Sanders y demás que iluminaron mis comentarios de manera magnífica. Los ejemplos están en este libro. Pero debo añadir que dado el carácter disruptivo de las presidenciales 2016 posicioné la caricatura editorial de GOGUE en muchas portadas de prensa y no solamente para acompañar opiniones. Entendí desde el principio que el periodismo no podía ni debía comunicar a la audiencia la seriedad donde no la había o la normalidad política donde ésta no existía. Ese fue, a mi juicio, uno de los grandes errores de los medios de comunicación estadounidenses en el ciclo que llevó a Trump a la Casa Blanca. Si un político dice barbaridades el medio de comunicación que las reproduce, sin balancearlas con contexto o poniendo al descubierto de inmediato la barbarie, se convierte en cómplice de ese político y de sus frases. Por eso, en parte, muchas caricaturas de GOGUE ocuparon el sitio que habitualmente habría estado reservado para fotos de ciertos políticos en acción. Fui criticado por ello en su momento, pero volvería a hacerlo. Y creo que, para desgracia de muchos periodistas, la situación política y mediática en la era Trump es tan disruptiva que hoy en Estados Unidos muchos humoristas y comediantes están haciendo un excelente trabajo informativo, de contextualización y comentario, que se echa de menos en demasiados medios periodísticos al uso.

Otro ejemplo de contestación editorial a la campaña presidencial de Donald Trump fue el trabajo de Ulises Kuroshima que también se reproduce en este libro. Kuroshima o Ulises García Sebastián es un artista español del cómic que estrenó tanto en El Tiempo Latino como en washingtonpost.com un trabajo muy original sobre las elecciones: la lucha entre Burritoman y The Quiff (algo así como El Peluquín). El trabajo de Kuroshima fascinó a los lectores.

Caicedo, GOGUE y Kuroshima aportaron un trabajo único y de gran calidad al periodismo del comentario gráfico en Estados Unidos. Como director periodístico, ha sido un privilegio para mí haber podido mostrar su humor a la audiencia de este país.

Quiero mencionar también en esta dedicatoria a Héctor Emanuel, un fotógrafo cuyo trabajo se ha publicado en la revista Time y cuyo prestigio y calidad nos ayudó enormemente cuando lo tuve en El Tiempo Latino. Mencionar a un genio de la fotografía deportiva, José Luis Argueta quien comenzó al inicio de El Tiempo Latino en los años 90 y a quien yo tuve el honor de "heredar" y beneficiarme de su calidad profesional y humana. Y mi agradecimiento a la conexión comunitaria del fotógrafo Pedro Sorto. Y al mago Paco Alacid, fotos y más. Y al periodista salvadoreño-estadounidense Tomás Guevara que produjo algunas de mis video-entrevistas. Y al premiado fotógrafo y videógrafo, Alfredo Duarte Pereira, un paraguayo con dos hermosas hijas estadounidenses que ha apoyado mi trabajo durante más de 10 años. Al excelente periodista Daniel Gilbert a quien le publiqué sus reportajes desde la frontera con México en 2007. Tres años después, Daniel recibiría un Premio Pulitzer. Gracias por tu amor al periodismo Mr. Gilbert. Y gracias a Julián Giraldo, el presidente y CEO de NTN24, el canal de TV donde iniciamos "Poder Latino", uno de los mejores shows de política en español de Estados Unidos. Y para Brigette Bustos y Blanca Girón y al arte de Andrew Hencke y a la comunicadora Graciela André que en estos 16 años leyó todo lo que salía con mi firma en washigtonpost.com y en El Tiempo

Latino. Y le dedico este libro al emigrante gallego-estadounidense Frank Paco Vidal. Y a mis editores gallegos a lo largo de los años: Luis Mariño, Carlos Casares, Manuel Bragado y Victor Freixanes. Y para el abogado Frank Montero, ex FCC en la administración Clinton. Y para Domingo Rodríguez con quien compartimos en Plaza Institute noches inigualables con él en la cocina. Y para Pablo Álamo y Diana Castañeda por incluirme en su libro sobre "El Fenómeno Trump". Y, sin duda, para el catedrático de periodismo en Texas Tech University, Kent Wilkinson, un experto sobre periodismo hispano en Estados Unidos. Kent dirige además en Tech, mi alma mater estadounidense, el Harris Institute for Hispanic and International Communication del que yo soy miembro fundador.

Pero este libro no hubiera sido posible sin 16 años junto a Zulema Tijero, la diosa de la industria del marketing hispano de Estados Unidos. Sin Zulema no hubiera podido llevar a cabo la reinvención y la proyección de El Tiempo Latino. A su lado conseguimos entre 2000 y 2004 generar un crecimiento económico en publicidad que permitió todo lo demás, incluyendo que nos comprara The Washington Post. Esta dedicatoria va también para Luis P. Torrico, por su fidelidad, por ser un profesional de primera y por su ejemplo como historia inmigrante en Estados Unidos junto a sus hijas. Y para Abel Caamaño, quien hoy trabaja en el Banco Mundial en Washington, pero un día fue un niño en Galicia que me escuchaba por la radio. A la cantante gallega Ana Kiro a quien perdí demasiado pronto (me queda su marido, Carlos Rivero). A la memoria del periodista Diego Bernal. Y a Irving Burbano, mi hermano del Congressional Hspanic Caucus Institute. A tres pioneros de la prensa hispana contemporánea en Estados Unidos: Whisler, Escobedo y Montes. A la periodista española Desiré Vidal Perea por su generosidad y profesionalismo y al capitán de la Armada Española, Fernando Grávalos, por su aprecio y por haberme prestado su casco de piloto de guerra para escribir un artículo. Además, Grávalos me entregó una placa en nombre del Almirante Jefe de Estado Mayor de la Armada española que conservo con afecto. A los periodistas de The Washington Post, Luz Lazo _a quien vi crecer profesionalmente con admiración_, a David Montgomery _por su gran trabajo con todo el material hispano que toca en el Post_ y a Manuel Roig-Franzia _una pluma exquisita en el Post a quien me une la profesión, el orgullo hispano y el amor a su abuelo ex-torero en Huelva, España. Al periodista Alejandro Negrón por haberme incluido en sus aventuras televisivas, especialmente por el show "Agenda" que hacíamos para el channel 8 de Washington, en inglés, y para Telemundo en español. Imposible no acordarme de Pedro Biaggi, la gran estrella de la radio hispanounidense, por esas horas de la mañana donde se golpea y se crea comunidad. Pedro es boricua y un genio de la comunicación y junto a él he pasado las horas más mágicas de la radio en Estados Unidos, además de haber tenido el privilegio de compartir escenario con él en decenas de eventos en Washington. Y mi abrazo para Elda Devarie, una empresaria hecha a si misma junto a quien fundamos la organización no lucrativa "Bolsas de Amor" con la que repartimos durante años cajas de comida entre familias necesitadas y enviamos miles de mensajes de esperanza a nuestras comunidades en el área metropolitana de Washington.

Este libro, en fin, va también para quienes formaron parte de El Tiempo Latino en mis 16 años de director, antes y durante nuestra última aventura en The Washington Post, entre ellos: Kris Holmes, Ivonne Alemán-Zanatta, Carlos Alburqueque, Viviana Rouco, Paula Andaló, Santiago Távara, Ramón Jiménez, Ana Cubías, Luz Lazo, Luz

Aguirrebeña, Guido Bolaños, Rocío Miranda, Cristina Rambal, César Herbas, Mónica Mendoza, Pedro Sorto, Adriana Rossi, Elmer Rodríguez, Ricardo Correa, Reinaldo Morales, José Zelaya, Mónica Mendoza-Flores, Jorge Drogett, María Giraldo-Schwartz, Gabriela Gruen, Ilsy M. Bú, Gloria Canon, Gloria Spencer y a todos los hombres y mujeres que he visto trabajar en la distribución del periódico por las calles. Y sin duda este libro va dedicado de manera especial a dos excelentes periodistas y mis cómplices durante 16 años: Milagros Meléndez-Vela y Miguel Guilarte.

Este libro de notas de reportero es una especie de resumen de ideas, sentimientos, opiniones y emociones.

Nunca ha habido nada objetivo en mi vida, ni como periodista ni como comunicador. Y nunca lo habrá. Prefiero equivocarme y que me condenen a la hoguera que habitar el espacio gris del burócrata del pensamiento cuyas palabras pueden ser utilizadas del derecho y del revés. Por eso en mis columnas de opinión _ incluso en mi relación con muchos de mis entrevistados_ nunca he escondido mis amores o mis rechazos.

Equivocarme es todo un privilegio. Igual que fracasar.

Escribir a pecho descubierto me hace feliz y creo que contribuye al amor humano y a esa cosa imperfecta llamada democracia por la que merece la pena luchar hasta el final. Que me perdonen pues las víctimas de mi felicidad.

Alberto Avendaño
@AvendanoTV
Washington, DC,
17 de mayo de 2017

En 2005, con la mascota.

GOGUE dibujó a estos periodistas hispanounidenses: (de izq. a der.) María Celeste Arrarás, José Díaz Balart, María Elena Salinas, Alberto Avendaño, Jorge Ramos y Teresa Rodríguez.

Personajes

Isabel Allende me mira en Washington, DC. Noviembre de 2015. Foto: Alfredo Duarte Pereira.

Isabel Allende
Conversaciones con mi maga

Allende recibirá la "Presidential Medal of Freedom" en la Casa Blanca

En febrero comencé el año charlando con Isabel Allende, por más de una hora, antes de que se presentara ante una audiencia de unas 500 personas en el auditorio de The Washington Post. Y este noviembre, finalizo 2014 con la noticia de que el presidente Barack Obama le concederá a Allende una de las prestigiosas "Medallas de la Libertad" en una ceremonia, el día 24, en la Casa Blanca.

Hay 18 galardonados más —entre ellos el músico Stevie Wonder, la actriz Meryl Streep o el periodista Tom Brokow— pero a uno este reconocimiento le lleva a recuperar una conversación con una de las grandes figuras de la cultura hispanounidense.

"Alberto, yo no estoy segura de nada y estoy abierta a todas las posibilidades. No me propongo convocar fantasmas, poner en literatura cosas sobrenaturales, simplemente pasan", me dijo en febrero Isabel mientras consumía su tecito con sutil firmeza.

Allende habla con golpes de humor secos, realistas, terrenales. Sólo una irónica dulzura, que viene de muy lejos, y adorna sus expresiones, suaviza la contundencia de sus palabras.

Me interesaba saber el trabajo de trinchera que hay en la mayoría de sus novelas. Dice que "La Isla bajo el mar" fue muy difícil. Le menciono "Inés del alma mía" y reitera que fue "muy difícil de investigar también". ¿Meticulosa o exigente?

"Yo quiero que el escenario donde transcurre la ficción sea tan realista que el lector me crea. Y hasta ahora ningún historiador ha notado ningún fallo porque los investigo y de la investigación sale nueva información…"

Le pregunté por la identidad, por las raíces, por la sensación que da Isabel Allende de ser una escritora global.

"¿Por qué tengo que elegir? ¿Por qué no puedes tener un pie de donde vienes y un pie a donde vas? Yo quiero quedarme con lo mejor de Chile y con lo mejor de Estados Unidos. No quiero tener que elegir… Tengo la ventaja de haber sido hija de diplomático, haber viajado toda mi infancia, haber sido exiliada política, y después inmigrante… He sido extranjera toda mi vida".

Aseguró no importarle esa sensación de "otredad": "Soy siempre la más bajita y ahora soy también la más vieja en cualquier reunión… Pero eso me enorgullece, me da una tremenda seguridad, no me diluyo en el ambiente".

Y me regaló un mensaje para los jóvenes latinos que "se diluyen": "Cuando me toca hablar ante jóvenes latinos que se pintan el pelo de amarillo y pretenden ser más estadounidenses perdiendo la lengua, les digo: es todo lo contrario, el bagaje cultural que nosotros tenemos nos hace más ricos, podemos tener las dos cosas, no hay que perder nada".

Allende vive con serenidad su propia multiculturalidad y huye de estereotipos: "Vengo de la cultura latinoamericana y desde hace 26 años estoy inserta en la cultura estadounidense,

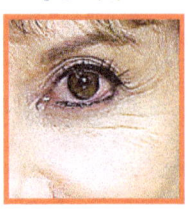

influenciada por el inglés. No me quiero poner títulos: realismo mágico, escritora feminista… ¡Déjenme en paz!"

Pero también es ella quien dice que "toda mujer inteligente es feminista".

"En todos mis libros hay historias de mujeres que tienen que vencer obstáculos para sobrevivir y salir adelante". ¿Y el feminismo?: "Cuando era una niña me di cuenta que ser mujer no tenía ninguna ventaja. Vivía en la casa de mi abuelo con unos tíos solteros, mis hermanas, mi mamá y yo. Los hombres de la familia lo tenían todo… En la pubertad me di cuenta que tenía que luchar contra la autoridad, mi abuelo, el patriarcado, la policía, la iglesia, todo el poder representado por el hombre… Después de los 20 empecé a leer a escritoras feministas… Empecé a trabajar como periodista y transformé mi rabia profunda en algo concreto: la lucha contra el machismo en Chile". Allende estaba convencida de que una lucha "tan justa y tan lógica" terminaría con el patriarcado en menos de una década: "Tengo 71 años y aquí estamos".

Se define "realista y con los pies bien plantados en el mundo". Y lo prueba explicando con lujo de detalles el trabajo de la Fundación Isabel Allende que ayuda a niñas y mujeres, sobre todo latinas, en áreas de educación, salud y protección (isabelallendefoundation.org).

Al poco tiempo de nuestra charla, Isabel me envió su último libro dedicado con una de esas flores que ella dibuja. De trazo delicado pero bien definido.

Ahora Isabel va a recibir la "Presidential Medal of Freedom". Una medalla a un ser humano excepcional.

GOGUE dibujó a Isabel

Isabel Allende posó así conmigo en Washington, DC, en febrero de 2014 antes de hablar en la sede de The Washington Post. Foto: Paco Alacid.

El Amante Japonés de Isabel Allende
Una charla personal con la escritora
Diciembre 2, 2015.

Un día en 1981, Isabel Allende empezó a escribirle una carta a su abuelo que se había muerto. Esa carta se convirtió en el primero de sus 22 libros, traducidos ya a 35 idiomas y con más de 65 millones de copias vendidas.

"Nunca pensé en ser escritora, mi vida es un milagro", explica esta mujer que empezó su brillante carrera de escritora con 40 años y hoy, al pasar los 70, siente todavía que las historias la buscan.

Nos sentamos a charlar el viernes 13 de noviembre, en la librería Politics & Prose de Washington, DC, y pronto sentí que el año y nueve meses transcurridos desde nuestra primera conversación no eran pasado sino algo fluido, que siempre estuvo ahí, que las palabras nunca se detuvieron. Pero en este año pasaron cosas: se le murió su adorada perra, se separó de su marido después de 27 años de relación y se le murió su agente y baluarte, Carmen Balcells. Y un punto de luz: en noviembre de 2014, recibió la Presidential Medal of Freedom de manos de Barack Obama quien al entregarle el galardón dijo delante de Isabel que la Medalla "celebra a las personas que han hecho de Estados Unidos un país más fuerte, más sabio, más humano y más bello".

Isabel, hace un año me dijiste que tú no creas las historias, que las historias te buscan a tí. ¿Te volvió a ocurrir con El Amante Japonés?

Las historias me buscan... Venía caminando por la calle en Nueva York con una amiga y, hablando de las madres, me contó que su madre que tenía 80 años había tenido un amigo por más de 40 años que era un jardinero japonés. Eso fue todo. Yo me quedé pensando: ¿se puede tener un amor apasionado y romántico por tantos años? ¿Cómo sería esa relación entre esta señora de alta sociedad, judía y un jardinero japonés? Y ahi empezó todo. Por supuesto, todo es ficción. La mujer real no tiene nada que ver con el personaje de mi libro.

Eres una mujer que se intriga por las cosas y decide escribirlas. En otras ocasiones asumes un reto y lo conviertes en libro como hiciste con El juego de Ripper. Pero ¿Cómo es posible que una mujer como tú que en una ocasión me hablaste del temor que te da volver a empezar un libro consigue estar cíclicamente estimulada?

Creo que es porque es lo único que hago. No tengo más vida que escribir estas historias que cuento. Vivo en eso. Vivo oyendo o preguntando, leyendo siempre, atenta a la historia. Y eso es lo que hago.

En El Amante Japonés, Takau Fukuda emigra, describes, "por razones metafísicas". ¿Qué razones te impulsaron a emigrar a ti, una persona de tantos sitios?

He sido extranjera toda mi vida, Alberto. Primero nací en Perú porque mis padres eran diplomáticos allí. Mi padre abandonó a mi madre cuando yo tenía tres años. Mi madre volvió a vivir a Chile y mis primeros años fueron en Chile. Luego mi madre se volvió a casar con un diplomático y volví

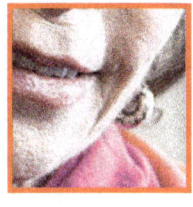

a vivir por diferentes partes. Siempre era la niña nueva en el colegio. Después vino el golpe militar en Chile. Salí al exilio, viví en Venezuela muchos años. Me enamoré de un americano y vine a vivir como inmigrante a Estados Unidos. He vivido siempre como extranjera.

Pero eres una extranjera que se compromete con su entorno. Y la prueba está en esa fundación que tienes y en tu compromiso con las mujeres, en especial con las latinas en Estados Unidos. ¿Cómo se siente una escritora como tú en el ambiente demonizador del inmigrante en que algunos políticos nos hacen vivir?

Tengo muy separado en mi vida lo que es la literatura y lo que es el activismo. Todo el activismo político, social, y feminista lo hago a través de la fundación y en mis libros procuro no pasar mensajes ni dar lecciones, ni mostrar el lado social o político de nada. Son cuestiones completamente separadas para mí.

Elisa, en Hija de la Fortuna, dice que para dominar a un hombre hay que acostumbrarlo a vivir bien… Entonces ¿suprimir los mimos a un hombre es lo que les hace a ustedes las mujeres invencibles?

No lo sé. Yo no te puedo dar una receta para eso. Y además no estoy en posición de darte ningún consejo porque me acabo de separar de mi marido después de 27 años de matrimonio y creo que le di todos los mimos y todos los cuidados y lo acostumbré a vivir bien. Y así y todo no resultó, así que la receta no sirve.

Pero Isabel Alende es mujer de largas trayectorias sentimentales: su primera relación duró 29 años y esta última 27. ¿Tienes ahora un corazón roto o un corazón escéptico?

No, nunca soy escéptica, ni cínica. Tengo un corazón abierto a lo que venga. Lo he pasado mal este año. Y por supuesto ha habido mucha tristeza y mucho dolor en la separación de un hombre al que quise tanto. Pero no me siento para nada apabullada, ni me siento fuera de circulación. Creo que el próximo año tendré un amante japonés y si no, de otra nacionalidad, no importa.

Hablemos de amantes, entonces. ¿Es cierto que la belleza de una mujer está encerrada en los ojos de su amante? Creo que lo leí en un libro tuyo. ¿O es demasiado lírico?

Es demasiado lírico y no creo haberlo escrito. Pero es cierto que la persona que te quiere te ve con otros ojos. Y a mi también me pasa. Si me enamoro me va a parecer un príncipe.

Volvamos a las pérdidas. Acabamos de perder a la gran Carmen Balcells…

Ella fue la madrina de todo lo que he escrito. Le debo todos mis libros. Le debo mi carrera. Le debo todo a Carmen Balcells.

Una vez me dijiste que hablas con los otros que existen de formas diferentes, desde tu hija Paula a otros que, al parecer, no están… ¿Has hablado ya con Carmen?

Todavía no. Acaba de morir Carmen, y ha sido un shock brutal porque murió de repente. Había tenido un almuerzo opíparo, como todos sus almuerzos, con su hijo, y en la noche se murió. La echo mucho de menos. Y creo que la próxima vez que tenga que firmar un contrato voy a tener que invocarla en la mesa de tres patas para que venga a ayudarme.

Carmen fue quien te pidió que escribieras sobre ti misma, ¿no?

Sí. En varios momentos. Cuando escribí Paula, al principio, a ella le dio un poco de miedo porque dijo que era un libro demasiado personal y demasiado doloroso. Sin embargo, después, lo apoyó absolutamente. Y después me pidió que escribiera una segunda memoria porque dijo que ya había pasado suficiente tiempo, y escribí La Suma de los Días. Y ahora, antes de morir, me había pedido que escribiera una tercera memoria. Pero en las memorias siempre aparece otra gente, no solo la vida mía. Y mi familia no quiere, me pidieron que por favor no me meta con ellos para nada.

"Requiere dedicacion fanática", eso lo dijiste una vez sobre el acto de la escritura. También decías que se te pone un nudo en el pecho cuando escribes. Suena todo muy dramático, sobre todo porque Isabel Allende es una mujer tremendamente versátil, arrebatada a la hora de zambullirte en las historias, tremendamente técnica y fría al mismo tiempo, y sin embargo cuando dices estas cosas pareces un melodrama...

Es que yo soy un poco melodramática para expresarme pero en realidad la escritura para mi require mucha disciplina y mucho trabajo pero no es dolorosa. Cuando te digo que tengo un nudo en el pecho es de anticipación, de ansiedad para poder imprimirlo en el papel para verlo. Y la sensación de que si no me apuro, estos personajes que están en el aire se van a diluir, tengo que atraerlos de alguna manera, tengo que hacerlos reales.

En Mi País Inventado dices que el 40% de los chilenos padece depresión, sobre todo —escribes- "las mujeres que tienen que aguantar a esos hombres"...

La verdad es que en Chile la gente anda deprimida, a pesar de estudios recientes que dicen que la gente se manifiesta contenta. Pero viven a crédito, para empezar. Y viven comparándose con otros que tienen más. Entonces es muy ansiosa la vida. Y las mujeres trabajan el doble que los hombres. Y siempre por menos sueldo y por trabajos menos gratificantes que los que tienen los hombres, entonces es muy difícil.

Pero tú eres una mujer de éxito. ¿Ser mujer te ha servido de algo?

Me ha servido en el amor por supuesto. Me ha servido para ser madre. Pero en materia de trabajo y sobre todo en la escritura, una mujer tiene que hacer el doble de esfuerzo que cualquier hombre para obtener la mitad del reconocimiento y respeto a lo largo de los años... Mira cuántos años llevo escribiendo y lo que me ha costado ser respetada. Lo que más molesta es que venda libros. A los lectores no, pero a los críticos sí. Porque si vendes mucho tiene que ser malo.

Eres una escritora hispanounidense cuyos libros salen a la luz simultaneamente en español e inglés en Estados Unidos ¿Cuál es tu relación con tus lectores en inglés?

Mis lectores estadounidenses leen una traducción que yo he revisado línea a línea, creo que es muy cercana al libro en español y a veces es mejor que el libro en español. En la mayoría de mis presentaciones en Estados Unidos me siento muy cómoda comunicando con mis lectores en inglés.

Existe una empatía...

Y además no sé si me ven como hispana, creo que me ven como puente. Al igual que mis lectores en español en Estados Unidos me ven como puente.

Eres versátil, impulsiva y técnica, pero te veo también un poco como una especie de exploradora de los sentimientos, o sea como un Julio Verne que anticipa cosas que luego pasan... ¿Eres un poco bruja, un poco maga?

Hay mucha gente que piensa que tengo esa capacidad de predecir lo que va a pasar. Es cierto que siento venir ciertas cosas y ciertas personas. Eso me pasa mucho.

Jorge Ramos
Las idas y venidas de un periodista

Por qué Jorge Ramos es un rebelde
Marzo 16, 2016

Esto no puede ser un artículo periodístico sobre la presentación en Washington del último libro de Jorge Ramos. Y no lo puede ser porque entre Ramos y yo hay algo personal. Si hablamos de la importancia de los millenials, de las nuevas generaciones de hispanounidenses, Ramos me pregunta por mis hijos y yo le pregunto por los suyos y aquello, de nuevo, es personal.

"Tú y yo hemos construido en las trincheras", me dice Ramos alzando un dedo a la altura del pecho. "Nuestros hijos ya son parte del edificio, tienen muchos menos problemas de los que nosotros tuvimos".

"Y se quejan menos", le digo yo. "Y van a construir un país mejor, un país que contradice a muchos de los políticos que hacen ruidos en la escena electoral de hoy", enfatiza él.

Cuando se subió al escenario de la sinagoga "Sixth & I", el lunes 14, para hablar ante un auditorio abarrotado y mayormente joven, Ramos empezó con una frase que pilló a sus seguidores por sorpresa: "Yo soy un dinosaurio", dijo y enseguida mostró que el evento estaba siendo transmitido por Facebook. Quería dejar claro que él venía de lejos y que su interés reside en las voces de los jóvenes de hoy.

Como era de esperar les habló de Donald Trump y de sus enfrentamientos con éste y otros políticos, como "los 63 segundos" que pudo hablar con Fidel Castro antes de ser apartado por los guardaespaldas, o la entrevista que le hizo a Hugo Chávez rodeado de seguidores del ex presidente venezolano que abucheaban cada una de sus preguntas. Pero si Donald Trump lo expulsó de una conferencia de prensa o si Obama se sintió incómodo ante sus preguntas, Ramos enfatizó que "no pasó nada" porque la democracia es algo grande que debemos valorar en este país.

En su último libro ("Sin Miedo" en español, "Take a Stand" en inglés) habla de lo que aprendió de los "rebeldes" que admira: Yoani Sánchez en Cuba, Desmond Tutú en Sudáfrica, los jóvenes Dreamers en Estados Unidos... Y, por encima de todas las cosas, la gran lección de su madre: una mujer que cuando ya tenía a los hijos criados decidió ir a la universidad al mismo tiempo que su hijo Jorge "y yo me la encontraba por los pasillos", contó.

Ramos forma parte de la lista de la revista Time de las "100 personas más influyentes del mundo" y es, sin duda, el hispanounidense de mayor influencia hoy. Ganador de los máximos galardones que concede la industria audiovisual estadounidense, encontrarse o, en mi caso, reencontrarse con Ramos es como si la conversación nunca se hubiese detenido y el tiempo no hubiese pasado.

Volvemos a la política, claro. "Es legítimo tomar una posición como periodista en temas de derechos humanos, de racismo, de abuso", me dice. "Claro que no soy un activista, tan solo soy un periodista que hace preguntas".

Su profesionalidad y su proximidad, su humanismo y su claridad, son el fundamento de su prestigio. Y hoy, le recuerdo, vive una aventura como comunicador televisivo que se materializa en una especie de esquizofrenia cultural y

"Tú y yo hemos construido en las trincheras. Nuestros hijos ya son parte del edificio. Tienen menos problemas de los que nosotros tuvimos".

lingüística: en su tradicional Univisión, en español, y en el canal Fusion, en inglés con un show que lleva su nombre.

Me confiesa que es "duro" porque no se siente tan cómodo en inglés y le parece que su acento es muy fuerte.

"Tu acento es americano, Jorge, es perfecto", le digo y la estrella bicultural de la televisión estadounidense me mira sin entender si me estoy riendo o lo estoy animando. Ninguna de las dos cosas, Jorge. Te estoy admirando. En ciertas cosas yo tampoco soy objetivo.

Después de hablar con Jorge Ramos, a primeros de marzo de 2016, en Washington, DC. Foto: Alfredo Duarte Pereira.

Jorge Ramos, periodista y escritor
"Vendrán de rodillas a pedirnos el voto"
Noviembre 9, 2007

Considerado uno de los hispanos más influyetes de Estados Unidos, Jorge Ramos —con 20 años al frente del noticiero nacional de Univisión y 7 premios Emmy en el bolsillo— ha escrito libros donde se ha ocupado de explicar la agenda Latina, de perfilar a líderes latinoamericanos o de narrar la crónica migratoria. Pero su libro más reciente, "El regalo del tiempo" (Rayo 2007, un sello de HarperCollins Publishers) es una serie de cartas profundamente personales y sentidas dirigidas a sus hijos.

¿Es cierto que tu nombre es George Bush?

Eso lo empecé a decir cuando Bush era candidato a la presidencia y me pareció que era un buen truco para que el presidente se acordara de mi. Pero después empezaron los terribles errores, especialmente la Guerra en Irak, y dejé de decir eso de que Jorge era George y Ramos era Bush: me pareció que no le convenía ni a él ni a mi.

De la crónica política y de la agenda Latina de los otros libros pasas ahora a la confesión intimista con "El regalo del tiempo"...

Sí. Cuando hago el noticiero la gente me conoce de la cintura para arriba... Mucha gente me conoce por lo que pienso políticamente o por mi trabajo periodístico. Y si mis libros anteriores fueron de fuera para adentro, éste es el primero que escribo desde dentro para afuera. Son 15 cartas que les escribo a mis hijos sobre las cosas que he aprendido, como papá y como pareja, como hermano, como hijo, como extranjero, como inmigrante y como periodista.

Tú que cuidas tanto tu privacidad y la de tu familia, ¿por qué cartas a tus hijos de una manera pública?

Esa fue la pregunta que más me costó responderme y justificarla. Pero quería hacer dos cosas: primero, que esto fuera también un regalo para mis hijos. Que se dieran cuenta públicamente de lo importante que son para mi. Mi hijo Nicolás, de 9 años, cuando vio el libro me dijo: ¡Papá, me pusiste en la portada!... Y lo otro, mostrar que mi vida es parecida a la de todos los demás. Tengo las mismas preocupaciones con mis hijos, los mismos problemas para hablar de sexo y drogas, los mismos problemas de pareja. Es decir, mi mundo no es extraordinario, solo que me multiplican millones de veces por televisión. Pero soy igual que los demás.

Te aseguro que tu audiencia femenina cree que eres el más bello y no cree que seas igual que los demás.

Eso puede deberse a dos cosas: una, que eso te lo haya dicho mi madre. Y dos, que hayas aceptado la invitación a cenar que te hice.

Háblame de tus mujeres...

Vivo rodeado de mujeres. La mayor parte de mis jefes en Univisión son mujeres. Trabajo al lado de dos profesionales muy fuertes: María Elena Salinas y Teresa Rodríguez. Tengo dos maravillosos ejemplos de mujeres fuertes: mi madre que fue a la Universidad en mi misma época. Tengo en mi hija Paola de 20 años el ejemplo de una mujer independiente, con una

Personajes

Ramos habla en marzo de 2016 en la sinagoga "Sixth & I" de Washington, DC. La entrevista en esta página es de 2007 Foto: Alfredo Duarte.

visión del mundo muy amplia. Y dos mujeres muy valientes que han influido en mi carrera periodística y profesional: la italiana Oriana Falacci y la mexicana Elena Poniatowska.

¿Cuál es el mejor piropo que te han dicho?

Un televidente le comentó a un amigo: yo no voy a creer que Castro se ha muerto hasta que Jorge lo diga. Ese es el mejor piropo. Que después de 20 años de estar trabajando como periodista la gente me crea. Y eso creo que funciona igual con hombres como con mujeres.

Les dices a Paola y a Nicolás que les escribes esas cartas "antes de que sea demasiado tarde". Jorge, ¿temes que el tiempo se te escape?

Cumplo 50 en marzo del próximo año y eso te hace pensar que ya pasaste la mitad de tu vida. Y esas cartas las escribo después de un accidente en una carretera de la Florida en que vi la muerte muy de cerca. La edad y ese accidente me hicieron pensar que debía decirlo todo ahora y no guardarlo.

¿Qué está pasando en este país con el tema migratorio? ¿Por qué tanto odio?

Esto es un ciclo que comenzó el 11 de septiembre de 2001. Desde entonces, ser inmigrante en Estados Unidos es más difícil. Pero se está culpando indirectamente a unos 12 millones de indocumentados de unos actos terroristas en los cuales ellos no tuvieron nada que ver. Es más, esos inmigrantes contribuyen enormemente a la sociedad y pudieran ser los mejores aliados de Estados Unidos. La ironía es que arrestan a una inmigrante llamada Elvira Arellano, pero no pueden detener a Osama bin Laden. El único pecado de Arellano fue limpiar aviones en el aeropuerto de Chicago. Ella no es enemiga de Estados Unidos, bin Laden sí. La persecución está equivocada... Hay muchos norteamericanos que no saben todo lo que los inmigrantes contribuyen y ése es un error que compartimos todos, por no comunicar bien el mensaje.

Pero se ataca al sector más débil de la población...

Sí. Estados Unidos, el país más poderoso del mundo, persigue a sus habitantes más vulnerables. Es terrible que un país fundado por inmigrates esté persiguiendo a los más débiles. Y lo más terrible es la separación de las familias hispanas por leyes que no sirven... Llevo 25 años en Estados Unidos y nunca había visto tanta hostilidad.

¿Qué se puede hacer para provocar el cambio?

La verdadera arma: votar. En las próximas presidenciales habrá 12 millones de votantes hispanos. Es decir, por cada votante hispano hay un indocumentado y este votante hispano es embajador de ese indocumentado. Se trata de hacernos ciudadanos y de votar por personas que nos defiendan y nos entiendan.

Has escrito sobre la agenda latina... ¿qué te sorprende de esa agenda en este país hoy?

Yo esperaba que Estados Unidos se enamorara de los hispanos. Pero nos encontramos en lo opuesto. Es como que te quieres casar con tu novia y la insultas. Me parece que los políticos nos van a necesitar. Y me sorprende que no se den cuenta de que los latinos somos la novia y de que tendremos el voto final. Vendrán de rodillas a pedirnos el voto... Lo que yo le añadiría a la agenda latina es que no medí entonces la furia y el odio antiinmigrante que hay hoy en Estados Unidos.

The Ramos Attack:
Stop the gridlock on immigration

May 27, 2014

The GOP and the Democrats remain in nonsensical political gridlock on a paramount constitutional issue facing the United States: Immigration reform. Both parties' interests have taken priority, and leaders of each have dug their heels in for self-preservation and political jockeying. This is the conclusion reached by Univision journalist Jorge Ramos, a prominent broadcaster and key influencer regarding the U.S. Hispanic community.

On May 22, Ramos attended the weekly press conferences of the leaders of the House and the Senate — and made both newsworthy.

"Why are you blocking immigration reform?" Ramos asked Speaker John Boehner (R-OH). "Me? Blocking?," answered Boehner, followed by comments about his personal distrust of the President and the Affordable Care Act serving as justification of his personal inaction on the immigration issue. "What does Obamacare have to do with immigration reform?," Ramos followed-up. No answer.

Ramos continued, pointing out that the Speaker had not brought immigration reform to a vote.

Again, no response.

Later that day, Ramos challenged Senate Majority Leader Harry Reid (D-NV) on the same issue. Ramos pointed out that Democrats appeared to lead the Hispanic community into false hope for immediate and comprehensive immigration reform.

The GOP may be attempting to allow inaction to reign until the 2016 presidential election, at which time they may articulate a vision for immigration reform. For Republicans, passing any kind of reform under the current administration would increase the favor Democrats have already garnered with Latino voters. Reid stated that if the GOP doesn't move on immigration reform in the next six weeks, then Democrats will take action. Really?

The result: Political gridlock will be in place until July 21st. In the meantime, President Obama — in order to show his tough stand on immigration — continues to stubbornly enforce current immigration policy in the strictest sense, impacting immigrant families in grievous ways.

And the Republican Speaker of the House is ignoring the 2012 Supreme Court mandate made through the Arizona Decision, which purports that immigration issues are a federal responsibility, requiring swift, fair, and holistic action on behalf of all American people — citizens and noncitizens.

Two weeks ago, I explored fully the mandate placed upon our President and Speaker of the House to fulfill their constitutional responsibilities as it relates to immigration and naturalization.

Ramos eloquently reiterated these points, demonstrating through direct discourse with relevant parties, that our leadership has chosen to hold tight to inaction and stubborn refusal to engage in responsible leadership on one of the most important issues facing our nation.

We must require our leaders to act in our best interest. Now.

El inquisitivo ataque de Jorge Ramos
Por la reforma migratoria
Mayo 27, 2014

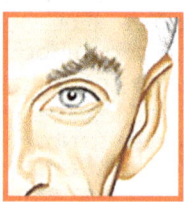

El GOP y los demócratas siguen estancados en un callejón sin salida y sin sentido sobre un tema constitucional de crucial importancia para Estados Unidos: la reforma migratoria. Los intereses de ambos partidos mandan y sus líderes muestran su intransigencia en un juego de autopreservación y politiqueo. Esta es la conclusión a la que llegó el periodista de Univisión Jorge Ramos, uno de los comunicadores más influyentes en el país sobre temas hispanos.

El 22 de mayo, Ramos asistió a las conferencias de prensa semanales de los líderes de la Cámara de Representantes y del Senado, y consiguió que ambos eventos —generalmente de una discreta trascendencia— tuvieran relevancia periodística.

"¿Por qué bloquea usted la reforma migratoria?", le preguntó Ramos al presidente de la Cámara Baja, John Boehner (R-OH). "¿Yo? ¿Bloqueo?," respondió Boehner, para comentar a continuación que no confiaba en el presidente Obama y su Ley de Salud, como su justificación para la falta de acción en el tema migratorio. "¿Qué tiene que ver Obamacare con la reforma?", preguntó Ramos. No hubo respuesta. Ramos le recordó a Boehner que no había llevado el proyecto de ley de inmigración —aprobado en el senado— a un voto en la Cámara de Representantes.

De nuevo, no hubo respuesta.

Ese mismo día, Ramos cuestionó al líder de la mayoría demócrata en el Senado, Harry Reid (D-NV). Le dijo que los demócratas parecían ofrecer falsas esperanzas al votante latino sobre la posibilidad de reforma migratoria.

Puede que el GOP desee que reine la nada en el tema migratorio hasta las elecciones presidenciales de 2016. Entonces, tal vez, harían pública su visión sobre el asunto. Porque los republicanos temen que aprobar una reforma bajo la actual administración aumentaría aún más el favor del voto latino por los demócratas. Reid dijo que si el GOP no hacía ada respecto al tema migratorio en las próximas seis semanas, entonces los demócratas pasarían a la acción.

¿De verdad?

De ser así viviríamos en la nada, al menos, hasta el 21 de julio. Mientras, Obama —para mostrar su "firmeza"— sigue aplicando una política migratoria estricta que destruye familias e impacta negativamente en la comunidad inmigrante. Y Boehner decide seguir ignorando el mandato de la Corte Suprema en 2012, a raíz de la decisión sobre Arizona, en la que se expresó que la inmigración es una responsabilidad federal que requiere acción rápida, amplia y justa hacia las personas que viven en Estados Unidos —ciudadanos y no ciudadanos. Hace dos semanas, hablé de ese mandato que pesaba sobre Obama y sobre Boehner para cumplir con su responsabilidad constitucional respecto al tema de la inmigración y la ciudadanía. Ramos reiteró ese punto, demostrando que nuestro iderazgo ha decidido aferrase a la inacción, rechazando así toda responsabilidad en la solución de uno de los temas más importantes que encara nuestra nación.

Hay que exigir que nuestros líderes actúen por el bien de todos. Ya.

"Go back to Univision!"
Trump vs Ramos
August 31, 2015

The aspiring presidential candidate for the Republican Party, Donald Trump, has achieved what many politicians can only dream of: leading the polls and becoming the focus of unrelenting media attention.

On August 25th, the latest chapter of the Trump soap opera included a xenophobic or anti-Mexican theme ("Go back to Univision!"), a declaration of love for his thousands of Hispanic employees ("I love them...they love me"), a stab at Jeb Bush _currently Trump's primary competitor for the Republican nomination_ by calling him "incompetent," an explanation of how Trump would build a 1,200 mile wall on the southern border ("Very easy, I am a builder"), and the rationale as to why Trump, and only Trump, is capable of solving the immigration crisis in the United States and any other problem that is presented before him in the Oval Office ("I am a great manager...I hire incredible people"). This extensive declaration of Trump's principles was articulated in one rushed conversation with Univisión journalist Jorge Ramos.

A few minutes earlier, Ramos had been escorted out of the room by a member of Trump's security team. Ramos was heated and Trump would not give him the floor. Outside of the room, followed by a camera, Ramos was berated by a man who told him, "Go back to your country!" Ramos countered by informing the man that he is an American citizen, to which the man said, "Whatever!"

After those tense moments, a member of the Trump campaign indicated to Ramos that he could now return to the press room. What ensued was a hasty exchange between the microphoned politician and the un-microphoned reporter. The debate, though unbalanced, shined a light on worthy themes that must desperately become integrated into the national dialog. For instance, Trump spoke on the 14th Amendment of the Constitution _the amendment that guarantees American citizenship for children born in the United States regardless of the origin or legal status of their parents. And the immigration issue always perversely labeled by politicians like Trump as a criminal matter, regardless of statistical evidence and diverse economic research to the contrary.

Rewriting the Constitution and reforming a broken immigration system will not be accomplished through Trump's incessant yelling, populist slogans, or the spreading of apocalyptic scenarios: Malicious hordes of illegals jumping over fences and looking for a place to pop out a baby, rape women or commit all kinds of crimes.

One of Trump's biggest flaw, _which is admired by his thousands of supporters_, is the way in which he articulates and perceives real problems that directly affect many American families. Trump could reasonably discuss how he hopes to mitigate the problems associated with the 14th amendment or how he plans to establish a rational and humane guest worker program. In fact, one of the great Republican voices, Helen Krieble, has for many years promoted a plan known as

The Red Card Solution, which connects foreign workers with American businesses that are looking for labor. However, the Republican Party and Mr. Trump have not given any attention to Krieble's proposed program. It appears as though the only "humane" method for the "great manager" to act on the issue of immigration is through mass deportation. Without a doubt, a Trump administration would shatter any deportation records set under the Obama administration.

If you want numbers, go to Google. I will say it in a simple manner. The way Jorge Ramos has been saying it for years: Immigration does not bring crime to the US, quite the opposite. It is a source of wealth and one of the economic engines of this great nation. If Trump is the great "manager" that he claims to be he should start by managing his country's reality from a positive perspective. Immigration needs to be properly managed in order to not hold hostage millions of workers who long to move freely in and out the country that employs them. This would certainly avoid the forced citizenship that Republicans so much fear.

Jorge Ramos has the right to be an annoying reporter, even to be impertinent. Donald Trump, as a politician and somebody who aspires to become a public servant, cannot treat a reporter as an uncomfortable chair he moves in or out of his press room depending on his whim.

It seems obvious that Trump's "business model" works well for the candidate and perhaps also for the rich businessman _as evidenced by the multi-million dollar lawsuits against Ramos' company, Univision, chef José Andrés and others who have piqued his anger. But Trump's political model lacks the vision and the mission of a leader who needs to understand that the US is increasingly more urban, more mixed _meaning more racially and culturally sophisticated.

Trump needs to understand that this country is experiencing a transformation at a technological level, in the labor markets, and in its religious fabric. That there is a new morality in the streets of the country and that the military and financial threats to the nation are globalized. That a 21st-century politician must understand that theses changes mean the arrival of a new nation. And that resistance to accepting and managing the new reality of a changing and emerging nation will only bring disaster.

That is why Ramos has the right to incessantly ask questions and that's why Trump has the obligation to articulate answers that reflect a new American reality. But he has yet to do so.

Pepe Mujica

charla con el guerrillero vegetariano

En Washington, DC, después de conversar con el presidente Mujica de Uruguay en mayo de 2014. Foto: Paco Alacid.

Entrevista con el guerrillero vegetariano
Presidente Mujica de Uruguay
Mayo 18, 2014

Estrecha la mano con suavidad, como para dejar al otro preguntándose dónde estará la dureza de este ex guerrillero Tupamaro en el Uruguay de los años 60: herido de bala seis veces, cuatro veces preso, fugado de la cárcel en dos ocasiones y con 15 años, en total, entre rejas. Uno espera el peso de la historia al otro lado de la mesa y se encuentra con un hombre sólido, realista y cómodo con las conclusiones que le ha servido la vida.

El presidente de la República Oriental del Uruguay, José Mujica, visitó Washington, DC, entre el 12 y el 15 de mayo, para hablar con el presidente Barack Obama y arrimar a Estados Unidos a la agenda humanista uruguaya. Al final, fueron tres días de efectiva diplomacia blanda.

Estados Unidos y Uruguay firmaron un Memorando de Entendimiento para la igualdad racial, étnica y social que impulsará los intercambios profesionales, asociaciones público-privadas e iniciativas regionales.

Durante el cálido encuentro entre Mujica y Obama _ donde el uruguayo le dijo al estadounidense que el trabajo le aceleraba las canas_ Mujica abrió las puertas de su país a Estados Unidos, no solo en inversión económica directa, sino para que acudan técnicos y profesionales a compartir su experiencia. Y Obama se comprometió a proporcionar fondos para "triplicar el tamaño del programa de intercambio de profesores entre EE.UU. y Uruguay".

Durante nuestra conversación, Mujica se quejó de que la fuga de cerebros es "más bien robo de cerebros", expresando su preocupación ante la pérdida del talento formado en el Uruguay.

Le dije que uno tenía la sensación de que Uruguay era un país de vacas, artistas y futbolistas. No tomó el estereotipo como una ofensa. Al contrario, durante la conversación el presidente desgranó el tema con paciencia de hombre del campo.

"Mi país tiene cuatro vacas por cada habitante y otras tantas ovejas", dijo. "Es un país eminentemente pecuario. En los últimos años se ha diversificado más hacia la agricultura, pero lo pecuario nos dio características de país urbanizado porque nos adaptamos al mercado mundial... Ahora está cambiando. El país ha multiplicado su productividad y actualmente tenemos el mejor per cápita de América Latina, pero tenemos todavía problemas".

Mujica me ofrece una mirada intensa, acentuada por cejas en rebelión permanente, y las dos líneas de los labios serios bajo un bigote antiguo esconden su capacidad para la ironía y la distancia. Tal vez por eso, cuando le recordé que en 2009 se definió como un "gerrillero vegetariano" _más allá de la derecha y de la izquierda_ se permitió sonreir con un ruido gutural escueto para, de inmediato, recuperar la sobriedad y encarar al periodista.

"La lucha por la igualdad entre los hombres no se la podemos regalar a la derecha, que ése nunca fue su objetivo. Que la libertad no está en subasta. Tenemos que construir sociedades

igualitarias respetando los fundamentos de la libertad, entendiendo que en la sociedad hay muchas diferencias, y en el mundo, y que no hay derecho a imponerle lo que uno piensa a los demás".

Entonces a uno se le ocurre recordarle al presidente Mujica el escepticismo del poeta uruguayo Mario Benedetti quien, en un poema contra el uso de "los derechos humanos" desde el poder, se pregunta: "¿no sería hora / de que iniciáramos / una amplia campaña internacional /por los izquierdos humanos?"

Y Mujica se inclina sobre la mesa, y me mira punzantemente y me indica, con un dedo a medio camino entre su rostro y el mío: "Le diría que no solo soy de izquierdas. Yo soy bastante libertario. Con una desconfianza al exceso del poder del Estado, pero contrario a la explotación del hombre por el hombre. Mi fantasia, mi lucha es ayudar en lo posible a que la gente aprenda a organizarse y sean dueños de su trabajo sin tener que contratar a otros para que trabajen para ellos".

¿Y cómo se siente este hombre que fue protagonista y producto de la Guerra Fría y que hoy es presidente de su país en relación con Estados Unidos?

"Si yo me dejo mover por atavismos culturales y tradición tengo el alma llena de reproches a lo que ha sido la política norteamericana para con nuestra América Latina, pero como estoy viejo sé que lo blanco o lo negro no existe y que lo único que existe son matices. No pongo todo adentro de una bolsa. Trato de diferenciar".

Mujica mira a Estados Unidos desde los valores y explica que "las universidades americanas y el sistema de investigación, la masificación de la cultura, la pléyade de pensadores que hay aquí no son un valor secundario".

Y añade: "Yo sé que están los prepotentes, los imperialistas, y el conjunto de intereses que consideran que el mundo tiene que ser como ellos lo piensan. Pero también están los otros, los muchísimos otros. Acá hay una lucha de ideas también, y acá fundaron la República. Nosotros en el Sur hemos soportado las patologías de la República: demagogia, populismo, tiranía. Acá también padecen patologías de la República: son los lobby, la presión de los lobby que evitan que los intereses de los ciudadanos difícilmente lleguen arriba. Pero a pesar de eso, tenemos que pelear por mantener la democracia republicana y mejorarla. Que no se crea nunca perfecta y está en nuestras manos mejorarla".

Allá donde va le persigue al presidente Mujica el tema de la legalización de la marihuana que ha puesto a Uruguay en un punto de mira a nivel global.

Cuando acudimos a la entrevista, en Potomoc, Maryland, en la residencia del embajador de Uruguay ante la Casa Blanca, Carlos Pita, encontramos al presidente Mujica enfrascado en un tira y afloja sobre el tema de la marihuana, contestando a las preguntas de un canal de TV estadounidense.

"Pero nosotros no legalizamos la marihuana. Regularizamos el mercado... Hay que atender a la gente... El narcotráfico es peor que la droga... No va a ser un proceso de fumar libremente ni que propicie el vicio, va a ser un mayor control..."

Mujica dijo que en 1985 había en Uruguay 2.000 consumidores de marihuana. Hoy son 150.000 consumidores los que están bajo el control del narcotráfico. Se trata, añadió, de "arrebatar el mercado para dejar al narcotráfico sin negocio, no para expandir un vicio".

Al hablar con Mujica uno tiene la sensación de que comparte un pasado enorme, un pedazo de historia. Pero también estamos ante el hombre sencillo que dona el 90% de su sueldo y vive en la chacra de su esposa. Por eso me interesaba que me contara su país en sus propias palabras: "Es una esquina históricamente conflictiva. Fue territorio de marca de los viejos imperios, Portugal y España. Al fin y al cabo la historia no quiso que fuéramos Argentina y no podíamos ser Brasil tampoco. En el fondo, las potencias que manejaban el mundo

"Tenemos que construir sociedades igualitarias respetando los fundamentos de la libertad, entendiendo que en la sociedad hay muchas diferencias y que no hay derecho a imponerle lo que uno piensa a los demás".

previsoras, astutas y sabias, y sin escrúpulos aprovecharon las contradicciones regionales para que las costas del Atlántico Sur no fueran a quedar en manos solo de dos países".

Y alzó la voz para enfatizar la conclusión: "Y ahí estamos, en una esquina importante. Pequeños, pero ricos en territorio fértil. Es como quien tiene un kiosko en una esquina por donde pasa todo el mundo".

Mujica dijo que "la socialdemocracia se fundó en el Uruguay" y relató que, a principios del siglo XX, "Uruguay le dio el divorcio a la mujer por su sola voluntad, el Estado se hizo cargo de la venta de alcohol mientras que en EEUU inventaban la ley seca. Reconoció la prostitución, la legalizó, se les dio un carnet a las meretrices que tenían la obligación de revisarse y era una profesión como cualquiera. Fundó en 1914 una universidad para que las familias se animaran a enviar a las nenas a estudiar... Y el Estado hoy en Uruguay, heredado de nuestros abuelos, es el que refina el combustible y lo distribuye, el que genera y distribuye energía eléctrica. Tiene por lejos los principales bancos que son del Estado, el agua potable en las ciudades es del Estado... Y eso nos ha permitido que cada chico que va a la escuela tenga una computadora y los que van al liceo también. Y se está llevando el internet a todas las clases sociales en el país. Se empezó por los más pobres... Esto ocurre no porque estemos nosotros en el poder. Esto es posible porque estamos en el Uruguay y hay una tradición de esas cosas. Después tenemos limitaciones, pero somos el país de América Latina que distribuye mejor... Tenemos problemas culturales, problemas de la cultura del conocimiento. Hemos crecido y ahora nos faltan técnicos de toda clase... Bueno, pero vamos andando".

Para cerrar la conversación hubo que hablar de fútbol y del Mundial de Brasil. Algo que un presidente latinoamericano solo puede discutir en Washington con un periodista hispano. Mujica, antes de definir su ganador, explicó que una de las profesiones más importantes de su país es la exportación de jugadores y técnicos de fútbol: "debemos ser per cápita los que tienen más jugadores por el mundo". Y sentenció: "si Uruguay pasa la serie es un peligro para cualquiera. No porque juegue mejor. Porque tiene tradición, tiene historia, tiene cultura, y en los partidos difíciles se multiplica. Pero si no gana Uruguay, deseo que gane un cuadro latinoamericano. Y de no haber latinoamericanos entonces que gane España o Italia", concluyó José Alberto Mujica Cordano, de sangre vasca y genovesa, y ciclista en su juventud.

La imagen de Mujica vista por GOGUE.

Chef José Andrés
condecorado en La Casa Blanca

El Chef José Andrés visto por GOGUE.

Obama le otorga la Medalla de las Humanidades
Septiembre 29, 2016

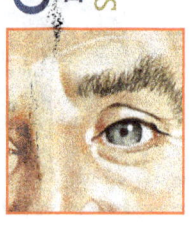

Lleva una vida reinventándose e impactando su territorio profesional, el del sabor y la cocina, que para él es también la patria de las emociones, la cultura y la solidaridad humana. Ahora, el chef José Andrés acaba de recibir la Medalla a las Humanidades que concede Estados Unidos a quien, como él, ha hecho la diferencia en la manera en que sentimos los sabores y ha enriquecido el tejido cultural estadounidense.

"Yo soy solamente un cocinero", repite Andrés a quien le pregunte.

Pero un cocinero que se involucra cultural y cívicamente en su comunidad, en sus patrias políticas y emocionales —España y Estados Unidos— y que parece obsesivamente empeñado en cambiar el mundo a través de lo que sabe hacer: cocinar.

Dice que se gana la vida cocinando, que le importa la comida y que quiere contribuir a aliviar el hambre en el mundo. Por eso, cuando el huracán Katrina devastó Nueva Orleans sintió "un llamado" y cuando un terremoto asoló Haití en 2010 decidió "viajar allí y cocinar para la gente". Aquel fue, dice, el momento de actuar; pero José Andrés quería ofrecerle a esas comunidades sustentabilidad. Y creó World Central Kitchen.

"Creo que se puede erradicar el hambre, pero necesitamos ser inteligentes e innovadores, y necesitamos hacerlo ahora", expresa siempre con cierto sentido de urgencia. Porque José Andrés parece que siempre tiene prisa, y seguirle el ritmo en la generación de ideas para otro restaurante o para otra iniciativa social no es tarea fácil. Y ahora, además, en plena vorágine electoral su nombre también está sobre la mesa.

Durante la recepción en la Casa Blanca que siguió a la entrega de manos del presidente Barack Obama de las medallas a las Artes y Humanidades, el 22 de sptiembre, al chef le preguntaron por su litigio judicial con el candidato presidencial Donald Trump.

"La mejor manera de combatir a cualquier persona que tenga mensajes negativos es tener una buena sonrisa, salir a votar y apostar por un mundo de inclusión y no de exclusión", dijo Andrés quien retiró su nombre del restaurante del nuevo hotel de Trump en Washington luego de los insultos contra los inmigrantes hispanos con que el candidato republicano inició su campaña como aspirante presidencial.

En mayo pasado, también en Washington, durante un evento de Latino Victory José Andrés declaró que había dejado de ser "independiente" y se había registrado como demócrata ante el enrarecido ambiente político que atraviesa el país exacerbado por el fenómeno Trump.

"Los indocumentados no son el problema, son parte de la solución para hacer Estados Unidos grande otra vez", defendió el chef español en referencia al eslogan electoral de Trump.

Asegura que no es plato de su gusto esto del menú político, pero Andrés es un hombre de acción y de transformación. Y quedarse callado no es un condimento que utilice en sus recetas. Lo cierto es que a este inmigrante español y ahora hispanounidense, Estados Unidos lo ha acogido con los brazos abiertos casi de manera multiplataforma: "celebrity" que se codea con Hollywood tanto como con los medios de comunicación, conductor de programas de TV con la comida y el sabor español de protagonistas, activista social y comunitario y, además, consejero en temas de nutrición para la Casa Blanca donde ha colaborado con la primera dama Michelle Obama. ¿Se puede pedir más de un inmigrante? Tal vez sí: fue nombrado miembro del Consejo Asesor de Turismo y Viajes del Gobierno de Estados Unidos.

Ésa es la impronta del chef hispanounidense José Andrés, fundador de la compañía Think FoodGroup. Ha sido el responsable de crear la fiebre estadounidense por las tapas que ha sacado del recinto español para internacionalizarlas como nadie haciéndolas parte de la normalidad en la diversidad estadounidense.

El año pasado estuvimos con él cuando, en Washington, la candidata demócrata a la presidencia Hillary Clinton le impuso la Medalla del Congressional Hispanic Caucus Institute durante el Mes de la Herencia Hispana. Se le reconocía, una vez más, su labor social y cultural en Estados Unidos.

Entonces nos habló de su amor por Estados Unidos y de cómo su trayectoria aquí es ya parte de quién él es como persona y "como cocinero".

En 2009, fue elegido 'chef del año' por la revista GQ, y su prestigio entre la élite de la cocina estadounidense e internacional se materializa en charlas y cursos en universidades como Harvard.

Por no contar el número de eventos de recaudación de fondos para organizaciones caritativas donde comparte el escenario con colegas, chefs de renombre que también son sus amigos.

Hoy José Andrés cuenta con su propia marca que ha lanzado en supermercados especializados en Estados Unidos.

Me ha insistido siempre que su actitud hacia la cocina es la de un aprendiz curioso que busca "nuevos puntos de vista".

"Llegué a Estados Unidos como un joven español que creía saberlo todo", dijo en una ocasión. "Trato de encontrar el significado de la cocina tradicional con la que crecí, pero también he aprendido mucho de la cocina norteamericana".

Tal vez uno de los momentos más personales, como entrevistado, que me ha

En septiembre de 2015, Hillary Clinton le entregó a José Andrés la Medalla del Congressonal Hispanic Caucus Institute. En 2016 recibiría la Medalla de las Artes y Humanidades de manos del presidente Barack Obama. Foto: Alfredo Duarte.

brindado José Andrés fue el año pasado en el teatro Hispano GALA de Washington cuando recibió un homenaje junto a la viuda del músico Pablo Casals. Entonces Andrés contó sus dos pasiones mientras conversábamos sobre el escenario del GALA.

"Cuando era niño sentía pasión por dos cosas: la cocina y el teatro", comentó Andrés y habló de sus incursiones en el teatro independiente español en los años de la transición democrática en un país que se reencontraba con las libertades. Pero, dijo, la cocina era lo suyo. Y su familia fue clave. ¿La primera receta? "Los pimientos asados de mi madre".

"Ella me enseñó a asar los pimientos y hacerles después un sofrito de ajo. Entonces se añade vinagre de jerez y se dejan a fuego lento durante una hora o más, para que adquieran todos los aromas lentamente. Al final, quedan deliciosos. Es como la receta típica de los pimientos del Piquillo pero con pimientos asados ¡Buenísimos!".

El chef José Andrés (nombre completo José Ramón Andrés Puerta) tiene restaurantes en Washington DC, Beverly Hills, Las Vegas, South Beach, Dorado y Filadelfia. Está casado y tiene tres hijas. Su formación tuvo lugar a las órdenes del "mejor cocinero del mundo", Ferran Adrià en el restaurante El Bulli.

Años más tarde, en 2010, Andrés daría un curso en Harvard sobre la física de la cocina con el maestro Adriá. En mayo de 2012, Andrés fue nombrado decano de estudios españoles en The International Culinary Center, donde él y Colman Andrews desarrollaron un curriculum académico sobre la cocina española moderna y tradicional. El 29 de octubre de 2012 Andrés anunció que regresaba a las aulas para enseñar un curso en la George Washington University en la capital estadounidense. Se trataba de enseñar cómo la comida influye y forma civilizaciones. Esta universidad le otorgaría un doctorado honorario en servicio público el 18 de amyo de 2014 cuando pronunció el discurso de fin de año académico en el National Mall.

Este visionario en chef, humilde y lleno de urgencias por la innovación y el mejoramiento de su comunidad, se mete en todas las cocinas. Sus restaurantes van desde la cadena Jaleo (el buque insignia que lideró la revolución de las tapas y las paellas en Estados Unidos y que empezó en el área metropolitana de Washington para desembarcar en Las Vegas hace pocos años) pasando por un restaurante exclusivo y glamuroso en Los Angeles o los de nueva cocina mexicana, mediterránea y chino-japonesa-peruana en Washington.

Hay más y más por venir.

Avendaño (izq.) con el Chef José Andrés (der.) durante una presentación en la embajada de España en Washington en 2013. Atrás, un amigo común: el entonces jefe de prensa de la embajada Gregorio Laso.
Foto: Alfredo Duarte.

Ángel Cabrera

Visión desde la George Mason University

El presidente de George Mason University, Ángel Cabrera, después de la entrevista con Avendaño en 2013 en el restaurante español Taberna del Alabardero de Washington, DC. Foto Alfredo Duarte Pereira.

Cabrera preside una Universidad y quiere que los estudiantes creen sus propias oportunidades
Enero 14, 2016

Mantener un espíritu abierto a las oportunidades y trabajar para retirar obstáculos del camino educativo son dos elementos recurrentes en la conversación con el rector —o presidente como se le llama en Estados Unidos— de la George Mason University. El rector Ángel Cabrera es, además, hispano lo cual le convierte en una feliz "anomalía" en este tipo de cargo.

"Es un desafío increíble y para alguien como yo a quien le apasiona la educación es una oportunidad única", dijo Cabrera.

Después de tres años en el puesto, Cabrera entiende la brecha entre realidad y deseo, así como el equilibrio entre los dos frentes que tiene abiertos en George Mason: "Somos la universidad más grande de Virginia, con 34.000 alumnos ahora, y somos una universidad pública de misión y espíritu. Esto quiere decir que, por un lado, queremos hacer investigación y ser una universidad puntera académicamente comparable a las mejores universidades del mundo; pero a la vez queremos proporcionar acceso a cuantas más personas mejor".

Y el reto, dice Cabrera, es hacer esas dos cosas bien. George Mason es una universidad "puntera" —está considerada entre las 200 mejores universidades del mundo— pero a la vez, enfatiza, hay que tener las puertas abiertas a una población diversa: "Hacer esas dos cosas bien, a la vez, es lo más complicado y lo más bonito".

El compromiso de Cabrera con la igualdad de oportunidades es consistente. Hoy Virginia es un estado donde los "dreamers" —jóvenes inmigrantes indocumentados traídos al país de niños por sus padres—pueden acceder a algunas universidades públicas y el rector de George Mason habla con orgullo de la presencia de estos estudiantes en su campus.

El 24 de agosto de 2013, durante la celebración del 50 aniversario de la Marcha de Washington que luego traería la Ley de Derechos Civiles de 1964, Cabrera fue uno de los oradores en el Mall Nacional: "A muchos jóvenes hombres y mujeres todavía se les niega la educación... porque no tienen suficiente dinero, o porque son indocumentados", dijo entonces Cabrera para quien la diversidad, además, es una prioridad.

"En el mundo en que vivimos ya no vale tener una empresa en un lugar o país con población uniforme, igual; sino que se debe funcionar y desarrollarse en entornos muy variados, complejos y diferentes y para vivir en entornos así se necesita saber manejarte en ambientes diversos y con gente muy diferente a ti. Eso es la diversidad", expresó.

El reto es mejorar la calidad de la educación mientras se aumenta el acceso, el número de estudiantes, lo cual genera mayores costes y un aumento en el número de alumnos por aula. Hay que buscar la manera de hacer las dos cosas, resolver el problema, indica Cabrera.

El rector de George Mason asume que una parte importante de su tiempo es recaudar fondos para la universidad porque es "una clave del futuro" de su institución educativa. La realidad es que la universidad pública recibe cada vez menos fondos —sea quien sea el gobernador del estado, dice. Y cada vez los impuestos pagan menos de esa factura educativa.

"En los años 80, cuando mi generación en Estados Unidos fue a la universidad, los contribuyentes de su estado pagaban tres cuartas partes del coste de su universidad pública", dice.

"Ahora los contribuyentes pagan una cuarta parte, si tienes suerte. ¿Quién paga el resto? Los estudiantes, las familias. Y si no tienen el dinero tienen que pedir dinero prestado, un préstamo que luego va a retrasar la acumulación de riqueza durante la vida. Es decir, estamos pasando el coste de la educación de lo público a lo privado, del estado al individuo, y eso tiene unas implicaciones que obliga a las universidades públicas o privadas a recaudar unos fondos que son necesarios. Por eso me paso una buena parte de mi tiempo convenciendo a filántropos y a gente de recursos a que inviertan en la universidad", comentó Cabrera y advirtió que el panorama que describe puede ser el gran problema de las generaciones que vienen.

Innovación, diversidad, emprendimiento y accesibilidad son los principios del sexto rector de George Mason y de la institución a la que representa. Además, durante su discurso de aceptación del cargo hace tres años en Fairfax enfatizó la capacidad transformativa de la educación.

"Soy testigo de cómo las universidades cambian vidas", dijo el rector. "Vine a este país como muchos jóvenes sueñan hacerlo: porque ofrece la mejor educación del mundo". Cabrera habló en aquella ocasión de su abuelo, un maestro de pueblo _El Torno_ en España.

"Crecí pensando que ser maestro era la profesión más importante del mundo. Siempre quise ser maestro, educador, como mi abuelo", compartió Cabrera.

Pero hoy sus credenciales académicas son galácticas y su actividad es incansable. Fue decano de la prestigiosa escuela de negocios de Madrid _ situada entre las 10 mejores del mundo_, fue rector o presidente de la Thunderbird School of Global Management en Arizona, es autor de un libro sobre liderazgo global, académico Fulbright, posee cuatro titulaciones universitarias y, además, toca la guitarra y es un tuiteador constante. Pregunta: ¿Tiene tiempo un ser humano para hacer tantas cosas?

"La verdad es que soy muy mal ejemplo a la hora de organizar el tiempo de mi vida; pero he tenido una trayectoria muy movida. Siempre buscando dónde encontrar esos sitios en los que tener mayor impacto y la vida me ha llevado por vericuetos que jamás habría imaginado", explicó Cabrera.

Una última curiosidad sobre sus estudios: ¿Qué relación hay entre un ingeniero de telecomunicaciones, un sicólogo y un experto en negocios globales?

"Me interesaba la ingeniería pero en un momento determinado de mi vida también me interesó la sicología, y luego fui rector de una escuela de negocios... Lo que le digo a la gente joven es que no se obsesionen demasiado con la carrera que quieran estudiar. Los estudios son para abrir puertas, todo ayuda. Tú sigues siendo dueño de tu vida... Todo puede pasar y uno no tiene por qué ponerse orejeras, sino mantener todas las oportunidades abiertas".

En agosto de 2015, Thomas Heath de The Washington Post escribió un perfil sobre Cabrera en el que enfatizaba que lo inspirador del rector de GMU era su compromiso para ayudar a otros que, como él, vinieron a este mundo con talento pero sin la hoja de ruta que acompaña a los hijos de familias privilegiadas. Explica Heath que en la universidad que preside Cabrera, muchos son hijos e hijas de familias de altos recursos económicos. Pero un tercio de los estudiantes son la primera generación de sus familias en ir a la universidad, al igual que Cabrera lo fue. Y la mitad de los estudiantes de GMU pertenecen a los llamados grupos de minorías. Esta es la universidad donde Cabrera hace la diferencia.

Ligia Peralta
La doctora de la ciencia y el compromiso social

La doctora Ligia Peralta después de la entrevista con Avendaño en el antiguo edificio del Washington Post. Foto: Alfredo Duarte.

De su padre aprendió el amor a la ciencia y el espíritu de servicio. De su madre, el poder de la autoafirmación. De ambos: su espíritu libre y su curiosidad incansable.

La doctora Ligia Peralta es pediatra, investigadora, exprofesora en la escuela de Medicina de la Universidad de Maryland y miembro de la comisión de Salud del estado de Maryland donde ha sido introducida en el Salón de la Fama como una de las mujeres distinguidas del estado. Hay más, pero antes de seguir el viaje, a uno se le ocurre preguntarle por cómo siente ella esa trayectoria.

"Mi trayectoria personal y profesional en el área de Washington no ha sido convencional", explica la doctora Peralta. "Empecé como médico especializándome en algo que era un tanto tabú: el VIH en la juventud".

Tabú, dice, en lo moral y emocional, pero lo enlazó todo en su actividad imparable para unir lo académico, lo clínico y lo comunitario. Y sin dejar de investigar: "Invertí mucho tiempo en desarrollar la investigacion genómica: sacar el DNA no solo del cuerpo humano sino de las bacterias. Y en eso me especialicé porque nos da información sobre cómo cuidar el ser humano y cómo los médicos pueden detectar en el futuro qué es lo que le va a pasar a usted. Lo más importante: un diagnóstico rápido, efectivo y poco complejo", sonríe la doctora quien tiene la habilidad de hacer sonar simple toda complejidad científica.

Aunque Peralta ha trabajado con el Departamento de Estado de EE.UU. en el desarrollo de programas de salud en África y Latinoamérica, y mantiene su compromiso con la salud de la comunidad del área metropolitana de Washington, siente que le ha llegado otra etapa en su vida.

"Es el momento de llevar la investigación a otro nivel", dice. Ese nuevo reto, o feliz obsesión, es lo que la ha llevado a Harvard y a MIT donde ahora se encuentra. Investiga y al tiempo abre puertas a las mujeres. "Eso es en lo que me voy a enfocar en MIT. Es un curso especial para profesionales como yo que ya han desarrollado una carrera y que deseamos avanzar la ciencia, la economía, las finanzas en nuestros países y a nivel global, buscando nuevos conocimientos que impulsen el desarrollo humano".

Ser mujer y la ciencia

"Creo que muchas mujeres saben lo que quieren a muy temprana edad porque es tal vez la manera compleja en que desarrollamos nuestro cerebro. Sabemos muy bien lo que queremos: desde ser madres a desarrollarnos de cualquier manera. Lo que ocurre es que tenemos mucho miedo. Nadie nos enseña que con nuestra mente y nuestro desarrollo podemos hacer muchas cosas que ni nos imaginamos... Como mujeres _y sobre todo mujeres latinas_ tendemos a ponernos nuestras propias trabas".

Achaca a "la enorme libertad" en la que creció el haber podido entrar en una carrera difícil en la que no hay mucha representación femenina o latina. Y asegura que "para romper barreras uno tiene que estar muy seguro de si mismo".

"Soy hija de mi padre. Él fue una persona que me inspiró a la investigación: en cama mi papá me leía revistas científicas, me las narraba y discutía conmigo. Como dice mi madre, él sabía que estaba desarrollando mi cerebro", explica.

Esa etapa le hizo querer imitar a su padre no solo como científico, sino en su pasión de servicio a la comunidad. "Nos llevaba a hacer servicio comunitario con él. Y así aprendí que el éxito de un investigador clínico tiene que ver con su formación comunitaria. No todo se aprende en la escuela de medicina. Gracias a mi comunidad yo he podido hacer estudios tan innovadores como la genómica. Mi comunidad me apoyaba y yo pude interactuar con ellos y conseguir que ellos entendieran mi trabajo", dice.

Producto de esa pasión comunitaria es Casa Rubén: "Es un homenaje a mi padre que comenzó cuando él estaba muy enfermo, en su lecho de muerte, y escribimos la primera propuesta a una fundación para empezar a ayudar a mujeres y niños de bajos recursos".

¿Y su mensaje para las nuevas generaciones latinas? "Boten el miedo, no importa cómo luzca, que acento tenga, no importa cuál es su origen... cuando usted expresa que usted tiene un interés, en Estados Unidos usted puede llegar muy lejos".

A los jóvenes, la doctora Peralta les pide utilizar las nuevas tecnologías para aprender y para enseñar a los demás.

Doctora Ligia Peralta. Foto: Alfredo Duarte

Ligia Peralta es miembro del Consejo
de la Casa Blanca contra el SIDA

Agosto 4, 2015

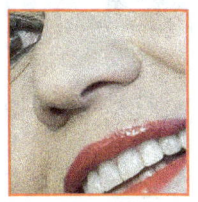

El 30 de julio, la Oficina para políticas sobre el SIDA de la Casa Blanca dio a conocer la actualización de la Estrategia Nacional sobre el VIH/SIDA, una estrategia que enfatiza las nuevas herramientas para cubrir las necesidades de las poblaciones y comunidades más afectadas a causa del VIH/SIDA. Esta actualización al plan nacional recomienda que exista un enfoque especial hacia los hombres latinos y afroamericanos que son gay o bisexuales y hacia "las mujeres de color".

"Lo que ocurrió en la Casa Blanca el 30 de julio fue algo histórico porque por primera vez se rompieron barreras sociales y se incluyó a todo un país —incluyendo lo global— en la lucha contra el VIH/Sida", nos dijo la doctora Ligia Peralta pocas horas después de hacerse pública la nueva estrategia.

Peralta es miembro del Consejo Presidencial de VIH/SIDA y fue la única latina que participó y fungió como maestra de ceremonias en el evento. Como consejera de la Casa Blanca, Peralta participó en el desarrollo de una estrategia que hay que valorar en el contexto del Obamacare y de la investigación.

"Gracias al Obamacare se facilita el acceso a la prevención y se evita la discriminación; pero además el trabajo de los Institutos Nacionales de la Salud, NIH, sigue aportando investigación y esperanzas", apuntó la doctora Peralta quien se acaba de graduar del "MIT Sloan Program in Innovation and Global Leadership" y quien cuenta con una importante trayectoria en temas de salud en Maryland donde es Comisionada de Salud del estado.

"La estrategia nacional de la Casa Blanca incluye también a nuestra gente que todavía no tiene documentos", explicó la doctora.

Si bien el objetivo se fecha en el año 2020, Peralta asegura que no se pueden alcanzar los objetivos sin considerar nuestro presente:

- La epidemia de VIH es todavía un tema de salud serio en Estados Unidos.
- La mayoría de las personas afectadas pueden vivir más tiempo y con buen estado de salud general si son diagnosticados a tiempo y pueden conseguir tratamiento.
- Ciertas poblaciones sufren la enfermedad de manera desproporcionada.
- Todas las personas en Estados Unidos deben tener acceso a la educación y los medios que ayuden a prevenir la transmisión del VIH.
- Todas las personas diagnosticadas con VIH merecen un tratamiento y cuidado médico que no las estigmatice y que tenga en cuenta la diversidad cultural de las poblaciones afectadas.

Y ahora, para tener éxito en los próximos cinco años, se requiere mejorar en áreas clave, como la ampliación en el acceso al cuidado de salud y el apoyo social.

La doctora Peralta explicó que Obama firmó la nueva estrategia nacional "20 minutos antes" de comenzar la reunión del 30 de julio en la Casa Blanca.

Peralta aseguró que lo más importante para ella de esta nueva etapa en la lucha contra el VIH/Sida es que "los objetivos de la agenda son muy claros y precisos y la unidad a nivel nacional, así como la parte global, es lo más novedoso".

Se trata de conocer quién está infectado y que pueda conectarse a los servicios que se necesitan.

"Y todas las agencias por primera vez tienen un compromiso de trabajar juntos. Comunidad científica y comunidad social y política", dijo.

Unas 50.000 personas se infectan con el VIH cada año en el país y más de un millón de estadounidenses viven con VIH. Según los CDC, uno de cada ocho estadounidenses desconoce que está infectado.

La doctora Ligia Peralta es pediatra, investigadora, exprofesora en la escuela de Medicina de la Universidad de Maryland y miembro de la comisión de Salud del estado de Maryland donde ha sido introducida en el Salón de la Fama como una de las mujeres distinguidas del estado. Hay más, pero a uno se le ocurre preguntarle por cómo siente ella esa trayectoria en nuestra comunidad del área metropolitana de Washington.

"Mi trayectoria personal y profesional en el área de Washington no ha sido convencional", explicó la doctora Peralta. "Empecé como médico especializándome en algo que era un tanto tabú: el VIH en la juventud".

Tabú, dice, en lo moral y emocional, pero lo enlazó todo en su actividad imparable para unir lo académico, lo clínico y lo comunitario.

El Padre Solalinde

con los inmigrantes y contra el silencio

El sacerdote de los inmigrantes
que lucha contra la violencia en México
Octubre 25, 2014

En 2013 me visitó en El Tiempo Latino un sacerdote mexicano que traía bajo el brazo y en el corazón un mensaje reivindicativo a favor de los inmigrantes. En aquel entonces, hace año y medio, el sacerdote Alejandro Solalinde venía a Washington, DC, para traer "la voz de los sin voz". Hoy Solalinde, en México, denuncia la inhumana brutalidad de la violencia. Y sigue enfrentándose al poder establecido.

Según informaron las agencias de noticias, la Fiscalía mexicana no recibió el 20 de octubre al sacerdote Alejandro Solalinde. El padre Solalinde _Premio Nacional de Derechos Humanos en México y amenazado de muerte por el temido cártel de Los Zetas_ acudió a las instalaciones de la Subprocuraduría Especializada en Investigación de Delincuencia Organizada (Seido) para entregar información sobre la desaparición de 43 estudiantes en el municipio de Iguala.

"Yo vine a presentar mi declaración porque así me lo pidieron las autoridades. Yo viene a comparecer, pero resulta que no nos recibieron", expuso el sacerdote a periodistas.

Solalinde pretendía entregarle a las autoridades un escrito en el que se recoge el testimonio de cuatro personas, que _ según dijo_ contribuiría a resolver el caso.

"Yo no soy policía, quiero aclarar, a mí me llegó esta información (...) ellos se acercaron a mí, yo soy responsable de esta información y yo no los voy a dejar solos", expresó ante la prensa.

La Procuraduría General de la República (PGR) explicó que se le había comunicado al asistente del sacerdote para cambiar la fecha del encuentro dado que el fiscal, Jesús Murillo, tenía una reunión en Acapulco con los familiares de los estudiantes desaparecidos.

La PGR indicó que Murillo mantiene su invitación para que Solalinde "pueda asistir a su oficina a colaborar con esta investigación, dada la información que dice tener", según reportó la agencia EFE.

Los 43 jóvenes permanecen desaparecidos desde la noche del 26 de septiembre, cuando un grupo de policías los subieron en patrullas en el municipio de Iguala, en el sureño estado de Guerrero, y nunca más se supo de su paradero.

Aquella noche fallecieron seis personas, entre ellas tres estudiantes de la Escuela Normal Rural de Ayotzinapa, y 25 más resultaron heridas en varios tiroteos protagonizados por policías locales presuntamente al servicio del cártel Guerreros Unidos.

Uno de los testimonios recogidos, explicó Solalinde, da cuenta de que los jóvenes fueron asesinados y "sus cuerpos fueron calcinados con diesel y sepultados en fosas clandestinas en las inmediaciones de Iguala".

También mencionó que esa misma persona le mostró un mapa con la posible ubicación de las fosas, en un territorio "en el norte de Guerrero, casi colindante con el Estado de México".

El activismo de un sacerdote

Solalinde le pidió al Gobierno mexicano que esclarezca el caso de los estudiantes desaparecidos.

El caso de los estudiantes de Iguala es la última cruzada en la que se ha embarcado el sacerdote mexicano quien ha protagonizado duras contiendas con el establecimiento político mexicano en años recientes.

Solalinde visitó Washington, DC, el 19 de abril de 2013 invitado por la Iglesia Unitaria Universalista de River Road en Bethesda, Maryland. Y mantuvimos una intensa conversación en el antiguo edificio del Washington Post. En aquellos días su foco era la inmigración, el sufrimiento de los migrantes y el daño de la política de deportaciones estadounidense y mexicana.

Después de 30 años de servicio a la Iglesia Católica, y de luchar "contra la burocracia de la Iglesia", Solalinde abrió el albergue de inmigrantes en Ixtepec, no sólo para interponerse a las violaciones a los derechos humanos de los indocumentados centro y sudamericanos, sino para "vivir el evangelio cerca de los que sufren".

"En 2005, en Oaxaca, los sacerdotes nos reuníamos junto a las vías del tren y allí vi los trenes llenos de inmigrantes sucios, hambrientos y sedientos mientras esperaban el tren a Veracruz. Eso me creó una inquietud enorme", nos explicó Solalinde aquel viernes de 2013. Y narró: "Pedí permiso al obispo para trabajar con los migrantes. Yo ya le había dado 30 años de mi vida como párroco y creía que era justo que viviera el evangelio a mi manera".

Pero Solalinde se movía siguiendo su conciencia y contra las normativas de la institución eclesiástica.

"Le dije al obispo que si él no estuviera encargado de llenar parroquias y fuera Jesús, no me metería en una parroquia a hacer más de lo mismo, sino que me encargaría de trabajar con los migrantes", añadió.

México comparte con Estados Unidos 3.000 km de frontera que se extiende desde el océano Pacífico hasta el Atlántico y por el sur, México comparte fronteras con Guatemala y con Belice. Estas fronteras han sido en los últimos años el escenario de los crímenes más atroces contra los inmigrantes. Según la Comisión Nacional de Derechos Humanos de México, este país ha visto 22.000 migrantes secuestrados en 2011, alrededor de 70.000 migrantes centroamericanos desaparecidos en su paso por México y alrededor de 100.000 muertes atribuidas a la guerra de las drogas.

Para Solalinde, "la migración es un derecho" y ha culpado a policías, políticos y mafias de ser responsables de este "holocausto del migrante".

Ese espíritu activista le ha valido amenazas de muerte —ha salido del país por eso— y en 2013 cuatro policías estatales del gobierno de Oaxaca lo escoltaban en su albergue, algo que el sacerdote aceptó cuando Margarita Zavala, la esposa del ex presidente Felipe Calderón, se lo pidió.

En 2011, el presidente Calderón aprobó una Ley de Migración conocida como "Ley Solalinde" que descriminaliza la inmigración irregular y establece una "visa de transmigrante" que le permitiría a los migrantes transitar por México de manera segura y legal.

Pero Solalinde volvió a denunciar en febrero de 2013 "las violaciones a la ley y a los derechos humanos de migrantes en Veracruz y Oaxaca". Y en la primavera de 2013 se puso al frente de la "Caravana por la Esperanza" que recorrió Estados Unidos para denunciar que los migrantes son, en su gran mayoría, víctimas económicas y desplazadas por la violencia, quienes viajan hacia Estados Unidos para romper con las dinámicas de pobreza y falta de oportunidades.

"Tras sufrir los más crueles abusos a manos de los extorsionadores en México, muchos migrantes sufren también injusticias a manos de las autoridades estadounidenses, quienes los deportan sin detenerse a investigar los riesgos a los que el migrante está expuesto", nos dijo Solalinde en 2013, con espíritu sereno y tenacidad combativa mientras abrazaba a algunos en la redacción y se hacía fotos con nosotros.

Avendaño con el Padre Solalinde en 2013 en Washington.
Foto: Ivonne Alemán-Zanatta.

Grace Flores-Hughes

La mujer que nos Lamó hispanics

Grace Flores-Hughes.

"Los hispanos tenemos hoy poca influencia política, poca representación en los medios de comunicación y en juntas directivas de empresas... pero mejoraremos y seremos pronto una fuerza importante en este país".

Grace Flores-Hughes hizo la diferencia
Septiembre 15, 2014

Aunque la presencia hispana y el español lleva más de 500 años sobre lo que hoy es territorio estadounidense, hubo un tiempo en el que lo hispano no existía en términos de gobierno. Hubo un tiempo en el que en Washington existió una "Oficina de Apellidos en Español (Spanish Surnames)". Y entonces llegó ella.

Durante más de cuatro décadas en el gobierno federal, Grace Flores-Hughes trabajó para tres presidentes: Ronald Reagan, George H. W. Bush y George W. Bush. Durante la época que estuvo en el Department of Health, Education and Welfare (HEW), a primeros de los 70, Flores-Hughes estableció "Hispanic" como la palabra que utilizaría el Gobierno para identificar a toda una comunidad. El término se hizo oficial en los formularios del Censo de 1980.

"Lo hispano nos define mejor y nos da más poder", expresó Flores-Hughes. "Latino, de manera literal, incluye a los portugueses e italianos, por ejemplo, y eso diluye a los hispanos de Estados Unidos a la hora de contarnos y explicarnos de manera efectiva: ¿Quiénes somos? ¿Cómo nos sirve el Gobierno? ¿Por quién votamos?"

Dice que mucha gente piensa que fue el presidente Nixon quien oficializó el término "Hispano": "Pues no, Nixon no tenía tiempo para ocuparse de estas cosas, así que no hay que enfadarse pensando que un anglo nos llamó hispanos. La responsable fue una burócrata hispana, y sin importancia, como yo".

Todo empezó cuando un departamento de HEW elaboró un informe sobre la educación de los hispanos y los nativo-estadounidenses.

"Los autores del informe eran todos anglos", explica Flores-Hughes. "A nosotros nos llamaban puertorriqueños a todos y a los nativo-estadounidenses les llamaban indios, y luego nos llamaron a todos 'Mexican Americans" y cuando se le presentó el informe a educadores y activistas lo rechazaron por el uso de esos términos. Por eso, el entonces sercretario de HEW, Caspar Weinberger, nos pidió trabajar en definiciones claras".

Y Flores-Hughes _la funcionaria más joven de aquel grupo_ lo tuvo claro desde el principio. Ella creció en el sur de Texas, en condiciones de pobreza y abuso racial y emocional, algo que relata en un libro de memorias titulado "A Tale of Survival _Memoir of a Hispanic Woman."

"En Texas me solían llamar 'Latin American' pero yo no me identificaba con eso, yo siempre supe que lo español era parte de quien yo era, por eso en las discusiones de gobierno siempre defendí el término hispano", enfatizó.

Pero asegura que no se opone a todas las alternativas que da el Censo hoy: Spanish-Hispanic-Latino. Flores-Hughes dice que entiende que hay personas que se rebelan contra el término hispano y prefieren latino y que hay muchos que son solamente latinos y no se identifican como hispanos, pero para ella lo importante es que "gritando y protestando" llenemos la cajita del Censo "para hacernos contar y seguir avanzando como comunidad".

En la página 176 de su libro hay una foto en blanco y negro en la que el presidente Ronald Reagan anuncia, delante de la Casa Blanca, la nominación de Grace Flores-Hughes como directora de Relaciones Comunitarias.

Dice sentirse orgullosa de haber podido contribuir, incluso de haber hecho "ruido" en un ambiente "demasiado anglo y poco propicio para una mujer hispana". Pero aún hay mucho que hacer: "Somos la minoría más grande pero con muchas cosas que superar. Tenemos el mayor índice de fracaso escolar en el país, el mayor índice de embarazos prematuros en la adolescencia, demasiada gente en los trabajos que requieren menos nivel de preparación, muy poca representación en puestos de influencia política, muy poca representación en los medios de comunicación, y lo mismo en las juntas directivas de empresas. Pero estoy convencida de que mejoraremos y seremos una fuerza importante en este país".

Foto que figura en la autobiografía de Grace Flores-Hughes donde se ve al presidente Ronald Reagan el día que Grace es nombrada directora de Relaciones Comunitarias de la Casa Blanca, en 1987.

Grace Flores-Hughes narra una vida de sufrimiento y redención desde un pueblo en Texas hasta Washington, DC

Septiembre, 2013

Junto a la página 177 del libro "A Tale of Survival: Memoir of a Hispanic Woman", se ve una foto en blanco y negro en la que el presidente Ronald Reagan anuncia, delante de la Casa Blanca, la nominación de Grace Flores-Hughes como directora de Relaciones Comunitarias. Corría el año 1987.

A Flores-Hughes la rodean en esa foto el entonces vicepresidente George H. W. Bush, y la secretaria del Tesoro Katherine Ortega, entre otros. Ese fue, sin duda, un momento de triunfo para esta mujer que hoy vive en Virginia y decidió publicar unas memorias que ya le han valido el reconocimiento en Festivales del Libro en Nueva Inglaterra y Nueva York. Hoy la autora prefiere recordar una experiencia de vida plagada de retos que, según sus palabras, la han convertido en una mujer llena de determinación, fortaleza y compromiso.

¿Cuál es el recuerdo más duro de su vida en el pueblo de Taft en Texas donde usted nació?

Sin duda el haber sido testigo del abuso sexual de tantas jovencitas que acabaron violadas o casadas adolescentes, mientras quienes podían y debían hacer algo por ellas no hacían nada o ponían excusas para que todo siguiera igual.

¿Y su recuerdo más optimista?

Ver a mi madre trabajar en dos y hasta tres trabajos para salir adelante con éxito. Y nunca quejarse ni depender del gobierno. Como resultado de su duro trabajo, nunca fuimos ricos en la familia pero su determinación para sacar adelante a sus cinco hijos nos permitió disfrutar de una vida relativamente confortable. Esto me convenció de que con trabajo puede llegar la recompensa económica.

¿Cuál fue ese momento en el que usted pensó que su vida iba a cambiar para siempre?

Aquel día en enero de 1967 cuando me subí a un avión con destino a Washington, D.C. Aquel fue el momento en que el camino se abrió de una manera impensable. No tenía ni idea de cómo se iba a desarrollar mi vida en DC, pero en mi interior yo sabía que ya no volvería a vivir en Texas.

Usted subtitula su libro, como "Memorias de una mujer hispana": ¿Cómo ve el futuro de la comunidad latina en Estados Unidos?

Somos la minoría más grande pero somos una comunidad con muchas cosas que superar. Tenemos el mayor índice de fracaso escolar en el país, el mayor índice de embarazos prematuros en la adolescencia, demasiada gente en los trabajos que requieren menos nivel de preparación, muy poca representación en puestos de influencia política teniendo en cuenta nuestra población, muy poca representación en los medios de comunicación, y lo mismo en las juntas directivas de empresas. Sin embargo, estoy convencida que nuestra comunidad seguirá creciendo, más unida, y mejorará su lugar en la sociedad estadounidense. Y conseguiremos influir en la escena política y económica y seremos una fuerza importante en este país.

¿Qué se puede hacer para cambiar la imagen negativa de nuestra comunidad?
Tenemos que rebelarnos cuando se crean estereotipos de nosotros o cuando estamos en desacuerdo con ciertas políticas. No debemos pertmitir que sean los otros quienes nos definan. Debemos decir lo que pensamos en temas como inmigración, el mundo laboral o la educación. Debemos exigir que se nos dé tiempo real en los medios de comunicación, debemos exigir más periodistas latinos, más comentaristas latinos, más voces...

¿Por qué debemos leer este libro?
Porque es más que una historia hispana. Es una memoria estadounidense que busca inspirar a la gente, al mismo tiempo que denuncia una época de división y racismo.

Torcuato Zamora
El rey flamenco de Washington

Torcuato Zamora en 2014. Foto: Alfredo Duarte.

El guitarrista español Torcuato Zamora lleva 52 años llenando el área metropolitana de arte

Octubre 24, 2014

Entrar en la casa de Torcuato Zamora Herrada, en Silver Spring, Maryland, es sumergirse en los colores, ritmos y formas de España. Los cuadros de amigos pintores, los carteles de sus conciertos en todo el mundo, las fotografías personales, íntimas y casi siempre relacionadas con el arte del flamenco o la expresión artística española. Hay bailaoras, banderas de España y de Andalucía, fotografías con embajadores y artistas. Pero también mucho lucerío de colores y olé. Y cerámicas con frases irrepetibles y un tablao flamenco y un rincón donde Torcuato practica o enseña el arte de la guitarra a sus alumnos.

"Esta casa es el museo de España en Washington", me dijo una tarde reciente mientras grabábamos un video para El Tiempo Latino que captura el espíritu de esta casa que Torcuato reconstruyó con sus propias manos hace más de 50 años.

"Aquí tengo un mural que me pintó Francisco Castillo y los recuerdos de toda una vida", contó. "Aquí crecieron mis hijos. Esta es la casa en la que recibo a mis amigos con la comida que yo preparo hasta para más de 100 invitados que vienen a disfrutar del flamenco, de la música y de un poco del corazón español".

Así de abarrotada, como su casa, es el alma de Torcuato Zamora. Un guitarrista que nace en Almería, España, en 1935 y vive las penurias de la postguerra civil. El hambre y la tristeza llevó al suicidio a su hermana Matilde justo antes de que Torcuato consiguiera "despegar" en la vida.

En su libro "El Cortijo: Memorias de un guitarrista español en los Estados Unidos" Torcuato rinde homenaje al matrimonio francés Claude Robert y Francine Caillard a quienes considera sus "segundos padres".

"Ellos me sacaron de la España dura y sin oportunidades de los años 50 y me llevaron a Luxemburgo donde empecé a dar conciertos y a enseñar la guitarra clásica y el flamenco", dijo.

En Luxemburgo se enamora de una estadounidense que se lleva a Torcuato a Texas. El principio del matrimonio fue complicado por razones "de carácter y culturales", según explica el artista. Y después de intentar "escaparse" de vuelta a España, las procelosas aguas del matrimonio se calmaron y en 1963 nacía su hija Lisa en el hospital Sibley de Washington. "Ahí nacieron también Torcuatico y María Cristina", dijo.

"En mi tierra estaba acostumbrado a luchar por la vida", explicó para poner en perspectiva su trayectoria de reinvención en el área de Washington. Un día salió con su guitarra a buscar trabajo en DC y lo encontró en El Bodegón, un restaurante español que estaba en la calle 17 y la R. Le dijeron que tenía que tocar acompañando a una bailarina. "Jamás había tocado para baile. Mi repertorio era de concierto y yo no sabía los cambios y cortes que dan los bailarines", explicó. Pero salió adelante y conoció a Adelina Callahan, hija de Manuel y Adelina Pena, un matrimonio gallego pionero en el rubro de los pequeños negocios latinos en Washington. Adelina, la hija de los Pena, abriría restaurantes en los años 60, pero en los 40 sus padres habían inaugurado la primera tienda latina de DC,

Torcuato Zamora con su hija Lisa en la Residencia del Embajador de España en Washington después de recibir la Medalla al Mérito Civil en 2015. Foto: Alfredo Duarte

Casa Pena, y luego don Manuel editaría la primera publcación hispana del área, Spanish Home News, que vería la luz un 20 de octubre de 1944.

En los años 60, Torcuato trabajaría también en un restaurante mexicano, La Fonda, que estaba junto a El Bodegón de Adelina. Y luego tocaría en La Alhambra que estaba en la M y la 18 también de DC. Y en 1972 se estrenaría en el restaurante Don Quijote en la avenida Georgia de Silver Spring.

Poco a poco la música de Torcuato Zamora comenzó a ser apreciada. The Washington Post publicó, el 19 de agosto de 1983, un perfil del guitarrista en el que ya se habla de su libro de memorias, que no se llegará a publicar hasta el año 2010 y que hoy solo se puede conseguir comprándoselo directamente al autor quien no usa ni email ni celular, solo el teléfono de la casa en la que lleva viviendo 52 años: 301-587-2266.

"El libro es especial porque tiene los dibujos de Paco Castillo y fotos muy personales", explicó Torcuato. De los tiempos de sus recitales en El Bodegón viene su amistad con el gran pintor español Francisco Castillo quien también vivía en Maryland.

Torcuato cuenta que abrió una tienda de ropa y accesorios para el baile flamenco en Silver Spring. Se llamaba Olé Boutique. En su libro pubica una foto con el pintor Castillo el día de la inauguración de la tienda, el 29 de noviembre de 1999.

"Mi gran amigo el artista Paco Castillo fallecería al día siguiente", expresó.

Hoy Torcuato desea sobre todo publicar sus poemas, llenos del sabor andaluz. "Ver mis poemas publicados sería un sueño", dice. "¡Y que mi casa sea declarada museo del sabor español de Washington!", exclamó.

Cuando salimos a la calle Bonifant de Silver Spring para despedirnos, Torcuato señaló con precisión las ramas que cortó hace poco o el escenario que montó para la última fiesta con el grupo Furia Flamenca. Es un hombre lleno de música, generoso y sincero. Con una sonrisa de eternidad en los labios.

Torcuato Zamora en su casa de Silver Spring, Maryland.
Foto: Alfredo Duarte.

Javier Rupérez

La marca Washington

El libro de memorias de un embajador español

Octubre 28, 2014

Johann Sebastian Bach fue un compositor alemán, emblema del barroco y un genio del contrapunto, la harmonía y de la utilización del motivo como identidad. Francisco Javier Rupérez Rubio —el embajador Javier Rupérez— es un castellano, de Madrid, que confiesa a Bach como banda sonora y, desde la sobriedad de Castilla, ha sabido barajar los contrapuntos políticos en España manteniendo un foco obsesivo en la identidad nacional enmarcada en una libertad necesariamente barroca.

Fue mi privilegio —el 17 de octubre— presentar en el Plaza Institute de Bethesda, Maryland, el libro de Javier Rupérez: "Memoria de Washington: Embajador de España en la capital del imperio". Un libro de memorias y comentarios, de vida y diplomacia, de un conservador español que nos lleva de la mano para mostrarnos el interior de un retazo de vida en Washington —desde lo político, lo personal, lo familiar, e incluso lo visceral.

Los capítulos son irónicamente o descriptivamente musicales. Por ejemplo: "Andante maestoso: Bush visita España", o "Concerto a tempo agitato: los prolegómenos de la guerra". En sus páginas se destilan comentarios de los años anteriores y posteriores al septiembre 11 de 2001 en Estados Unidos. Y nos introduce en la íntima dureza de los momentos que siguieron a los ataques terroristas en España: "Serían las tres de la mañana en Washington, las nueve en España, del día 11 de marzo de 2004, cuando sonó el teléfono en mi mesilla de noche". Luego vendría la manifestación en el Washington Circle, asegurar que no habría "ni olvido ni perdón", y la conversación con el presidente George W. Bush, un momento importante en el libro.

Haber tenido el honor de presentar un libro de Javier Rupérez fue algo personal, y no parte de la rutina profesional.

Recuerdo que un día le dije al embajador Rupérez que para mí era un privilegio conocerlo ya que él es un protagonista de la historia reciente de España y, por tanto, un personaje histórico. Noté entonces que una de las cejas del embajador se contorsionó en un tic —entre la incredulidad y la sorpresa— que traicionaba el tradicional estado de impavidez de un diplomático al uso.

Tal vez lo que para mí es normal —expresar el respeto por la presencia, esencia y trayectoria de Javier Rupérez— para muchos en mi círculo español resulta una anomalía. No importa.

Les resumo: Rupérez es un abogado accidental, un periodista y un narrador de corazón, y un diplomático de carrera. Fue presidente de la Internacional Demócrata Cristiana y de la Democracia Cristiana de España, esa rara avis a la que el Vaticano negó tres veces en la Península. Fue diputado, senador... y para saber sobre sus distinciones nacionales y extranjeras y sobre los cargos en diferentes embajadas de España en el mundo, ante la OTAN, en Naciones Unidas... sugiero que le pregunten a google. En 1963 fue uno de los fundadores de "Cuadernos para el Diálogo", una publicación histórica en la larga marcha hacia la democracia en España.

En 1979, Rupérez estuvo secuestrado por el grupo terrorista ETA. Producto de aquella tensión una enfermedad se llevó a su primera esposa, Geraldine Molenveld (anglicana de religión), con la que tuvo una hija. Hoy Rupérez está casado con Rakela Cerovic (ortodoxa de iglesia)... lo cual parece sugerir que el embajador, para el amor, elige las órbitas cristianas más periféricas.

Con Rakela tiene una hija, Laura, que está en High School aquí en DC. Y con Rakela, Rupérez vivió los años de embajador ante la Casa Blanca entre 2000 y 2004, tiempos de unas relaciones únicas entre Madrid y Washington.

Rupérez es autor de varios libros, incluyendo la novela "El Precio de una Sombra", sobre espías y diplomáticos en la Polonia del final de la Guerra Fría, además de sexo, política y otras dialécticas perversiones. En "Memoria de Washington" resume su vida de embajador "en la capital del imperio". El embajador es Senior Advisor en el Center For Strategic and International Studies aquí en Washington; es Miembro Correspondiente de la Real Academia de Ciencias Morales y Políticas de España y acaba de ingresar en la Academia Norteamericana de la Lengua Española.

En la video-entrevista que subimos a washingtonpost.com, Rupérez afirma que su vida siempre ha oscilado entre la política y la diplomacia. Indica que no se comprende la diplomacia sin una cierta capacidad para la política y que él, en definitiva, se siente político porque "[la política] es como una mala mujer, nunca te abandona".

Al presidente Bill Clinton —a quien tuvo que presentar credenciales cuando asumió como embajador— lo define como "un encantador de serpientes", alguien que es capaz de hacerte sentir la persona más importante en el momento en que está hablando contigo.

"Pero la administración Clinton la vi como muy desordenada", dijo.

Poco después, llega la administración de George W. Bush y se suceden lo que Rupérez califica como "los años de las relaciones más fructíferas y próximas que nunca ha habido entre España y Estados Unidos". Coincidieron, dice, dos presidentes —el español José María Aznar y el estadounidense Bush— que procedían de un centro-derecha político con una agenda de proyección de la democracia. Hay que recordar, señala Rupérez, que la primera visita de Bush al exterior fue a España.

"Como embajador me beneficié de unos años únicos en la relación bilateral", dice Rupérez e indica que "Bush gana en la distancia corta". Define al expresidente estadounidense como un hombre que nunca presumió de culto, pero que "es un hombre listo" y "bien intencionado".

Asegura Rupérez que esa derecha que representaba Bush —el conservadurismo compasivo— entendía el tema de los hispanos de Estados Unidos y que, si el 11 de septiembre no hubiera ocurrido,

"Bush hubiera llevado a cabo la reforma migratoria que hoy tantos claman", dice.

De esos años, recuerda como "negativa" la influencia del vicepresidente Dick Cheney y se queda con el propio presidente Bush, con el "excelente" Secretario de Estado, Colin Powell y con "la magnífica" Condoleezza Rice, quien primero fue Consejera de Seguridad Nacional y luego Secretaria de Estado.

La memoria de Washington de Rupérez es una sinfonía política y personal.

El embajador Rupérez durante la presentación de su libro de memorias en Plaza Institute de Bethesda en 2014. Avendaño (atrás) fue el anfitrión del evento. Foto: Alfredo Duarte.

Luis de Lezama

Los secretos del amor y la cocina

Hablamos con el padre Luis de Lezama Barañano

Cuenta Luis de Lezama Barañano en la introducción del libro "La Cocina del Alabardero: 50 años, 50 recetas" que el sabio Leonardo da Vinci fue cocinero.

Es más, regentó una taberna en el puente Vecchio de Florencia. A don Luis, el padre Lezama, no le queda lejos esta historia: "Soy clérigo y periodista. Ahora hasta párroco. Hago buenos sermones. Pero he terminado haciendo pasteles. Mejor aún, ni siquiera eso. Haciendo que otros los hagan. ¡Y muy bien hechos!".

El lunes, 1 de diciembre, el padre Lezama presentó ante la prensa washingtoniana, en su restaurante Taberna del Alabardero, un libro para alimentar mente, cuerpo y espíritu. Cuando el Alabardero de Washington, DC, cumple ya 25 años y su Alabardero de Madrid se acerca a los 50, este cura novelista, comunicador y trapecista de la vida publica lo que parece un libro de cocina y es mucho más. Editado por Salsa Books, del grupo editorial Planeta, "La Cocina del Alabardero" es un viaje del anecdotario personal, visceral y emocional de uno de los curas más respetados de España.

A los 26 años, Lezama comenzó como párroco en dos iglesias humildes del extrarradio de Madrid. Allí luchó contra la marginación juvenil, la droga, y la cárcel. Le llamaron "el cura de los maletillas", por su implicación social con los aprendices de torero a los que abrió su casa como albergue. Decide entonces montar un restaurante para emplear a estos jóvenes sin recursos.

"Descubro que la hostelería produce, a muy corto plazo, un cambio en los jóvenes, les hace relacionarse socialmente, les hace adquirir una educación y una cultura básicas, les hace evolucionar en la creatividad a través de la cocina", explicó Lezama a El Tiempo Latino.

Así creó un grupo formado inicialmente por un cura "que no tenía idea de cocina" y muchachos desamparados que vivían de recolectar "chatarra, cartones y papeles viejos". En 1974 se abrió la Taberna del Alabardero en Madrid, frente al Palacio Real. Y en 1989 se inauguró La Taberna del Alabardero de Washington, DC.

Hoy el padre Lezama preside una de las cadenas más prestigiosas de España con más de 600 empleados y una facturación de más de $20 millones al año. Y todo manejado en un contexto no lucrativo, sin accionistas ni presiones. Eso, explica Lezama, le da independencia y capacidad de innovación y riesgo.

Este cura que le regaló al Papa Francisco una piruleta con forma de corazón _símbolo de su colegio Santa María La Blanca, en su parroquia de Madrid_ ha sido testigo y coprotagonista de la historia reciente de una España políticamente epiléptica para la que Lezama tiene un consejo: "Necesitamos políticos que hayan trabajado, que hayan tenido un empleo, que sepan lo que es la vida".

Por su libro transitan toreros, escritores, y lo que algunos llaman personajes anónimos, pero que el padre Lezama convierte en

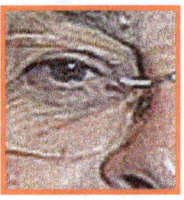

Con el padre Luis de Lezama Barañano en 2014 el día que presentó su libro de cocina en la Taberna del Alabardero de Washington.

motores de cambio. Y también políticos, pocos, para aderezar un todo de sabrosa humanidad. Deliciosa también la gimnástica anécdota con el anterior rey de España, Juan Carlos I.

"La cocina me ha enseñado a aprender haciendo", afirma y señala que la cocina es recuerdo, memoria. "Si no te evoca tu mundo, tu niñez, tu adolescencia, tu historia es un añadido sin sentimientos".

Y si le preguntas que te nombre un plato, Lezama le rompe la cintura al entrevistador trayendo a colación el salmorejo de Córdoba. Porque este vasco no te enfrenta con la contundencia y elaboración de la cocina del norte de España, antes bien te recuerda al Papa Francisco y te indica el camino de la sencillez del salmorejo y su eternidad.

"Si no tienes tiempo para amar a los demás no tienes tiempo para cocinar", dice.

El libro es un homenaje a todos los chefs presentes, pasados y futuros formados al interior del grupo Lezama o atraídos por el aroma irresistible de la utopía Lezama.

El Padre Lezama le regaló al Papa Francisco una piruleta con forma de corazón que es el símbolo de su colegio Santa María La Blanca en su parroquia de Madrid.

"En la mística y en la cocina se conjugan el arte, la innovación y la creatividad. Lo más sencillo ahora es el secreto de lo sublime". O sea, que el placer de los sentidos es divino y en palabras de la teología Lezama: "Para pecar hay que ser muy bruto y muy torpe".

Entre el ajoblanco de sepia, vieiras y hongos hasta las zamburiñas a la gallega se embuten consejos, manualidades y advertencias: "A veces busco en las personas como si fueran vegetales de la huerta... ¡te llevas cada sorpresa! Algunos son bulbos subterráneos que hay que desenterrar para gustarlos. La cocina es orden. Una mente desordenada no puede progresar en ella. Comienza por ordenar tus variados utensilios... luego ordena tus ideas. Después ponte a cocinar marcándote un objetivo, la meta a la que quieres llegar".

El libro se vende por separado o junto a un CD de canciones de la dura época en España en la que Lezama aderezaba almas y construía futuros.

Y hoy agradece "A los que me animan a creer que Dios está entre los pucheros".

Lidia Soto-Harmon
Girl Scout de Corazón

Lidia Soto-Harmon es CEO del Girl Scout
Council of the Nation's Capital
Noviembre 11, 2014

Su vida no ha sido un camino de rosas, pero sí —y ella lo enfatiza— el trayecto de quien ve hacia adelante por encima de obstáculos.

"Me considero primera generación en este país", cuenta Lidia Soto-Harmon, la CEO del Girl Scout Council of the Nation's Capital. "Soy de padres cubanos pero me crié en América Latina: en Ecuador y en El Salvador. Vine a Estados Unidos cuando tenía 15 años y recuerdo de aquel entonces decirme a mí misma las dos cosas que quiero hacer en mi vida: quiero usar mi español y quiero ayudar a la comunidad. Y, gracias a Dios, en todas las cosas que me han salido en el camino he podido usar esas dos partes de lo que yo soy para mejorar el mundo".

Termina sus frases en una sonrisa que te vuelve loco, en el sentido quijotesco de la palabra locura. Pero su misión no es un sueño imposible, sino vivir la realidad de los sueños. A Soto-Harmon se le ilumina el rostro cuando habla de sus niñas, de esas jovencitas, de sus girl scouts, porque entiende el privilegio que es ejercer un oficio que consiste en servir a otros, en cambiar vidas.

Lleva 10 años con la organización Girl Scout. Comenzó como subdirectora y, desde hace cinco años, ejerce de CEO en la región metropolitana de Washington, DC. Sus logros se pueden medir, son tangibles: ha elevado la membresía y las donaciones corporativas a cifras de récord; y hace un par de años orquestó una concentración de más de 250.000 girl scouts en el National Mall para celebrar un siglo de existencia de la organización al tiempo que recaudaba más de $2.5 millones para ayudar a jovencitas del área. Porque esta incansable CEO nunca pierde de vista el valor de lo intangible en todo lo que hace.

"En nuestra área metropolitana las niñas inmigrantes deben sentir mayor confianza en sí mismas, tienen que saber que pueden triunfar, y esa es nuestra misión... ayudar a desarrollar esa autoestima. Que sientan que hay personas que las quieren impulsar", explica.

Y parte del "impulso" de Soto-Harmon es la iniciativa que organiza en marzo de 2015 bajo el título de "El Encuentro de Chicas Latinas".

"Queremos ayudar a crear un espacio donde niñas que no son girl scout puedan acudir y aprender sobre qué es el liderazgo, acercándolas a mujeres que han triunfado pero que han tenido dificultades y que aprendan que eso mismo es lo que ayuda a ser mejores líderes, porque aprendemos cuando fallamos y seguimos adelante", dice.

Sin duda, los errores pueden ser la mejor escuela, pero a veces se necesita de mentores, de manos amigas en el camino. Y ahí es donde juega un papel fundamental Girl Scout.

"Las líderes de tropa son esos modelos para las niñas, pero tambien todas las mujeres. Siempre les digo a las mujeres que han triunfado y que vienen a hablarles a las niñas, que no les hagan los cuentos de las grandes cosas que han hecho. Háganle los cuentos en las vidas de ustedes de cuando

Lidia Soto-Harmon. Foto: Alfredo Duarte.

fallaron, porque una niña necesita saber que aun cuando uno falla, uno puede seguir adelante...Y a veces cuando ven a una mujer formada, vestida elegante, piensan que eso no está a su alcance. Pero cuando oyen que es una persona que a lo mejor no tenía documentos cuando llegó, pero pudo arreglar sus papeles... cuando oyen que esa persona no hablaba el inglés al llegar, pero pudo aprender y salir adelante y triunfar... eso las inspira y les hace ver que hay un camino".

Las palabras de Soto-Harmon son pasión, no discurso. Porque para ella "servir es liderazgo".

Soto-Harmon estudió literatura española y ciencias políticas en Drew University y tiene un Master en administración pública de la George Mason University.

Su vida profesional ha estado vinculada a la política desde el servicio a la mujer. En 1998 el presidente Bill Clinton la nombró "Deputy Director of the President's Interagency Council on Women", una agencia cuya presidenta de honor era la primera dama Hillary Rodham Clinton.

Antes, cuando trabajaba para la fundación Fannie Mae desarrolló la primera estrategia nacional dirigida hacia los inmigrantes —en nueve idiomas diferentes— para educar a la comunidad en el proceso de compra de la vivienda en este país.

Ella cree en los sueños como parte consustancial de la realidad práctica y tangible. En su oficina de la avenida Connecticut en Washington, DC, se rodea de fotos que congelan en el tiempo sesiones de trabajo con Hillary Clinton o Michelle Obama. Y junto a ellas destacan dos figuras en madera: Don Quijote de La Mancha y su fiel escudero Sancho Panza.

"Pienso en Don Quijote [Y hace un inciso para recitar párrafos de memoria salidos de la boca del hidalgo de La Mancha]... lo que esa figura significa para mí es tener un sueño y pensar que sí se puede mejorar el mundo", explica y añade, con énfasis, sonrisa en ristre: "Y debemos siempre saber que aunque los que te rodean te digan que no es posible, tú tienes una voz interior que te dice que sí es posible y debes seguir adelante".

Y una organización como Girl Scout, ¿cómo puede ayudar a una joven latina en ese camino?

"Somos una organización fuerte en la comunidad y disponemos de ayuda financiera que es lo que, a veces, impide a algunas niñas ser miembros de la organización", dice y cuenta que "la semana pasada" la visitó una mamá acompañada de su hija Sofía. Esa visita fue para Soto-Harmon la comprobación emocional y humana de cómo cambia vidas la organización que dirige en la región de DC.

"La mamá, con lágrimas en los ojos, me contó que Sofía llegó a este país con 9 años y que tiene una discapacidad porque le cuesta la lectura y la mamá se preguntaba qué podía hacer con su hija. No sabía cómo integrarla... Nosotros la integramos. Le dimos una beca para asistir a nuestro Camp CEO donde traemos a mujeres de negocios a que hablen a las niñas... Sofía, después del Camp, escribió un ensayo que fue publicado en un libro. Así que esta niña ha cambiado a los 14 años. La mamá me dijo que la Girl Scout le había cambiado la vida a su hija porque ha sacado algo que ella no sabía que ella llevaba dentro: ese sentimiento de liderazgo que ahora ha podido surgir, al haber sido nutrida por gente que la admiraba por lo que era _una niña llena de posibilidades".

Soto-Harmon, quien confiesa necesitar un GPS para orientarse cada día en la capital de la nación, es capaz de organizar viajes de vida a miles de jovencitas "llenas de posibilidades" porque, dice, cada día "es diferente y emocionante" y llega lleno de oportunidades para ayudar a los demás.

Hoy que las latinas son una de cada cuatro jóvenes en Estados Unidos, el mensaje de Soto-Harmon es claro: "Hay que soñar grande porque las posibilidades están ahí, éste es un país acogedor que nos ayuda si de verdad le damos oportunidad a las cosas que están en frente de nosotros". Y le recuerda a todas las jovencitas latinas que nunca deben perder el "cariño por nuestra cultura", nunca olvidar "de dónde venimos porque una de las razones por la que organizamos ese encuentro de Niñas Latinas en 2015 es para reafirmarnos: de donde son ustedes, los países de los que vienen, el hecho de que hablan español, es una parte muy importante y valiosa para pertenecer con orgullo a esta sociedad".

Antes de terminar la conversación con Lidia Soto-Harmon nos rodearon cuatro jóvenes muy especiales: Wendy Márquez, Nuria González, Ximena Perez y Zoé Rodríguez. Wendy es estudiante de Jefferson High School, de origen salvadoreño y nacida en Fairfax, Virginia.

"Girl Scout es mi comunidad, como hermanas que tengo", dijo Wendy.

Nuria y Ximena son mexicanas y están haciendo un internado como parte de un programa entre la organización y el Gobierno de México. Zoé es puertorriqueña y trabaja como especialista de alcance lingüístico para Girl Scout de la capital de la nación. "Fui Girl Scout por 13 años y doy fe que la organización funciona".

Armando Caicedo
"El humor es altamente radiactivo"

© 2015 Armando Caicedo -759- Member AAEC

CAICEDO: "EL HUMOR ES ALTAMENTE RADIACTIVO"
OCTUBRE, 2015

Es periodista y, además, sabe escribir. Perdón por el chiste, pero si los humoristas tuvieran que pedir perdón cada vez que abren la boca o dibujan una caricatura caerían en un estado de eterno y catatónico arrepentimiento. El estado catatónico implica rigidez e inmovilidad, algo imposible para este hombre que vive siempre al borde de un ataque de nerviosa lucidez e incómodas opiniones.

Armando Caicedo ha sido profesor universitario en Colombia _decano en la Facultad de Publicidad en la universidad Central_, ha escrito cuatro novelas y libros sobre el humor... pero, sobre todo, y ése es mi privilegio, lleva colaborando conmigo unos 15 años.

Caicedo se asoma todas las semanas por esa ventana que El Tiempo Latino le cedió _al comenzar el nuevo milenio_ bajo tres compromisos: opinar con total libertad sobre los hechos que afectan a nuestra comunidad hispana; defender las buenas causas que son patrimonio del espíritu americano; y hacer pensar a nuestros lectores.

Que en muchas ocasiones las opiniones gráficas de Caicedo y las mías no coincidan, nos hacen más fuertes, a mí como persona, como su amigo y como director de El Tiempo Latino, que es hoy la publicación hispana de The Washington Post. Nuestros eventuales desacuerdos reflejan nuestra _la mía y la de mi medio de comunicación_ consideración por la diversidad, nuestra vocación por la sana convivencia entre las culturas y nuestro respeto a las opiniones ajenas.

En estos días de horror, cuando la libertad de expresión y el humor pretenden ser silenciados por acciones terroristas, no me quedó otro camino que ir hasta ese recuadro editorial donde se refugia Caicedo, golpear a su puerta y someterlo a un serio interrogatorio.

La idea es compartir con nuestros lectores su opinión, sobre lo que sienten los humoristas cuando se abre un debate moral sobre sus presuntos excesos y sobre la mortal reacción de quienes se sienten ofendidos.

¿Cómo se siente un caricaturista cuando se debaten los fundamentos éticos de su profesión?

¡Confundido! Quienes vivimos del humor, somos tímidos, esquivos y modestos. Pero, de súbito, resultamos trepados en el escenario público, nos alumbran con reflectores, y, sin ensayo, debemos representar dos papeles: héroes y villanos.

¿Por qué 'héroes y villanos' al mismo tiempo? ¿Todo humorista tiene doble personalidad?

¿Me quieres sicoanalizar? Primero, debo confesar que me tocó ser humorista contra mi voluntad y a contrapelo de la cantaleta de mi madre que insistía: "si no eres serio, no vas a llegar a ninguna parte". Para acabar de regarla, me tocó ser caricaturista, porque nadie es perfecto y, además, tenía que pagar las cuentas. De la misma manera accidental, ahora nos tocó actuar _en simultánea_ como "héroes" y "villanos". Héroes que defendemos la libertad de expresión y villanos que abusamos de ella.

¿Es el humor editorial una actividad de riesgo?

Siempre que uno emplea la sátira y el humor para dejar en evidencia una injusticia, no falta el desgraciado que te coloca en su lista de "los diez más odiados".

¿Se debe o no hacer humor sobre la religión?

Yo respeto todas las creencias, y, en especial, respeto a aquellos dirigentes religiosos que disfrutan de buen humor. Es el caso del Papa Francisco, que posee una risa contagiosa. Pero me asalta una sensación agónica _entre culillo y pánico_ cuando un clérigo fanático, para mostrar el valor de sus dogmas, amenaza al resto del mundo con su mal humor. Considero que existiría mayor tolerancia religiosa, si, por ejemplo, en la Biblia, en el Corán y en el Talmud apareciera uno que otro chiste judío (que son tan, pero tan graciosos) o si uno de los cuatro evangelistas hubiese sido caricaturista.

¿Pregunta de reportero: ¿Para qué sirve esto del humor editorial?

El humor editorial es tan sano como la comida orgánica, con una ventaja adicional: alimenta el espíritu, sin peligro de engordar. Además, invita al lector a sonreír y lo obliga a pensar y a reflexionar. Claro que tiene sus riesgos. Si existiera un "manual técnico sobre humor", éste empezaría con la Advertencia: "Precaución: El Humor Editorial es altamente RADIACTIVO (debe manipularse con responsabilidad)"

Pongámonos didácticos: ¿Qué características debe poseer una caricatura editorial?

Veo cuatro gordas: La caricatura debe ser oportuna, clara, absurda y corta. 1. Oportuna, porque la caricatura es como el pescado: por fuera del refrigerador, su vida es muy corta. 2. Clara, porque el lector hace una cortísima parada en la ventana y si no entendió, se larga… sin siquiera despedirse. 3. Absurda, porque ése es el principio del humor. Nuestros primos hermanos, los gorilas y los chimpancés, improvisan un rictus de sonrisa en sus labios, cuando de manera sorpresiva se enfrentan a situaciones absurdas o incomprensibles. 4. Corta. Eso es lo más difícil. Winston Churchill le escribió a un amigo…. "Por favor discúlpeme por escribir una carta de cinco páginas, pero es que no tuve tiempo de escribir una carta más corta".

Eres caricaturista, pero en realidad te encantaría escribir los editoriales, ¿cierto?

Sí, jefecito. La diferencia entre un buen editorialista y un buen caricaturista es que el editorialista no sabe dibujar.

¿Los caricaturistas critican a todo el mundo, pero cómo reciben las críticas?

Prefiero que hablen mal de mí, a que me castiguen con la indiferencia. El problema crítico es cuando alguien se siente agredido por el caricaturista, y entonces utiliza una ametralladora de calibre respetable, para silenciarlo… Ahí es donde se enfrenta uno, a un dilema moral, porque pareciera que el método más efectivo para que hablen bien de uno, es morirse.

Por razones políticas, por razones religiosas, por aquello de la "decencia"… ¿El caricaturista debe autocensurarse?

No. No puede existir un caricaturista "políticamente correcto". Es como si una "bailarina de tubo", ejerce su oficio, pero sólo mueve los ojos. El humor es por naturaleza, irreverente, cínico, mordaz, caustico e ingenuo. La autocensura solo produce… (aquí el entrevistado bostezó)… aburrimiento…

Para un caricaturista, ¿qué es la verdadera libertad?

Libertad es poder ejercer este oficio tan riesgoso, sin tener que pedirle licencia al gobierno. Después de la espeluznante tragedia de "Charlie Hebdo", la verdadera libertad consiste en estar vivo y poderse morir de la risa.

Emilio Estefan

El hombre que aprendió a soñar

El ejemplo de Emilio Estefan
Junio 4, 2015.

A este sirio, libanés y gallego, o sea, cubanoamericano de los pies a la cabeza, lo conocí en 2010 cuando vino a Washington, DC, a presentar un libro tan autobiográfico como inspirador: "Ritmo al éxito _Cómo un inmigrante hizo su propio sueño americano". Fue entonces cuando descubrí al artista obsesionado con su oficio, pero sobre todo a un hombre enamorado del amor a su familia, a los suyos. "Trabaja con la familia", recomienda en el libro que dedica a ese muchacho que en este momento está soñando con ser el primer presidente hispano de Estados Unidos. Porque Emilio Estefan es un hombre que vive soñando y trabaja para materializar sueños _y no necesariamente los suyos tan solo.

Estefan es _el esposo de Gloria Estefan, dice él_ el productor musical que ha generado los mayores terremotos artísticos en la historia de Estados Unidos, o sea en el mundo. No solo puso en órbita a una mujer como Celia Cruz, _a pesar de la resistencia de la industria y contra los prejuicios culturales del momento_ sino que de su chistera creativa surgieron fuerzas de la naturaleza, como Shakira o Ricky Martin, para demostrarle a Estados Unidos que lo hispanounidense era un ritmo imparable, generoso y profundamente americano.

Claro que todo empezó con Miami Sound Machine y con su pareja, Gloria. Pero él asegura que todo empezó en su Cuba natal y en esa fuerza interior que le hace a un niño de nombre Emilio responsabilizarse de su destino y, dejando a su madre atrás, emigrar con su padre a Madrid. Esos años duros tuve el privilegio de escucharlos de su boca: Emilio me habló de las dificultades, pero también de esos paquetes con chorizos y otros manjares que le enviaba su tía-abuela gallega. Una mujer a la que él y Gloria conocerían _ya alcanzado el éxito_ cuando la visitaron en Galicia. Era pobre, dijo Emilio; pero de ella aprendí que la generosidad no es dar porque se tiene, sino entregar al otro aunque se tenga poco.

Este hombre emprendedor _con inversiones de lo más diversas: bienes raíces, hostelería, Miami Dolphins..._, de sonrisa fácil y voluntad de hierro, me habló de sus dificultades, de los momentos duros, como el grave accidente de tráfico que sufrió con su familia en 1990; pero nunca en sus palabras hubo una queja. Da más bien la sensación de ser un hombre agradecido a la vida "y a las enormes oportunidades que me ha dado este país". Por eso reta a los jóvenes a que nunca dejen de soñar y de trabajar hacia sus sueños.

"On your feet!"

El musical sobre la historia de Emilio y Gloria Estefan:

Ana Villafañe y Josh Segarra protagonizan "On Your Feet!", el show musical basado en las vidas de Gloria Estefan y de su esposo, el empresario, productor musical y cinematográfico, Emilio Estefan. "Contamos muchas cosas que la gente no se espera", dijo Emilio. Por su parte, Gloria, aseguró que buscaban inspirar a las personas con este espectáculo que el 2 de junio comenzó su andadura en Chicago, antes de tener su gran

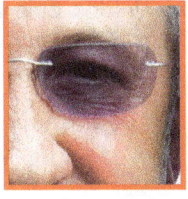

estreno en Broadway el 5 de octubre. Gloria Estefan ha vendido más de 100 millones de discos y con Emilio han ganado 26 premios GRAMMY, pero su éxito musical a nivel mundial es tan solo parte de una historia fascinante.

Tengo ante mi algunas de las fotografías que resumen una vida en la que los pies nunca dejan de moverse —que es lo que intenta decir el título "On Your Feet!" el musical que se acaba de estrenar basado en la historia de Emilio y Gloria Estefan.

En una de esas fotos, Emilio está grabando con una cámara una actuación de Gloria en Key West, en otra aparece con su familia cuando fueron recibidos por los reyes de España, en otra las risas vuelan en compañía de Thalía, Julio Iglesias y el chef Mario Batali... Pero también está el niño Emilio tocando el acordeón junto a su mamá en Santiago de Cuba, o con Gloria el día de su boda.

En 2014 pude pasar con Emilio unas horas en DC cuando recibió el Premio de Congressional Hispanic Leadership Institute al Liderazgo Corporativo. Allí me habló de sus proyectos en el cine y en Miami.

En el 2002 Estefan fue nombrado por el presidente George W. Bush al Comité Presidencial de Artes & Humanidades. Luego, el presidente Barack Obama lo nombró vicepresidente de la nueva comisión que creará el Museo Nacional del Estadounidense Latino.

Más datos de una vida

Las raíces gallegas de Emilio vienen de que su madre, Carmen, era natural de Sarria, un pueblo en la provincial de Lugo, en España.

Tras dejar su Cuba natal con su padre, recalaron en Madrid mientras esperaban permiso para entrar a Estados Unidos. El tiempo en Madrid fue duro e incierto, pero en 1968 él y su padre pudieron viajar a Miami, donde compartió un apartamento con quince miembros de su familia, mientras esperaban que su mamá pudiera salir de Cuba.

Se ganó la vida haciendo de todo un poco y utilizando un carro usado que manejaba para hacer encargos de sus vecinos. Luego comenzó a trabajar en concursos de belleza locales y en Bacardí, donde se le contrató para el departamento de correspondencia para después promoverlo al departamento de mercadotecnia para Latinoamérica.

Pero la música era su pasión y, como él dice siempre —y lo repite en su libro autobiográfico— hay que saber quiénes somos, cuál es nuestra pasión, nuestro sueño, y perseguirlo sin demora.

Su band "Miami Latin Boys" actuaba por los locales de la ciudad y en una de sus actuaciones en un evento conoció a Gloria Fajardo, a quien ofreció integrarse en el grupo, renombrado como "Miami Sound Machine". Era 1977 y Emilio tocaba el acordeón. Un año después se casaría Gloria.

Las canciones "Get On Your Feet" y "Conga" se convirtieron en grandes éxitos. Hoy "On Your Feet!" es el título del show musical que en octubre se estrena en Broadway sobre la vida artística y personal de la pareja.

Pronto, Emilio comenzó a arreglar álbumes para una amplia gama de cantantes (incluyendo a Thalía, Shakira, Charlie Zaa, Ricky Martin, Carlos Vives y Cristian Castro, entre otros) y pronto Estefan hizo amistad con sus compatriotas Celia Cruz y Pedro Knight. Fue Estefan, entonces liderando la Sony en Estados Unidos, quien convenció a la industria para lanzar a un estrellato global a Celia Cruz quien llegaría a cantar en inglés.

Para finales de los años ochenta, los Estefan ya poseían una mansión en una exclusiva urbanización de Miami y Emilio era dueño de Crescent Moon Studios (Estudios Luna Creciente), su estudio personal de grabación también en Miami. Y en 2002, comenzó a producir los Grammy Latinos.

El 24 de agosto de 2005, Estefan y el rapero P. Diddy anunciaron la creación de un nuevo sello discográfico: Bad Boy Latino para ayudar a cantantes latinos de rap. Más tarde, en noviembre del mismo año, se anunció que Emilio sería el productor exclusivo de la cantante y actriz Jennifer Lopez en su álbum en español Como Ama Una Mujer, lanzado el 27 de marzo de 2007.

Además de "Ritmo al éxito" y de un libro de cocina con Gloria, es coordinador _en 2011_ del libro "La experiencia del exilio: un viaje a la libertad" en la que invitó a colaborar a cuatro escritores cubanos reconocidos internacionalmente como el poeta y escritor Carlos Pintado, Mirta Ojito, el periodista Carlos Alberto Montaner y Carlos Eire.

Emilio y Gloria Estefan tienen dos hijos: Nayib, nacido el 2 de septiembre de 1980, y Emily Marie, el 5 de diciembre de 1994. Y viven en Star Island, una pequeña exclusiva isla entre Miami y Miami Beach donde otros cantantes también han adquirido una vivienda.

"Me siento orgulloso de no haber abandonado nunca mis raíces", repite siempre con pasión. Y en una conversación insiste siempre en lo que parecen lemas de vida: "Ningún sueño es poco si siempre se puede alcanzar", "Jamás olvido de dónde vengo. Es lindo ser sencillo y agradecido. Doy gracias a Dios todos los días por poder levantarme cada mañana".

Sin duda, Emilio Estefan es un hombre que se ha atrevido a verle cara a cara a los sueños. Esto le ha llevado al éxito económico, pero sobre todo al reconocimiento institucional de su país (Estados Unidos), de los políticos estadounidenses sin importar su color, de importantes universidades y de un público internacional con el que ha sabido conectar a través de su trabajo artístico.

Ahora, él y Gloria siguen su canción de amor en un proyecto que _según se les puede ver en twitter_ están disfrutando: "On your feet!"

Emilio Estefan (izq.) con Avendaño durante la gala del Congressional Hispanic Leadership Institute que galardonó a Emilio en 2014 en Washington.

Israel Lozano
Pasión por la Ópera

Así explica el tenor Israel Lozano su pasión por la ópera

Septiembre 4, 2016

En una conversación con el tenor español Israel Lozano las palabras se decantan con artística humildad para dejar un poso humano en el que brilla la devoción y el respeto por sus maestros así como la entrega a su trabajo artístico.

Para un joven tenor, de sólida formación _ Escuela Superior de Canto y Escuela Reina Sofia de Música de Madrid, y un G.P.D. en Opera en el prestigioso Peabody Conservatory de Johns Hopkins University en Baltimore_ y ya galardonado, a uno le sorprende el peso que Lozano pone a cada palabra. "Me cambió la vida" es una frase que repite para enfatizar la fascinación y el asombro íntimo que le producen sus éxitos y "el honor" de compartir con alguno de los grandes de la ópera.

"Es que empecé cantando en los karaokes canciones de Nino Bavo y luego me marcó el concierto de los tres tenores en las termas de Caracalla que fue toda una inspiración para mi generación", dice Lozano.

El famoso concierto de 1990 en Caracalla, Roma, lo protagonizaron tres de los grandes tenores de todos los tiempos, Plácido Domingo, José Carreras y Luciano Pavarotti.

"Lo que me cambió la vida fue conocer al maestro Alfredo Kraus que me adoptó para estudiar en la Escuela Reina Sofía" de Madrid. Kraus, un tenor lírico español venerado internacionalmente por su intensidad artística, fallece en 1999 y Lozano siente "la necesidad de volar".

"Mi admiración por Plácido Domingo me trajo a Washington donde me vine a la aventura", cuenta y explica que la incertidumbre de "la aventura" fue mitigada gracias al apoyo de la familia Micheli propietarios del restaurante italiano Portofino en Arlington, Virginia. Los Micheli, con raíces en Liguria y Toscana, fueron el primer apoyo italiano del joven tenor. El abrazo español le llegó a Lozano por medio del Grupo Lezama y el restaurante de Washington DC, Taberna del Alabardero, que en 1999 le abrió las puertas para que el tenor ofreciera un concierto de zarzuela.

Lozano destaca tres puntos clave en su carrera, y los tres tienen que ver con su admiración por tres de sus maestros.

"Primero debo destacar a mi maestra cubana Emelina López que me adoptó y me enseñó a volar, luego el gran Alfredo Kraus y, sin duda, decidirme a venir a Estados Unidos, conocer a Plácido Domingo y debutar y cantar en la Washington National Opera", narra Lozano y asegura que cuando hizo la zarzuela Luisa Fernanda en 2003 con la Washington National Opera (WNO) "toqué el cielo y cambió mi vida". Y sintió que su vida cambiaba otra vez cuando en 2004, al graduarse del "Young Artist Program" de la WNO dirigido por Domingo, recibe tres premios en el Concurso Operalia. Eso le convirtió en un embajador de las nuevas generaciones que es lo que palpita en Operalia.

¿Más cambios en la vida de Lozano? "La Boheme ha cambiado mi vida desde que empecé a cantarla haciendo el papel de Rodolfo con la ópera de Los Angeles y el papel de Mario Roppolo de la ópera Il Postino de Daniel Catán que tuve

El 11 de julio de 2017 Plácido Domingo se fotografió con Violetta, la hija de la soprano Darcy Monsalve y el tenor Israel Lozano, discípulo de Domingo.

la fortuna de cantarla en Viena con Plácido Domingo interpretando a Neruda, y La Traviata en la que cantaba Kraus y trabajar con el maestro Gustavo Dudamel el director artístico de la Filarmónica de Los Angeles…" Y ahora está inmerso en un proyecto cinematográfico con La Boheme "que va a ser una gran sorpresa".

El tenor Israel Lozano atesora el respeto por los maestros que tocan su vida, cultiva la pasión por la ópera, se siente embajador de su arte y mantiene una luz de asombro constante por su devenir artístico.

El tenor Israel Lozano durante su entrevista con Alberto Avendaño en el Plaza Institute de Washington.

Celinés Toribio
Una actriz comprometida con la vida

Celinés Toribio, habla de los sueños de la actriz y de la mujer

Octubre 5, 2016

Esta mujer, modelada por la belleza del cuerpo y del espíritu, ha aprendido a superar obstáculos, los sociales y "los que una misma se impone", y ha conseguido triunfar en televisión y en el traicionero mundo de la comunicación audiovisual en Nueva York. Pero no era suficiente. Hay una llama interior que la empuja. Lo deja todo y con 32 años se va a Los Ángeles para permitirse soñar con ella misma.

"Llegué a Los Ángeles con muchos sueños y la madurez me dio a entender que si hubiera llegado más joven hubiera caído para adornarle la mesa al director, y yo no quería vender mis valores", nos contó Celinés Toribio. "En Los Ángeles toqué fondo, lloré muchísimo porque no es fácil".

Esta mujer habla con la suavidad de una playa dominicana y la sensibilidad de quien tiene sus valores claros: "Por lo menos hay que tener claro lo que no quieres". Dijo que 'no' a muchas cosas y se convirtió en productora de películas importantes como El Rey de La Habana y una joya que produjo e interpretó hace dos años: María Montez, una película sobre la vida de la leyenda dominicana que conquistó Hollywood en los años 40 y se convirtió en "la reina del tecnicolor".

"Me siento muy cercana a María Montez... Esa película me salvó. Agradezco al doctor Leonel Fernández que apoyó esa película y contó con el respaldo cultural de dos gobiernos dominicanos".

Pero antes del cine estuvo la televisión en la vida de Celinés. Estudió comunicación y teatro en Lehman College, y su trabajo en radio y televisión la mantuvo en lo predecible y exitoso de una mujer inteligente haciendo entretenimiento, fue una reportera estrella en el show del Gordo y la Flaca para Univisión. Pero a ella le gusta romper moldes y del 2002 al 2006, la periodista del entretenimiento y la farándula se convirtió en presentadora de un programa de la Major League Baseball para el canal ESPN Deportes.

El show se llamó Sabor a Béisbol. Tal fue la repercusión de este programa que Fox Sports la incluyó en un especial de televisión sobre la presencia latina en el béisbol estadounidense. Porque esta estrella que cada día reta a la vida se convirtió en la única mujer que ha presentado en este país un show de televisión producido por la Major League Baseball.

Hacemos un juego de personalidad con Celinés Toribio durante una conversación iluminada por su risa, adornada de cariño, de afecto. Y es que una entrevista con Celinés es un acto de amor. Y que cada quien piense lo que quiera de esa frase. Por eso el juego pasó a lo personal.

"Si te presento el cuadro: Concienzuda, Determinada, Serena, Influyente... ¿Cómo eres?", le pregunté.

"Influyente desde pequeñita, por propósito de vida", dijo. "Tengo ciento por ciento de determinación: cuando digo voy pa'llá, llego, aunque me tarde 20 años. Serenidad muy poca: me la paso robándole momentos a la vida. ¿Concienzuda? Digamos que estoy aprendiendo a pensar antes de hablar".

Celinés presentó a finales de 2016, en Washington DC y Nueva

York, la última película que ha producido. Se trata de una comedia para todos los públicos donde los niños son protagonistas: Los Fabulosos Ma' Mejores. Trabajar con niños le hizo sentirse bien y sabe que volverá a intentarlo.

Hace 12 años fundó Latino Youth in Communication Arts "porque las niñas latinas en Estados Unidos necesitan empoderamiento y dirección: yo les cuento que igual que ellas me sentí perdida y además sin saber hablar inglés. Les enseño cómo proyectarse, cómo hablar en público, etiqueta y protocolo, modelaje... herramientas para desarrollarse y el Departamento de Educación de la Ciudad de Nueva York me ha ayudado mucho en este proyecto de ayudar a las jóvenes que es tan personal para mí".

Así es Celinés: compromiso con la vida, con cada pedazo de vida que usa para construir su propio "puzle" emocional. Celinés es personal e intransferible. People en Español la nombró en su día una de las 50 mujeres más bellas de Estados Unidos. Hoy ya es una de las mujeres de mayor sensibilidad del país y de una autenticidad que deslumbra: "Voy a regresar a Hollywood porque quiero aprender más producción y más actuación... para poder regalar a República Dominicana lo que aprenda".

Celinés Toribio después de hablar con Avendaño en el edificio del Washington Post. Foto: Tomás Guevara.

Martin Baron
El periodismo necesario

Avendaño y Martin Baron después de la entrevista en la redacción de
The Washington Post en febrero de 2016

El director ejecutivo de The Washington Post, Martin Baron, habla de "Spotlight" y de los retos de la prensa

Marzo 4, 2016.

Fue a los Oscar y ganó. No como actor, ni como el más elegante en la alfombra roja, sino como parte de la reivindicación del periodismo que significa la película "Spotlight".

Martin Baron, el director ejecutivo de The Washington Post, me dijo hace poco lo que ya había escrito en las páginas del periódico que dirige y en todos los medios de comunicación nacionales e internacionales que le quisieron preguntar: "La película no habla de mí sino del poder del periodismo".

"Spotlight" cuenta la investigación del periódico Boston Globe —dirigido entonces por Baron— que destapó los abusos sexuales contra menores en el seno de la iglesia católica de Boston, algo que se producía con la connivencia de la jerarquía eclesiástica y de toda una comunidad.

Liev Schreiber es el actor que retrata a Baron en el film. Y sí, Baron puede emanar cierta distancia de introvertida intelectualidad. Pero no, no es Schreiber. Baron sabe reírse de su nunca buscado estrellato y evaluarlo en su justa medida. Por eso enfatiza la lección de Spotlight.

"Debemos pedir responsabilidades a las instituciones y a los individuos con poder", me dijo. "Eso es lo que hicimos en Boston. La iglesia católica había montado una compleja trama de encubrimiento por décadas. A los sacerdotes que habían abusado sexualmente de los menores se les permitió seguir en el sacerdocio asignándoles otras parroquias sin informar a los feligreses quién era ese nuevo cura que se les enviaba. Era importante que el periódico de la ciudad investigara qué estaba pasando y quién era responsable de lo que pasaba".

Pero la prensa forma parte de una comunidad y eso puede crear ciertos niveles de complacencia que amortiguan la realidad. Y de alguna manera, la llegada de Baron a Boston trajo la mirada fresca del 'outsider'.

"En Boston se había cubierto el tema de los abusos sexuales años antes, en los 90. Lo habían hecho y por eso sufrieron duras críticas de parte de la iglesia. Luego dejaron de cubrir el tema. Eso sí, mantuvieron cierto nivel de cobertura periodística pero nunca lo llevaron al terreno de la investigación. Y cuando yo llegué al periódico vi que había una historia que necesitaba más trabajo".

La cuestión, explicó Baron, era cómo llegar a la verdad. Por una parte, tenías a los abogados de las víctimas y a los supervivientes diciendo que el cardenal sabía lo que estaba pasando. Por el otro lado, estaban los abogados de la iglesia argumentando que eran acusaciones ficticias y sin fundamento alguno. ¿Cómo saber cuál era la verdad?, se preguntó Baron y planteó solicitar por vía legal el acceso a documentos internos de la iglesia que se encontraban clasificados en los tribunales. El resto es historia del periodismo más reciente, Pulitzer incluído, y ahora también parte de la historia de Hollywood.

Para Baron lo más importante era el mensaje: "El film envía un mensaje importante al público sin importar lo escéptico que éste sea ante la profesión del periodista y su papel en la sociedad", apunta Baron. "Porque se reconocen nuestras imperfecciones como profesionales del periodismo pero también se envía el mensaje de que somos necesarios para pedirle responsabilidades a todas las instancias del poder".

Baron lleva 40 años en la profesión y me aseguró que nunca como hoy había visto tanta "excitación" y tanta "ansiedad" en el periodismo.

"Excitación porque el periodismo está siendo reimaginado. Ansiedad porque... el periodismo está siendo reimaginado. Porque nuestro modelo económico tradicional se está desintegrando".

Y explica Baron que "Spotlight" y la investigación que lanzó el Boston Globe en 2002 para poner al descubierto los abusos sexuales de los sacerdotes en la arquidiócesis de Boston en particular y de la iglesia católica en general ejemplifica "the thrill and the threat" (la emoción y la amenaza) en la que vive sumergida la profesión en un mundo interconectado. Gracias al nuevo ambiente tecnológico, la investigación tuvo un impacto global. Grupos de afectados por los abusos sexuales distribuyeron en internet la investigación y sumaron miles de seguidores. Como apuntó en su día Clay Shirky, catedrático de periodismo de la Universidad de Nueva York, internet le permite a las audiencias que reciben las noticias más que reaccionar en soledad, reaccionar en unidad, es decir, convertirse en generadores de acción. He ahí la novedad. Internet transfiere el poder al consumidor de la información.

"La capacidad de un medio como el Globe de diseminar información a nivel mundial de manera que mantenga su persistencia fue fenomenal y transformativa", explicó Shirky que situó "Spotlight" a la altura del Watergate.

El reto _explica Baron_ es cómo hacer la transición en la que nos encontramos manteniendo la calidad en todo lo que se publica.

Porque la industria vive una "revolución" dice Baron que está impactando "la manera en que informamos". Y tenemos que sentirnos cómodos en un ambiente de cambio constante: "Llevo tiempo suficiente en esta industria para recordar como cada cambio siempre fue recibido con altas dosis de resistencia".

Substituir las máquinas de escribir con computadoras trajo la primera reacción de incomodidad en las redacciones de los periódicos, luego cuando se comenzó a contratar diseñadores "hubo quien dijo que se estaba priorizando la estética sobre la substancia" y cuando se introdujo el color muchos hablaron de "frivolidad" en el periódico y Baron indica que "cada cambio (en la industria) llevó más tiempo del que se debía".

Así y todo esa lentitud no tuvo un inmediato impacto negativo en la industria porque al principio no había nadie que amenazara el "business model". Pero eso desembocó en la lentitud para adaptarse al mundo de internet cuando tanto el mundo publicitario como la mayoría de los lectores empezaban su éxodo hacia lo digital.

"Esta vez nuestra lentitud (la de la industria de la prensa escrita) hizo que nos comieran vivos", señala Baron al hablar de la debacle de los periódicos con la llegada masiva de internet. Ahora, dice, lo que toca es armarnos de confianza y entusiasmo, "y enfocarnos en las posibilidades que tenemos por delante".

Asimismo, explica Baron, estamos viviendo una era de periodistas emprendedores como nunca antes habíamos visto. Y no se trata solo de que veremos cada vez más periodistas fundando nuevas iniciativas en la industria de la información, sino que se les pedirá dentro de las empresas cierto espíritu emprendedor para ayudar a reconstruirlas".

"Lo usual en empresas como la nuestra (The Washington Post) era que contratábamos personal para que aprendiera de nosotros, ahora contratamos profesionales que nos enseñen a nosotros lo que necesitamos saber", enfatiza Baron y añade que en la era digital un periódico es también una empresa tecnológica.

Hay un centro de operaciones en el nuevo edificio de The Washington Post en la calle K de la capital estadounidense donde conviven técnicos y periodistas bajo una gran pantalla en la que se puede visualizar todo lo que le va pasando al contenido del Post en tiempo real en la página de internet, en las redes sociales, en lo que sucede con los artículos, en impacto en la audiencia y en su diseminación.

Dice Baron que la tecnología nos da el poder de "medir todo lo que hacemos". Cuánto tiempo pasa el lector con un texto, cuánto de ese texto se lee, si siguen leyendo otro texto después de pasar por ése, si regresan a la página, de dónde procede el lector, hacia dónde va luego que nos deja y cuáles son sus intereses... Los "metrics" pueden resultar agobiantes para algunos, pero son necesarios enfatiza Baron. "Los necesitamos para aumentar nuestra audiencia lectora en línea".

En estos tiempos de cambio de lo impreso a lo digital hay mucho lastre que soltar y mucho nuevo que hay que adquirir, pero también hay mucho que "debemos mantener". Y habla el director del Post del "corazón", eso que muchos llaman "la marca" y que él prefiere llamar "el alma", el espíritu, la identidad. "Lo que nos define".

Para eso la empresa periodística precisa enviar a los reporteros a las calles para traer contenido original, dice Baron. Que sean testigos de lo que sucede en las comunidades, en el país, en el mundo.

"Lo que diferencia a una organizacón como The Washington Post es el trabajo original, pionero, ambicioso que con frecuencia genera la agenda para el debate cívico y la política pública".

El mejor periodismo implica un descubrimiento, implica sorpresa y asombro y emoción, un nuevo conocimiento, explica Baron quien señala de inmediato lo que se debe mantener: el arte de la escritura. Tanto en palabras como en imágenes es ineludible atraer a los lectores con mensajes de calidad y mostrarles los hechos desde una nueva perspectiva. Otra cosa a mantener: el trabajo de los editores que trae la estructura y el rigor al trabajo del reportero.

Apunta Baron que cuando Eugene Meyer compró The Washington Post en 1933, publicó una serie de principios que estuvieron durante años a la entrada del antiguo edificio de The Washington Post en la calle 15 de la capital. La lista comenzaba con esta frase: "La primera misión de un periódico es decir la verdad todo lo más que la verdad pueda ser establecida".

No hay que asumir que vayamos a publicar la verdad siempre porque la verdad puede ser escurridiza, asegura Baron, pero debemos apuntar hacia ahí.

"Trabajar en The Washington Post significa que el logro del periodismo se encapsula en una palabra, Watergate, que todavía sirve de inspiración y por ello no debemos permitir que el músuculo del periodismo investigativo se atrofie", especialmente hoy, dice Baron, cuando los poderes de los gobiernos aumentan y la influencia de los poderosos se expande hasta límites inimaginables.

Cuando The Washington Post _junto a The Guardian de Londres_ decidió publicar los documentos filtrados por Edward Snowden, por lo que luego recibirían Premios Pulitzer al servicio público, un miembro del Comité de Seguridad Nacional del Congreso de Estados Unido dijo que en lugar de recibir un Pulitzer los periodistas debían haber sido llevados a juicio.

"Lo publicamos porque esos documentos eran de interés público, revelaban una política de expansión en el control de la vida de las personas a expensas de su privacidad", explica Baron. La cobertura periodística, cuando menos, abrió un debate que el gobierno de Estados Unidos le había negado a sus ciudadanos respecto a dónde reside el equilibrio entre seguridad y privacidad.

"Esa cobertura, según mi punto de vista define claramente lo que debemos mantener como parte de nuestra profesión en momentos de transición hacia algo que será radicalmente diferente de lo que conocemos".

Y repite Baron que es esencial en tiempos de cambio mantener "nuestros valores": "la mayor de las amenazas viene de nosotros mismos", dice. Ojo a los temores, a las inseguridades que provocan la autocensura. Y recuerda las palabras del juez de la Corte Suprema de Estados Unidos, Brandeis, en 1927 a favor de la libertad de expresión: "La libertad trae la felicidad, pero solo la valentía hará posible la libertad". Ésa es la guía para Baron en tiempos del reto digital. "Las innovaciones con las que vivimos hoy en los medios existen desde hace muy poco: el iphone, facebook, instagram, google news... Todo pasó y pasa muy rápido y debemos adaptarnos".

¿Evolucionar?, le pregunto haciendo referencia a una frase de Jeff Bezos que aparece escrita sobre una pared en la redacción del Post. El dueño de Amazon y propietario del Post desde hace un par de años dijo en una ocasión que "El único peligro es no evolucionar".

"No sé si es la palabra correcta, pero tenemos que adaptarnos a toda prisa y tenemos que apurarnos en la utilización de las nuevas herramientas y tenemos que entender que las plataformas digitales son un nuevo medio para todos, y la manera en que contamos las cosas va a cambiar dramáticamente, como ya está ocurriendo".

No nos estamos convirtiendo en una sociedad digital, somos una sociedad digital, enfatiza Baron y añade que "Somos una sociedad móvil". El 80% de los adultos en el mundo dispondrán de un teléfono inteligente en 2020. Es cierto que The Washington Post todavía hace la mayoría de sus ingresos gracias a las páginas de papel, "pero esos ingresos se están ruduciendo rápida e imparablemente".

Hay que adaptarse, repite Baron. Los muros entre el mundo editorial y el comercial parecen ir cayendo porque, entre otras cosas, "las redacciones necesitan saber cómo se pagan las coberturas" en tiempos en los que los anunciantes buscan maneras medibles, innovativas y exitosas de conectar con sus audiencias.

"Sin abandonar nuestros principios de independencia y cobertura honesta, las redacciones deben participar en la creación de productos que tengan poder de atracción para los anunciantes, que aumenten el número de lectores y proporcionen resultados satisfactorios para ambos", indica Baron.

Y será clave también la relación entre los ingenieros informáticos y los periodistas.

Hace cuatro años, The Washington Post contaba con 4 ingenieros informáticos en la redacción del periódico. Hoy hay 47 trabajando junto a los periodistas. De esta colaboración surgió hace poco una nueva aplicación para Kindle Fire que ofrece una nueva experiencia visual para los lectores.

Convencido de que la nueva realidad de la industria de la información puede resultar abrumadora para muchos profesionales, Baron reitera la necesidad del optimismo para unos periodistas entre los que debe primar su capacidad de adaptación. Y la adaptación debe ser rápida porque el periodismo, en su esencia, sigue siendo necesario.

Mark Hugo López
Un pulso con las estadísticas

Si uno necesita saber quiénes somos, de dónde venimos y adónde vamos y uno está en Washington, DC, debe acudir a Mark Hugo López

Febrero 12, 2016

Si uno necesita saber quiénes somos, de dónde venimos y adónde vamos _y uno está en Washington, DC_ debe acudir a Mark Hugo López. Estadounidense de origen mexicano, López estudió economía en la Universidad de Berkeley y se doctoró en Princeton. Sus estudios, sondeos y análisis de la realidad hispanounidense hacen de este hombre una fuente imprescindible de datos para entendernos como comunidad. López es director de investigaciones sobre temas hispanos para el Pew Research Center.

Una conversación con el doctor López no le cura a uno ninguna enfermedad, pero sin duda rebaja el nivel de ansiedades raciales que algunos políticos gustan arrojar al rostro de poblaciones tantas veces ninguneadas, como la inmigrante. Dicho esto, hablar con López es también un ejercicio antidogmático. Una de sus frases más frecuentes es "ya veremos" _We'll see what happens. Porque el análisis cuantitativo de los hechos precisa del análisis cualitativo de esos datos para ayudarnos a estar más cerca de la realidad humana. Y la realidad humana que me interesó analizar en una reciente entrevista con López fue la de los hispanounidenses.

Los hispanos son el 18% de la población de Estados Unidos, dice López, estamos hablando de 57 millones de personas que contribuyeron con más de la mitad de la población del país desde el comienzo del siglo XXI y se proyecta que será uno de los segmentos de la población estadounidense que crecerá más en el futuro. Está claro: los latinos somos parte de la experiencia estadounidense, pero además moldeamos la realidad anglo. "Una cuarta parte de los hispanos e hispanas de Estados Unidos se casan con no hispanos lo cual, sin duda, está redefiniendo lo estadounidense", explica.

Y mientras esto ocurre, apunta López, un estudio del Pew descubre un cambio en el flujo migratorio que rompe estereotipos.

"En 1965 habían llegado unos 59 millones de inmigrantes a Estados Unidos. Este año de 1965 es importante porque es cuando el Congreso aprueba una ley en la que se eliminan las restricciones migratorias cuyo perfil, hasta entonces, favorecía racialmente a los inmigrantes que procedían de Europa. A partir de 1965, más de la mitad de los inmigrantes llegarán de Latinoamérica. México, Centroamérica, Cuba... Pero ya ha ocurrido un cambio: en los últimos años la inmigración mexicana ha disminuido hasta el punto de que hoy Latinoamérica ha dejado de ser la mayor fuente de inmigrantes hacia Estados Unidos. Hoy llegan más asiáticos y algunos datos parecen indicar que China e India han superado a México en cuanto al origen de los nuevos inmigrantes. Nuestras proyecciones en el Pew Research Center apuntan a que los asiáticos serán el mayor grupo inmigrante en 2050".

O sea, que si el aspirante a la nominación republicana a la presidencia, Donald Trump, llega a la Casa Blanca en lugar

Con Mark Hugo López en la sede del Pew en Washington, DC.
Foto: Alfredo Duarte Pereira.

de construir un muro contra la inmigración mexicana, deberá abrir una puerta y pedirle por favor a los mexicanos que regresen. Es un chiste. Pero aunque el flujo migratorio ya no será mayoritariamente hispano, la influencia política crecerá por poder demográfico.

"En las elecciones de 2016 tendremos casi 27 millones de votantes elegibles que son latinos. Es un récord. Habrá un impacto mayor de otros años", dijo López.

Y uno se pregunta por qué el Partido Republicano sigue primando a políticos con mensajes que son percibidos como "antilatinos".

"Las encuestas e investigaciones del Pew indican que el voto latino está con los demócratas, siguiendo la tendencia de los años 80 y 90, pero cuál será el porcentaje de ese apoyo es la clave", expresó López y para quienes gustan de estrategias y movimientos de placas tectónico-políticas ofreció el investigador el caso del estado de Florida, un feudo tradicional de votantes republicanos: "En Florida el flujo de puertorriqueños que han abandonado la Isla del Encanto por la crisis económica puede hacer cambiar la tendencia de voto. El puertorriqueño tiende a votar demócrata". De pronto Florida puede inclinarse con más claridad hacia el bando demócrata en las presidenciales. ¿Y qué dicen los sondeos sobre la relación entre el votante hispano y los republicanos a la hora de elegir al nuevo presidente?: "Las encuestas del Pew en la última década indican que menos del 15% de los votantes latinos piensa que el Partido Republicano se preocupa por su comunidad". Sin duda los republicanos tienen un problema con su imagen ante este votante emergente.

Roque Rodríguez-López

"El humor sirve para pensar en positivo"

Una charla con Gogue, artista gráfico
Enero 29, 2015

"El sueño de cada creador es materializar su personaje en una escultura", dice José Ángel Rodríguez López, colaborador de El Tiempo Latino —la publicación hispana de The Washington Post— con quien el año pasado recibió un galardón de la Asociación Nacional de Prensa Hispana de Estados Unidos (NAHP) a una caricatura editorial que representaba el forcejeo entre republicanos y demócratas.

Responde al nombre artístico de Gogue desde hace casi tres décadas. Su trabajo nació en O Grove, un hermoso pueblo marinero de Galicia, España. Desde allí Gogue creó personajes que forman ya parte del subconsciente colectivo de decenas de miles de lectores en la prensa española.

Y desde ese territorio —el geográfico y el artístico— Gogue ha conseguido hacer saltar sus personajes. Su obra como dibujante y caricaturista ha aterrizado, entre otros lugares del nuevo mundo anglo, en Los Ángeles, en Alaska y en Nueva York donde su personaje "Carlotta Cohen" se publica en New York Moves Magazine. Además, es un habitual del "Cartoon & Cocktails" que anualmente organiza el National Press Club de Washington, DC.

"Hago humor para sacar una sonrisa a la gente. A veces, para hacerla recapacitar, pero casi siempre para que me diga que les alegré el día", dice el caricaturista cuyo personaje de tira cómica, Floreano, se convirtió hace dos años en una escultura de Lucas Mínguez que hoy se levanta en la plaza del pueblo donde nació Gogue.

Pero la nueva proyección del dibujante español pasa por dar vida, como un Geppetto de la caricatura, a sus personajes más emblemáticos: ahora en forma de esculturas que están haciendo sensación en España y, pronto, en el cine.

"Aparte de mis trabajos en medios de comunicación como el diario Faro de Vigo o el canal TV de Galicia, creo figuras en Porexpam llamado en O Grove 'rilla-rilla' por el silbido que produce al arrastrarlo sobre una superficie lisa", explica Gogue.

Para Gogue los dos personajes claves en su vida de creador y diseñador de figuras son Floreano y Moncha: dos personajes que llevan 25 años apareciendo en la prensa española. Su trabajo de caricatura escultórica fue calificado de "magistral" por Jayson Samuel, director de "Artisan Direct" en Nueva York. Y ahora acaba de crear lo que llama la "Gótika Paralótika".

"La Gótika es una de mis figuras estrella, pues está teniendo una acogida tremenda", comenta Gogue y añade: "Siento sensación de alegría. Satisfacción de proponerme objetivos y cumplirlos. Por ejemplo, en Bruselas está Tin-Tin; en la Bretaña, Astérix... no me estoy comparando, pero era una de mis metas: encarnar en figuras mis personajes, y luego al cine de animación".

¿La religion, las creencias de algunos deben quedar fuera del humor? Sí. Uno de mis personajes populares en lengua gallega es "Don Ramón o cura" al que le doy mucha caña respetuosa.

¿Qué tema te autocensurarías? Ninguno. Procuro tratar los temas con respeto, pero dentro del humor.

Entonces, ¿Qué es el humor? Hacer pensar en positivo.

¿Para qué sirve un caricaturista? Para convertir lo real en imaginario.

¿Qué es la libertad de expresión? Ser libre gráficamente.

Sabemos que existen los chistes sobre gallegos (especialmente en toda Latinoamerica), ¿pero existe un humor gallego? ¡Claro! Fuimos y somos en la actualidad fuente de humor para la historia.

¿Cómo nacieron tus personajes y por qué acabaron en el mundo del vino?

Nacieron hace 25 años porque el diario gallego Faro de Vigo me brindó la oportunidad de contar historias cotidianas que ilustraran el humor tabernario y de vino tinto. Y casualmente, una bodega me ofreció ponerlos en la etiqueta de dos de sus productos: un tinto Mencía y un Albariño, el mejor vino blanco del mundo y que se hace en Galicia.

¿Alguna vez sentiste que atentaban contra tu libertad de expresion? Sí. Hace algunos años cuando hice una tira sobre el aborto y un Obispo se quejó al medio.

¿Qué tal llevas cuando se burlan de ti?
Simplemente lo llevo.

"Sabemos que existen los chistes de gallegos (especialmente en Latinoamérica), ¿pero existe el humor gallego? ¡Claro! Fuimos y somos en la actualidad fuente de humor para la historia".

Senador Tim Kaine
El constructor de puentes

Avendaño (izq.) se reencontró con el senador Tim Kaine, al inicio de 2017 en Virginia, después de la candidatura de Kaine como vicepresidente junto a la candidata presidencial demócrata Hillary Clinton. Foto: Tomás Guevara.

Entrevista con el senador Tim Kaine (D-VA)
Enero 15, 2015

Timothy Michael Kaine, el senador demócrata, ha llevado una carrera profesional y vital enfocada en el servicio público y la política. Abogado por Harvard y con una impresionante hoja de servicios en el área de la asesoría legal gratuita en comunidades necesitadas, su recorrido político se antoja consistente e imparable. Fue concejal y alcalde de Richmond, la capital de Virginia, para llegar a vicegobernador, luego a gobernador del estado, a presidente del Comité Nacional Demócrata y ahora senador federal. Era casi obligado que cuando Kaine nos visitó, a mediados de diciembre, le preguntáramos si, con esa trayectoria, el siguiente paso sería la presidencia. El senador sonrió y me remitió a "donde comenzó todo".

"Alberto, todo comenzó en Honduras hace 35 años, con un grupo de misioneros jesuitas, ahí aprendí el poder del servicio público", explicó Kaine. "Eso me llevó a convertirme en un abogado de derechos civiles y todas las posiciones que usted mencionó, pero en todo ese camino he estado siempre inspirado por la gente maravillosa con la que trabajé en El Progreso en Honduras y por esos grandes misioneros".

Católico, casado con una abogada que hoy es la secretaria de Educación de Virginia, Kaine tiene una hija universitaria, un hijo teniente en los marines y otro que es maestro de escuela. Y el senador enfatiza sus valores: "Acabamos de celebrar nuestro 30 aniversario de casados y nada de lo que he hecho hubiera sido posible sin el apoyo de mi mujer y mis hijos".

Como la conversación se hacía en inglés y, por momentos, desembocaba en español con fluida e intrigante intermitencia lingüística, le pedí al senador que me dijera, en español, cómo se puede bajar impuestos, construir escuelas y reducir el crimen, algo que Kaine logró cuando fue alcalde de Richmond.

"Era un tiempo muy difícil en la vida de mi ciudad, entre 1998 y 2002", dijo. "Pero mi plan fue atraer a la gente a la ciudad construyendo escuelas e implementando una filosofía nueva contra los criminales y hoy Richmond es un lugar muy especial, 'cool'. Vivo en Richmond y me enorgullece este renacimiento que estamos viviendo"

El 11 de junio de 2013, Kaine pronunció un discurso en español en el Senado en apoyo de la propuesta de ley de inmigración. Era la primera vez que una cosa así ocurría en el Congreso.

"Fue un día muy especial para mí. Llevábamos dos semanas discutiendo esta propuesta de ley de inmigración y decidí hablar en español porque, como les dije a mis colegas, era importante tomarnos 20 minutos hablando en un idioma que hablan 40 millones de estadounidenses en sus casas. Un idioma que es parte de este país desde la fundación de San Agustín en Florida en 1565, 42 años antes de Jamestown, Virginia.... No es que ahora estemos descubriendo que tenemos raíces latinas. Nuestra nación ha sido una nación con raíces latinas desde los primeros días y sentí que era importante explicar el proyecto de ley en español, solo después supe que era la primera vez que esto ocurría".

Kaine indicó que el crecimiento de la población inmigrante hispana y de la población asiática, también, "es algo beneficioso para el estado de Virginia".

"Tenemos una economía globalizada y en la medida en que la población de Virginia se ha internacionalizado nuestra economía ha mejorado", señaló. "Mi experiencia en Honduras, mi familia de inmigrantes de Irlanda y Escocia, y también el ser testigo del poder de los nuevos americanos en Virginia me ha llevado a ser un defensor apasionado de una reforma migratoria integral".

¿Y cómo se define? "Como un constructor de puentes", dice sin dudar. Desde sus tiempos de abogado de derechos civiles hasta convertirse en gobernador de un estado diverso como Virginia, para luego llegar a un Congreso dividido y de mayoría hostil al inquilino de la Casa Blanca... esa experiencia, dice, le hace querer ser cada día más "un constructor de puentes de entendimiento".

¿Seguro que no quiere ser candidato a la presidencia de la nacion?, pregunté de nuevo. "No he tenido esa epifanía", respondió.

Tres momentos de la entrevista de Avendaño con el Senador Kaine (enero 2015) en el antiguo edificio de The Washington Post.

Kaine en Honduras: un viaje político y emocional

Febrero 20, 2015.

Después de 35 años, el senador demócrata por Virginia, Tim Kaine visita los lugares donde trabajó y enseñó como parte de su voluntariado social. Durante la visita de tres días al país centroamericano, Kaine estuvo acompañado de su colega, el senador republicano por Texas, John Cornyn.

En años recientes hemos entrevistado y seguido la trayectoria del senador Kaine, como gobernador del estado de Virginia, como presidente del Comité Nacional Demócrata, como candidato a senador y, el pasado diciembre, como senador enfocado en "construir puentes" bipartidistas y buscar soluciones a las crisis del país.

La inmigración es un tema que siente de manera especial el senador y en nuestra última conversación salió a relucir de manera casi emocional.

"Todo comenzó en Honduras, hace 35 años, con un grupo de misioneros jesuitas, ahí aprendí el poder del servicio público", explicó Kaine. "Eso me llevó a convertirme en un abogado de derechos civiles y todas las posiciones que usted mencionó, pero en todo ese camino he estado siempre inspirado por la gente maravillosa con la que trabajé en El Progreso en Honduras y por esos grandes misioneros (jesuitas)".

De firmes convicciones católicas, el senador Kaine regresó a El Progreso, el miércoles 18 de febrero. El Progreso es un pueblo de las afueras de San Pedro Sula, donde Kaine trabajó con los misioneros jesuitas en una escuela técnica en 1980. Después de asistir a los servicios del Miércoles de Ceniza en la Parroquia de las Mercedes, Kaine recibió la "bienvenida a casa" en el Instituto Técnico Loyola por parte de sus antiguos compañeros y más de 300 estudiantes y profesores. Kaine recorrió el campus en el que, hace ahora 35 años, ejerció de profesor de soldadura y carpintería.

"La escuela ha crecido rápidamente, pero el espíritu de la gente es exactamente lo mismo", dijo Kaine. "El Progreso es muy especial para mí. Hace 35 años, me tomé un año sabático de la facultad de derecho para trabajar con un grupo de jesuitas aquí afiliados a mi escuela secundaria en Kansas City. Mi experiencia trabajando en Loyola me enseñó la importancia del acceso a entrenamiento basado en competencias - tanto en Honduras como en los EE.UU. - y me inspiró a promover el tema de la ampliación de la educación profesional y técnica en el Senado de Estados Unidos ".

Durante su visita a Loyola Kaine también visitó Radio Progreso y ERIC (el Equipo de Reflexión, Investigación y Comunicación), una estación de radio comunitaria dirigida por los jesuitas y organización de defensa de los derechos humanos ubicado en el campus de la escuela.

La oficina del senador Kaine, en el Capitolio, nos proporcionó las fotos que ilustran este reportaje y gran parte de la narrativa de este viaje protagonizado por dos políticos de bandos opuestos, pero con una agenda común:

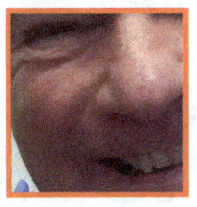

El senador Tim Kaine regresó a la aldea de El Progreso, en Honduras, 35 años después de haber hecho trabajo social allí con los jesuítas. Foto: Cort. Oficina Senador Kaine.

reflexionar sobre las raíces del éxodo migratorio hacia el norte y entender mejor las cosas que se están haciendo bien —como el caso de la formación profesional y el trabajo social.

El senador Tim Kaine, es miembro de los comités de las Fuerzas Armadas y Relaciones Exteriores del Senado. Por su parte, el senador John Cornyn es el actual "Senate Majority Whip". Y en la gira de tres días de febrero por Honduras se enfocaron en los problemas económicos y de seguridad que está enfrentando ese país, y en el paquete de ayuda por mil millones de dólares para Centroamérica propuesto por el Presidente Barack Obama.

Además de reunirse con el presidente hondureño, Juan Orlando Hernández, los senadores hablaron con líderes empresariales, miembros de la sociedad civil hondureña, y funcionarios estadounidenses que combaten la violencia de las pandillas, la impunidad y promueven los derechos humanos en un país que contribuyó significativamente a la crisis de menores no acompañados que cruzaron la frontera estadounidense en 2014.

El martes 17 de febrero, los senadores visitaron dos centros de asistencia para jóvenes financiados por USAID en Chamelecón, uno de los barrios más violentos de San Pedro Sula. Estos centros tienen el objetivo de crear oportunidades para la juventud hondureña al brindarles alternativas que no sean la violencia y el crimen, y de esta manera reducir la migración ilegal y peligrosa hacia el norte.

El miércoles 18, Kaine y Cornyn viajaron a la base aérea de Soto Cano para visitar a Joint Task Force-Bravo y reunirse con miembros de las fuerzas armadas originarios de Virginia y Texas que trabajan allí. JTF-Bravo está bajo el Comando Sur de Estados Unidos (SOUTHCOM) y apoya la lucha contra el narcotráfico, además de ofrecer asistencia humanitaria en caso de desastres en Honduras y la seguridad regional en toda Centroamérica.

Los senadores también tuvieron la oportunidad de reunirse con el Subsecretario de Asuntos Internacionales del Departamento de Seguridad Nacional, Alan Bersin, y la Directora de la Agencia de Inmigración y Aduanas (ICE, por sus siglas en inglés), Sarah Saldaña, quienes visitaron Honduras la misma semana.

Según fuentes de la oficina del senador Kaine, en una reunión con el presidente Hernández de Honduras se habó sobre cómo los fondos en la solicitud de presupuesto del presidente Obama podrían complementar los esfuerzos hondureños para mejorar la seguridad y las oportunidades económicas.

"Este es un momento importante en la relación entre Estados Unidos y Honduras", dijo Kaine. "Como se ha demostrado claramente durante la crisis de menores migrantes no acompañados del año pasado, lo que sucede en Honduras tiene un impacto directo en Estados Unidos. Tenemos que examinar la solicitud para América Central del Presidente (Obama) y asegurar que la cantidad que aprobamos se gaste con prudencia. Pero una inversión en Honduras es una inversión en nuestra prosperidad compartida".

Enrique Morones
abre puertas en la frontera

Enrique Morones vive para abrir puertas
En la frontera entre EEUU y México
Junio 23, 2016

Fundó Ángeles de la Frontera en 1986 y se ha convertido en una de las voces de los sin voz, un activista proinmigrante, un apasionado defensor de los derechos civiles. Un hombre al que nada humano le es indiferente.

Enrique Morones fue una vez —entre 1995 y 2001— vicepresidente de mercadeo latino y diversidad para el equipo de béisbol Padres de San Diego. "Algunos de los peloteros, como Carlos Hernández, solían venir conmigo al desierto a depositar botellas de agua y cobijas y me ayudaban con mi labor en los Ángeles de la Frontera", cuenta Morones. "Los jugadores veían la crisis y aún la ven porque antes que estrellas del deporte son seres humanos".

Morones visitó The Washington Post en mayo y habló con El Tiempo Latino sobre "lo mucho que queda por hacer y por luchar contra políticos racistas y deshumanizadores".

En el Post buscó la edición del 2 de mayo de 2016 en la que se cuenta en portada la iniciativa que lidera Ángeles de la Frontera en el Día del Niño. Bajo el eslogan "Abriendo Puertas a la Esperanza", una puerta de emergencia en una parte del muro metálico que separa México de Estados Unidos, —Tijuana de San Diego—, se abre como parte del único programa federal que permite a la Patrulla Fronteriza dejar pasar durante tres minutos a padres, madres, hijos e hijas del lado mexicano al estadounidense para abrazarse.

"Solo tres minutos", repite Morones que lo vive desde hace siete año como un gesto agridulce pero que es parte de su misión.

La primera barrera entre San Diego y Tijuana se construyó como parte de la Operación Guardián (Gatekeeper) en 1994 durante la presidencia de Bill Clinton.

En 2009 se levantó una segunda barrera en paralelo de 13 millas coronada con metal cortante y que entra en el mar. Además hay sensores y cámaras que detectan movimientos.
La Patrulla Fronteriza dice que desde la Operación Guardián se han reducido las entradas ilegales por esa zona en un 75%. Ángeles de la Frontera estima que desde el inicio de la Operación unos 10.000 inmigrantes han muerto intentado cruzar la frontera.

"Tienen tres minutos", les recordaba Enrique Morones a las familias que se abrazaban entre llantos el 30 de abril al pie de la barrera fronteriza entre San Diego y Tijuana.

Fue el comunicador televisivo Don Francisco quien bautizó a la organización de Morones como "Ángeles" por su trabajo humanitario que salva vidas entre los que se aventuran a cruzar el desierto en busca de una vida mejor en Estados Unidos.

"Nuestro trabajo es motivado por las palabras de la Biblia 'Porque tuve hambre y me diste de comer, tuve sed y me diste de beber...' Hemos hecho nuestra misión garantizar que toda persona sea recibida con un sentido de humanidad y compasión y que el ciclo de muerte a lo largo de la frontera no continúe en los años venideros", expresa Morones.

Ángeles de la Frontera ayudó a activar la "Primavera del

Enrique Morones. Foto: Alberto Avendaño.

Inmigrante" en 2006 con su "Marcha Migrante" nacional que ya es un evento nacional.

Hay una portada de El Tiempo Latino del 29 de diciembre de 2006 en la que se califica a ése como "El año del inmigrante": había grandes esperanzas ante una posible reforma migratoria. Al final, todo quedó en nada. "Pero la lucha continúa", dice Morones y repite las palabras de su amiga y leyenda viva del movimiento de los derechos civiles, Dolores Huerta: "Sí se puede". Sus influencias, dice, son sus padres y su abuelo, Luis N. Morones, una figura política Mexicana de los años 20 y 30 y fundador del sindicato obrero más importante del país. Se afirma católico y, como estadounidense, seguidor de los ideales de la familia Kennedy. Pero, por encima de todo, asegura que su mayor admiración y respeto la tienen los inmigrantes y sus historias de vida.

La lucha de este hombre recorre los desiertos fronterizos, las oficinas gubernamentales, y los platós de televisión o estudios de radio donde pone su punto de vista ante comunicadores muchas veces hostiles. Pero es necesario para conseguir victorias, dice, en los despachos o en la opinión pública que redunda en el mejoramiento de la vida de los migrantes. Incluso cuando esa victoria solo se materialice en un abrazo de tres minutos.

Luis Conde

es un hacedor de sueños

Luis Conde visitó The Washington Post en 2015. Foto: Alfredo Duarte.

CONDE ACABA DE PUBLICAR
"LA FÓRMULA DEL TALENTO Y MAHLER. LOS RETOS EN LA VIDA"
DICIEMBRE 4, 2015

Dice huir de lo unidimensional y buscar lo "poliédrico". Pero Luis Conde, quien preside una empresa de "head hunting" de referencia en Latinoamérica, es un hombre que un día deja la banca para embarcarse en proyectos imposibles. Trató de cruzar el Atlántico a vela y naufragó "por tener prisa". Se inició en la industria del vino y hoy produce en España dos marcas importates. Pero le faltaba el doble salto mortal: sin saber solfeo, dirigir a una orquesta para interpretar "Resurrección", la segunda sinfonía de Gustav Mahler. ¿Absurdo? Arriesgado sin duda. Pero dice que para experimentar el mareo hay que embarcarse y que con pasión y esfuerzo todo se consigue. Y lo cuenta en su libro "La fórmula del talento y Mahler. Los retos en la vida". Luis Conde es un hacedor de sueños.

"Dicen de los grandes soñadores que nunca ven cumplidos sus sueños porque siempre son superados. A mí me pasó lo mismo con mi empresa: yo tenía el sueño de tener la empresa de 'head hunting' más importante de Barcelona y se ha convertido en la más grande de America Latina", dijo Conde durante una visita a la sede del Washington Post.

Nos explicó que esto del 'head hunting' tiene tres partes: primero, descubrir el talento que te pide el cliente; segundo persuadir al talento que has encontrado y tercero, analizar si el talento es el adecuado. "El primer paso es fácil, hoy día sabes dónde están las personas", indicó. "Lo más difícil son dos cosas: la capacidad de persuasión que puedas tener con un alto directivo y convencerlo de que el proyecto que le presentas es mejor que el que tiene y el análisis profundo de los valores del cliente. Porque más importante que el talento de la persona que tratas de convencer es si sus valores coinciden con los del cliente".

Y su libro habla de valores y retos. Conde narra uno de esos retos con los que le gusta autoflagelarse. Se decide a dirigir una sinfonía de Mahler con muy pocos conocimientos de música y sin nunca antes haberse enfrentado a toda una orquesta batuta en mano.

"Los sueños empiezan en un momento de la vida y lo importante es el recorrido de la semilla hasta que florece y de ahí al fruto", comentó. "Si ese recorrido es tortuoso y difícil, el fruto es mejor... De niño recuerdo dirigir una orquesta con el dedo escondido en el bolsillo... Una vez en 1982 me encontré en el Metropolitan de Nueva York frente a una segunda de Mahler dirigida por Gilbert Kaplan, el dueño de una revista de negocios quien no sabía música, pero lo consiguió".

Eso animó a Conde y para celebrar el 25 aniversario de su compañía "decidí hacer algo disruptivo" y se puso a trabajar en la dirección de esa pieza clásica. El concierto tuvo lugar, luego de mucho esfuerzo y

"Para mí lo diferente está entre el trabajo y el arte, la combinación de arte y profesión nos despierta la mente". -Luis Conde

ensayos, en el Palau de la Música en Barcelona. Y Conde nos confesó que la posibilidad del fracaso, del ridículo, le rondó la cabeza, pero no permitió que esos pensamientos lo atenazaran. Y así salió airoso este soñador _padre de 8 hijos y 13 veces abuelo_ que se confiesa enemigo de la rutina.

"Para mí lo diferente está entre el trabajo y el arte, la combinación de arte y profesión nos despierta la mente".

Dolores Huerta
La vida y la militancia política

Llena de energía y activismo, Dolores Huerta me entregó carteles a favor de los inmigrantes en la primavera de 2016 cuando visitó la nueva sede de The Washington Post. Foto: Ivonne Alemán Zanatta.

Dolores Huerta:
Una vida de compromiso social
Octubre, 2015

Ella dice que los cambios sociales surgen gracias al sacrificio de muchos. Y recuerda que su madre le enseñó la generosidad y la solidaridad humana a manos llenas: "Mi mamá decía que si haces un bien para alguien en interés propio le quitas la gracia a ese momento".

Dolores Clara Fernández Huerta, la sindicalista inventora en los años 60 del grito "¡Sí se puede!", es una mujer llena de gracia humanista, ungida por el tiempo dedicado a los demás y a las causas cercanas a su corazón. Aceptó venir al viejo edificio del Washington Post y sentarse a charlar ante una cámara de video de El Tiempo Latino, la mañana del último sábado de octubre de 2015. Unas horas antes, había estado con la organización People for the American Way animando a un grupo de jóvenes activistas demócratas antes de las elecciones del 3 de noviembre en Virginia. Dolores Huerta tiene 85 años sólidamente construídos sobre la energía de sus inquebrantables convicciones. Le recordé que pocos años atrás, en Washington, durante una manifestación ante el Capitolio por la reforma migratoria, al saber ella que yo era español de origen me dijo con orgullo: "¡Mi bisabuela era de España!". La historia de sus raíces, me explicó, la tiene presente porque su abuelo, Herculano Chávez, "nos platicaba de su madre" que había llegado a Nuevo México desde Sevilla. "Su familia fue atacada por los indios y se la llevaron cuando tenía 8 años, y vivió con los indios hasta los 16 años cuando se escapó y se fue a un pueblo gritando '¡Yo soy cristiana!' A su hermano se lo llevaron a otra tribu y no lo encontraron hasta que ella cumplió 40 años..." Dolores recuenta la aventura de sus raíces con orgullosa normalidad: "Mi abuelo nació en Nuevo México y a él lo secuestraron los indios de Jerónimo cuando tenía 12 años y vivió con ellos un año... tenemos esa herencia. Mi abuelito era bien güero pero siempre decía que él era mexicano". Huerta habla de su abuelo con veneración y de sus raíces con ironía: "Mi familia no cruzó ninguna frontera, las fronteras nos cruzaron a nosotros, pero yo siempre me he indentificado con la cultura de Nuevo México".

Explica que su abuelo siempre les animaba a los nietos a hablar español e inglés. "Nosotros siempre hablábamos los dos idiomas", dice.

El historiador Mario T. García en su libro "A Dolores Huerta Reader" cuenta que el abuelo Herculano llamaba a Dolores "Siete Lenguas" por su facilidad de palabra o porque "hablaba mucho". Sin duda, esa capacidad para hablar le sirvió bien en sus años de organizadora sindical.

En 1955, Huerta cofundó en Stockton, California, una sección del Community Service Organization, (CSO) y haría lo mismo en 1960 con la Agricultural Workers Association con la que llevó a cabo iniciativas para la inscripción de votantes y mejoras en los barrios. En 1962, junto a César Chávez, fundaría el sindicato agrícola más poderoso del país. En 1966, Huerta negoció un contrato entre el sindicato y la Schenley Wine Company. Fue la primera vez que los trabajadores agrícolas pudieron negociar de manera efectiva con una empresa del sector de la uva.

"Viví en Nuevo México hasta los 6 años, cuando mis padres se divorciaron y mi mamá nos llevó a California, a Stockton, una zona agrícola cerca de Sacramento... allí convivíamos con muchos grupos y culturas: filipinos, afroamericanos, japoneses, chinos, mexicanos, anglosajones...", cuenta Huerta y dice que eso la preparó para entender la sociedad global en la que vivimos hoy.

La conciencia social

Asegura que su sensibilidad social la aprendió de su madre, Alicia, quien sacó adelante a Dolores y a sus dos hermanos en Stockton donde, luego de años de trabajo, consiguió establecer un pequeño hotel donde se ayudaba a trabajadores y personas de bajos recursos.

"Mi madre era muy devota de San Francisco Javier que seguía las enseñanzas de San Francisco de Asís", explica. "De ella aprendí la idea de ayudar al prójimo y a las personas con necesidades sin esperar ninguna gratificación porque, como me decía mi mamá: si haces un bien para alguien en interés propio le quitas la gracia a ese momento."

Dolores comenzó su servicio comunitario en la escuela secundaria en Stockton. Además, fue Girl Scout hasta los 18 años.

El 'Sí se puede' nació del universo

La huelga por los derechos de los trabajadores agrícolas en el sector de la uva llevaba tres convulsos años. Cuenta Huerta que César Chávez había comenzado su segundo ayuno de 25 días "para que la gente no se volcara en la violencia". En 1965, "trajimos a Roberto Kennedy para que nos apoyara".

"Habían pasado una ley prohibiendo las huelgas... Yo fui a hablar con profesionales latinos para que se volcaran con nosotros y me dijeron que en California podíamos hacer todo eso pero que en Arizona no se podía hacer... Les insistí que sí se puede en Arizona y esa noche cuando fui a la junta les reporté lo que estábamos organizando y cuando les repetí esa frase todos se levantaron gritando ¡Sí se puede!". Y ese grito de reivindicación humanista, nacido de un movimiento de derechos civiles y sindicales, se ha convertido ya en un grito de reivindicación global. Hasta el punto que el president Barack Obama le pidió disculpas a Huerta por haberle "robado" la frase. ¿Qué le respondió Huerta al Presidente? "Yes, you did".

11 hijos, 17 nietos, 8 bisnietos

"Se me hace que el mundo existe porque todos podemos tener hijos", sonríe Huerta ante la pregunta de por qué tantos hijos. "A mi siempre me gustaron los niños y mi madre me regañaba ¿¡Cómo tienes tantos hijos!?, me decía... Pero estuve casada la primera vez y tuve mis dos primeros hijos, luego me divorcié, me casé y tuve cinco hijos con el señor Huerta, luego me divorcié de él y me junté con el hermano de César Chávez y tuve cuatro más... por eso son tantos... Ahorita tengo 17 nietos y 8 bisnietos". Es, dice, su elección. Es feminista y piensa que "vivimos tiempos difíciles para el movimiento de derechos civiles" en general y, en particular, en cuanto a "los derechos de reproducción de las mujeres... Creo que cada mujer, cada familia, tiene el derecho de determinar el número de hijos que van a tener... Eso es importante para la libertad de las mujeres".

Dolores Huerta me dedicó esta foto en la que ella está junto a Robert Kennedy y que aparece en un libro sobre el movimiento de los trabajadores agrícolas en California en los años 60. Dolores escribió: "Alberto, nunca pierdas la fe en las personas ni en el futuro. ¡Sí se puede!".

La larga vida de activismo de Huerta ha pasado por tiempos difíciles _ incluyendo una agresión, a los 58 años, durante una manifestación en San Francisco que la llevó al hospital_ pero también su vida ha recibido el reconocimiento institucional de todo el país hasta el punto que su vida es parte del museo Smithsonian.

"Es bonito tener ese reconocimiento pero sabemos que viene a las espaldas de muchas personas que hicieron el movimiento. Cuando hicimos el boicoteo de la uva, 40 campesino vinieron a Nueva York y se fueron por todo el pais…. esos 40 campesinos y los voluntarios crearon un movimiento para que 17 millones de personas no compraran uvas para traer a los empresarios a la mesa de negociación… mataron a cinco campesinos, mártires del movimiento… los logros fueron de tanta gente que ayudó…"

¿Y tantos otros galardones? La máxima distinction del estado de California, la recién entregada condecoración civil del gobierno de México, The Eleanor Roosevelt Humans Rights Award que le entregó el presidente Bill Clinton en 1998… Y el máximo galardón civil de la nación, la Medal of Freedom que le entregó el president Barack Obama en la Casa Blanca en 2012.

"Soy muy bendecida porque muchas personas son las que trabajaron… Hay que seguir trabajando".

Con la sindicalista Dolores Huerta en el antiguo edificio de The Washington Post en 2015.

Donald Graham

apoya a los jóvenes inmigrantes

Graham and the DREAMers
February 6, 2014

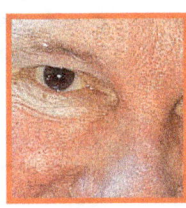

The Dream Act Portal says it all: Over three million students graduate from U.S. high schools every year. Most get the opportunity to test their dreams and live their American story. However, a group of about 65,000 youth do not get this opportunity; they are smeared with an inherited title, an "illegal" immigrant. These youth have lived in the United States for most of their lives and want nothing more than to be recognized for what they are, Americans.

The DREAM Act (acronym for Development, Relief, and Education for Alien Minors) is a bipartisan legislative proposal first introduced in the Senate on August 1, 2001 by Sen. Orin Hatch (R-UT) and Sen. Richard Durbin (D-IL) which would provide permanent residency to certain immigrants of good moral character who graduate from U.S. high schools, arrived in the United States as minors, and lived in the country continuously for at least five years prior to the bill's enactment. The bill has been over 12 years in limbo —a.k.a. Congress.

And now new voices bring hope to many while Congress only offers political stagnation. The CEO of Graham Holdings Company, Donald E. Graham, Democratic activist and philanthropist Henry R. Muñoz III, and former Secretary of Commerce during the Bush Administration, Carlos Gutiérrez, announced Tuesday, February the 4th, the formation of a new national movement —TheDream.US. In the next decade, TheDream.US college scholarships will help more than 2,000 low-income DREAMers graduate with college degrees.

Graham, the former owner of The Washington Post, says the DREAMers seek the opportunity to contribute to their communities. But often face barriers to receive a college education. We are making a down payment for the future of our country by helping these young people to realize the American Dream, adds Graham.

According to Muñoz, like many who have come before them, our DREAMers hold great promise if given the opportunity to participate in our community.

Meanwhile, Gutiérrez said that if the DREAM Act is not approved thousands of young people will not achieve their academic dreams.

Facebook's founder, Mark Zuckerberg, recently joined other voices from Silicon Valley calling the cause of immigration reform "one of the biggest civil rights issues of our time."

In November 2013, a 25-hour DREAMer Hackathon took place in Silicon Valley, hosted by Fwd.us —the pro-immigration reform advocacy group co-founded by Zuckerberg. At the event, the best "advocacy" tool award went to the app "Push for Reform." Since Graham sits on the board of Facebook, it feels like a tipping point for the immigration reform movement. At the very least, we finally hear strong, powerful, vehement voices making a long-awaited point.

El Proyecto TheDream.US
Marzo, 2015

TheDream.US acaba de lanzar un nuevo y amplio programa de becas con alcance nacional para ayudar a 500 estudiantes más acogidos al DACA (Deferred Action for Childhood Arrivals) o al TPS (Temporary Protective Status). Se trata de evitar así que estos jóvenes, traídos al país de niños, tengan que pagar las caras matrículas universitarias como si fueran extranjeros o que se les prohiba el acceso a los estudios superiores. Ahora Connecticut y Delaware se unen al mayor programa de becas para dreamers del país diseñado para pagar hasta $80.000 que cubre matrícula, vivienda y alimentación. Y la llamada "Beca de Oportunidad" estará disponible para "Dreamers" que proceden de 16 estados, incluyendo Alaska, Arkansas, Georgia, Idaho, Indiana, Iowa, Louisiana, Mississippi, Missouri, las Carolina del Norte y del Sur, las Dakota del Norte y del Sur, Pensilvania, Virginia Occidental y Wisconsin.

TheDream.US cuenta con más de 70 universidades asociadas al programa en todo el país, en el área metropolitana de Washington figuran el Northern Virginia Community College, la George Mason University y Trinity University.

El cofundador de TheDream.US, Don Graham, contó que su compromiso con la educación empezó en los años 90 cuando Graham presidía The Washington Post Company. "Cuando comenzamos DC Access College nos dimos cuenta que muchos estudiantes de escuelas como Bell Multicultural no podían beneficiarse de nuestras becas universitarias porque su estatus migratorio se lo impedía", dijo Graham al contar lo que le llevó a fundar junto al filántropo Henry Muñoz _demócrata_ y al ex secretario de Comercio en la administración Bush, Carlos Gutiérrez _republicano_ lo que hoy es TheDream. US al servicio de unos jóvenes "que tienen derecho a una oportunidad en el sueño americano", en palabras de Graham. Cuenta Graham que el profesor de Harvard Roberto González ha estudiado la problemática de estos estudiantes y en una ocasión le dijo que los dreamers, en promedio, habían llegado a Estados Unidos cuando eran unos niños de 6 años.

"Yo he trabajado como policía en el Distrito de Columbia y sé lo que es castigar a las personas cuando cometen un delito", dijo Graham. "Pero castigar a un niño, eso no se hace en este país y no podemos castigar a un niño que llegó a este país con sus padres... Quien conoce a cualquiera de estos dreamers sabe que son excelentes personas y excelentes estudiantes... que hoy están matriculados en nuestra área en Trinity, en George Mason y en NOVA".

Por esta iniciativa, Graham recibió recientemente un galardón del American Immigration Council pero él expresó que se trataba de un reconocimiento a lo que siginifica TheDream.US y a todo el equipo que lo conforman, desde los cofundadores hasta un liderazgo organizativo del que forma parte Gaby Pacheco, quien fue parte de un grupo de jóvenes que llevó al Congreso la causa de los dreamers.

"Desde pequeña siempre me gustó la escuela y fue un fuerte dolor saber que por ser indocumentada no podía ir a la universidad. Todo el esfuerzo que tuve que hacer para poder ir al Miami Dade College me abrió los ojos y pude ver el privilegio que tenía y la responsabilidad de luchar para que otros no tengan que sufrir como lo hice yo para poder recibir una educación", contó Pacheco. Y esta "guerrera huancavilca" pasó de caminar por una causa —desde Miami a DC en 2010—, despertando conciencias, a ser protagonista de un video de la revista TIME en el que habla de educación y de sueños, hasta llegar, en estos momentos, a dirigir el programa de becas universitarias para dreamers más importante del país.

La energía que emana cuando habla de los cientos de jóvenes que consiguen becas cada semestre desde 2013 parece quebrarse por un momento cuando recuerda la dureza del camino recorrido: el llanto de su hermana, Erika, cuando supo que no podría ir a la universidad porque era indocumentada y "el terror" que ella misma sintió cuando Pacheco era tan solo una estudiante de Middle School. O cuando en 2006 las autoridades de inmigración se presentaron en su casa y detuvieron a sus padres.

Pero hoy, con TheDream.US, Pacheco se siente optimista.

"Con estas becas, en unos años demostraremos que esta iniciativa de ayudar a los dreamers es, no solo lo moralmente correcto, sino que estoy segura de que los economistas valorarán positivamente el impacto de toda una generación de jóvenes que ha sido capacitada para contribuir a su país", indicó Pacheco, hoy también ilusionada con su nueva vida en Washington y con las maletas del alma repletas de sueños posibles.

El antiguo dueño de The Washington Post, Don Graham, con Alberto Avendaño en 2015.

Armando Trull
At Last a Latino Voice

Trull is the chronicler of the immigrant experience

December 18, 2014

For the past four years, a unique voice has engaged hundreds of thousands of the Washington region's most influential people about our growing Latino community. That conversation has been in English with a little of Español thrown in for seasoning. The voice is that of WAMU 88.5 FM's Senior Reporter Armando Trull. This Cuban-American immigrant and journalist who works at the local NPR station has introduced us to immigrant children and mothers fleeing the most horrendous violence in their native El Salvador. He travelled there twice, alone, to document the dangerously hellish violence generating the recent mass exodus of youth as well as its historic roots springing from a brutal civil war.

Thanks to Trull, we've met gang bosses and pastors; teachers and students; police officers and inmates. Trull has brilliantly traced the links between the gang violence in El Salvador and an increase in violence here. It was Trull's reporting on WAMU that first uncovered the connection between recent murders and an increase in MS13 gang recruitment in the area. The latest example of this groundbreaking coverage is a painful reminder of how no one is immune from racism and bigotry and its insidious effect on even the young.

Trull reported on WAMU and published in El Tiempo Latino and washingtonpost.com an article about how the word "chanchi", which means piglet in Spanish, has become code language to "otherize" recently arrived, traumatized Central American youth at some local schools. The fact that the hate-speech was coined by Americanized Salvadoran youth and then picked up by their American peers is shockingly banal.

His reporting illustrates how inattention to the bullying has generated many fights, including some that have led to mass suspensions, expulsions and arrests. Trull's story documents the admission by school authorities in Montgomery County that in order to stop this bullying they must educate not just students and parents but administrators, teachers and staff on tolerance and acceptance.

His story also holds up an uncompromising mirror to those in the Latino community who engage in bigotry or teach their children to do so.

Trull's reporting of the myriad challenges facing thousands of recently arrived Central American youth and their families as well as the triumphs, however small or humble, marks him as one of the premier authoritative chroniclers of the immigrant experience in Washington, DC, metropolitan area.

Trull's work manages to draw attention from many sources. While a reporter at WUSA9 TV, he was spoofed by Conan O'Brian in a short-lived segment called Trull-Busters. More recently, his work at WAMU got the attention of The Washington Post's Sunday Magazine which called him "The Morning Mouth of WAMU" and Washingtonian Magazine which named him "Best on the Scene Reporter in 2015" praising him for his "deep dive coverage" of Latino issues. That coverage has also earned him accolades from major Latino organizations and the community which for the first time heard their issues and their stories covered in a thoughtful and intelligent manner on English language media.

It's difficult to find many experienced Latino journalists who are culturally and linguistically competent working for major market mainstream English language media and NPR is no exception.

Trull's impact is then two-fold: Presenting stories about the largest minority in the United States to a powerful mainstream audience and subtly heralding that the time has come to acknowledge this reality.

ARMANDO TRULL, CRONISTA DEL DRAMA MIGRANTE
Es galardonado por el American Immigration Council

Mayo 7, 2015

Ante una audiencia expectante y con un enorme letrero del American Immigration Council a su espalda, el periodista Armando Trull habló desde lo personal y lo profesional de la inmigración, en general, y del drama de los niños y jóvenes que cruzan la frontera, en particular. Era mediados del mes de abril y Trull recibía en Washington, DC, un galardón muy especial para él: "Immigrant Achievement Award 2015".

En sus palabras a los asistentes a la ceremonia de entrega de los premios —en los que también se reconoció el trabajo de Suzette Brooks Masters y el JM Kaplan Fund, e iniciativas de jóvenes activistas—, Trull recordó que quienes servían la comida en ese momento o quienes cuidaban a nuestros hijos en el momento en que él hablaba eran los protagonistas de las historias periodísticas con las que él dio voz a toda una comunidad.

Y fue ese trabajo para WAMU 88.5FM, donde relató la crisis de la frontera desde Washington y El Salvador, lo que le valió a Trull el galardón.

"Cuando el fenómeno de los niños migrantes comenzó el año pasado, pensé que se avecinaba una crisis y nadie hablaba del impacto en las escuelas aquí, en las ONGs y en la comunidad del área metropolitana... luego investigamos esta realidad en El Salvador y lo cubrimos en español y en inglés y me siento honrado de que este trabajo se reconozca", explicó Trull a El Tiempo Latino.

Trull asegura que la única manera de conseguir la credibilidad en su profesión es "diciendo las cosas... tienes que ser periodista no portavoz".

El tema migratorio es personal para Trull y dice no ser inmune al sufrimiento.

"Una de las cosas que me afectan es ver la angustia en los ojos de los padres... cuando le preguntas a una madre cómo es posible que envíe a sus hijos en un viaje tan peligroso, y esa mujer me dice que todas las noches lloraba y de rodillas rezaba para que no le ocurriera nada a su hijo... sabes que ese dolor es de verdad".

¿Y tal vez se necesitaba un periodista hispano para contar esa realidad?

"Sin duda. Todas las coberturas que yo he hecho, solo las podría haber hecho un periodista que viviera como yo esa realidad... es cuestión de idioma, de empatía cultural", expresó Trull quien empezó su carrera en Miami, en CBS radio y en Telemundo.

En 1992 llegó a Washington, DC, como director de noticias de UPI radio. Y su peregrinaje profesional incluye Univisión, TV Azteca, BBC... hasta llegar a su actual posición como Senior Reporter para WAMU 88.5FM —de la cadena de National Public Radio— donde se ha especializado en la cobertura de la comunidad latina y las personas de la comunidad LGTBQ en el área metropolitana de Washington, DC.

"Es maravilloso informar para WAMU porque es uno de los medios más serios en los que he tenido el placer de trabajar y lo que he hecho con ellos me ha llenado de placer profesional y me ha permitido ser un intermediario entre la comunidad norteamericana y la latina", explicó Trull.

Precisamente ese rol de constructor de puentes culturales y de vías de comunicación de doble dirección lo ejemplifica la alianza que Trull ha establecido con El Tiempo Latino y washingtonpost.com para diseminar alguno de sus trabajos, como la crisis de los niños migrantes en la frontera. Mientras WAMU emitió la serie de reportajes en inglés, El Tiempo Latino publicó en español el trabajo de Trull.

"Cuando surgió la crisis a primeros de mayo, yo sabía que eso iba a tener una repercusión en nuestra área metropolitana por la enorme comunidad centroamericana y salvadoreña que tenemos aquí", dijo Trull. Le afectaba especialmente a Trull que sus oyentes no entendieran por qué esos padres arriesgaban la vida de sus hijos en un viaje tan cruel. Cuando tuvo la oportunidad de viajar a El Salvador no lo dudó. WAMU aceptó enviarlo y Trull produjo una serie de tres programas tan informativos como inquietantes.

A casi un año de que el gobierno de Estados Unidos declarara como crisis humanitaria el cruce ilegal de niños centroamericanos sin compañía, en Maryland, Virginia y DC se reubicaron a más del 10 por ciento de los niños, es decir unos 7.000 de los 68.000 menores que cruzaron la frontera solos.

Esta cifra corresponde al número de niños reubicados con sus familiares a través de la Oficina de Reasentamiento de Refugiados; pero la cifra es mayor, según expertos y el propio Trull ya que muchos no fueron detenidos por inmigración, llegaron acá y ahora enfrentan enormes retos que van de lo educativo y cultural a lo emocional.

"Ésa es la nueva frontera para estos jóvenes", dijo. Y Trull estará ahí, con su micrófono, para reportar la realidad.

Armando Trull habla durante la entrega del galardón que recibió del American Immigration Council en 2015.

Luis Alberto Ambroggio

Estados Unidos es hispano, también

Alberto Avendaño habla ante Gerardo Piña Rosales, director de la Academia Norteamericana de la Lengua Española (ANLE) y el director de la ANLE-Washington, Luis Alberto Ambroggio. La foto fue tomada en la antigua sede de The Washington Post que acogió en el otoño de 2014 un evento de la Conferencia internacional de Academias.

Luis Alberto Ambroggio:
Estados Unidos se debe definir desde lo hispano también
Septiembre 8, 2016

Como poeta, como académico de la Real Academia Española y de la Academia Norteamericana de la Lengua Española, uno espera de Luis Alberto Ambroggio una expresión lírica de profundidad o un trabajo sobre la presencia y potencia del idioma español en Estados Unidos. Al final, Ambroggio se nos presenta nuevamente en el circuito editorial con una obra que combina esos dos aspectos de su trabajo intelectual.

"Estados Unidos Hispano" es un libro lleno de valores reivindicativos de una realidad potente basados en la historia de esta nación y los testimonios de muchos de sus constructores políticos e ideológicos. "Es un libro que escribí con orgullo", me dijo Ambroggio. "Recojo descubrimientos, hechos, estadísticas, anécdotas, temas sobre nuestra historia, cultura e idioma hispano de Estados Unidos, para que se conozca nuestra contribución a lo que es nuestro país, ahora el segundo país hispanohablante del mundo, con perspectivas del ser el primero en el 2050".

Consigue Ambroggio escribir un documento a modo de estímulo, de testimonio, de invitación a conocer y promulgar la presencia histórica, social, política y económica hispana que se alarga 500 años en el tiempo.

"He querido escribir un grito de realidad fascinante, de honra, de satisfacción y de esperanza. Porque así celebraremos para siempre y cada vez más el Estados Unidos hispano de ayer, hoy y siempre", enfatizó.

"Comparto en el libro, entre otras cosas, la insistencia del que fuera presidente y padre fundador de Estados Unidos, Thomas Jefferson, para que su círculo familiar y político aprenda español", contó Ambroggio.

Jefferson definió al español como "el más necesario de los idiomas modernos". Y en una carta a su sobrino en 1785 le dice que el español le será muy útil para la vida política. "La circunstancia de poseer tal idioma podría darte una situación de preferencia frente a otros candidatos", le escribió el presidente, filósofo, arquitecto y científico.

Ambroggio me recordó la hispanofilia de otro grande de la cultura estadounidense: Walt Whitman.

"Whitman usó palabras españolas en sus textos y agradecía la contribución española al tesoro lexicográfico inglés, y destacó la importancia del elemento hispano en la nacionalidad americana", dijo el académico y citó a Whitman en sus propias palabras: "El carácter hispano le va a proveer algunas de las partes más necesarias a esa compleja identidad Americana. Ningún origen muestra una mirada retrospectiva más grandiosa —más grandiosa en términos de religiosidad y lealtad, o de patriotismo, valentía, decoro, gravedad y honor...."

Una curiosidad: el signo del dólar ($) se tomó de las columnas del escudo imperial de armas español con el lema "Plus Ultra". También es curioso que varias hispanas hayan firmado los billetes estadounidenses como las Tesoreras en

Luis Alberto Ambroggio.

fechas específicas: Romana Acosta Bañuelos (1971-1974), Katherine Davalos Ortega (1983-1989), Catalina Vásquez Villalpando 1989-1993), Rosario Marín 2001-2003), Anna Escobedo Cabral (2004-2009), Rosa Gumataotao Rios (2009-2015). Otro hecho: el inmigrante de Navarra, España, Pedro Casanave, agente inmobiliario, quien luego de llegar a Estados Unidos en 1785, en pocos años alcanzó un sitio privilegiado en la alta sociedad de Georgetown, convirtiéndose en su quinto alcalde y, como tal, colocó la primera piedra en la Casa Blanca, por entonces conocida como Casa del Presidente. "Hay que decir que la fecha elegida para el inicio de esta construcción no fue al azar: el 12 de Octubre de 1792, coincidiendo con el tercer centenario del descubrimiento de América. Y que la capital del país, la ciudad de Washington D.C., se funda en 1790 al este de la ya existente Georgetown, debiendo su nombre de Distrito de Columbia (D.C.) precisamente al descubridor de América, Cristóbal Colón".

El libro es además un análisis de la realidad de lo hispano hoy en lo cultural y económico también. "Mi deseo es que se conozcan, se aprecien éstos y todos los datos que he reunido en este libro tanto por la comunidad hispana como la anglosajona, para que apreciemos nuestra riqueza y abolengo cultural", finalizó Ambroggio.

Me confieso admirador de la poesía de Ambroggio, y soy colega de este escritor en la Academia Norteamericana de la Lengua Española que preside otra luminaria de las letras hispánicas, el doctor Gerardo Piña Rosales. Sigo el incesante peregrinar de Ambroggio por Ferias del Libro, por universidades del ámbito iberoamericano, por recitales en las Américas. Le veo recibir homenajes allá donde va. Y me asombra todavía ver su energía y su positivismo. Quien una vez fuera empresario en el sector aeronáutico y lo dejara todo para dedicarse a su llamado, la literatura, hoy es peregrino de lo hispanounidense.

Jordi Gracia
Explica a un tal Cervantes

Este hombre está loco por Cervantes

Mayo 29, 2016

Pregunta: ¿Cómo se rescata un mito 400 años después de su paso por la tierra y se le dota de carne humana? Respuesta: Escribiendo una biografía diferente que se acerca al hombre sin ambages y trata de entenderlo desde su voz.

Pero ¿cómo? Le insisto al profesor Jordi Gracia.

Las 1.500 páginas que comprenden documentos notariales o testamentos o legajos de todo tipo son un obligado comienzo, dice Gracia, pero él se aventura con la obra "desde la primera a la última línea" para descubrir la voz del autor así como los paralelismos con su vida.

¿No es un riesgo buscar a un autor en su obra?, objeto yo con pretensiones de incisivo periodista.

Tal vez, responde Gracia y remata en estocada: pero no buscar al autor en su obra tiene algo de "cobardía".

Y entonces se me ocurre preguntarle al catedrático de literatura española en la Universidad de Barcelona: ¿Quién es Miguel de Cervantes? ¿Quién es el creador de Don Quijote, de Sancho y de otros personajes que hablan de manera tan singular desde su tiempo a una humanidad de todos los tiempos?

"Cervantes es un hombre perfectamente aclimatado a su tiempo histórico en cuanto a su militancia católica, por eso se enrola en los tercios de Flandes y combate en Lepanto con la convicción de que tenía que evitar que el turco amenazara a la cristiandad".

Gracia que es un galardonado escritor de ensayos, agudo articulista de prensa y pensador de "burgueses imperfectos" e "intelectuales melancólicos", se ha atrevido ahora _ después de publicar dos exitosas biografías narrativas, "La vida rescatada de Dionisio Ridruejo" y "José Ortega y Gasset"_ con "Miguel de Cervantes. La conquista de la ironía". Y me visitó en El Tiempo Latino, en las nuevas oficinas de The Washington Post que recorrió con la alegría de un paseante fascinado, para entregarme su última pasión en forma de libro.

No es éste un libro sobre la vida del autor de El Quijote, sino un viaje a la peripecia de un escritor que se cuenta obviamente sobre la base de lo que consta en el "libro de familia" de la historia del personaje, pero sobre todo a través de la actitud, el recuento y la técnica de sus textos.

"Cervantes es un hombre completamente integrado en su tiempo, es un hombre del sistema", reitera Gracia. "Pero con vocación experimental desde el punto de vista literario desde el primer momento. Lo es en "La Galatea", lo es en su teatro que no es convencional, previsible o imitativo, por tanto es tradicional pero con el instinto de experimentar, de hacerlo de otro modo. Y eso ocurre al principio de su vida y al final".

Cervantes en su madurez, a los 50 años, empieza a proyectar El Quijote. Es, apunta Gracia, alguien que sabe que está fuera del tiempo histórico, cuando sabe que le queda poco de vida y, en lugar de resignarse a la decadencia opta por protagonizar el laboratorio vital de la última década del siglo XVI que le consigue situar en un lugar diferente: "Un hombre con

Jordi Gracia.

convicciones, pero ya no seguidas de la misma manera, sino con la capacidad para relativizarlas, con la capacidad para ironizarlas". Ése es el logro y el legado de la modernidad _sinónimo aquí de eternidad_ de Cervantes: lo que Jordi Gracia llama "la conquista de la ironía".

"Cervantes empieza a entender que la condición humana es algo más complicado y no vale ya la mirada simplificada, dogmática en la que él estuvo instalado durante muchos años".

Gracia es un literato en su sentido más amplio, o sea, es un disfrutador de textos y un escudriñador casi detectivesco de la vida que esconde esa literatura. O eso, me parece, es lo que hizo Gracia con Cervantes. Y, confieso, para quien ha merodeado la superficie de Cervantes y sus personajes _en mi casa tengo un minialtar a modo de santería cervantina_ las palabras del profesor te acercan sin prejuicios a ese parnaso poblado por quienes pueden ser uno y su contrario en armonía, "con alegría" diría Gracia.

Al escuchar a Gracia, se me ocurre que la evolución cervantina es un ejercicio de sana tolerancia e inclusión del que las democracias necesitan hoy tanto como siempre.

"Es Cervantes quien se burla de las convicciones absolutas de quien fue él con los demás. De ahí que El Quijote sea un libro bien humorado, jovial, sin ninguna verdad absoluta por delante, sino con la intención de sospechar que mejor no tratar de verdades absolutas si uno quiere entender, de verdad, cuál es la condición humana".

Durante años peleó Cervantes "por convicción" contra el avance del mundo musulmán hacia la Europa cristiana. Regresa a España después de cinco años de batallas, de haber sido herido, de haber vivido en cautiverio en Argel. Y se reintegra a la vida literaria de la corte, pero su señor desaparece. En esa época sí necesita un empleo y decide irse a América pero no se lo conceden porque había que pagar algún soborno para conseguir ese destino. Cervantes es de una hidalguía muy modesta, no es un caballero, y decide aceptar un empleo real que para él es muy importante (otra vez las convicciones): tiene que recaudar el aceite y el trigo por Andalucía que va a servir para alimentar a la Armada que intenta conquistar Inglaterra.

Dice Gracia que los 10 años que pasó como comisario y funcionario real en Andalucía son "el laboratorio moral y vital que reeduca a Cervantes con respecto a las convicciones dogmáticas, excluyentes y poco modernas de su juventud".

Si a esto le añadimos que nos encontramos al final de una época con la muerte de Felipe II en 1598, "la muerte de muchos de sus amigos, su relación con una Sevilla pletórica, golfa, hiperactiva..." tenemos, en palabras de Gracia, "la intuición cervantina" de que se debe aceptar como humano esa doble condición de "ridículo y noble, patético y ejemplar".

Y si la verdad humana es una moneda de dos caras equiparables que cohabitan la realidad, El Quijote en sus dos personajes centrales es un ejemplo de esta dualidad. Don Quijote es ridículo y entrañable, loco y cuerdo, delirante y ecuánime. Y Sancho es un torpe lleno de inteligencia.

¿Es por eso que a Cervantes se le considera el inventor de la novela moderna?

"Cervantes tiene la asombrosa capacidad de adelantarse a través de la ficción a un tiempo que no existe, que es la Ilustración, que es el tiempo moderno. Nuestra modernidad, que arranca en la Ilustración, parece fraguarse a través de una novela de ficción y no en un pensamiento ensayístico o discursivo, como el de Montaigne (1580). No por la vía de la discursividad, sino por la vía de la ficción. Es decir, no necesariamente por la relativización de las convicciones, sino sobre la vigilancia para no convertir las convicciones en dogmas".

Y esa vigilancia, apunta Gracia, la tiene Cervantes "activadísima" y la proyecta a través del recurso del humor. Pero la segunda cara de la creación de la novela moderna tiene que ver con la estructura, con la forma y con la técnica narrativa.

"Resulta que El Quijote no se parece a nada", dice Gracia. "Es una especie de estallido de libertad compositiva que en su tiempo nadie entiende. La literatura en el siglo XVI es imitativa por definición: ha de parecerse a un género, ha de cumplir unas determinadas formas... Lo que ha conseguido hacer Cervantes en El Quijote es mostrar el repertorio de todas las estéticas y todos los estilos y todos los modos de narrar de su tiempo, incluido el teatro: soy de los que cree que varios de los episodios que suceden en El Quijote tienen que ver con obras de teatro frustradas y convertidas en anécdotas narrativas...

De manera que El Quijote se empieza a escribir porque Cervantes se da a sí mismo una libertad que nadie tenía en ese momento y se la da porque él no está en el sistema".

El discurso de Gracia suena cada vez más próximo, más moderno. Por eso no me atrevo a pedirle paralelismos contemporáneos que nos hagan vivir la crisis del mundo con menor tensión. No es preciso. La clave está en observar a Cervantes: "No pierde sus convicciones, pero dejan de ser dogmáticas". Y abraza el humor como el madero salvavidas del naufragio, entiendo yo y siento así cercano a

Cervantes. "El talante del humor y la estravagancia física o intelectual como vía de acceso a una verdad ironizada. El intento de emplazarse en una posición en la que nada tiene una sola versión y la locura de Don Quijote puede ser la vía para una reflexión perfectamente ponderada".

Son 400 años de la muerte de Cervantes y del otro inventor de lo humano, William Shakespeare. Sabemos que el primero vivió en un imperio que se desmorona y que el segundo lo hizo en una Inglaterra _isabelina primero, jacobina después_ brutal y pendenciera. Y sabemos que Cervantes nunca leyó a Shakespeare pero que el inglés sí leyó al español. La primera parte de El Quijote se tradujo pronto al inglés e inspiró "Cardenio" _la obra perdida de Shakespeare basada en un episodio de El Quijote.

Si es cierto que los humanos tienen la capacidad de ser lo que son y su contrario, Cervantes desarrolla al que no es a partir del que es, no se traiciona, se desdramatiza. Y en este contexto ¿tiene sentido hablar de las raíces judías de Cervantes? Le pregunto a Gracia, sabedor de que el profesor es reactivo a quienes claman "nacionalidades" del escritor.

"Hablar de la raíz judía de Cervantes ha perdido relevancia, los orígenes conversos en la familia no son algo significativo en su perfil literario... Pero es cierto el tono humanizador con el que trata a moriscos y a judíos conversos en la segunda mitad de su vida".

Dice Gracia que lo que más disfruta en las entrevistas es decir NO a la pregunta ¿Es verdad que vivió Cervantes amargado? "El estereotipo lo creó el romanticismo", comenta Gracia. "Se pone a escribir El Quijote con la ironía y el sentido del humor en el que en ningún lugar late un amargado o un resentido, todo lo contrario".

¿Hay algo de lo que nos olvidemos constantemente al hablar de un personaje tan hablado? Gracia apunta que nadie habla del enorme respeto que Cervantes muestra por las mujeres como miembros de la sociedad y como personajes en su obra: "la autonomía de las mujeres, la solvencia intelectual de las mujeres, la reclamación de dejar de ser meros instrumentos de cambio para las negociaciones de padres y maridos... el nivel de autonomía con el que dota Cervantes a sus personajes femeninos es incomparable... ellas mismas son formas de rebeldía, de independencia... es un feminista avanzado sin ninguna duda". Pero "el machismo hispano y universal habitual nunca apunta esto" que, para Gracia, "es un asunto capital en la obra de Cervantes".

De Cervantes se podría decir lo que él mismo escribió en un soneto dedicado al poeta Fernando de Herrera: Cervantes fue "El que subió por sendas nunca usadas". Y por si esto fuera poco, en ese camino conquistó la ironía, que diría Gracia. Decido entonces terminar la conversación con el autor de esta original biografía cervantina, con una pregunta de principios o, tal vez, de principiante: ¿Por qué importa Cervantes hoy? Gracia no lo respira, lo contesta de una bocanada: "Porque Cervantes es la alegría de descubrir lo que es la condición humana y no la melancolía que engendra ese descubrimiento. Es el entusiasmo ante el hecho de que las verdades absolutas no existen. Y eso no es un fallo, es una conquista. La conquista de la ironía. Eso nos hace más sabios, menos ignorantes".

Fidel Castro
se fue, ¿cómo será lo que viene?

El Comandante in His Labyrinth
Fidel Castro flirts with eternity
June 25, 2014

"Revolutionaries never retire." Said Fidel Castro some 23 years ago at the Palace of the Revolution in Havana. Palace and Revolution in the same sentence felt to me like one of the many contradictions I lived while in Cuba. Our small group of journalists were able to have a conversation with El Comandante. The island struggled to navigate the turbulent waters of a new world order without Soviet subsidies. On the streets, people would offer me smuggled cigars, and when I declined they would hug me and yell, "¡Compañero!" ("Brother!")

It was easy to observe the price of sex: a bar of soap, a frugal meal, or a visit to tourist-only shops. I spoke to Cubans who were dedicated to the regime "until death," who lived on remittances from Miami or Spain and responded to my questions without fear but indirectly. The activist and opposition leader, Elisardo Sánchez, would go to the hotel Habana Libre, where I was staying, and sit near our journalist group. An invisible wall of casually dressed policemen were at the bar or stalking the halls of the hotel. I never spoke with Sánchez. But in the Palace, I asked El Comandante what he thought of his political opposition and who he thought would lead the transition in Cuba. The world leader best known for his verbal incontinence brushed the question aside with a concise answer more fitting of Hemingway than Carpentier. "Political opposition in Cuba does not exist. The only opposition is the United States of America," Castro said, before keeping silence and scanning the room for the next question.

In those days, like today, the health of El Comandante was a State secret. Miami has spent decades announcing his death. Meanwhile, since Dwight D. Eisenhower began isolating the island in October 1960, El Comandante continues to outlive one American president after another. The embargo would be officially implemented in 1961 by John F. Kennedy.

A few years after my visit to Havana, in a conversation with Colonel Beruvides in Miami, I heard that some in the Cuban exile estimated that the transition to democracy would cost half a million lives. Revenge, they told me, was inevitable. Washington, Europe, and The Vatican could stop the blood shed, I thought.

But Washington has been slow and stubborn, dedicating its energy to politicking while abandoning a hemispheric vision.

Now there is another player in Cuban diplomacy: China. The path only fills with more obstacles.

Today, those who missed the train of history are preparing for Castrismo without Castro. They will be stuck on the platform again. The Cuban diaspora _"the worms"_ continues sending money back to the island. Many of them have metamorphosed intopowerful butterflies. That is the power of time. Now, the dictator convalesces in the labyrinth that he has been unable to take his country out of in over 50 years. In August, he will turn 88 years old, as he flirts with eternity. For revolutionaries neither retire nor die.

Obama va a Cuba

1959
Triunfa la revolución.

1961
EE.UU. y Cuba rompen relaciones diplomáticas. EE.UU. intenta invadir Cuba. Fidel Castro proclama el comunismo.

1962
El presidente Kennedy ordena el embargo total a la isla. Crisis de los misiles: la URSS retira los misiles nucleares instalados en Cuba.

2015
Medidas para relajar el embargo. Fidel Castro dice que no confía en EE.UU. Apertura de embajadas en La Habana y Washington.

Our Man in Havana
The Cuban issue
January 8, 2015

Graham Greene's Our Man in Havana is a rare fusion of comedy and suspense. The most unlikely of spies starts fabricating intelligence reports that include a list of agents that only exist in the head of our man. All goes well until these imaginary agents _or people who fit the description_ start being killed. It is a political parody about essential human feelings. The comedy of errors committed by a man who becomes a player in a game he ignores _a normal guy, with simple ambitions, and obsessed with providing for the daughter he loves.

When in assignment in Havana, and when reporting or writing about the Cuban community in the United States, I never met one accidental spy but I did talk to people whose lives have been changed by the unmerciful winds of political orthodoxy.

Many in the island had to play the game of being soldiers for a cause. Some had friends or relatives in jail for thinking different _spies?_ or for being different _homosexuals, rockers, punks... Most just wanted simple things _soap, jeans, a meal at a restaurant for tourists. And I met a few who just needed some breathing space regardless the political system and beyond the Havana-Washington dysfunctional relationship.

Many in the US projected themselves as hardliners of the Cuban freedom cause. Some could recall by the minute when they had to leave the island. Most of them even told me that they'd volunteer in a US military invasion of their homeland. And I met their children and grandchildren who said that Cuba is close to their hearts but far away from their lives. For them there is no "treason" in an eventual lifting of the embargo, and there is "no reason" for the current US-Cuba hostility.

Once in Miami, my interviewee called me communist when he learned that I had been in Cuba. And recently, my father-in-law _a great believer in the Cuban freedom cause_ used the word "betrayal" when I commented on what President Obama did: Thawing the current bilateral cold war.

It is not the search of freedom what is driving the falling of the Cuban wall. Rather, economics and geopolitics. Since Russia and China are positioning themselves in the island, it was time for Washington to send a message: The United States will also be a player on that side of its Caribbean backyard.

China is already Cuba's largest creditor and the second biggest trade partner at $1.4 billion in 2013. Chinese-made cars, buses or households appliances are prevalent in the island. Russia agreed in July 2014 to write off 90% of Cuba's Soviet-era debt which propelled deals on the energy industry, plans to install a ground station for Russia's satellite navigation system, and promises by President Putin to increase bilateral trade.

Washington was reactive _never proactive_ on the Cuba issue. Hopefully the US entering the game of geopolitical thrones will bring Cubans the simple things of life our man in Havana longed for.

En la muerte de Fidel Castro
Diciembre 1, 2016

"Los revolucionarios no se jubilan nunca". Le escuché decir esto a Fidel Castro, aquel otoño de hace 25 años, en el Palacio de la Revolución, en La Habana. Palacio y Revolución en la misma frase me pareció entonces una contradicción más de las muchas que respiré en Cuba. Un pequeño grupo de periodistas habíamos logrado una conversación con El Comandante. La isla se encontraba entonces navegando las procelosas aguas de un nuevo orden mundial sin subsidios soviéticos y cortejando, como siempre, al capital europeo. En las calles me ofrecieron habanos de contrabando y, cuando los rechacé alegando mi estatus de periodista extranjero cubriendo a Fidel, me abrazaron al grito de "¡Compañero!". Era fácil observar el precio del sexo: una pastilla de jabón, una comida frugal o una visita a tiendas solo para turistas. Conversé con cubanos comprometidos con el regimen "hasta el final", con quienes vivían de las remesas que llegaban de Miami o de España, y con quienes me respondían sin temor pero entre líneas. El activista y opositor Elisardo Sánchez acudía al hotel Habana Libre, en el que me alojaba, y se situaba a media distancia de los periodistas. Una barrera invisible de policías de paisano se apostaba en la barra del bar o en los pasillos del hotel. Nunca hablé con Sánchez. Pero en el Palacio, le pregunté a El Comandante qué pensaba de su oposición política y con quién se sentaría a negociar una transición para su país. El líder mundial más conocido por su incontinencia verbal liquidó la cuestión con una respuesta concisa, más cercana al gringo Hemingway que al habanero Carpentier. "La oposición política en Cuba no existe, la única oposición son los Estados Unidos de América", dijo.

En aquellos días, la salud de El Comandante era un secreto de Estado. En Miami llevaban décadas anunciando su muerte. Mientras, El Comandante sobrevivía a un presidente estadounidense tras otro desde que en octubre de 1960, Dwight D. Eisenhower, iniciara el embargo a la isla. El bloqueo sería impuesto formalmente el 7 de febrero de 1961 con John F. Kennedy.

Pocos años después de mi visita a La Habana, y en una conversación con el ex coronel Beruvides en Miami, escuché que sectores del exilio calculaban en medio millón los muertos que generaría la transición cubana a la democracia.

La revancha, me dijeron, era inevitable. Washington, Europa y El Vaticano podrían impedir el baño de sangre, pensé. Pero Washington ha sido lento y torpe, dedicándose a jugar al politiqueo fácil —embargos que nunca funcionan, pero son útiles para recolectar votos— abandonando la vision hemisférica.

Hoy, quienes perdieron el tren de la historia preparan el Castrismo sin Castro. Se quedarán en el andén de nuevo. Los llamados "gusanos" siguen mandando dinero a la isla, desde el exilio. Muchos se han metamorfoseado en bellas mariposas. Es el poder del tiempo. Hoy la muerte sacó al dictador del laberinto del que no supo sacar a su país en más de 50 años.

Castro coquetea ahora con la eternidad. Porque los revolucionarios ni se jubilan, ni se mueren.

La novela de Graham Greene "Nuestro hombre en La Habana" es una inusual fusión de comedia y suspense.

Un espía accidental comienza a inventarse reportes de inteligencia en los que incluye una lista de los agentes que recluta y que solo existen en la cabeza de nuestro hombre. Todo va bien hasta que estos agentes imaginarios _o gente que se les parece_ comienzan a ser asesinados. Es una parodia política con básicos sentimientos humanos de fondo. Esta comedia de los errores es interpretada por un hombre que participa en un juego que desconoce _un tipo normal con ambiciones simples y obsesionado con cuidar de una hija a la que adora.

Cuando fui a La Habana, y cuando, como periodista, informé o escribí sobre la comunidad cubana de Estados Unidos, jamás me encontré con un espía accidental pero hablé con personas cuyas vidas fueron cambiadas por la fuerza inmisericorde de los vientos de la ortodoxia política.

Muchos en la isla debieron jugar a ser soldados por una causa. Algunos tenían amigos o familiares en la cárcel por pensar diferente _¿espías?_ o por ser diferentes _homosexuales, rockeros, punkis... La mayoría deseaba cosas simples _jabón, jeans, una comida en un restaurante para turistas. También conocí a algunos que solo necesitaban un poco de espacio para respirar.

La muerte de Castro es hoy un ladrillo menos en el muro cubano. Europa, Rusia y China se han posicionado en la isla. Washington envía su mensaje: EE.UU. también jugará en esa parte de su jardín trasero. Ojalá su participación en este juego de tronos geopolítico proporcione a los cubanos las cosas simples de la vida que tanto deseaba nuestro hombre en La Habana.

La caricatura de GOGUE sobre el acercamiento entre Washington y La Habana.

Arriba, Avendaño levanta el micrófono de la Radio Pública de Galicia entre Fidel Castro y el Presidente de Galicia, Manuel Fraga, en La Habana en 1991. Debajo, foto de Castro tomada por Avendaño junto a dos de las invitaciones a eventos oficiales en Septiembre de 1991.

The Onís Awards
Premian el espíritu hispánico

Entregan en Washington los Premios Onís a las humanidades, la diplomacia y la visión empresarial
Octubre 14, 2016

La noche del sábado 1 de octubre el tenor Israel Lozano alzó su copa y brindó junto a su esposa, la soprano Darcy Monsalve, cantando ese gran momento de La Traviata de Giuseppe Verdi.

Y escuchamos al poeta: "Bebamos alegremente de este vaso..." Y el evento de Plaza Institute —una organización privada y washingtoniana— brindó en honor de los tres Premios Onís: el ex embajador español, Javier Rupérez, por su carrera diplomática y su impacto en las relaciones entre Estados Unidos y España; los educadores y empresarios Jeannine Piacenza y Raúl Echevarría, por haber creado en la región de Washington el concepto Communikids donde preescolares aprenden lenguas; y el periodista Armando Trull a quien se reconoció su trayectoria desde la categoría de las humanidades y su esfuerzo por dotar de rostro humano las noticias que, de otra manera, pasarían desapercibidas.

"Le agradezco a WAMU, y a Plaza Institute por ayudar a proyectar mi trabajo periodístico; pero me emociono irremediablemente cuando pienso en todos esos menores centroamericanos que hoy conviven con nosotros en el área de Washington, que deben trabajar largas horas y sin casi dormir ir a la escuela por las mañanas... esos menores que huyen de la violencia y tratan de hacer de la vida algo que tenga sentido...", dijo Trull mientras se le ahogaban las palabras embargado con la emoción.

Federico de Onís —el nombre que llevan los galardones— fue un catedrático español, discípulo de Miguel de Unamuno, quien consolidó a principios del siglo XX los estudios hispánicos en la Universidad de Columbia en Nueva York y, posteriormente, en Puerto Rico.

Al evento, que tuvo lugar en Bethesda, Maryland, acudieron, entre otras personalidades, el embajador de España ante la Casa Blanca, Ramón Gil Casares; el cónsul general de México, Juan Carlos Mendoza Sánchez; el embajador de España ante la Organización de Estados Americanos, Jorge Hevia, la CEO de Girl Scouts de la Greater Washington Region, Lidia Soto-Harmon; la presidenta del Children's Health Board de Children's Hospital, Rosalía Miller; el presidente de la Hispanic Heritage Foundation, Antonio Tijerino; y el presidente del Hispanic Council en Madrid, Daniel Ureña.

"Para nosotros es un privilegio ser testigos del dinamismo de lo hispánico en Estados Unidos", expresó Ureña.

Además, el embajador Hevia señaló la importancia de la herencia hispana como parte de la unidad iberoamericana en un proceso de integración cultural único.

Por su parte, el embajador Rupérez quien recogió el premio junto a su esposa Rakela, recordó la importancia de lo hispano dentro del tejido estadounidense.

"Agradezco este premio, pero sobre todo valoro la

amistad de grupos como Plaza Institute porque entienden lo estadounidense y lo hispano como una armonía", dijo Rupérez.

Y cuando Echevarría y Piacenza recogieron su galardón, expresaron una visión de empresa educativa diferente que se engarza con lo "hispánico y lo global".

"En Communikids trabajamos en la educación de futuras generaciones donde las lenguas son generadoras de empatías culturales y forman a un futuro ciudadano global sensible y capacitado para enfrentar los retos de este nuevo siglo", dijo el educador y empresario Raúl Echevarría.

La ceremonia de entrega de los galardones corrió a cargo del director para la región de Washington de la Academia Norteamericana de la Lengua Española (ANLE) y miembro de la Real Academia Española, Luis Alberto Ambroggio quien, porteriormente, se dirigiría a la audiencia, como orador invitado, para hablar de las raíces hispanas de Estados Unidos.

Los Ruimonte y la Academia estadounidense del español

La entrega de los Premios Onís de Plaza Institute para celebrar el Mes de la Herencia Hispana en Estados Unidos contó con una presentación musical de gran calidad cultural y emocional. El dúo Los Ruimonte _el matrimonio de una soprano española y un músico estadounidense_ ofrecieron a los asistentes prueba de que, como decía el compositor alemán Carl María Von Weber, la música "es el verdadero lenguaje universal".

La soprano Ana María Ruimonte hizo viajar a la audiencia, en tan solo media hora, por siglos de música y poesía. Acompañada por su esposo, Alan Lewine _un excelente bajo de exquisita formación jazzística_, Ruimonte entonó una cantiga medieval del rey Alfonso X "El Sabio", recuperó una canción sefardita, nos entregó una pieza de zarzuela, viajó por el bolero de la mano de Lecuona y aterrizó en las primeras décadas del siglo XX con la magia de Federico García Lorca en una hoja de ruta tan profunda, culturalmente hispánica y universal, que dejó con la boca abierta a un público entregado.

Los Ruimonte anunciaron el concierto que iban a realizar el jueves, 6 de octubre, en la Biblioteca del Congreso en Washington, acompañados de otros músicos y en el que bajo el título de "El carro del amor" presentan un espectáculo de música, voz, marionetas y narración de historias.

"Alan y yo estamos buscando siempre nuevas formas de expresar y de acercar el arte de la música a la gente", dijo la soprano Ana María Ruimonte.

Los Ruimonte han actuado por Europa, Israel y Estados Unidos, y recientemente han formado parte de Cubadisco 2016 en el Gran Teatro "Alicia Alonso" de La Habana.

Cerró la noche, el escritor Luis Alberto Ambroggio, director de la Academia Norteamericana de la Lengua Española en la región de Washington. Ambroggio, quien había entregado los galardones en compañía del abogado Michael Ramos, se dirigió a los presentes para recordarles que "Estados Unidos también es hispano".

Ambroggio habló de su último libro titulado "Estados Unidos Hispano".

"En este libro recojo descubrimientos, hechos, estadísticas, anécdotas, temas sobre nuestra historia, cultura e idioma hispano de Estados Unidos, para que se conozca nuestra contribución a lo que es nuestro país, ahora el segundo país hispanohablante del mundo, con perspectivas de ser el primero en el 2050", dijo Ambroggio e invitó a la audiencia a conocer y promulgar la presencia histórica, social, política y económica hispana que se alarga 500 años en el tiempo.

"He querido escribir un grito de realidad fascinante, de honra, de satisfacción y de esperanza. Porque así celebraremos para siempre y cada vez más el Estados Unidos hispano de ayer, hoy y siempre", enfatizó.

"Comparto en el libro, entre otras cosas, la insistencia del que fuera presidente y padre fundador de Estados Unidos, Thomas Jefferson, para que su círculo familiar y político aprenda español", contó Ambroggio.

Jefferson definió al español como "el más necesario de los idiomas modernos". Y en una carta a su sobrino en 1785 le dice que el español le será muy útil para la vida política.

"La circunstancia de poseer tal idioma podría darte una situación de preferencia frente a otros candidatos", le escribió el presidente, filósofo, arquitecto y científico.

Ambroggio recordó la hispanofilia de otro grande de la cultura estadounidense: Walt Whitman.

"El poeta Whitman habla del elemento hispano de la nacionalidad estadounidense y dice: "El carácter hispano le va a proveer algunas de las partes más necesarias a la compleja identidad Americana (estadounidense). Ningún origen muestra una mirada retrospectiva más grandiosa en términos de religiosidad y lealtad, o de patriotismo, valentía... ¿Quién sabe si ese elemento (hispano) como el curso de un río subterráneo que gotea invisiblemente por cien o dosceintos años, emerge ahora con un fluir más extenso y una acción permanente?".

(De izq. a der.) Michael Ramos, Plaza Institute; el tenor Israel Lozano, Alberto Avendaño, el educador Raúl Echevarría, la soprano Darcy Monsalve y Los Ruimonte: la soprano Ana María Ruimonte y el músico Alan Lewine.

Inés Rosales
La conexión americana de una delicia española

Los amigos americanos de Inés Rosales

Mayo 14, 2015

¿Qué relación existe entre un torero, un periodista de The Washington Post, una sex-symbol del Hollywood de los años 40 y una mujer de Andalucía que hace 100 años empezó a vender tortas de aceite de oliva? Respuesta: los tres primeros comieron las tortas de aceite de esta última, una mujer llamada Inés Rosales.

Al torero español Manolo Roig Meca —"El Niño de la isla"— dedicó el periodista del Post, Manuel Roig Franzia, su libro "El ascenso de Marco Rubio" (una biografía política del senador republicano por Florida y actual candidato a la presidencia en las elecciones primarias de su partido). La razón es tan sencilla como afectiva: el periodista es nieto del torero. Manolo Roig cuenta hoy 94 años — comparte con su nieto el gusto por las tortas de aceite— y en sus tiempos, desde su Huelva natal, se proyectó como un torero valiente y apreciado por el público. Su carrera taurina estuvo vinculada a un famoso del toreo, "El Litri", de quien llegó a ser "hombre de confianza".

Hay una foto de la agencia EFE, fechada en Huelva el 22 de octubre de 1952 en la que aparece Miguel Baez Espuni, "El Litri", acompañado de la actriz Rita Hayworth. Ambos van vestidos para la ocasión: una fiesta campera en la casa de los "Litri". Una fiesta a la que "El niño de la isla" asistió y en la que la Hayworth disfrutó con los novillos. "Mi abuelo recuerda bien aquella fiesta", nos dijo Roig-Franzia quien desde Washington habla una vez por semana con Huelva para mantener un contacto imprescindible con su abuelo. Porque el alma de Manolo Roig —el hombre de confianza de "El Litri"— atesora pasión por el toreo y su cultura y por las venas de la actriz de "Gilda" corría sangre española y del mismo pueblo donde nacieron las tortas.

Margarita Carmen Cansino Hayworth nació en Nueva York, hija de inmigrantes: su padre era el bailarín español Eduardo Cansino Reina, natural del pueblo Castilleja de la Cuesta —en la provincia de Sevilla— y su madre era Volga Hayworth, una bailarina de los Ziegfeld Follies, de origen irlandés e inglés. Rita empezó su carrera como bailarina junto a su padre, con su nombre real, a la edad de 13 años. Llegó a Hollywood en 1933 como miembro del Spanish Ballet y pudo empezar a filmar gracias a la ayuda del compositor español José Iturbi quien gozaba de gran prestigio en los círculos de Hollywood.

Y de Castilleja de la Cuesta, el pueblo del padre de Rita Hayworth, salieron en 1910 las tortas de aceite de oliva que elaboraba Inés Rosales.

Las mismas tortas —aunque hoy con más variedades— que siguen comiendo hoy el periodista Manuel Roig en Washington, DC, y su abuelo, Manolo Roig, en Andalucía, España.

Dice la leyenda que, en una de sus visitas a Andalucía —quién sabe si en un descanso de sus fiestas toreras con

"El Litri" en los años 50_ Hayworth se habría acercado a Castilleja de la Cuesta para conocer sus orígenes, y allí habría probado una de las tortas de la marca Inés Rosales.

"Hay bocados que hacen el pasado presente", explica Juan Moreno Tocino, presidente de Inés Rosales, quien ni niega ni confirma la leyenda de Rita Hayworth y su encuentro con sus raíces y sus sabores. Lo único que Juan Moreno tiene claro es que su producto está unido a una época y responde al carácter y el espíritu de la tierra en la que nace.

"Hoy, muchos alimentos están elaborados en grandes fábricas que parecen de otro planeta, son todos iguales... En nuestro caso es lo contrario, estamos muy cerca de la tierra en donde se cultivan los ingredientes, los seres humanos que lo producen y lo consumen. Esto es profundamente filosófico. Cada una es distinta. Éste es nuestro consumidor", explica.

Desde septiembre de 2014 Inés Rosales USA está operando de forma independiente en el mercado estadounidense, después de más de diez años yendo de la mano de empresas estadounidenses que han contribuido a que el producto haya sido introducido en las cadenas specialty y de alimentos naturales más importantes del país.

"Inés Rosales es un producto que se adapta a los paladares más exigentes de países muy diversos, desde la China hasta Estados Unidos donde cada vez se nos abre un mercado más amplio y receptivo", explica Valle Guerrero, gerente de marca para Estados Unidos.

En los últimos años, las Tortas de Aceite han recibido diferentes certificaciones y premios, como los Great Taste Awards 2013, donde la Torta de Anís Original obtuvo dos estrellas y la Torta de Naranja una; Le C'oq D'or 2015, el reconocimiento más importante otorgado por 'Le Guide des Gourmands', un manual francés esencial para los mejores chefs internacionales; o la certificación TSG - Traditional Speciality Guaranteed, que ofrece un reconocimiento a nivel europeo e indica que la torta de aceite original de anís es un producto elaborado de acuerdo a una manera tradicional de producción.

"En Inés Rosales creemos en una tradición renovada", nos comenta Juan Moreno y añade que de lo que se trata es de "explicar lo original, lo verdadero, es lo que mejor puedes vender, porque así llegas a las gentes".

Aunque los orígenes de la compañía, en 1910, son modestos, la excelencia de las "Legítimas y Acreditadas Tortas de Aceite" y la confianza de los consumidores, han posicionado a Inés Rosales como líderes por diferenciación en su mercado.

"En cada época la empresa ha ido creciendo para atender de modo satisfactorio las exigencias del mercado y de sus consumidores, incorporando la tecnología precisa para que, manteniendo la diferenciación del producto por su calidad, sabor, textura y forma tradicional de elaboración, se garantice el futuro de la Compañía", dice el presidente de Inés Rosales.

Hoy las tortas, en sus seis sabores, dulces (original de Anís, de Naranja, y de Canela); saladas (Romero y Tomillo; y Sésamo y Sal), y sin azúcar, se exportan a más de 30 países.

Es un producto emblemático de Sevilla, cuya elaboración responde exactamente a la misma receta familiar que la señora Inés Rosales Cabello rescató en 1910.

"Todo lo que es noble, generoso y creativo de la raza humana procede de las manos", nos recuerda el presidente de la empresa.

Consiste en una torta circular y plana, 100% natural, elaborada con harina de trigo, aceite de oliva virgen de calidad superior, azúcar y especias aromáticas. Cada Torta está hecha a mano y envuelta individualmente en papel parafinado especial.

El mantenimiento de la elaboración y acabado artesanal, junto a sus ingredientes naturales y la ausencia de aditivos y conservantes, le confieren un carácter saludable, apta para veganos y para intolerantes de la lactosa.

Hoy, recién cumplidos los 100 años, la empresa afronta el futuro inmersa en proyectos de innovación, pero manteniendo los valores tradicionales de su elaboración artesanal. Esos valores que unen a un torero, a un periodista de The Washington Post y a una actriz de Hollywood.

Foto cortesía Inés Rosales

Carlos Núñez
La gaita Latina suena en Washington

Carlos Núñez (derecha) junto a Alberto Avendaño durante una presentación en 2013 en el restaurante español Taberna del Alabardero en Washington, DC.

Carlos Núñez: la gaita latina
Febrero 13, 2015

Conozco a Carlos Núñez desde que él era un niño y yo su profesor de inglés en una escuela de la ciudad de Vigo, en Galicia, al noroesta de España, nuestro hogar compartido. Carlos era un estudiante serio y un joven comprometido con su instrumento favorito: la gaita de Galicia, ese instrumento milenario que se expande por el Atlántico y llega a las Américas.

Cuando apenas era un adolescente, a Carlos lo descubren los Chieftains, la legendaria banda irlandesa que hizo de la música celta un fenómeno internacional. Con el tiempo, y luego de múltiples giras por todo el mundo con los irlandeses, y después de graduarse del Real Conservatorio Superior de Música de Madrid, Carlos emprende vuelo en solitario y se proyecta como un músico global. Considerado un erudito de la música celta, sus investigaciones siguen dos líneas relacionadas entre sí: el origen de la música celta y su fusión con las músicas del mundo. Su interés por el tema le ha llevado a recorrer el globo y a relacionarse con músicos y artistas de los países que ha visitado, para luego plasmar sus conocimientos y experiencias en su prolífica discografía y sus colaboraciones internacionales: desde la banda sonora de la película "la Isla del tesoro" (1990) o la película "Cuentos de Terramar" del director Goro Miyazaki, hasta las filarmónicas de París, de Londres o de Viena, pasando por el grupo Los Lobos, Ry Cooder o lo más granado del pop-rock anglo.

¿Y cómo entra la gaita en todo esto? Para Carlos "la gaita tiene una energía positiva muy especial". Dice que es como si fuera "la guitarra eléctrica de la Edad Media". Y dado que el mundo Celta es anterior al greco-romano, de donde derivamos las culturas occidentales, los ritmos celtas nos transportan a una misteriosa raíz primigenia que se revive en los conciertos de Carlos Núñez.

La crítica le ha llamado "el irlandés de España" y el periódico Los Angeles Times lo bautizó como "El Jimi Hendrix de las gaitas".

Y este gallego, que una vez vez fue un niño encandilado por los sonidos de las flautas y la magia de la gaita gallega, se subirá el 17 de marzo al escenario del Strathmore en Bethesda, Maryland, para liderar a 100 gaiteros y bailarines: 65 Washington Revels, 35 Seán Culkin Irish Dancers, The Ocean Quartet y The Washington Pipe Band.

En esta nueva gira por Estados Unidos (ya ha participado en el Festival Celta de Dallas, Texas, y actuado en Nuevo México, Colorado, California...)Carlos trae una energía renovada y una agenda de conexión latina.

"Los ritmos celtas están conectados con las tradiciones rítmicas latinas de una manera que a muchos les sorprenderá", comenta y me enseña unos videos de youtube donde está el concierto del pasado mes de febrero en un teatro de Caracas, Venezuela.

"Nuestra música conectó muy bien en Venezuela, al igual que cuando vamos a Argentina o a Cuba o a México, porque somos parte de lo latino", explica. "Los gallegos se fueron a Latinoamérica y El Caribe y llevaron su música que se mezcló con los ritmos africanos y la sensibilidad indígena... La música celta latina es lo que traemos a esta gira".

¿Y por qué en Estados Unidos se asocia la música de gaita con los entierros de policías? Le preguntó a Carlos recientemente un periodista en Texas. Carlos explicó que la gaita nació en Galicia y de ahí llegó al mundo celta de Irlanda y Escocia. Los escoceses le añadieron "tres roncos" para hacerla más poderosa. Como los británicos reclutaban a los escoceses para la guerra, la gaita se convirtió en el instrumento que los vinculaba con sus raíces y así surgió la "gaita de guerra". Los inmigrantes irlandeses y escoceses en Estados Unidos ingresaron en las fuerzas policiales del país y de ahí viene la presencia de la gaita escocesa tanto en desfiles como en funerales.

Pero Carlos insiste en que es "la gaita de fiesta latina" en hermandad con lo celta de Escocia e Irlanda _e incluso con lo británico_ lo que se podrá disfrutar en el Strathmore.

"Los irlandeses siempre supieron de su raíz latina o hispana ya que en The Medieval Irish Book of Invasions queda claro que procedían de Galicia", explica Carlos con una sonrisa y recuerda que hace unos años fue invitado a una cena con el rey Juan Carlos I de España y la presidenta de Irlanda: "Y cuando el monarca mencionó que en Galicia había muchas leyendas sobre el origen español de los irlandeses; la presidenta irlandesa acotó diciendo que tal vez no fueran leyendas, ¡ya que había pruebas de DNA que lo confirmaban!".

El Strathmore recibirá entonces a estos celtas hispanos hermanados con lo irlandés, lo escocés y lo británico en un ejemplo de armonía global. A Carlos lo acompaña además su grupo: Xurxo Núñez _su hermano_ en la percusión, Pancho Álvarez, en las guitarras y la medieval zanfona; y la joven violinista Antía Ameixeiras.

Carlos Núñez en el Strathmore de Bethesda, Maryland, junto a Washington, DC, en 2015.

Fernando Villapol

Los misterios de un escultor

Fernando Villapol junto a una de sus esculturas en Olney, Maryland en 2014. Foto Alberto Avendaño.

FERNANDO VILLAPOL, EL ESCULTOR QUE LLEGÓ A OLNEY CON UNA TONELADA DE GRANITO
Otoño, 2014

Define su obra como un proceso del ser y del querer. Dice ser realista y abstracto y surrealista; pero sobre todo asegura ser el resultado del amor de su ambiente y de su tierra: la aldea gallega de Bretoña, en el noroeste de España. Y el verano pasado, húmedo y agobiante, el artista gallego Fernando Villapol Parapar visitó Olney, Maryland, para visitar a su hija, la científica Sonia Villapol.

"Mi yerno y yo nos fuimos una mañana a comprar granito al norte de Maryland", explicó Villapol. "Y me traje una tonelada de piedra. ¡Los vecinos no lo podían creer! Pero cuando vieron las primeras esculturas todos quedaron encantados".

La piezas están hoy en el jardín delantero y trasero de la casa de su hija en Olney, Maryland. Las hay de tema científico —el ADN, la neurona— y de tema lúdico para la pequeña de la casa. Y resulta un curioso privilegio que este artista cuya obra ha recorrido medio mundo haya decidido dejar su huella aquí.

Villapol es, además de galardonado escultor, crítico de arte y fundador de un museo etnográfico en Galicia. Sus materiales son el hierro, el bronce, el roble gallego, el castaño, el mármol y el granito, o como dice el artista: "Me gustan los materiales nobles, fuertes y permanentes". La crítica internacional ha catalogado sus piezas como una combinación de realismo, abstracto y surrealismo aunque él mismo habla de "fusión".

"La crítica no encuentra un estilo único para definirme, por eso yo utilizo la primera sílaba de cada estilo —realismo, abstracto y surrealismo— para decir que mi estilo es el reabsu", explicó Villapol quien reconoce a artistas como Velázquez o Salvador Dalí entre sus inspiradores.

"El pasado verano mi mujer Antía y yo nos enamoramos de Olney y del ambiente que rodea a esa zona de Maryland", contó. "Y quería dejarle a la familia de mi hija aquí algo del espíritu gallego de mi obra... creo que lo logré", sonrió entre granito tallado.

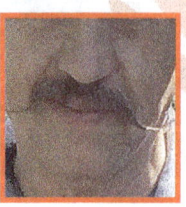

Villapol: un espía de la escultura en Washington
Agosto 11, 2015

Asegura que quería ser escultor desde niño, se define como un híbrido artístico que busca la abstracción en la piedra y se confiesa fascinado por la capacidad de los estadounidenses para desprenderse de las cosas. Su nombre es Fernando Villapol y, si bien en su España natal es un escultor conocido y de amplia trayectoria, en este segundo viaje a Maryland dice que se siente como un espía del arte.

"Estoy seguro que a mi regreso a Galicia, todo lo que he absorbido en Olney y en toda esta región de Washington, DC, saldrá en forma de escultura", dijo Villapol durante una conversación veraniega en el jardín de la casa de su hija, la doctora Sonia Villapol, profesora de neurociencia en la universidad de Georgetown.

"Mi hija tiene en su oficina en la universidad una escultura que hice en mi anterior viaje: un astrocito alimentando a una neurona", explica Villapol _Los astrocitos se encargan de aspectos básicos para el mantenimiento de la función neuronal, entrelazándose alrededor de la neurona para formar una red de sostén.

Y es que Villapol "alimenta" su arte con su vida familiar: la ciencia de su hija Sonia o la fantasía de su nieta Shayla Antía le sirven para crear. Hace un par de años, en su primera visita a Olney, se fue con su yerno, Todd Treangen _doctor en bioinformática_, a comprar un par de toneladas de piedra granítica que en unas semanas convirtió en esculturas para la familia. Las obras terminaron adornando el jardín delantero de la casa; pero la protesta de una vecina obligó a la familia a retirar las esculturas que hoy adornan el patio trasero de la casa familiar.

"No es cosa de los americanos, es que en todas partes hay gente que no acepta el arte tan cerca de ellos", dice Villapol quien define su estilo como REABSU: REalista, ABstracto y SUrrealista.

Natural de Asturias, pero enraizado en Bretoña, Galicia, Villapol le da mucha importancia a sus raíces y a la necesidad imparable en su interior de responder al llamado artístico.

"Yo fui empresario durante un tiempo para poder financiar mis sueños artísticos", dice y añade que tuvo "la suerte" de que Antía Salgado, su esposa durante 40 años, "aguantara" vivir con él.

"Lo cierto es que mi mujer siempre hizo las policromías de mis esculturas en madera, y así al involucrarse en mi trabajo no tuvo que sufrirlo tanto", sonríe Villapol.

"La madera para mí tiene más límites que el granito y éste es superior al mármol, pero si quieres algo más táctil debes trabajar el mármol", dice y añade que ahora él quiere "formas imposibles" y por eso sigue trabajando la piedra. Y puntualiza en lengua gallega: "a madeira estouna deixando de lado" ("Estoy abandonando la madera").

En la casa de Olney, sobre una mesa, reposa el homenaje de Villapol al monumento a Washington, el primer presidente de Estados Unidos después de su independencia. Es una mano que "abraza e indica la cúspide, la llegada al cielo, como un símbolo de respeto a la gran hazaña de la construcción de Estados Unidos".

Villapol se confiesa fascinado por esa capacidad estadounidense de cambiar, de "desprenderse de todo", de dejar atrás y ver hacia adelante. Y antes de marcharse del área metropolitana de Washington planea hacer una exposición conjunta con otro artista en Maryland.

"Éste es para mí un viaje familiar, para ver a mi hija, a mi yerno y a mis nietas... pero como artista siempre te impregnas de lo que te rodea y sé que Olney, Maryland y Washington, DC, acabarán saliendo en mi obra futura sin que yo lo fuerce", comenta Villapol y cita a Gandhi diciendo que quiere que todas las culturas del mundo entren en su casa. "Las recibo con los brazos abiertos, pero sin sentirme arrastrado por ninguna", concluye.

Fernando Villapol en la terraza del edificio del Washington Post durante su visita a la capital estadounidense en el verano de 2016. Foto Alberto Avendaño.

Manuel y Adelina Peña

Inmigrantes y pioneros en Washington

Foto familiar de Manuel Pena y su esposa Adelina López en la calle 16 de Washington hacia finales de la década de 1930.

Los Pena, dos pioneros en Washington, D.C.

Fundan la primera tienda de productos hispanos y la primera publicación en español en la capital de la nación

Febrero, 2009 - Publicado en idioma gallego en la revista Madrygal de la Facultad de Filología de la Universidad Complutense de Madrid, España.

Hoy vive en mi corazón Adelina López de Pena (Sober, Lugo, 31 de marzo, 1905 –Washington, DC, 6 de febrero, 2009). Nos dejó con 103 años largos, vividos con optimismo, ironía y orgullo. A la funeraria "De Vol" en la avenida Wisconsin de esta capital acudí, el martes 10 de febrero, para verla por última vez y para darle un abrazo a su hija, Adelina Callahan. El salón estaba abarrotado, lleno de espíritu hispano y diverso. Se escuchaban risas y voces alegres en rostros serenos. En una esquina se exhibían fotos de la vida de Adelina en Washington, en Cuba, en Galicia. Y una serie de artículos de prensa que en agosto de 2004 había publicado El Tiempo Latino: allí, en la portada, se veía una foto de Adelina, que entonces contaba 99 años, y otra foto de su esposo, Manuel Pena (A Coruña, 1898 -Washington, DC, 1957) en la década de 1930 cuando establecieron la primera tienda de productos hispanos de alimentación en la capital estadounidense: "Pena Spanish Store", en la calle 17, que sería popularmente conocida en sus más de 70 años de existencia como "Casa Pena".

Una mezcla de sorpresa y emoción me embargó entonces al encontrarme con una historia de vida, de emigrantes gallegos que un día se enraizaron en este área metropolitana.

Adelina y Manuel, los Pena, fueron dos auténticos pioneros de lo que hoy es una pujante realidad latina que habla español en los negocios, en los medios de comunicación, en la vida, con el orgullo y la normalidad de lo estadounidense.

En 2005, cuando cumplió 100 años de vida, visité a Adelina en su casa. Todavía le gustaba el pulpo "á feira", estilo gallego, y todavía tomaba una copita de "caña", aguardiente, el orujo gallego, de vez en cuando. Y todavía recordaba su viaje en barco desde Vigo hasta La Habana y podía trazar en su mente para mi su llegada a Washington cuando trabajaba como asistenta de una familia estadounidense.

Aquí conocería a Manuel y juntos harían historia. Adelina había llegado a la capital en los años 20. Manuel había emigrado a Estados Unidos pocos años antes de la Primera Guerra Mundial, y prestó servicio en el Ejército estadounidense durante su primer año aquí. Para salir adelante se matriculó en una escuela nocturna y por el día trabajó para personajes como la actriz Ethel Barrymore o el mismísimo presidente Theodore Roosevelt, según se puede leer en la nota necrológica que publicó el Diario de Las Américas en diciembre de 1957.

Corría el año 1944 cuando fundó una publicación mensual llamada Spanish Home News, escrita íntegramente en español y que se distribuiría entre la comunidad hispana washingtoniana durante cinco años. Esta publicación y la tienda de la calle 17 pusieron a Adelina y a Manuel en contacto directo con la comunidad iberoamericana e internacional del Washington de los años 30 y 40 del siglo

Reportaje que escribí cuando Adelina López de Pena cumplió 100 años.

pasado. La visibilidad de este matrimonio inmigrante era tal que se llegaron a convertir en "fuentes" hispanas de referencia para la prensa washingtoniana de la época.

Del 4 de octubre de 1934 es la foto de Adelina y Manuel en el diario "Washington Herald". Allí "Señora Adelina de Pena" opina sobre el ruído de la ciudad que más le molesta: las motocicletas.

La primera publicación en español de Washington, DC

El 20 de noviembre de 1944, salió a la luz la primera publicación en español en el área metropolitana de Washington: Spanish Home News. Don Manuel Pena fue su fundador y director durante los cinco años de existencia de este medio impreso. Se trataba de un tabloide, blanco y negro con portada a color de 12,5 por 10 pulgadas, impreso en papel "glossy", era una revista con periodicidad mensual, pulcra y ordenada. Escrita en un lenguaje solemne y "florido" por momentos, contaba con artículos de colaboradores entre quienes se podía encontrar la firma de un senador o la de un miembro del cuerpo diplomático hispano. Proliferaban los perfiles sociales y una publicidad local centrada en el sector servicios.

El logo de Spanish Home News combinaba varios símbolos: un globo terráqueo donde primaba el dibujo de las Américas, la Estatua de la Libertad, un barco y un zeppelin. Y un lema: "Periódico independiente deseoso de servir a los pueblos iberoamericanos".

En la portada de la primera edición (lunes, 20 de noviembre de 1944), don Manuel explica a sus lectores lo que le impulsa: "Con grandes deseos de

Arriba, portadas de Spanish Home News la publicación en español de Washington que fundó Manuel Pena.
A la izquierda, el primer número de la revista, 20 de noviembre de 1944.
Fotos: Alberto Avendaño.

testimoniar mi aprecio y gratitud al cuerpo diplomático, y sus familias, y a mis numerosos amigos de Washington y otras ciudades de la Unión Americana, y del extranjero, por un medio diferente del que me han conocido y dispensado su consideración personal durante muchos años, comienzo hoy a publicar mensualmente el Spanish Home News, cuyas columnas y servicios me complazco en poner a disposición de ellos. El Spanish Home News se ocupará especialmente en publicar noticias de los Pueblos iberoamericanos, de las actividades sociales y cívicas en Washington, artículos de escritores prestigiados internacionalmente, psicólogos, inspirados poetas, sociólogos e inventores, y proporcionar informes útiles al hogar, etc."

Durante una entrevista con el periodista Alfonso Aguilar, publicada en El Tiempo Latino en 2004, la viuda de Manuel Pena, Adelina López, asegura que a su marido "le gustaba la poesía, la lectura", que "tenía muchos amigos escritores y artistas" y que entre ellos, además de con la ayuda de personas vinculadas a las embajadas, le ayudaban a publicar el Spanish Home News.

"¿Y usted le ayudaba en la revista?", le preguntó Aguilar. "Le ayudaba a veces con las páginas sobre moda; pero ya no me acuerdo si le ayudaba o no. Ya pasó mucho tiempo", dijo Adelina.

La publicación costaba 10 centavos, ofrecía subscripciones por $1,10 y como cortesía a los subscriptores se obsequiaba el "Calendario Galván" y un "picnic". Se vendía en cuatro puntos de la ciudad de Washington: Thomas Circle 4, News Center, Hotel Cairo y en la oficina de Manuel Pena, en la calle 17, donde el editor ya regentaba uno de sus negocios más exitosos, la Casa Pena.

¿Quién era Manuel Pena?
La edición del 31 de julio de 1950 de "Latinoamericana" —una revista también pionera en el ambiente de medios impresos hispanos en Washington— le dedica la portada a Manuel Pena, a quen denomina "Un embajador sin cartera". En la foto se muestra a un hombre elegante con un bastón en el que van grabados en oro los nombres y días de nacimiento de sus hijas, Adelina y Estrella, y de su hijo, Manuel. En páginas interiores se publica un perfil biográfico de Manuel Pena escrito por Robert A. Erwin.

Según relata Erwin, el señor Pena era hijo de un veterinario de nombre Fulgencio Pena. Don Manuel creció en A Coruña, Galicia, cerca de Ferrol (según especifica el texto) y con 20 años emigró a Estados Unidos, pasando por Cuba donde residió seis meses. Su única experiencia laboral era el trabajo en el campo y se le daba bien la jardinería. Según el relato, trabajó como jardinero para el presidente Theodore Roosevelt y al parecer recibió algunas clases de inglés a cambio de las prácticas de español que don Manuel le ofreció al presidente. Siguiendo el mismo relato se indica que también fue jardinero de la actriz Ethel Barrymore y que con su hija, del mismo nombre, también ejerció funciones de instructor de español.

El emigrante Manuel Pena abre pronto sus propios negocio. En 1922 inaugura en Nueva York un negocio de importación y exportación de productos de alimentación y bebidas. Pero al parecer Nueva York no le acababa de convencer al joven Pena. Y los contínuos viajes de trabajo que hacía a Washington le permitieron ver un terreno virgen para sus iniciativas donde, pensó, podría desarrollarse más rápidamente que en la Gran Manzana.

En 1932 se queda a vivir en Washington. Cuentan las crónicas que uno de sus primeros trabajos fue en un garaje donde estacionaban sus vehículos políticos y diplomáticos. Según nos contó su hija, Adelina Callahan, en esta etapa Pena cultivó amistades entre esas personas influyentes de la política y de la diplomacia que luego serían buenos clientes de su negocio de alimentación y colaboradores de su publicación.

Sin duda, Manuel Pena, se sentía satisfecho con su decision de instalarse en Washington, pero también lamentaba en las páginas de su publicación que "En la capital falta recreación, entretenimiento y hospitalidad para con los iberoamericanos". Tanto su viuda como su hija contaron en varias entrevistas publicadas en El Tiempo Latino en los primeros años del siglo XXI que Manuel Pena siempre estaba ocupado organizando nuevos negocios e iniciativas. Una tienda de alimentación no era suficiente, ni siquiera el restaurante que abriría años más tarde. De pronto pensó en las necesidades financieras de su comunidad y en lo que él definió como "las escasas oportunidades económicas de los iberoamericanos... que también necesitan préstamos y dinero para urgencias". Es por ello que Pena pensó en crear un banco que sirviera específicamente las necesidades de los hispanos residentes en Washington. Una idea que nunca pudo hacer realidad.

Era un hombre inquieto, visionario, afable y social que siempre tenía las puertas de su casa abiertas para la comunidad, nos explicó su hija.

"En nuestra casa siempre había muchas fiestas, mucha gente, jóvenes y viejos, ministros, embajadores y personas comunes que se enteraban que en casa de papá todos

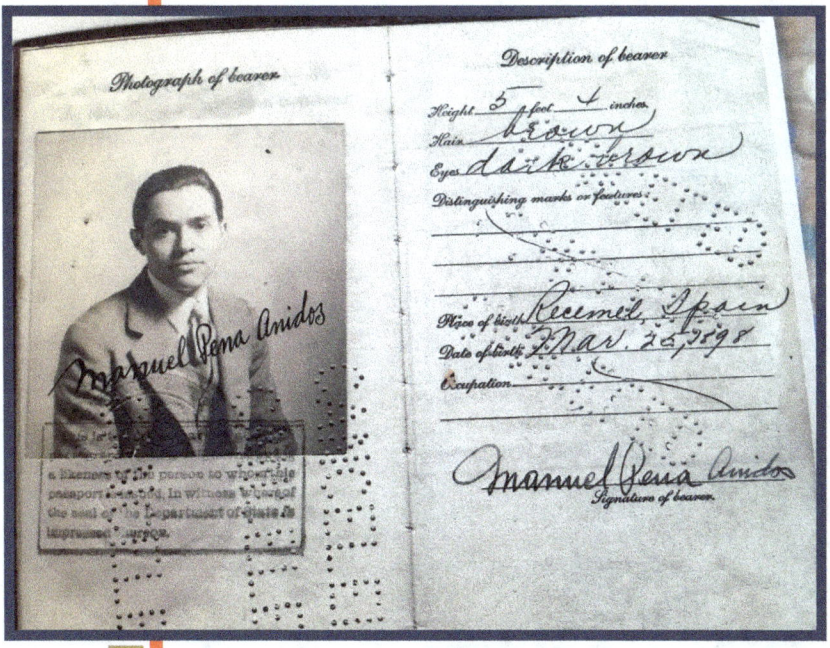

Copia del pasaporte de Manuel Pena Anidos.

eran bien recibidos", dijo Adelina Callahan desde sus recuerdos de una niña de 10 años. "Algunos llegaban vestidos con trajes tradicionales de sus culturas hispanas, otros traían guitarras y mandolinas y otros sus cartas para jugar brisca", añadió Callahan.

Hacia el final de la nota biográfica publicada en "Latinoamericana" se dice que Manuel Pena era un fanático del "panamericanismo". Y crítico, según se desprende del editorial que Pena firmó en la portada de Spanish Home News (año 2, julio de 1945) en el que asegura que para conseguir un "iberoamericanismo verdadero no bastan espaciosas oficinas, ni derrochar millones de dólares ajenos pagando salarios a oficinistas estereotipados, ignorantes, pretenciosos y hasta irrespetuosos con los pueblos iberoamericanos". Y a su queja añade Pena su solución: "Son necesarias intenciones honradas, conocimiento de la idiosincrasia latinoamericana, diferencia personal verdaderamente democrática e ingenuos sentimientos". Y a continuación se congratula de "la política de buena vecindad del Presidente (F.D.) Roosevelt".

Además de establecer Casa Pena, el restaurante La Fonda y una docena de empresas más e inciativas sociales, Manuel Pena escribió un libro de cocina, publicó un almanaque (posiblemente las primeras "páginas amarillas" en español de Estados Unidos) y cuando le

El letrero "Pena Spanish Store" se mantuvo en la tienda de la calle 17 de Washington hasta el inicio de la década del año 2000, aunque para entonces ya no pertenecía a la familia Pena.

Adelina López, detrás del mostrador de Pena Spanish Store, atiende a unos clientes. Foto familiar de la década de 1950.

sorprende la muerte se encontraba dando los primeros pasos para inaugurar una biblioteca para la "colonia iberoamericana".

Al repasar las páginas de Spanish Home News de los años 40, los recortes de prensa del periódico Washington Herald de 1934 con las fotos de Adelina y Manuel opinando sobre la vida de la ciudad de Washington o aconsejando al lector cómo hacer la mejor paella, y luego al leer las notas de prensa aparecidas en inglés y en español cuando Manuel Pena fallece de un ataque al corazón, el 6 de diciembre de 1957, a los 59 años de edad, uno retoma con "morriña", nostalgia infinita, este viaje de inmigrante, de gallego de la diáspora, que dota de un valor inmenso a la nueva sociedad en la que se inserta.

Manuel Pena será siempre "este caballero sincero, amigable y hospitalario", como lo definió la revista "Latinoamericana". Y Adelina López, "la abuelita que nunca dejó de sonreír", como la recuerda su familia gallega de Washington DC.

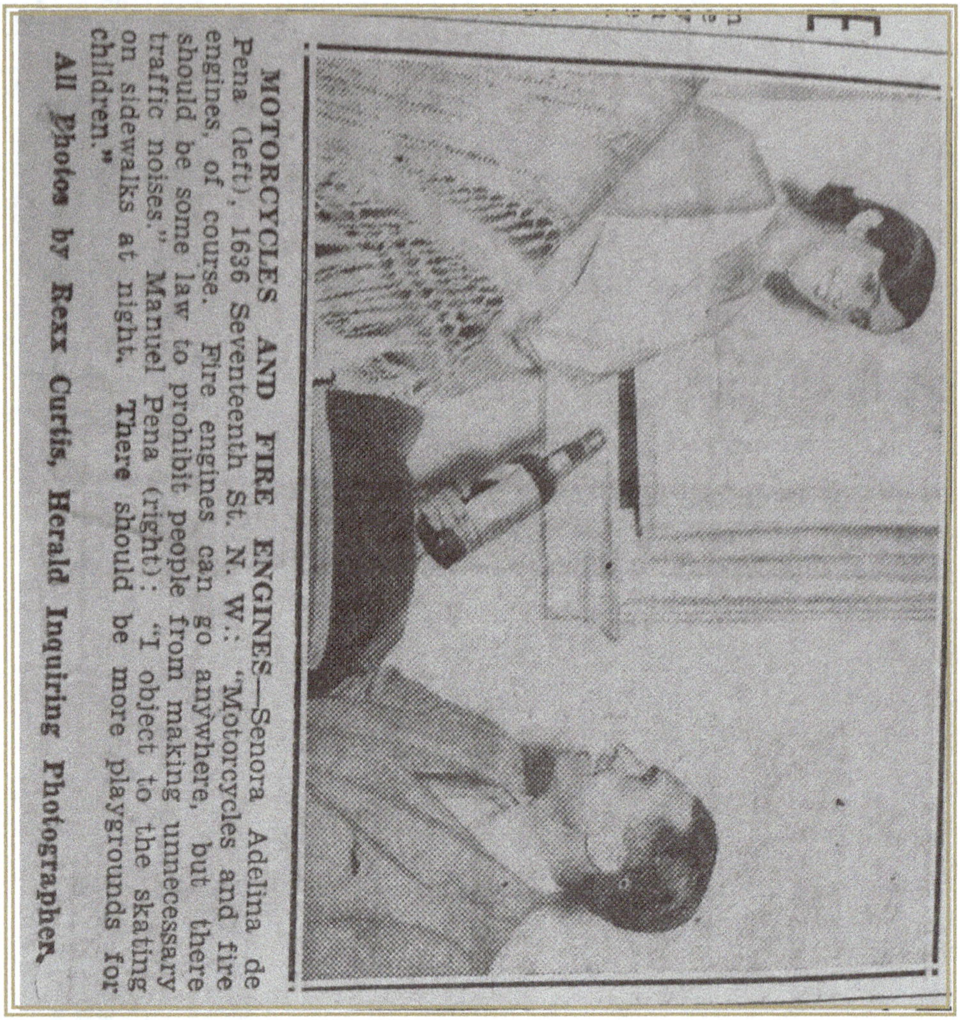

MOTORCYCLES AND FIRE ENGINES—Senora Adelina de Pena (left), 1636 Seventeenth St. N. W.: "Motorcycles and fire engines, of course. Fire engines can go anywhere, but there should be some law to prohibit people from making unnecessary traffic noises." Manuel Pena (right): "I object to the skating on sidewalks at night. There should be more playgrounds for children."

All Photos by Rexx Curtis, Herald Inquiring Photographer.

Manuel A. Pena

Manuel A. Pena, whose Spanish Grocery Store at 1636 17th st. nw. specialized in serving many of the embassies in Washington, died Friday night in Emergency Hospital. He was 59.

Mr. Pena entered the hospital Friday morning after suffering a heart attack.

A native of Spain, he came to this country shortly after World War I. He opened his grocery store, which specialized in imported foods, more than 25 years ago.

Mr. Pena is survived by his wife, Adelina; a son, Manuel, and two daughters, Star and Adelina, all of 1710 R st. nw. Requiem high mass will be offered at 9 a. m. today at St. Paul's Catholic Church, 15th and V sts. nw.

Arriba, los Pena hablando para el Washington Herald el 4 de octubre de 1934. Abajo, nota del Washington Herald sobre la muerte de Manuel Pena el 6 de diciembre de 1957.

Ramón Rouco
Vida washingtoniana

Ramón Rouco y María Luisa Iglesias, en Washington D.C. a finales de los años 50.

Los Rouco, una vida washingtoniana
Después de casi 50 años Ramón Rouco y María Luisa Iglesias dicen que "no somos de aquí ni de allá"

Febrero 11, 2005

Corría el año 1957 cuando Ramón Rouco llegó a Washington con más curiosidad que ilusión, pero decidido a emprender una nueva vida. Dejaba atrás España y los campos de su Galicia natal. Su familia tenía cantina en la parroquia de San Acisclo, Lugo, donde él con 15 años amasaba y cocinaba el pan. Con 19 años comienza su servicio militar en la Marina Española y a los 21 Rouco ya era un joven inquieto que pronto encontraría la conexión americana.

"Mi abuela había emigrado a Cuba dejando a quien sería mi papá, con tres años de edad, en Galicia", explica.

Años después la abuela Josefa Rouco se va a vivir a Washington, DC, y aquí se casa con otro gallego. En la década de los años 20 del siglo pasado se relacionan con la pequeña comunidad hispana de la capital, entre quienes se encuentra la familia de Manuel Pena, propietarios de la tienda de alimentación Casa Pena, hoy todavía abierta al público pero con diferentes dueños.

"Mi abuela regresó 40 años después a Galicia para reencontrarse con su hijo y conocerme a mí, su nieto", cuenta Rouco quien vendría a Washington cuando se lo pidió su tía Regina.

"Yo quería venir aquí, pero para aprender inglés y luego irme a trabajar a Cuba, lo que pasa es que allí llegó la revolución", dice.

Trabajó en la embajada de Filipinas en Washington y allí se convirtió en amigo personal de la familia del embajador Carlos Rómulo y de su esposa Virginia Llamas de quienes conserva una foto dedicada que muestra con orgullo. Más tarde Rouco decide presentarse a un puesto en el Banco Mundial.

"Entré de mensajero y luego estudié computación. En aquella época éramos siete españoles, tres de personal y cuatro profesionales. Nunca conseguí que me dieran la posición para la que había estudiado", se lamenta.

Accidente en Virginia
Ramón Rouco cuenta con toda naturalidad que estuvo en coma por una semana, después de caerse desde lo alto de un trampolín en una piscina en el Norte de Virginia.

"Tuve un año parte del cuerpo paralizado y no podía caminar", explica. "Cuando me recuperé conseguí, gracias a un amigo chileno, Jaime Martín, una posición en lo que entonces era el departamento de información del Banco Mundial. Así comencé a viajar por el mundo y en esa posición me retiré", dice Rouco y su esposa María Luisa añade: "Después de criar una familia de cuatro hijos". Uno de esos hijos,

El pasaporte de Naciones Unidas de Rouco y, abajo, la felicitación del presidente del Banco Mundial a Rouco al cumplir 10 años de servicio en 1974.

Luis Miguel, fallecería en un accidente de moto en Washington en 1993.

El amor
Era sábado, 23 de mayo de 1959. Con exactitud recuerda María Luisa Morales Iglesias el día en que conoció a Ramón Rouco.

"Yo acababa de llegar a Washington desde Vigo, también en Galicia, y en un party que celebró mi hermana conocí a esta preciosidad", sonríe María Luisa y cuenta que trabajó la mayor parte de su vida cuidando niños y educando a los suyos.

"En aquella época la comunidad hispana de Washington era muy pequeña, pero los amigos nos íbamos de picnic al Potomac o a la playa de Chesapeak, o a un restaurante en la Mount Pleasant que se llamaba El Sombrero Cordobés", recuerda.

Tanto Ramón como María Luisa coinciden en que ahora, después de casi 50 años de vivir en el área de Washington, no se sienten inmigrantes, se sienten "ni de aquí, ni de allá".

"En España a veces notas que desprecian a los que venimos de Estados Unidos aunque luego a todos les encantan los productos americanos", comenta Ramón y asegura que "lo mejor de mi vida se lo di a Estados Unidos".

María Luisa asiente y dice que le duele cuando la gente habla mal de Estados Unidos porque "hemos criado nuestra familia aquí y también es nuestro país"

Marcos Galvany

Cuando la ópera es la vida

Marcos Galvany es pasión por la ópera
Estrena "Oh My Son" en el Walt Disney Concert Hall de L.A.
Junio 16, 2015

Un día, un joven de Crevillente, un pueblo del levante español, lo deja todo por un sueño: encontrarse a sí mismo a través de su arte al otro lado del océano, en Estados Unidos. Y, como un personaje de La Boheme de Puccini, Marcos Galvany conoció el frío y la soledad del artista. Claro que su vida no es una ópera _dejaremos ese libreto para otro día. La vida de Galvany es "la ópera". Es su pasión, confiesa. Su razón de ser. Hoy Galvany vive en Washington.

Ha sido aclamado como un compositor dotado "del don de la melodía". Y, sin duda, forma parte de ese grupo de talentosos y apasionados compositores de nuestro tiempo. Su música se ha escuchado en las Américas, en Europa, en Australia, en Sudáfrica y en Rusia donde dirigió sus propias composiciones con la New England Symphonic Ensemble. Galvany se especializó en piano durante sus años de conservatorio en España y estudió composición en Estados Unidos donde llegó a ser ayudante a la dirección del New England Symphonic Ensemble y realizó trabajos para agrupaciones como el State of the Arts Cultural Series y la Compañía de Danza de José Limón en Nueva York, donde su ballet "Chrysalis" se estrenó con enorme éxito en el Baryshnikov Arts Center.

Ha sido, sigue siendo, un duro camino. Lleno de ansiedades, de inseguridades y de momentos artísticos climáticos que, tal vez o sin duda, compensan a este peregrino de la música que te habla con una sonrisa enigmática, casi melancólica, profundamente artística.

Estos días Galvany se encuentra en Los Angeles, viviendo los nervios previos al estreno en la costa oeste de su gran ópera "Oh My Son" _estrenada el 10 de abril de 2010 en el Carnegie Hall de Nueva York ante una audiencia entusiasta. Pero el 21 de junio de 2015, en el Walt Disney Concert Hall, Galvany _como buen padre de su arte_ revivirá la tensión de otro estreno para seguir proyectando su bella obra.

"Oh My Son" es la historia del dolor de una madre (María) ante el sufrimiento y muerte de su hijo (Jesús).

"Más allá de mis propias convicciones, la ópera enfatiza la humanidad de los personajes", dice Galvany. "Las personas que vienen al concierto se relacionan con mi música desde diferentes niveles emocionales sin importar la fe que profesen".

Se trata de la historia de la cruz en sus muchas dimensiones humanas: el dolor, la traición, la compasión, la duda, la fe y la redención. Curiosamente, si bien la ópera se centra en el final de la vida de Jesús, algunos de los mayores donantes con los que ha contado Galvany proceden de la fe judía."Porque el arte es fundamentalmente espiritual", dice. Ahí es donde consigue conectar con su público.

He visto los videos, el aria de María. He repetido el CD una y otra vez _que por cierto está sonando mientras escribo esto_ y he escuchado a quienes han asistido al estreno de Nueva York. Han visto a gente llorar durante el concierto, me cuentan.

Yo sigo escuchando la música de un hombre que es ópera,

Fue toda una inspiración conocer a Marcos Galvany en el edificio Watergate de Washington. Foto: Alfredo Duarte.

pero sobre todo compromiso con lo intangible que es el reino de todo artista. Y me emociona Galvany en su búsqueda, en su escarbar constante a través de las notas en la piel sensible de lo humano.

Es cierto que la historia de "Oh My Son" es la historia de la cruz en todas sus dimensiones, pero fundamental y profundamente trata de la humanidad —incluida esta ramificación de órganos y miembros que nos conforman— y de la capacidad poderosa de transformación, de revolución mundial, que posee el amor completo, generoso, desinteresado.

Marcos Galvany me observa con ojos de músico: esa combinación de lo sagrado y lo artístico y a mi solo se me ocurre pedirle al lector que —si vive en Los Angeles— acuda al estreno de "Oh My Son". Y, si no, que compre el CD en www.seeohmyson.com. Prosaico, sí. Pero sentido.

Marcos Galvany, first Spanish composer to present an Opera at Walt Disney Concert Hall

June, 2015

His opera, Oh My Son, will be produced with local collaboration such as Dean Anderson, Conductor; First Presbyterian Church of Hollywood Cathedral Choir; Lake Avenue Church; La Sierra University Chorale; La Sierra University Orchestra, Loma Linda Academy; Loma Linda University Church Sanctuary Choir; Newbury Park Adventist Academy; Pine Hills Adventist Academy; Redlands Adventist Academy; San Gabriel Academy.

Marcos is using this concert to officially launch the CD of his work recorded this year by recording engineer Rafa Sardina (12-time Grammy Award Winner).

Oh My Son premiered to a sold-out crowd at Carnegie Hall, New York in 2010. After his premiere he brought the work to Virginia, Maryland, North Carolina and Washington DC. In preparation for the 2014 European premiere in Alicante, Spain, which was also sold-out, he first brought his opera to his hometown of Crevillente, Spain in 2013. So many thousands wanted to see the work that he had to produce a second show.

One of the most beautiful aspects of this opera is that even though it is a work about Jesus's life, some of the biggest supporters and donations Marcos has had up until now came from people of the Jewish faith.

It is, first and foremost, the story of Christ's journey. The story of the cross in all its many human dimensions – grief, betrayal, compassion, doubt, and faith. More importantly, Oh My Son is a story about humanity and about the world-changing power of pure selfless love. This work speaks not only to Christians, but to the whole world. It reminds us that we are human, that we are imperfect, and that we are bound to each other. It reminds us as well that even those who seem unbreakable can also be afraid.

Born in the foothills of Crevillente, Spain, (in 1968) during the final throes of Francisco Franco's regime, Marcos Galvany grew up in an era of ecclesiastical and cultural revolution. In the aftermath of Franco's regime, Roman Catholicism became less of a state imposition and more of a celebration of cultural emancipation.

As a combination of the sacred and the artistic, Oh My Son is an homage to the Holy Weeks of Galvany's boyhood. More than that, it is also a manifestation of Galvany's own Christian experience, one that includes doubt, faith, grief, and joy.

Nicolás García Mayor

El ingeniero que ama a los refugiados

Nicolás García Mayor muestra el diseño de su vivienda para refugiados.
Foto: Alberto Avendaño

Dignidad para desplazados y refugiados
Nicolás García Mayor ha creado una vivienda para mitigar las tragedias
Invierno, 2015

Un soleado día de invierno me visitó en mi oficina de la antigua sede del Washington Post en la calle 15 de DC. Traía un librito desplegable en las manos que le ardía como el sueño humanitario que me contó con lujo de detalles emocionales y técnicos. Poco a poco descubrí que al ingeniero Nicolás García Mayor la vida le había enseñado a pensar en los demás desde el amor y desde los hechos.

"Son más de 125 millones de personas como vos y como yo, más de la mitad son niños que viven en condiciones inhumanas, personas que lo perdieron todo por las guerras, por las catástrofes naturales, y que hoy duermen en el piso o en una carpa sobre el piso húmedo y frío peor que los animales. Muchas veces los animales pueden buscar un lugar mejor para dormir pero los refugiados solo donde los gobiernos los dejan", me explicó con calma y énfasis en cada palabra. Es hora de actuar, dijo, y por eso lo dejó todo para dedicarse en cuerpo y alma a diseñar un proyecto de vivienda digna y de esperanza al ayudar a la reconstrucción rápida de comunidades enteras.

El proyecto se llama CMAX, en honor a su llorado hermano Carlos Maximiliano. Se trata de estructuras confeccionadas en propileno, aluminio y tela de poliéster, con una estructura central rígida, dos alas que al desplegarse cuadriplican el tamaño y dos patas que separan el piso de la superficie, reduciendo el impacto del frío y la humedad que tanto afecta a las carpas tradicionales. Cada módulo cuenta con un kit de supervivencia y tiene capacidad para albergar 10 personas.

Dos personas pueden armar la vivienda en 11 minutos sin necesidad de herramientas.

"Hoy llegamos a una etapa tal vez como nunca me hubiese imaginado ni el 22 de Mayo de 2013 cuando presenté Cmax en Washington ante organizaciones internacionales, ése era el día del cumpleaños de mi amado hermano Carlos Maximiliano", me contó Nicolás. "Ha sido un gran viaje desde que en el año 2001 presenté este mismo proyecto Cmax como mi tesis en la Universidad Nacional de La Plata (Argentina) para obtener el título de Diseñador industrial".

Cuando hablamos en Washington, Nicolás venía de vivir experiencias muy intensas: había sido invitado a hablar ante Naciones Unidas en Nueva York sobre el proyecto Cmax System, había recibido una invitación del Vaticano donde recibió el abrazo y el interés del Papa Francisco en su proyecto, "fue un inolvidable 4 de septiembre de 2013", me dijo Nicolás. Le habían contactado princesas, presidentes, jeques, embajadores… había sido seleccionado en Alemania por Naciones Unidas entre los 10 jóvenes sobresalientes del mundo por la contribución a la niñez, la paz mundial y los derechos humanos. Pero Nicolás se sentía en un laberinto del que quería salir pronto para hacer realidad su proyecto de "salvar vidas y comunidades". Tenía prisa. Un año después de nuestro encuentro en DC recibí una llamada de Nicolás

García Mayor: había regresado a Washington para instalarse y ejecutar Cmax desde Estados Unidos.

Atrás quedaban sus miles de horas de investigación en 2001, en plena crisis Argentina, "cuando internet era con moden de 54K y no sabíamos lo que era Google, ni las redes sociales, ni whatsapp". Fueron días con sus largas noches de angustias económicas cuando se fue a vivir a una sala de un hospital abandonado de La Ciudad de La Plata. Allí pasó los últimos años antes de graduarse de la universidad obsesionado con su proyecto de vivienda digna para los más necesitados.

"A meses luego de recibirme en 2003, me fui a España y en poco tiempo pasé de aquel hospital abandonado a vivir experiencias increíbles, desde el Centro de diseño de Renault en Barcelona hasta trabajar para distintas empresas y Gobiernos en Europa y armar una empresa CATARGE (Catalunya/Argentina) con mi gran hermano Seba", recordó Nicolás. "Luego decidí volver a mi ciudad natal Bahía Blanca a lucharla cerca de mi familia, usando las máquinas e internet de un Ciber-Café".

Fundó el estudio de diseño Industrial "ar estudio" con el que innovó y alcanzó el éxito profesional: "Ganamos varios premios de innovación y desde Bahía Blanca, Argentina, fuimos seleccionados varias veces entre 10 estudios de diseño industrial del mundo"

Y Nicolás siguió centrado en su misión de srevicio: "Con la ONG Fundacionar que creamos desde 'ar estudio' tratamos de ayudar a los que más sufren de Bahía Blanca, Misiones, La Plata y en distintas partes de Argentina, Colombia, Guatemala entre otros lugares".

En agosto de 2016, Nicolás García Mayor llevaba cuatro meses viviendo en Washington poniendo en marcha Cmax System, y me llamó para comunicarme "el gran honor" que sentía por haber obtenido la residencia en Estados Unidos. Se la habían dado muy rápido siguiendo una categoría migratoria que aplica a personas con un talento especial.

"Me encuentro trabajando con un equipo de personas brillantes que admiro profundamente en lo profesional y en lo personal. La compañia Cmax System INC. está radicada en el Distrito de Columbia y hemos establecido CMAX Foundation", me dijo con orgullo.

"Ahora es el momento de lograr entregar los miles de pedidos que hemos tenido en estos años y canalizar toda esta energía en hacer que Cmax System ayude a salvar vidas", expresó. "Sueño con poder darle pelea a los que intentan hacer de la humanidad algo horrible y no voy a parar de luchar por dejar un mundo un poquito mejor de lo que está hoy".

Para dar esa "pelea" ha lanzado una campaña de "crowfunding online". En Internet, en el link www.gofundme.com/cmaxfoundation cualquier institución o persona puede donar desde 10 dólares en un sencillo procedimiento.

"Buscamos empoderar a las personas comunes que quieren hacer algo por los desplazados y refugiados y no saben cómo", me dijo Nicolás, el diseñador industrial que un día me visitó en Washington con un sueño bajo el brazo.

El Papa Francisco agradeció el compromiso de Nicolás García Mayor con los refugiados.

Pepe Marín

El detective de los chefs Latinos

Este hombre se dedica a la busca y captura de la esencia de los cocineros latinos por el mundo

Un viaje con el reportero español Pepe Marín

Mayo 14, 2016

Estuvo en Washington hace cuatro años. Le conocí en el restaurante español Taberna del Alabardero. Había venido a la capital de Estados Unidos como parte de una aventura televisiva en la que debía capturar la esencia de la cocina hispana por el mundo. Me dijo que aquella era su segunda vuelta al mundo con una maleta de 10 kilos y una pequeña videocámara de alta definición. Porque el periodista-viajero Pepe Marín se las arregla para grabar un universo de sabores culturales que transforma en exitosos programas de televisión de interés transnacional.

Hace cuatro años, Marín buscaba contar la historia de chefs españoles para la audiencia del mayor canal temático sobre gastronomía en el sur de Europa. El Canal Cocina de España entendió que este experimentado reportero con más de 20 años en prensa, radio y televisión, estaba preparado para hacer las Américas, y apostó por repetir la fórmula con algunos de los mejores chefs latinos repartidos por el mundo.

Así, desde hace dos temporadas, Pepe Marín recorre el planeta para contar las historias de los mejores cocineros mexicanos, argentinos, peruanos, chilenos... la esencia de la gastronomía latina en los confines del globo. Ahora su pantalla es EL GOURMET, el veterano canal de cable que llega a más de 25 millones de hogares desde la Norteamérica hasta Tierra del Fuego.

Y ahora Marín se encuentra embarcado en la tercera ruta de esta serie: "Nuestros Cocineros por el Mundo", que le llevará a visitar Singapur, Bali, Melbourne, Auckland, Hanoi y París. Seis países en seis semanas.

"Como en muchos otros lugares, estos cocineros latinos luchan por abrirse camino en el difícil mundo de la gastronomía, desde resorts de gran lujo hasta modestas taquerías donde, ante todo, llevan con orgullo su bandera", explicó Marín a El Tiempo Latino desde Australia.

En las primeras temporadas de la serie, han rescatado las historias de destacados cocineros como el argentino Federico Heinzmann, Executive Chef del Park Hyatt Tokyo, uno de los hoteles más exclusivos de la capital de Japón — en la planta del restaurante, en el piso 52, se rodó la película "Lost in translation".

"Con él visitamos el famoso mercado de pescado de Tsukiji donde tuvimos el lujo de contar con la presencia de otro prestigioso chef argentino, Fernando Navas, del Restaurante Balvanera de Nueva York, y vivimos la noche japonesa y sus mil matices", contó Marín y añadió que "en la versión norte" del capítulo japonés —esta producción televisiva tiene dos versiones para llegar tanto al público norteamericano como al del sur del continente— conoció a Sam Moreno, propietario de "El rincón de Sam" un restaurante de cocina Mexicana en Tokio. "Sam resultó ser uno de los personajes más divertidos de la serie", dijo Marín. "Es japonés, pero canta rancheras como si fuera de

Pepe Marín.

Jalisco. Tiene una legión de cocineros mexicanos trabajando en el local, de los más animados de Tokio, con cena espectáculo a diario".

En su listado sentimental y culinario, Marín recordó el "caso entrañable" de la mexicana Patricia González en Turquía.

"Ella cambió de vida 40 años atrás, entregando incluso su nombre por el de Salma, fiel a la tradición turca al casarse con el que hoy sigue siendo su marido", contó. "Patricia ha luchado durante años por hacer notoria la comida mexicana en una ciudad tan cosmopolita como complicada, donde las tres ubicaciones de su restaurante Ranchero, ofrecen el sabor latino más auténtico de Constantinopla". Si como dice la canción, "la pureza está en la mezcla", los shows de Marín son purísimos, humanos, llenos de texturas raciales donde la integración es el denominador común, sobre todo, en los episodios europeos.

"Recuerdo historias como la de Ricardo Medrano, un joven mexicano del DF que ha abierto la primera cadena de tacos y comida rápida mexicana en Estocolmo, Suecia", dijo Marín. "Tiene su propia fábrica de tortitas que exporta a todo el país. Está casado con una chica sueca que nos hizo pastel de manzana en su casa. El final resulta una familia sueca de primos, cuñados y niños rubios que dicen "ahorita" y otras palabras muy mexicanas".

También en Estocolmo conoció Marín al joven chef Fernando Argüello.

"Argüello trabaja en la torre más alta de Estocolmo, en cuyo penthouse se encuentra uno de los restaurantes más impresionantes de la capital sueca, donde también se habla con acento mexicano", recordó Marín cuya misión, dice, es descubrir el lado más humano de estos personajes, el reto de su integración en culturas muy diferentes a la latina. Sus sueños, proyectos, dificultades y logros, caben en las tarjetas de memoria de este reportero "multitask" que produce la serie desde cero.

Por las manos de Pepe Marín pasa la producción, la grabación en cada uno de los casi 20 países recorridos... ¿Y dije que además Marín hace la edición de cada programa hasta quedar listo para su emisión? Pues ya lo he dicho: bienvenidos a la television del siglo XXI. Y para quien ose preguntarme cuál es el futuro de la producción multimedia, mi respuesta es ésta: reporteros como Pepe Marín. Tan multitarea como esos valientes cocineros que un día dejaron Latinoamérica para buscarse la vida... y encontrarla.

Ahora, todos esos genios latinos de la cocina repartidos por el mundo ya tienen quien les encuentre. Un reportero que guarda todo un cosmos de sabores vitales en una pequeña videocámara.

Cecilia García-Akers
y el legado del Dr. Héctor P. García

¿Por qué debe importarnos la vida del doctor Héctor P. García?
Junio 12, 2016

En los archivos de la biblioteca de la universidad de Texas A&M, campus de Corpus Christi, hay un cartel con el llamado "¡Atención Veteranos!" en el que "se invita a todos los veteranos de Taft, Texas,... y pueblos vecinos a oír al Dr. Héctor García". La fecha: 30 de diciembre de 1948; y las preguntas sobre el cartel: "¿Qué van a hacer los veteranos con las escuelas segregadas en Taft? ¿Qué van a hacer los padres de familia con 778 niños que no van a la escuela?" Ése es el ambiente en que comenzó a desarrollar su trabajo el doctor Héctor P. García, uno de los grandes líderes en la lucha de los derechos civiles de los hispanos en Estados Unidos.

García era hijo de maestros mexicanos que huyeron de la revolución en su país en 1917 para instalarse en Texas. Superando dificultades, la familia salió adelante y el joven García se licenció en zoología y posteriormente haría su doctorado en medicina en la Universidad de Texas. Luego sirvió en la Segunda Guerra Mundial y regresó condecorado a Texas donde iniciaría una vida dedicada a luchar por los más débiles.

"Para quienes conocieron al doctor Héctor P. García, él fue un campeón de quienes no tenían privilegios, de los necesitados", dijo su hija, Cecilia García-Akers "Pero su legado no es tan bien conocido a nivel nacional como debiera".

Para dar a conocer el legado de su padre, García-Akers escribió un libro que es una biografía, pero también un recuento personal y familiar. El libro, "The Inspiring Life of Texan Héctor P. García", se presentó recientemente en la Biblioteca del Congreso en Washington.

Con el libro, explicó García-Akers, se consiguen dos cosas: reducir la brecha entre lo que los estadounidenses sabían sobre los logros de su padre y el conocimiento del público sobre su vida personal.

"El libro detalla los sacrificios que mi padre y su familia debieron hacer hasta convertirse en el líder social que fue durante 50 años, una vida de alegrías y éxitos, de luchas en el ejército, en la escuela de medicina, el dolor al perder a un hijo... su determinación para conseguir sus metas... es una vida que es ejemplo para las nuevas generaciones: mi padre tenía una visión para su país y esa visión es la que he querido reflejar en mi libro", apuntó la hija del Dr. García, aquel veterano que canalizó su indignación ante el maltrato que recibían los veteranos de guerra hispanos a su regreso del servicio en una lucha organizada: en 1948 fundó el American G.I. Forum con el objetivo de mejorar los beneficios para los veteranos de guerra así como el acceso a la salud. Pero pronto la organización se empezó a ocupar de temas de educación, vivienda, derecho al voto o empleo en un tiempo marcado por la segregación y el racismo institucionalizado en Estados Unidos.

El libro de García-Akers refresca la memoria histórica hispanounidense y nos acerca a un héroe de guerra y a un activista social que era consciente de la necesidad del liderazgo hispano en puestos de relevancia para concretar tanto la agenda política como la comunitaria. Por eso el doctor García consiguió que en 1966 se nombrara a Vicente Ximenes, un méxico-estadounidense y veterano de guerra, para dirigir la Equal Employment Opportunity Commission. Además, el mismo doctor, en 1968, formaría parte de la United States Commission on Civil Rights. En 1984 recibiría de manos del presidente Ronald Reagan la Presidential Medal of Freedom, en 1990 el Papa Juan Pablo II le integraría en la Orden de San Gregorio el Grande y en 1998, a título póstumo, recibiría el Águila Azteca del Gobierno de México.

"El trabajo de mi padre hizo que muchos hispanos se sintieran orgullosos de su propia cultura en este país", indicó García-Akers. "Sin duda el trabajo del doctor García ayudó a que muchos hispanos llegaran a la educación superior y siguieran carreras profesionales… les dio a los hispanos una voz, un orgullo y el ímpetu para no rendirse. Les dio voz a quienes no la tenían en aquella época".

Cecilia García-Akers presentó en Washington la biografía de su padre, el doctor Héctor P. García.

Uno de estos hispanos fue, según propia confesión, Grace Flores-Hughes, natural de Taft, Texas, y quien llegaría a servir en las administraciones de Reagan y Bush (padre e hijo).

"El doctor Héctor P. García fue la persona que más me inspiró para dedicarme al servicio público", dijo Flores-Hughes quien en su libro autobiográfico, "A Tale of Survival" habla del "Dr. Héctor, que así era como le gustaba que le llamaran" y lo describe como "el Martin Luther King del sur de Texas".

"Su sinceridad, su compasión y su valentía y falta de temor ante los Anglos me dieron el empujón que necesitaba para seguir mi sueño", escribió Flores-Hughes.

Sin duda el doctor García ayudó a cambiar la historia hispana de Estados Unidos, por eso le pregunté a su hija ¿cómo reaccionaría el doctor ante los insultos que se han escuchado en el ambiente político estadounidense contra los mexicanos y la comunidad hispana?

"Cada insulto contra los hispanos los rebatiría con la explicación de los logros de nuestra comunidad y su valor en nuestra sociedad", dijo García-Akers. "Mi padre hablaría hoy más que nunca del compromiso de los hispanos con las Fuerzas Armadas, de nuestros valores familiares y de nuestra determinación para triunfar en la enseñanza superior. Se opondría públicamente contra cualquier candidato político que insultara a una comunidad, sea cual fuere su origen. Su lema siempre fue: la educación es la libertad y la libertad debe ser asunto de todos".

David Trone

El empresario que quiere liderar a los demócratas

El efecto Trone: lecciones de vida y de negocios para llegar al Congreso
Abril 3, 2016

Hay nueve precandidatos demócratas para optar a la nominación del partido por el Distrito 8 de Maryland. Y, si la tradición del voto demócrata así lo confirma, el elegido o la elegida en esta primaria se convertirá en el nuevo miembro de la Cámara de Representantes en el Congreso que reemplazará al legislador Chris Van Hollen, ahora en una apretada elección primaria para el Senado. Estos son los nueve candidatos en las primarias demócratas del 26 de abril: Ana Sol Gutiérrez, Kathleen Mathews, Dave Anderson, Kumar Barve, Dan Bolling, Will Jawando, Jamie Raskin, Joel Rubin y David Trone. De ellos, tres precandidatos capitalizan la batalla electoral. Dos son los políticos que parecen contar con cierta ventaja: Jamie Raskin, un catedrático de derecho, senador estatal, considerado el protegido por el aparato político demócrata de Maryland. Y Kathleen Matthews, una ex presentadora de TV y ejecutiva de la empresa Marriott. El tercero es un precandidato que está sorprendiendo tanto en su mensaje como en su inversión —además de ser el único que ha anunciado que hará campaña pagada en medios de comunicación hispanos de la región. Su objetivo: hacer oir su voz entre el oficialismo del Partido Demócrata y alcanzar a la mayor variedad de votantes. Se trata de David Trone, el empresario de Maryland propietario de Total Wine, una compañía que solo en su Distrito emplea a unas 500 personas y a unas 5.000 a nivel nacional. Trone conversó con Alberto Avendaño sobre su visión del servicio público y las razones que lo han llevado a aspirar a una posición en la legislatura federal.

¿Quién es David Trone? ¿Cuál es la "diferencia Trone" en esta pugna electoral?

Nací en Cheverly, Maryland, y crecí en una granja familiar a 15 millas del Distrito que aspiro a representar. Con 12 años madrugaba con mi padre y ponía manos a la obra a la jornada. Perdimos la granja y nuestra casa y mis padres se divorciaron. Esa pérdida me marcó pero nunca perdí la ética de trabajo y aprendí a apreciar que algo malo siempre le puede ocurrir a la gente buena... Tuve que responsabilizarme de mi madre y mis cuatro hermanos. Conseguí préstamos y vendí huevos de granja para pagarme los estudios universitarios. De lunes a jueves iba a clases y el viernes, cuando mis compañeros de clase se relajaban en las fiestas, yo me iba a Harrisburg, Pensilvania, a trabajar en nuestra pequeña tienda hasta el domingo. La verdad es que cuando creces en una granja, el concepto de fin de semana o día de descanso es algo que no te planteas como algo natural... Aquella pequeña tienda ayudó a mantener a toda nuestra familia y hoy se llama Total Wine and More —un negocio que abarca 150 tiendas en 21 estados del que viven unas 5.000 familias. Sigue siendo una empresa familiar. Y todos los que trabajan con nosotros son nuestra familia. Por eso pagamos mejores salarios y proporcionamos mejores beneficios que nuestros competidores. Por eso ayudamos a que nuestros empleados sin estudios consigan sus GEDs y por eso hemos comenzado un programa para que la empresa ayude a los empleados a pagar por los estudios universitarios... Nuestro negocio siempre ha sido más que nuestros productos. Siempre se ha centrado en las personas. A diferencia de Wall Street y Capitol Hill, nunca hemos estado enfocados en el próximo trimestre o la próxima elección, sino en la próxima generación. Lo que traigo es un planteamiento a largo plazo para Washington, el mismo que me ha hecho exitoso a mí y a mi familia. Yo sé cómo crear buenos empleos. Mi historia es una historia americana. Y quiero hacer posible el sueño con el que yo he sido bendecido a más personas. Sé lo que es perderlo todo y empezar de la nada. Puedo ayudar a que las familias de nuestro Distrito vivan en unas comunidades donde el éxito en la vida sea posible.

¿Cómo se construye de la nada? ¿Cuál es el secreto del éxito de David Trone?

Simple. Tres cosas: 1. Trabajo duro. Es el espíritu de la granja que nunca me abandona. Me encanta trabajar. Me siento bendecido por cada oportunidad y no me permito no aprovecharla. 2. Las mejores personas. Si quienes trabajan para ti son las mejores personas que puedes elegir, ellas cuidarán de tus clientes y los beneficios siguen. Mi éxito se basa en las personas que me rodean. Es mi hemano y nuestra familia pero también nuestros 5.000 empleados y las personas con las que hacemos negocios en 110 países alrededor del mundo. 3. Suerte. Nadie tiene éxito sin un poco de fortuna de su lado. Abrimos la primera tienda de Total Wine and More en 1991. Ese mismo año, el programa de TV "60 minutes" hizo un especial en el que se le decía a los estadounidenses que debían beber más vino. Desde entonces la venta de vino en Esados Unidos ha crecido sin parar. Hay que estar en una posición que te permita tomar ventaja de la situación y nosotros lo estábamos. Suerte.

¿Cómo se relaciona crear puestos de trabajo y fundar una empresa exitosa con una aspiración política?

Total Wine es un negocio familiar. Cada decisión que tomo la tomo pensando en las 5.000 familias que trabajan para la empresa, que son mi familia. Esa es la manera en que el Congreso debería funcionar y actuar. En mi empresa soy responsable por el puesto de trabajo de todas esas personas, y también por sus 401(K), su jubilación, su seguro de salud. Yo conozco el tema de la salud y las leyes y las regulaciones y el impacto que éstas tienen en las personas y en los pequeños negocios. Conozco los detalles y los presupuestos. Llevo 30 años en esto. Y quiero llevar mi perspectiva tanto a nivel local como internacional a Washington. No se trata solo de los puestos de trabajo que he creado, no se trata tan solo de proponer cambios. Yo he pasado 30 años cambiando la manera en que toda una industria hace negocios y ayudando a los consumidores al mismo tiempo. Creo que esa manera de hacer se necesita en la política. Eso es lo que yo represento y lo que quiero traer a la mesa, lo que le ofrezco a mis votantes.

¿Cinco logros empresariales que se relacionan con la política que usted representaría en el Congreso?

1. Salarios mejores y mejores beneficios, con puestos de trabajo a tiempo completo para la fuerza laboral. 2.Trabajos y cobertura de salud para los trabajadores ampliando el Affordable Care Act. 3.Educación: ayudamos a acceder al GED y cubrimos los costos de la Universidad de los empleados que lo solicitan en mi empresa. Si llego al Congreso, el acceso a la educación será siempre una de mis prioridades. 4.Justicia criminal. En nuestra empresa apreciamos la reinserción social y apoyamos a aquellos que quieren rehacer sus vidas. Algo está mal con el sistema cuando existe un exceso de personas de color en las cárceles del país.

**Recibiendo a David Trone en el nuevo edificio del Washington Post en abril de 2016.
Foto: Alfredo Duarte.**

5. Negocios estables. Nunca hemos cerrado ninguna de nuestras 150 tiendas. Nunca. Porque estamos insertos en nuestras comunidades. Hemos contribuído a 8.000 iniciativas comunitarias y de caridad en los 101 distritos congresionales en los que estamos establecidos en el país. Mi llegada al Congreso significa que llega alguien que conoce las comunidades y cómo contribuir a su prosperidad social.
¿Dos pasiones que llevaría con usted al Congreso de Estados Unidos?
Educación y empleos. La educación es mi pasión, es lo que me ha hecho superarme a mi mismo. Estoy involucrado con organizaciones que promueven la educación a nivel local, aquí en el condado de Montgomery, y a nivel nacional. Estoy orgulloso del trabajo que he hecho en conjunto con el ex Secretario de Educación en la administración de Bill Clinton, Richard Reilly. Estamos construyendo escuelas en una zona deprimida de Carolina del Sur donde Reilly fue Gobernador. Allí también estamos trabajando con empresas que están ubicadas en la zona, como Boeing y otras para conectar la educación con los puestos de trabajo que se necesitan. A las empresas les encanta porque ven en el sistema educativo un canal para enriquecer su fuerza laboral. Y la comunidad

se siente esperanzada porque se trata de traer oportunidades para muchos que ya se sentían perdidos.

¿Cómo alguien que será nuevo en la política washingtoniana podrá trabajar con republicanos y demócratas para mover su agenda?

Trabajo con republicanos y demócratas todos los días en mi empresa. Algunos me han criticado en esta campaña porque he dicho que estoy dispuesto a trabajar con republicanos. Yo estoy orgulloso del espíritu bipartidista que ha ayudado a aprobar leyes que favorecen a los consumidores en muchos estados de la Unión. Por ejemplo, permitir que la cerveza artesana Flying Dog, con base en Frederick, se pueda vender en lugares como las Carolinas. O permitir que se puedan hacer catas de vinos y ventas en domingo... Pero de lo que estoy más orgulloso es de mi trabajo en derechos civiles con la ACLU con quienes llevo colaborando 20 años. Yo he sido víctima de un Fiscal General corrupto que intentó perjudicarme a mi y a mi familia. Pude luchar y ganar pero muchas personas sin recursos no pueden luchar cuando son acusados injustamente. Por eso he establecido el Trone Center for Criminal Justice Reform en la ACLU. Y organizamos un comité que une a derecha e izquierda, a las empresas y a las organizaciones comunitarias en una meta común. Hablo de Michael Lomax con el United Negro College Fund, de Mark Holden de Koch Industries... Incluso Walmart. Vamos a estar en minoría en la Cámara de Representantes. Necesitaremos un congresista que sepa unir a los legisladores para resolver problemas con soluciones prácticas.

¿Cuál es su posición en el tema migratorio?

Me parece terrible la retórica discriminatoria y de odio que llega de la campaña presidencial republicana, especialmente de boca de Donald Trump. La diversidad es nuestra fuerza y la inmigración es parte de quiénes somos como americanos. Creo que el camino hacia la ciudadanía debe ser parte de una reforma migratoria. Uno de cada 7 habitantes de Maryland son inmigrantes y contribuyen positivamente a nuestra sociedad. Creo que los únicos deportables deberían ser los políticos como Donald Trump. Hablar de deportaciones masivas es antiético y ataca los valores estadounidenses. Los estudios indican que los inmigrantes mejoran la calidad de vida de los estadounidenses. Los inmigrantes y sus hijos han fundado más del 40% de las empresas del Fortune 500. Incluso el padre de Steve Jobs era inmigrante de Siria. Los inmigrantes tienen un 30% más de posibilidades de empezar un negocio propio y han fundado el 25% de la corporaciones estadounidenses de impacto global, como Google e Intel. Lo primero que hay que hacer es reducir el tiempo que le lleva recibir autorización para trabajar en este país a los inmigrantes altamente cualificados profesionalmente. Los estudiantes brillantes que vienen a Estados Unidos a formarse deberían poder acceder a un permiso laboral si lo desean en Estados Unidos para poder quedarse.

Y para finalizar: usted ha hecho un video muy emocional sobre el Alzheimer. ¿Por qué es el NIH tan importante para usted y su campaña política?

Mi padre murió de Alzheimer's. Es personal. En nuestro Distrito Congresional 8 tenemos una de las grandes instituciones de salud e investigación del mundo. Debemos financiarla bien. Eso traerá beneficios económicos para el Distrito y gran innovación en temas de salud. Los $215 millones que ha posicionado el president Obama son un buen comienzo, pero necesitamos más. Propongo duplicar el presupuesto del NIH y generar miles de empleos en nuestro Distrito para mejorar la salud de todos los estadounidenses.

Gerardo Garro

Lo que une Cuba y Estados Unidos

Gerardo Garro se reúne con sus hermanos 55 años después
El amor que une a EEUU con Cuba
Enero 8, 2015

Nació en Matanzas, cerca de la capital cubana de La Habana, pero su padre pronto se llevó a la familia a Manacas, Las Villas, donde con ocho años empezó su "primer negocio".

"Yo compraba dulce de guayaba y galletas de soda y se las revendía a 3 centavos cubanos a los trabajadores que limpiaban los campos de la caña de azúcar", cuenta Gerardo Garro una fría tarde de finales diciembre de 2014 en su casa de Keller, Texas, en el área metropolitana de Dallas-Fort Worth.

Garro tiene 82 años, lleva más de cinco décadas en Estados Unidos, y en 1959 huyó del régimen comunista de Fidel Castro para iniciar un viaje que le marcaría a él y a los suyos. A pesar del tiempo transcurrido, asegura que recuerda la sensación física y emocional de la despedida de sus padres y de sus ocho hermanos. "La revolución que trajo Fidel Castro fue la separación de las familias y la destrucción de un hermoso país", comenta.

Pero el Día de Acción de Gracias del 2014, Garro, empeñado en materializar sueños, consiguió reunir en su casa de Texas a los cinco hermanos que le quedan. Hacía 55 años que no conseguían estar todos juntos, verse, compartir su café cubano, sonreír con estruendo. El reencuentro se producía, además, pocos días antes del anuncio del presidente Barack Obama sobre la política de acercamiento entre Washington y La Habana. "Eso fue una traición", suspira este exprofesor de español y expredicador del evangelio quien se reinventó en Estados Unidos con parte de su alma prendida siempre por Cuba. "Lo que hizo Obama es prueba de que Estados Unidos no tiene memoria histórica", dice. Pero en familia, Garro y sus hermanos recuerdan bien, y hasta con humor, aquellos años de una Cuba que se fue.

En la prensa
La reunión de los Garro fue primera página de la edición de Thanksgiving Day del diario Star Telegram de Fort Worth y luego su historia llegaría a otros periódicos nacionales y latinoamericanos gracias a Associated Press.

"Nos hizo muy felices vernos en la prensa, todos los hermanos juntos, bromeando y recordando", explica y añade que "hubo cama para tanta gente" en su casa de tres dormitorios donde estuvieron José Antonio, de 73 años, residente en Miami; Roberto, de 76, quien vive en Orlando, y Emigdio, de 72 años, quien vive en La Habana y vino acompañado de su esposa Caridad. Y también las dos hermanas de Garro: Elsa, de 79 años, que vive en Miami, y Zoa, de 65 años, residente de Miami Gardens.

"Hablamos de nuestra infancia, de todas las cosas buenas que hay que recordar", dice Garro y añade que los 55 años de separación parecen un suspiro.

La nostalgia se le asienta en el corazón porque es bello, dice, recordar; pero hay momentos, como cuando uno pierde a los padres en la distancia, cuya dureza no se puede describir.

Vida, revolución y huida

Garro recuerda una infancia humilde en Manacas, en una casa "con techo de guano" donde una vez vio como su padre mataba "una tarántula grandota".

"Mi padre vino con una chancleta y cuando vio el tamaño fue por una escoba", dice sonriendo en el recuerdo.

Explica que fue un niño inquieto, rebelde, que arrancaba "canelones de las lámparas que colgaban del techo de la escuela" y que debía trabajar en el Central Washington Azucarero toda la noche.

A los 12 años decidió marcharse de casa. "Recogí mi ropa, la puse en una maleta y me fui a pie. Quería regresar a Matanzas", dice. Pero Matanzas está a unos 150 kilómetros de Manacas. Lo consiguió. Y vivió con familiares.

Más tarde, un joven Gerardo Garro se puso a descargar arroz en el puerto de Matanzas para terminar graduándose de la Escuela de Comercio de La Habana. Y en la capital cubana comienzan sus años de activismo estudiantil con las protestas callejeras contra el golpe de estado de Fulgencio Batista en 1952.

Fueron años de pólvora y rosas. En un acto contra la dictadura, Garro acudió a ponerle flores a la estatua del líder de la independencia cubana, Antonio Maceo, junto al malecón de La Habana.

"La policía nos rodeó y casi no lo cuento", dice.

Y fueron años de esfuerzo: tenía tres empleos como contable, el de la noche era con la General Electric, "pero no me daba para comprar casa y carro". Y también fueron los años de los grandes shows radiofónicos.

Garro dice que asistía a los shows de la radio CMQ, Cadena Azul o Radio Progreso y participaba en los concursos. Por allí pasaban las grandes estrellas del momento, como Beny Moré y la Orquesta Aragón, Daniel Santos, o una joven Celia Cruz y la Sonora Matancera. Moré había sido contratado por Radio Progreso de La Habana para actuar con la orquesta de Ernesto Duarte Brito, con quien grabó el célebre bolero "Cómo fue".

Y Garro pudo ver a quien se convertiría en un mito de la música cubana: la primera actuación de la Banda Gigante de Beny Moré tuvo lugar en el programa "Cascabeles Candado" de la emisora CMQ.

Bullían los años 50 del siglo pasado y Garro, un veinteañero, además de ser un estudiante que luchaba contra la dictadura de Batista, acudía en La Habana a disfrutar en La Tropical o La Polar, las fábricas de cerveza que abrían sus puertas y se convertían en salones de baile y lugares para los encuentros sociales e incluso sociopolíticos.

"En La Tropical me presentaron en aquellos años a Don Juan, el padre del que luego sería el rey de España, Juan Carlos I", comenta e indica que su pasión por la música viene del hecho de que su padre, Gerardo Garro, había cantado con las orquestas de Julio Manrique Llera y Aniceto Díaz, "el inventor del danzonete".

"Mi padre fue la primera voz del danzonete que sonó por primera vez en Matanzas donde yo nací", explica Garro con orgullo al hablar de ese género musical de vida efímera, variante del danzón, al que se incorporan elementos del son y que revolucionó la forma de tocar y bailar de los cubanos en la década de los años 30. Y mientras habla, le viene a la mente "Rompiendo rutina", el primer danzonete:

"Danzonete, prueba y vete,
Yo quiero bailar contigo
Al compás del danzonete".

Se acabó la fiesta

"Yo vi a Fidel Castro entrando en La Habana, pasando por la Virgen del Camino. Iba en un camión de carga sin varandas. Puse una mano en el camión y luego lo solté. Estaba contento, como todo el pueblo cubano". Garro había apoyado a los revolucionarios en contra de los consejos de su madre, Aida.

"Mi madre era la número uno en contra de Fidel. Decía que yo estaba loco. Ella era Batistiana. Mi padre no hablaba de política", dice Garro y cuenta que, para apoyar a los revolucionarios, se arriesgó a vender "Bonos del Movimiento 26 de Julio", unos recibos donde se escribía la cantidad de pesos que se donaban y sobre los que se estampaba un sello en el que se podía leer la consigna "Libertad o Muerte".

Pero hace 56 años, el idealismo de Garro se golpeó contra la realidad. La llegada al poder de Fidel Castro, el 1 de enero de 1959, le enseñó de qué estaba hecha esa revolución, dice.

"Durante un debate radiofónico en la CMQ dije que habíamos acabado con la dictadura, y que había que tener cuidado con el comunismo. Me dijeron que me callara. Yo me dije, esto está malo", recuerda Garro y añade que, poco después, en la General Electric "prohibieron las reuniones laborales que organizábamos porque decían que podíamos estar conspirando".

Dice que le vio "las orejas al lobo" y decidió "actuar". Ese mismo año de 1959, Garro pidió permiso para ir de vacaciones a México con su esposa, Haydee. Estuvieron en Mérida, en Veracruz y, finalmente, en Ciudad de México donde trabajó de vendedor hasta que reunió suficiente dinero para hacer la ruta del inmigrante hasta Piedras Negras. Por ahí cruzaron el río, los detuvieron, pero consiguieron la libertad y el permiso para vivir legalmente en Estados Unidos. Así comenzó Garro su aventura estadounidense junto a la compañera de su vida, Haydee.

Sus hermanas Elsa y Zoa llegarían a Florida en los años 60. Sus hermanos vendrían más tarde. Emigdio sigue viviendo en Cuba pero sus hijas viven en Europa.

Para Garro, la revolución creó interferencias en el contacto familiar, pero no pudo con los sentimientos. "Después de 55 años sin estar todos juntos, pasamos una semana hablando sin parar", dice al hablar de sus hermanos y hermanas.

El amor por encima de todas las cosas

Conozco a mis suegros, Gerardo y Haydee, desde hace 25 años. Ellos llevan 57 años juntos. Entraron en Estados Unidos "mojados", cruzando el Río Grande sobre una balsa de goma. Al otro lado los esperaba la migra. Gerardo y su esposa _embarazada de su hija Yvonne, quien nacería en San Antonio_ fueron internados, junto a sus dos hijas _Zunilda, nacida en La Habana, y Lily, nacida en México_ en un centro de detención para inmigrantes en McAllen, Texas. Gerardo había conseguido que la prensa mexicana publicara la foto de una azafata de Aeroméxico sosteniendo a su pequeña hija Zunilda después de viajar de La Habana a Ciudad de México en diciembre de 1959. Así salió de Cuba quien hoy es mi esposa.

La familia se instaló en Abilene donde Gerardo trabajó como empleado de mantenimiento en una escuela cuyo director, al ver que pasaba los ratos libres leyendo, le consiguió una beca para la universidad. En 1964 se graduó con un título en español y en administración de empresas. "Mi esposa trabajó como costurera para ayudarme. Me apoyó todo el tiempo", dice Gerardo mientras mira con cariño a Haydee. Luego conseguiría una maestría en la Texas Tech University, en Lubbock. Y un día, la Broadway Church of Christ de esta ciudad lo envió a él y a su familia a Barcelona, España, para trabajar como misionero. Esa aventura empezó a finales de los años 70 y duró 15 años. De regreso en Texas, trabajó como profesor de español en las escuelas públicas del área de Dallas-Fort Worth. Se jubiló en el 2001. Tiene cinco hijos, 13 nietos y tres biznietos.

Haydee padece de Alzheimer y a Gerardo, con el apoyo de su hija Lily, le gusta hablarle de Cuba. Haydee calla y te observa con ojos infinitos y cómplices. Pero todavía recuerda las letras de los boleros y de los sones que canta, iluminada, junto a su amado Gerardo. "Le debo a Estados Unidos más que a mi propio país. Pero a mi amada Haydee se lo debo todo".

Gerardo Garro con su amada Haydee en diciembre de 2014.

Presidenciales USA 2016

#GOPdebate is over and God didn't talk to them. Or did He?

August 9, 2015

What follows is a summary of my tweets during the first GOP debate on Fox/GOP news TV Channel. The tweets have been expanded for a question of clarification or understanding. Here we go with my tweet-thoughts. Not necessarily in the order you read:

1. Rubio made a name for himself tonight, August 6, 2015. Trump was Trump and Jeb Bush was solid. And then the rest. But all looked well rehearsed.

2. Rubio: GOD is with the GOP. In the end, this became The #GODdebate: He —the Allmighty— wants America to lead.

3. If I had to choose four #GOPdebate pics/images: One. Trump pursed lips. Two. Paul's hair. Three. Rubio's neatness. Four. Bush's professional look.

4. Trump's definition of bankruptcy: Taking advantage of the laws of the country #GOPdebate. NOTE: when a regular American human being "takes advantage of the laws of the country", he or she hurts his or her credit for a long time, placing them in a weak spot for future loans or business initiatives. QUESTION: How is your credit, Mr. Trump?

5. Trump says that he gave money to Hillary Clinton. His ROI (Return On Investment) was that he got her as a guest at his wedding. It sounds like a bad business deal to me. Right?

6. Trump: All the people on the stage I have given a lot of money… Not me! says Rubio.

7. Paul on Trump: He is used to buying politicians.

8. It seems to me that all the candidates know the Qs they are going to get and they deliver well #GOPdebate.

9. Trump talks about "dishonest journalists" who don't quote him right. NOTE: If you don't quote the Donald right you are not "dishonest" you are just a bad reporter. It is impossible not to transcribe correctly Trump's sentences: He regularly utters clear soundbites, simple minded headlines, for a press starving for noise and lacking any interest in ideas.

10. Trump: If it weren't 4 me, we wouldn't be talking about immigration. Really?

11. Bush: There should be a path to legal status, Not an amnesty for undocumented immigrants.

12. Huckabee: Apply 5th and 14th Amendments of the Constitution to the unborn child.

13. Trump says he might run as an independent if he doesn't get elected. Is this the right quote?

14. Trump: the problem with America is political correctness. What I say it is what I say. (Is this the right quote?)

15. Jeb Bush: I am my own man. NOTE: I was waiting all #GOPdebate to hear this statement. Vice president Al Gore said the same thing 15 years ago in order to distance himself from Bill Clinton's legacy. Gore lost to Bush The Second. Will a Second Clinton lose or prevail versus a Third Bush? Will Hausmachtpolitik —or how to expand the family power base— be a factor in 2016?

16. Rubio: with me we will be the party of the future

17. #GOPdebate is over and GOD didn't talk to them. Or did He?

En la caricatura de Gogue, el elefante Republicano se escapa de Ted Cruz, Donald Trump y Marco Rubio después de las primarias presidenciales de Iowa en 2015.

¿QUÉ LE PASA AL ELEFANTE?
AGOSTO 9, 2015

Tengo un problema con el Partido Republicano. ¿Dónde se han ido los conservadores capaces de entablar una conversación sin amenazarte con cerrar el gobierno (demócrata) o acusar a Washington de todos los pecados sobre la tierra de las barras y las estrellas? Hoy quienes hablan por boca del GOP (o sea, "Grande y Viejo") son hombres blancos enfadados o algunos hispanos más preocupados por ser más papistas que el papa, ansiosos por su sitito a la mesa de la intolerancia. Este republicanismo de la segunda década del siglo XXI me recuerda a aquel republicanismo controlador del Congreso que asedió la administración de Bill Clinton, en la última década del siglo XX, buscando probar todo tipo de conspiraciones _desde fraudes inmobiliarios hasta el asesinato de un hombre de confianza en la Casa Blanca_ utilizando el dinero público durante demasiado tiempo contra el presidente que eliminó el déficit para, al final, intentar un impeachment fallido por lo único probado: la patética relación sexual del presidente con una joven interna en la Oficina Oval. Hoy les obsesiona la gestión de los emails de Hillary Clinton y olvidan los millones de emails borrados en la Casa Blanca de Bush hijo. Estos republicanos tienen memoria selectiva y no ayudan a la transparencia de un sistema democrático.

Tengo un problema con el Partido Republicano que sirve de incubadora _feliz o asombrada_ del fenómeno Donald Trump. Y poco a poco todos los líderes supuestamente de intelecto conservador se doblan o doblegan ante el candidato de los 1.237 delegados (incluso antes de California) con raciocinios políticos de dudosa solidez. Después de hacer que líderes prominentes del GOP _la dinastía Bush o el ex candidato presidencial Romney incluidos_ salieran a la palestra para distanciar al partido conservador del candidato Trump, la oficialidad y otros ideólogos tratan de razonar que la marca Trump se convertirá en la marca GOP.

Daniel Garza, del grupo LIBRE Initiative, le dijo en una entrevista a José Díaz-Balart que Trump había demostrado ser un genio manejando a los medios de comunicación y que sería capaz de unir al partido republicano para conseguir "una victoria".

Garza es un ejemplo de lo que yo llamo "pragmatismo con orejeras" _mira pa'lante, porque lo que apoyas a tu lado te puede remover los intestinos. Y de latino a latina, pero en polos opuestos: Lizet Ocampo de la izquierdista (ahora se dice progresista) People For the American Way y directora de Latinos Vote! reaccionó recordándole a Garza que el Trump de la "unidad" es el que ha utilizado el lenguaje más ofensivo y divisivo en esta campaña _contra los "mexicanos", contra los musulmanes, contra las mujeres y los discapacitados.

Tengo un problema con el partido del elefante que tiene esperanzas de reeducar a Trump en los principios conservadores. Los seguidores de Trump en esta campaña _o muchos de los que acuden a sus concentraciones_ no profesan lealtad al partido republicano, su partido es Trump y su programa es la posibilidad de enviar un corte de mangas a Washington en general y a la Casa Blanca en particular. Y el mensaje que envía el partido conservador es que se unirá a un calumniador en jefe que se ofende cuando los periodistas le hacen preguntas incómodas o descubren irregularidades en sus negocios.

Ya hay quien ha comparado a Trump con el séptimo presidente de Estados Unidos, Andrew Jackson, aquel presidente (demócrata) conocido por su absolutismo cargado de seguidores. El llamado "King Andrew" del siglo XIX podría renacer en el King Donald del siglo XXI _y no será una película de Disney precisamente. El legado de Jackson fue generar una oposición que daría paso al Whig Party que se consolidaría en el Partido Republicano para generar el sistema bipartidista actual. ¿Será King Trump quien provoque la aparición de un tercer partido en Estados Unidos?

Y mientras las preguntas se acumulan, se acerca noviembre. Y yo sigo teniendo un problema con un Partido Republicano que lleva demasiado tiempo negando la realidad y atacando a los seres humanos que la componen _inmigrantes, trabajadores con salario mínimo, mujeres, homosexuales...

En lugar de gestionar _todo servidor público debiera ser un gestor no un ideólogo_ la vida de los habitantes de esta gran nación, el elefante del GOP se ha obcecado en mover su torpe cuerpo entre los vidrios del Congreso bloqueando o destrozando legislaciones que serían consistentes con una ideología conservadora o por lo menos no contradictorias. Después de ocho años del desastre Bush _una administración que se sustentó en el invento "neoconservador" para esconder el fracaso conservador de su mandato_ parece que el GOP decidió aniquilar cualquier propuesta servida en bandeja demócrata. Y hasta aquí hemos llegado. Es éste un tiempo para la prudencia, como escribió el conservador George Will en las páginas de The Washington Post llamando a evitar una presidencia Trump en aras de "conservar la identidad" de 162 años de republicanismo. La tesis de Will es que una presidencia de Hillary Clinton solo duraría 4 años más y los republicanos podrían reclamar la Casa Blanca con un partido más limpio, menos alborotado. Ese partido con el que yo tengo un problema.

Este artista dice que a Trump sólo le puede vencer Burritoman
Junio 6, 2016

Cuando Ulises Kuroshima empezó a experimentar o a sufrir la avalancha de noticias con el virtual candidato presidencial republicano, Donald Trump, como protagonista pronto decidió que su trabajo de artista gráfico y dibujante de cómics sería el mejor antídoto al veneno mediático.

"Aquí en España también estamos siguiendo las aventuras de Trump", dice Ulises García Sebastián —nombre civil de este joven artista español, madrileño de nacimiento. "De hecho pensaba convertirlo en un supervillano de la historia".

Y Kuroshima —mantenemos su nombre artístico— empezó a plantearse "Burritoman meets The Quiff". Burritoman no necesita explicación, pero The Quiff —para quienes les cueste el inglés— hace referencia a ese cabello acumulado y peinado de atrás hacia adelante que es la marca de la casa del empresario metido a candidato presidencial.

Esta historia tiene lugar en el contexto de Super's, una de las creaciones de Kuroshima en la que el joven Joaquín de la Vega, encargado de vocear las ofertas semanales del supermercado, decide una mañana, acuciado por el hambre, probar uno de los Burritos Radiactivos que estaba promocionando.

"Este acto le transforma en Burritoman", explica el artista. "Y aunque al principio le entusiasma la idea de convertirse en superhéroe, en seguida descubre que eso le va a traer multitud de problemas personales, familiares (su madre, con la que vive, se niega a plancharle el traje) y hasta laborales: la política del local exige que los empleados sean seres humanos normales, sin superpoderes, porque es a los clientes del Super a los que les gusta sentirse superiores".

Y uno de esos clientes será The Quiff, pero advierte Kuroshima que "No creo que por muchos burritos radiactivos que se coma Trump vaya a cambiar de opiniones".

Burritoman cuenta con una aliada inesperada, Dorita, una de las cajeras, que a su vez se ha apuntado, en secreto, a un curso de superhéroes por correspondencia. Dorita aspira a convertirse en Nacho Girl, "heroína con conciencia social".

Las aventuras de los tres protagonistas se complementan con la presencia de un plantel de personajes secundarios: desde los otros trabajadores del supermercado hasta los muy diversos superhéroes (¡Y supervillanos!) que vienen a hacer sus compras.

"Hasta noviembre, me temo que el supervillano que

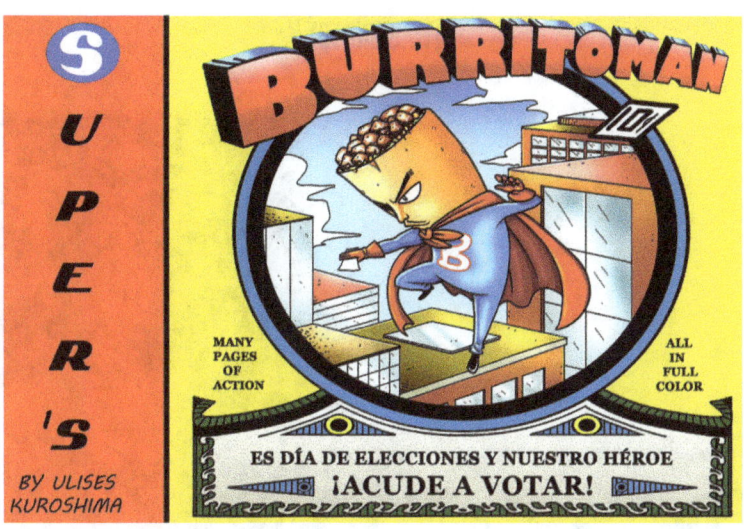

Auto-retrato de Ulises Kuroshima.

tendrá en jaque a Burritoman será el villano del cabello alborotado", comenta Kuroshima quien se siente influido por dibujantes como Bruce Timm, Alex Toth, Satoshi Kon... "Casi siempre gente que ha hecho al mismo tiempo animación y cómic", dice.

Estudió ilustración y animación en España y en 2013 vivió en Cincinnati, Ohio, donde conoció a Geof Darrow y David Mack, dos de sus autores favoritos.

Ha hecho "concept design" para varios espectáculos teatrales y actualmente trabaja en un cómic llamado "Beast slayers". Además, acaba de terminar el diseño de una baraja de cartas para el Teatro Español de Madrid. Kuroshima no para.

"Los comics de superhéroes, que durante un tiempo pasaron de moda, han vuelto a convertirse en favoritos del público debido al éxito de las recientes adaptaciones cinematográficas, como Avengers, Batman...", explica y añade que lo que caracteriza su trabajo es la "perspectiva satírica y desmitificadora".

"Es el día a día de los personajes, en situaciones convencionales (y poco heroicas) lo que me interesa, para así, de rebote, hacer un comentario social: empujando un carro por los pasillos del supermercado, incluso un superhéroe se convierte en una persona normal", comenta Kuroshima al tiempo que enfatiza la importancia del ángulo latino.

"Que los protagonistas de los cómics sean latinos en un ámbito que tradicionalmente ha sido wasp (anglo) y que sólo en épocas muy recientes ha empezado a prestar atención a la multiculturalidad añade ironía y actualidad a la historia", dice.

Y recuerda Kuroshima que "todos hemos hecho alguna vez un chiste con las posibilidades de ser, en la vida real, un hombre elástico o una antorcha humana". Y ahora, en el ambiente electoral estadounidense, tener superpoderes latinos puede ser crucial.

Cómo cubrir periodísticamente a un político tóxico, el caso Donald Trump

JUNIO 23, 2016

Me pregunto cuál sería la indumentaria apropiada para cubrir a un político tóxico que además se caracteriza por su hostilidad hacia los medios de comunicación que no le son afines y por la capacidad de azuzar a sus matones y/o correligionarios para que te expulsen o te impidan la entrada en sus eventos.

Me respondo: el casco de un piloto a bordo de un Harrier, esos jets de combate con una extraordinaria capacidad de aterrizar y despegar de manera casi vertical, en un espacio muy reducido y hostil.

Y me puse el casco.

No para cubrir a Donald Trump, sino para hablar de él. Que hombre precavido vale por dos.

El virtual candidato republicano a la presidencia se ha convertido en un "cazador de brujas" periodísticas cuando lo que lee o lo que ve no le gusta. Y en palabra y obra se sigue pasando por el forro la Primera Enmienda a la Constitución de Estados Unidos en aquello de "freedom of speech, or of the press".

El instinto represivo de Trump empezó el año pasado cuando —con un gesto facial— le indicó a uno de sus guardaespaldas que expulsara de la sala de prensa al periodista de Univisión y Fusion Jorge Ramos. Ante la insistencia de Ramos para que Trump contestara cómo iba a construir un muro en la frontera con México, el entonces precandidato presidencial republicano rehusó a contestar diciéndole que no le había concedido la palabra y, mientras era escoltado fuera de la sala, Trump le dijo: "Go back to Univision!", que en el subtexto cultural trumpiano y nativista se traduce como "Go back to Mexico!". Ante las protestas de los otros periodistas, Ramos pudo regresar pero no pudo hacer más preguntas. Ramos no llevaba casco.

La lista de medios informativos estadounidenses que figuran en la lista negra de los eventos de Trump no tiene precedente para un candidato presidencial: Politico, Huffington Post, BuzzFeed, Gawker, Foreign Policy, Fusion, Univision, Mother Jones, New Hampshire Union Leader, Des Moines Register, Daily Beast ... y ahora The Washington Post. Del Post —que es propietario de El Tiempo Latino— Trump ha dicho que solo dicen mentiras sobre él. Al parecer, a Trump no le gusta lo que publica el Post ni siquiera cuando lo que se publica son sus propias declaraciones, palabra por palabra.

¿La respuesta del director del Post, Martin Baron? Aunque Trump ataque los valores de una sociedad democrática, el Post seguirá cumpliendo su función, aunque Trump no les permita entrar en sus eventos.

La experiencia de El Tiempo Latino con la campaña Trump ha sido, hasta el momento, "friendly". El 24 de abril, durante un evento en Maryland, Trump autografió la portada de este periódico en la que los periodistas del Post, Woodward y Costa, reportaban sobre el memo que Trump

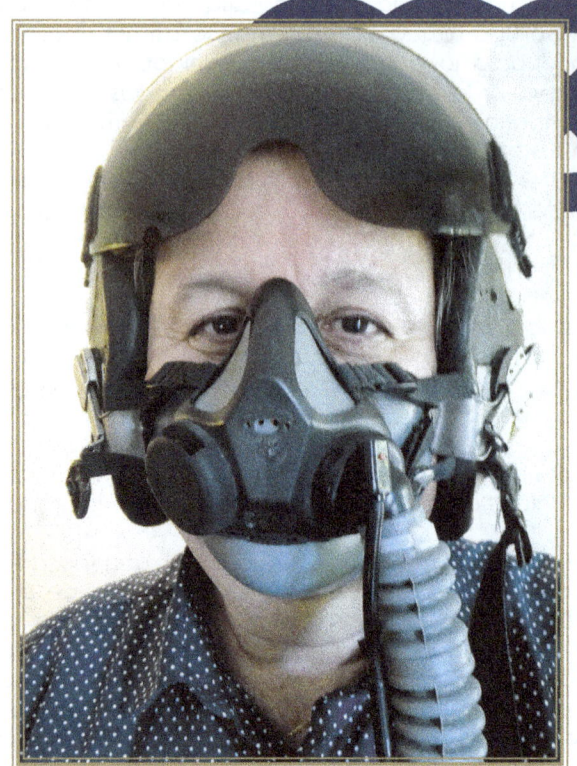

Avendaño con casco de piloto de guerra.

les había enviado explicando cómo México pagaría por el muro fronterizo. En esa misma portada yo firmaba una entrevista con una de las voceras de la campaña de Trump, la puertorriqueña Jo-Ann Chase quien me dijo que Trump había firmado el ejemplar "encantado".

La hostilidad de Trump con la prensa incluye a los medios extranjeros. Al Jazeera TV, un canal japonés, otro chino, uno francés y la televisora colombiana NTN24 han experimentado diferentes niveles de prohibiciones.

Así cuenta su caso el periodista Gustau Alegret de NTN24: "No nos dejaron entrar por un problema en el proceso de registro... Y aún entrando en el recinto sin cámara ni micrófono me invitaron a salir «porque ya te hemos dicho que no podías entrar» a pesar de que el recinto estaba medio lleno y había pasado los controles de seguridad con un pase oficial que conseguí en el último momento... De nada sirvió explicarle que había entrado como ciudadano, que tenía una invitación o que no estaba trabajando porque mi camarógrafo no había podido entrar. Su respuesta fue amenazarme con enviarme a la policía, lo cual sucedió cuando le ignoré insistiendo en mi condición de ciudadano y en disponer de un pase reglamentario. El oficial se limitó a acompañarme hasta la puerta de salida". Dice Alegret que la campaña de Trump "se equivoca... por discriminación a la prensa internacional y por su discrecionalidad" e indica que ante la hostilidad a los medios solo cabe una opción: "más periodismo".

¿Y un casco de piloto de combate?

Jeb Bush's Travails
The problem for Governor Bush is that in realpolitik, size matters
June 11, 2015

They say that in politics, sleeping with the enemy is the game —a game of thrones where the powerful (kings and queens, knights and renegades, liars and honest men) play hard to sit atop the Iron Throne.

Who can you trust to support your political goal? How can you gather majority support in a politically fragmented environment where being center would be easily perceived as too much to the left?

Is Jeb Bush as an all-but-declared presidential candidate becoming burdened by his own bloodline? Is there greater travail than that of a Bush who has before him the challenge of differentiation?

A rose is certainly a rose, but a Bush is not necessarily a Bush.

And when American politics was starting to make me feel superficially philosophical, a June 10 story of Ed O'Keefe and Robert Costa in The Washington Post grounded me —back to realpolitik.

Governor Bush is in trouble, they claimed. He is not on track to raise predicted $100 million, he is in a 5-way tie, and questions remain about igniting the base. Yeah, it is all about the base —Meghan Trainor Dixit. No treble.

The problem for Governor Bush is that in realpolitik, size matters. And as a Wall Street Journal-NBC news poll indicated earlier in June: Mitt Romney had problems with conservatives in 2011, but Jeb Bush's may be worse in 2015.

According to the poll, some 28% of conservatives felt "negative" about Bush, twice the share who viewed Romney negatively 4 years ago. To the question: If the next Republican primary for president was being held today, which one of the following candidates would you favor? Marco Rubio was on top with 22%, then Scott Walker with 17% and Bush came in third with 14%. In contrast, Romney was the leader in the polls among conservatives by a large margin in June 2011.

Is this relevant? You bet. Conservatives dominate GOP primaries making up about two-thirds of the group that ends up selecting the GOP nominee.

What is happening to Jeb Bush? Is it the prospect of a third Bush presidency what keeps some GOP voters at arm's length? Is his centrist, compassionate conservatism attitude toward the immigration issue hurting him? One thing is clear, Bush went from the one Republican uniquely ready for the presidential stage to one of the several candidates huddled together trying to figure out how to jump to the top.

And then, in a surprise move, Bush shakes up his team while on a political tour throughout Europe. Republican strategist Danny Díaz was named to head Bush's still-unofficial presidential operation. Some good old Hispanic blood for the campaign? Is this a good sign?

The question remains: Is Bush ready? Will he need some

epic toughness to control the Seven Kingdoms of the GOP or will it suffice with a small dose of machiavellic House of Cards —you know, the employment of cunning and duplicity in statecraft?

La pesada carga de Jeb Bush
El problema para Bush es que en realpolitik, el tamaño importa

Junio 11, 2015

Dicen que la política es el juego de saber dormir con el enemigo —un juego de tronos donde el poderoso (reyes y reinas, caballeros y renegados, mentirosos y honrados) juegan duro para merecer sentarse sobre el Trono de Hierro.

¿En quién confiar para que te apoye en tus objetivos políticos? ¿Cómo atraer el apoyo de una mayoría en un ambiente políticamente fragmentado, donde optar por el centro es fácilmente percibido como demasiado a la izquierda?

¿Sufre Jeb Bush, ese candidato presidencial al que solo le falta declararse, bajo la pesada carga del linaje familiar? ¿Existe mayor esfuerzo y trabajo que el de un Bush que tiene ante sí el reto de la diferenciación?

Una rosa es sin duda una rosa, pero un Bush no es necesariamente un Bush.

Y cuando la política estadounidense comenzaba a hacerme sentir superficialmente filosófico, un artículo del 10 de junio firmado por los periodistas de The Washington Post Ed O'Keefe y Robert Costa me puso los pies en la tierra —de regreso a la realpolitik.

El gobernador Bush tiene problemas, escribieron. No se acerca a la proyectada recaudación de $100 millones, está empatado con otros cinco aspirantes, y persisten las cuestiones sobre su incapacidad para avivar a la base. Sí, "it is all about the base" —Meghan Trainor Dixit. "No treble."

El problema para Bush es que en realpolitik, el tamaño importa. Y según una encuesta de Wall Street Journal-NBCnews: Mitt Romney tuvo problemas con los conservadores más tradicionales en 2011, pero lo de Jeb Bush puede ser peor en 2015.

Según el sondeo, un 28% de los conservadores tienen una concepción "negativa" de Bush, esto es el doble del "negativismo" que enfrentó Romney hace 4 años. A la pregunta: Si la primaria presidencial republicana fuera hoy, ¿a cuál de estos candidatos apoyaría? Marco Rubio ocupó la primera posición con 22%, luego Scott Walker con 17% y Bush se quedó tercero con 14%. En contraste, Romney fue líder, por amplio margen, en esta encuesta entre los conservadores en junio de 2011.

¿Tiene esto relevancia? Mucha. Estos conservadores dominan las primarias del GOP, son dos tercios del grupo que acaba eligiendo al candidato.

¿Qué le ocurre a Bush? ¿Es la posibilidad de un tercer presidente Bush lo que mantiene a distancia al votante del partido? ¿Es su centrismo y su actitud de conservador compasivo en el tema migratorio lo que le pasa factura?

Una cosa es clara, Bush pasó de ser el candidato mejor posicionado para la escena presidencial a ser uno más de un grupo de apretujados aspirantes intentando subir a la cima. Y entonces llega la sorpresa: Bush rehace su

equipo mientras se va de tour político por Europa y nombra al estratega republicano Danny Díaz para liderar una operación presidencial todavía por anunciar. ¿Sangre hispana para la campaña? ¿Es este nombramiento una buena señal?

La cuestion permanece: ¿Está Bush preparado? ¿Necesitará de dureza épica para controlar los Siete Reinos del GOP o le bastará con una pequeña dosis de maquiavélica House of Cards? Ya saben, el empleo de astucia y duplicidad en el arte de gobernar.

KING DONALD CUESTIONA LA DEMOCRACIA
Agosto 3, 2016

No hace tanto, al inicio de la campaña, el Huffington Post decidió llevar todo su contenido sobre Donald Trump en las páginas de entretenimiento. No hace tanto, así como un par de meses, el periodista del Washington Post Dana Milbank propuso atención cero por parte de la prensa a Donald Trump como respuesta a los ataques del aspirante presidencial republicano a los medios de comunicación. Y Milbank ha fracasado en su propuesto "Trump blackout" y el Huffington Post abría en grandes y coloridos titulares su página principal estos días con una foto enorme de Trump en la sección de noticias diciendo CODE RED: TRUMP BOASTS OF 'TOP SECRET' INFO y debajo otra enorme foto de Trump con el titular: "TRUMP TRAINWRECK", seguido de "Top Allies Plot Intervention" y de "Donors Panic" y más abajo, ¿saben que otra noticia llevaban? ¡Exacto! Otra de Trump y luego otra y otra y seguramente más pero me cansé de hacer eso del "scroll down" deslizando el dedito. ¿Y qué hago yo en estos momentos? Hablo de Trump y sigo utilizando las excelentes caricaturas del artista gallego Gogue a quien no me resisto y le pido más.

La adicción Trump es directamente proporcional a nuestras carencias democráticas o tal vez síntoma, sin que cunda el pánico, de la necesidad de regenerar el sistema.

En este precipicio democrático una masa vocifera su imponente ignorancia porque están frustrados —mercado de trabajo, ansiedades raciales, revolución demográfica, crisis de identidad nacional, falta de confianza en las instituciones, hostilidad hacia la cocina política de Washington que todos aman odiar. Pero esa frustración no justifica el apoyo a caudillos.

Tenemos entre nosotros políticos a quienes se les debe reconocer trabajo y trayectoria en el sistema democrático: el vicepresidenciable Kaine es uno, la imponente carrera política de los Clinton debería merecer algún respeto —aunque tan solo fuera como carrera—, el secretario Kerry que pasó de candidato presidencial frustrado a diplomático en jefe de la nación… y republicanos como el senador McCain y las dinastías Bush o Kennedy. O políticos que muchos no recuerdan como Lloyd Bentsen o la que fuera gobernadora de Texas, Ann Richards, esa mujer de humor color whiskey y sabiduría entrañable, y el senador Mel Martínez o Henry Cisneros o uno de los primeros hispanos en el Congreso Ed Roybal cuyos ancestros (los gallegos Ruibal) fundarían Santa Fe, Nuevo México. Hay tantos políticos a nivel local, estatal, federal que cada día hacen de su profesión un acto de servicio público imprescindible para el funcionamiento democrático que duele escuchar a esos pocos gritar como si la norma fuera la corrupción y "el Diablo".

Según Trump, todo es corrupto en Washington —lo cual implica que él procede de un mundo puro y limpio como una patena. El mundo según Trump se divide en él y el resto de fracasados porque no son él, aunque para derrotar a los fracasados que se le oponen reconoce en los mítines que necesita a gritadores USA! y amenazadores llenos de razón.

El 2 de agosto, en Ashburn, Virginia, Trump decidió expulsar de uno de sus mítines a una madre porque el bebé que tenía en brazos se puso a llorar. Primero Trump se dirigió a la madre en tono afable: "No te preocupes por el bebé. Amo a los bebés (I love babies!). Escucho a un bebé llorar y me gusta. Qué bebé. Qué hermoso bebé. No te preocupes". Pero el llanto del bebé no cesó y en dos minutos cambió de opinión.

"En realidad solo estaba bromeando, puedes llevarte a este bebé de aquí", dijo, desafiante, entre algunas risas y tímidos aplausos.

Acto seguido se justificó ante la audiencia burlándose de la mamá: "Me parece que ella se ha creído eso de que a mi me gusta que haya un bebé llorando mientras hablo. Está bien. La gente no entiende. Está bien".

¿Se imaginan a un hombre así negociando en los laberintos de la política? ¿Habrá que tenerle miedo a Trump? No. El miedo es antidemocrático. El miedo es amante de las dictaduras. El antídoto Trump, además de Tim Kaine, es el humor para convertir al Donald en un mal bolero que abochorna como un mediodía tropical. Al igual que Trump, los racistas, fundamentalistas y tantos otros a quienes molesta la melodía de la imperfecta democracia sitúan a periodistas, caricaturistas, inmigrantes y opinadores ligeros de cascos y equipaje en la categoría del sátrapa ubicado más allá de la frontera sur donde gustan levantar muros/walls tan altos como la luna. Contra Trump nos queda la democracia y el humor necesario como el pan de cada día y ese salario mínimo que nos mantiene matemáticamente hambrientos.

King Donald está desnudo
Cuando el payaso cruel se convierte en la estrella del circo
Septiembre 22, 2016

Antes del verano, el periodista del Washington Post, Dana Milbank, propuso atención cero por parte de la prensa a Donald Trump como respuesta a los ataques del aspirante presidencial republicano a los medios de comunicación en general y en particular a los periodistas a los que ha prohibido la entrada a sus eventos políticos. Demasiado tarde. Milbank fracasó.

Los medios de comunicación, ansiosos de convertir lo absurdo en noticioso para mantener absurdas audiencias cautivas con las que justificar los ingresos de publicidad menguante, se han rendido a los pies de Donald Trump. Y hoy ya no sabemos si un personaje que ha mentido y miente, que ha insultado e insulta, puede realmente llegar a ser presidente de la democracia estadounidense.

Y no lo sabemos porque esos mismos canales que corren como ovejitas cuando el rey Donald convoca una rueda o redil de prensa que, al final, es un evento publicitario de un hotel suyo... ¿Se imaginan un presidente despidiendo a los empleados de un hotel o un casino en bancarrota?... En fin, me desvío como un discurso de Trump. Digo que nunca sabremos (hasta noviembre) si el King Donald llegará al trono o al trueno porque esos canales de la mediocridad informativa en inglés (no salvo a nadie) han decidido que las encuestas dan un empate técnico entre un candidato mentiroso, racista e incongruente (o sea, difícil de comprender en sus razonamientos) y una dama con una trayectoria política y de servicio público absolutamente enorme.

Porque la cosa no se dilucida ese martes de noviembre entre la dama y el vagabundo, sino entre la dama con experiencia para gestionar un país (se esté o no de acuerdo con ella) y un personaje con demasiadas sombras, multitud de mentiras a sus espaldas y un exceso de retórica neofascista, por no hablar de sus racistas compañeros de viaje.

Claro que la prensa en Estados Unidos es muy educada y aquí se suda sangre antes de llamarle a alguien racista o fascista o neonazi. En este país si un político habla como un racista, se comporta como un racista y tiene amigos racistas se dice que usa una retórica inflamatoria, pero la palabra racista no se une a su nombre.

Nadie (en los medios en inglés) llamó racista a Trump cuando insultó a los mexicanos y por extensión a la comunidad inmigrante hispana de Estados Unidos (y por segunda extensión a los hispanounidenses, aunque algunos se creen que el insultado es otro, no él o ella). Me pregunto qué hubiera pasado si hubiera insultado a los negros o a los judíos. Pero no lo hizo porque un político cobarde, racista y con retórica neofascista sabe a quién tiene que atacar, quién es vulnerable.

Y hoy por hoy la comunidad latina carece de poder y organizaciones con capacidad para responder con

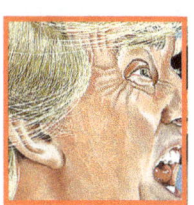

contundencia a esos ataques.

Los latinos en Estados Unidos aún no tenemos la capacidad de enseñarle a un racista y despreciador de nuestra comunidad que esos ataques tienen consecuencias. Carecemos de instituciones, de líderes, con capacidad de respuesta. No tenemos poder. Por eso los payasos crueles pueden todavía ser las estrellas del circo.

Cuando se llega a este borde del precipicio democrático donde una masa vocifera su imponente ignorancia basada en la frustración —mercado de trabajo, ansiedades raciales, revolución demográfica, crisis de identidad nacional, falta de confianza en las instituciones políticas, hostilidad hacia la cocina política de Washington que todos aman odiar— no debemos resignarnos. Como demócratas (de espíritu, no de partido) debemos evitar que se justifique la barbarie, el apoyo a caudillos, el griterío racista que identifica al otro como culpable de la mala vida de uno.

Ya sé que muchos han criticado a uno de los mejores periodistas de este país —Jorge Ramos— cuando confrontó hace tiempo a Trump. Que si la objetividad del informador, que si el periodista esto o lo otro... y mientras, el Gran Dictador toca la música que bailan los supuestos buenos profesionales del periodismo.

Vivimos tiempos en los que hay que contar las historias de siempre sin olvidarnos de señalar al impostor, como se ha hecho siempre.

Por eso no solo defiendo el derecho de Ramos de ir contra Trump, sino que lo aplaudo.

Y mejor le hubiera ido a esa domesticada prensa en inglés de Estados Unidos, que sigue acudiendo como corderitos a los llamados a su antojo del candidato Trump, si hubiera reaccionado claramente y sin ambigüedades a los ataques al derecho a una prensa libre, a las mentiras que impunemente se le ha dejado y se le deja emitir por su incontinente cavidad bucal.

Por eso es el momento de gritar con voz de niño, ingenuos tal vez, pero llenos del orgullo de poder ejercer nuestro derecho a la libertad de expresión: "¡El rey Donald está desnudo!"

El inmigrante Donald Trump
Septiembre 1, 2016

Fue un miércoles de agosto glorioso. Donald Trump cruzó la frontera —de norte a sur— para ir de invitado a la residencia del presidente mexicano, Enrique Peña Nieto, con quien nadie sabe exactamente de qué habló a la vista de los tuits sobre quién pagará por el muro. Peña Nieto tuiteó que lo primero que le dijo a Trump es que México no pagaría por el muro fronterizo que el candidato presidencial estadounidense asegura que construirá con dinero mexicano.

Pero es que Trump, poco antes, en una conferencia de prensa —o algo remotamente parecido a eso— dejó claro que del muro no se habló. Y Peña Nieto estaba allí y sabe inglés y no contradijo a Trump: "Oiga, que del muro sí hablamos y yo le dije..." Así pudo haber sido la interpelación del presidente mexicano. Pero no fue. Y Trump se fue. Tampoco nadie dijo en México si el mandatario con un nivel de aprobación por los suelos le pidió al candidato norteamericano con un nivel de aprobación popular de pena que se disculpara por los insultos contra los mexicanos. En fin, si no hubo ni petición de disculpas, ni aclaración sobre quién va a pagar qué, ¿de qué rayos hablaron un presidente de un poderoso país como México con un aspirante a presidir el país más poderoso del mundo? Como nadie lo sabe a ciencia cierta, todo vale, como en la campaña política de Trump. Pudieron hablar de futuras relaciones bilaterales en caso de que Trump gane en noviembre o pudieron haber hablado de algún negocio post presidencial para Peña Nieto en algún casino de Trump. Cualquier cosa que se escriba sobre la surrealista reunión de Los Pinos no será ni verdad ni mentira, sino todo lo contrario.

Y luego Trump voló a Phoenix, Arizona, para dar el que se consideraba por los analistas como un discurso clave en su campaña. El discurso que le iba a abrir el camino de la seducción de esos votantes esquivos, también conocidos como hispanos y afroamericanos, y necesarios para cualquier político con aspiraciones presidenciales. Y después de viajar de regreso de la capital mexicana, de sur a norte, Trump habló ante una audiencia entregada y con las cámaras de la CNN por testigo, sobre inmigración.

Y dijo lo que ya sabíamos: que los "ilegales" matan y que Estados Unidos va a poner en marcha un estado policial que va a acabar con los ilegales. Y los va a deportar a todos. No mencionó que el actual presidente ya era el deportador en jefe porque Trump quiere ser el jefe de los deportadores. Hablando en plata: para Trump, un "inmigrante ilegal" es la causa de todos los males de la nación que él ama más que nadie. No importa la realidad compleja del fenómeno, con implicaciones económicas y humanas muy serias. Aquí de lo que se trata es de crear enemigos en la mente de una audiencia con necesidad de creer. ¿Es duro decir que lo que un judío era para Hitler, es un "ilegal" para Trump? Pues ya lo he dicho.

El discurso tuvo dos partes: primero recorrió el consabido camino trillado del insulto al presidente Barack Obama para situar a su rival en la carrera presidencial, Hillary Clinton, como parte de ese eje del mal que impide a Estados Unidos ser grande de nuevo. Esta vez no pidió la cabeza de Hillary, ni animó a que alguien armado se le acercara, tan solo se limitó a pedir _con menos claridad que otras veces_ que la metan en la cárcel.

El teleprompter comenzaba a enfriarse cuando Trump nos avisó que nos iba a dar 10 puntos de un programa para salvar a Estados Unidos de una inmigración indeseable. Porque la lógica Trump _manejada por décadas por un sector del Partido Republicano_ indica que la agitación, propaganda, desinformación y represión en el tema inmigrante hará de Estados Unidos no solo el paraiso soñado, sino el paraiso que, según cierta visión republicana, era Estados Unidos en un pasado más blanco, más claro, más estable, más segregado, más feliz, más lejos del mundanal ruído y de las complejidades del mundo exterior.

Estados Unidos según Trump es como una Universidad de élite para la que no hay becas. Y si alguien cree que exagero cuando hablo de que es una Universidad fundamentalmente blanca, no hay más que escuchar la noche del miércoles a quien fuera su jefe de campaña, Corey Lewandowski, quien en CNN dijo que Trump le hablaba al corazón de las personas en el mediooeste _la América profunda para muchos_ que quieren ver a su país como era en el pasado.

¿Qué pasado? ¿El Estados Unidos del apartheid? ¿El Estados Unidos que no sabía ser consecuente con sus principios fundacionales? ¿Cuál es ese país que Trump quiere rescatar y devolver a la vida?

Trump habló de 10 puntos que se resumen en la represión migratoria, la construcción del muro "que pagará México" y en que "los inmigrantes ilegales" son asesinos.

El estado policial Trump evitará crímenes y devolverá la paz a los vecindarios de Estados Unidos.

Amén.

Por qué una latina apoya a Donald Trump
La puertorriqueña Jo-Ann Chase y su esposo Clayton Tucker Chase forman un matrimonio unido por la política
ABRIL 8, 2016

El candidato que acaba de explicar en un documento dirigido a The Washington Post cómo haría para que México pague por un muro en la frontera sur de 1.000 millas de largo se llama Donald Trump, y es el mismo aspirante a la nominación presidencial republicana que cuenta con casi el 50 por ciento del apoyo en las primarias del GOP, según las encuestas. Hace unos meses, un análisis del Post mostraba un perfil de los seguidores de Trump: varones, blancos, religiosos no evangélicos y de bajos ingresos.

Pero hay un matrimonio que no encaja en esa certeza estadística, y que defienden lo que llaman "el movimiento popular de Donald Trump".

La puertorriqueña Jo-Ann Chase y su esposo Clayton Tucker Chase forman un matrimonio unido por la política y la pasión por el precandidato republicano a la presidencia, Donald Trump _un político diferente que algunos consideran una "anomalía" dentro del partido.

"Trump ha generado un movimiento popular gigantesco dentro del Partido Republicano y los líderes del GOP no han sido capaces de controlar ni al candidato ni a sus seguidores", dice Jo-Ann quien concuerda con su esposo, Clay Chase, en que Trump ha sorprendido al establecimiento político porque no depende de los "grandes donantes financieros que controlan a quienes ganan las elecciones".

"Cada elección presidencial ve llegar a una serie de candidatos, algunos creíbles, otros no tanto", explica Clay.

"Aquellos que no son creíbles resultan ignorados por los medios de comunicación y por lo general desaparecen de la contienda electoral sin que pase nada... Así es como el GOP percibió la llegada de Donald Trump y siempre pensó que acabaría desapareciendo. Pero Trump no se fue para la sorpresa del partido y de los medios de comunicación".

Según Clay, Trump ha demostrado una habilidad poco común para conectar con el "hombre común" y "ha verbalizado sus preocupaciones en una manera como ningún otro candidato ha sido capaz de hacerlo".

Esto, añade, ha generado preocupación en el GOP, "no solo porque gana, sino porque lo ha hecho sin el apoyo del aparato del partido y sin el dinero de los poderes influyentes.

Clay y Jo-Ann llevan décadas de actividad política dentro de las filas republicanas tanto en Virginia como en Carolina del Sur. En Virginia, Clay ha pertenecido a la junta ejecutiva del Comité Republicano del Condado de Loudoun y ha sido tesorero de la Asamblea Nacional Republicana en Virginia.

Su apoyo a Trump enfatiza la "independencia" del candidato: "Como CEO de una exitosa corporación, (Trump) tiene la capacidad de romper el estancamiento en el que se encuentra Washington... Al poder enfocarse en la economía más que en los temas conservadores, mejorará la vida de la clase media".

Jo-Ann Chase, quien ha sido miembro del Comité Central Estatal del Partido Republicano de Virginia y vicepresidenta de la Asamblea Nacional Republicana de Virginia, enfatiza que Trump es un "líder empresarial, no un político profesional" y que esto es lo que sus seguidores aprecian: "es un conservador con sentido común que actuará en beneficio de todos los estadounidenses".

Pero como hispana, ¿qué tiene que decir sobre la manera en que Trump ha hablado del tema migratorio? ¿Es Trump racista? "Trump es el candidato de todas las razas, de todas las nacionalidades, no es racista, ha dicho claramente que quiere que todos los inmigrantes vengan a este país legalmente... Es cierto que la manera en que ha hablado a veces sobre la inmigración puede parecer chocante, no es políticamente correcta, pero eso le ha traído la atención de los votantes".

Jo-Ann insiste en que Trump seguirá comunicándose con fluidez con los votantes hispanos y conseguirá su apoyo. Pero el tema del racismo es importante en Estados Unidos y Clay lo pone en perspectiva histórica.

"La esclavitud ha marcado la historia de este país. En los últimos 50 años hemos conseguido superar muchos obstáculos para tratar a cada persona como un individuo sin importar raza, religión, nacionalidad, etc... y por nuestro pasado, cuando alguien utiliza la palabra racismo para descalificar a una persona, es un ataque fácil. Si usted escucha lo que dice Trump sobre los inmigrantes ilegales o los musulmanes, eso no es racismo, sino una clara expresión de preocupación sobre las acciones y actividades de esos grupos. Quien llame racista a Trump está distorsionando sus palabras". Clay Chase asegura que Trump no tiene un "problema migratorio ni un problema con los hispanos". Insiste que el sistema migratorio tiene que permitir solo la legalidad. "Trump ha ampliado la base del Partido Republicano para todos, incluyendo los que se consideran hispanos, la puerta está abierta", dice Clay.

Jo-Ann anota una serie de puntos por los que, dice, Trump merece su apoyo: "Creo en su lealtad a Estados Unidos, no está sometido al poder de los intereses especiales, es el Jefe Ejecutivo de una empresa internacional y eso lo hará un excelente Comandante en Jefe, no necesitamos expertos en política o legislación para liderar el país... Trump defenderá nuestra fe judeo-cristiana y hará que la Feliz Navidad regrese a nuestra nación". Y Clay regresa a la historia de EEUU y de su familia para concluir: "Cuando mi trastatarabuelo, el juez Joseph Jackson Lewis, apoyó a Abraham Lincoln contra el candidato oficial William H. Seward en la Convención Republicana de 1860, lo hizo porque creía que estaba apoyando al mejor hombre de su época. Yo creo que Donald J. Trump es el mejor hombre para nuestra época".

La puertorriqueña Jo-Ann Chase y su esposo Clayton Tucker Chase.

Hillary hace historia, Trump es la amenaza y Sanders la interrogación

Junio 8, 2016

A falta de las primarias de DC, el 14 de junio, el último supermartes del día 7 dejó todo listo para que las convenciones demócrata y republicana ratifiquen a sus candidatos: Hillary Clinton y Donald Trump. Ambos ya han superado el número mínimo de delegados que necesitan para obtener su nominación. Pero tanto Clinton como Trump llegarán a sus respectivas convenciones rodeados de un excesivo ruído político que puede ofrecernos el verano más caliente de la historia.

Clinton _quien ya ha hecho historia al ser la primera mujer que vence en las primarias presidenciales de uno de los dos grandes partidos_ debe esperar por los movimientos del senador Bernie Sanders quien se resiste a concederle la victoria, lo cual hace más difícil el proceso de atraer a las bases de Sanders hacia su candidatura y ofrecer la imagen de un Partido Demócrata unido antes de empezar la batalla directa contra el candidato republicano.

Trump, el virtual candidato del GOP desde hace tiempo, ya había conseguido el apoyo del alto mando republicano y ya había empezado a atacar o insultar a Clinton cuando sus declaraciones sobre un juez hispanounidense (de origen mexicano) han provocado una reacción en contra de esos mismos líderes que parecía tener en el bolsillo. Dos ejemplos: el presidente de la Cámara de Representantes, Paul Ryan, dijo que los comentarios de Trump eran "racistas" y el senador republicano por Carolina del Sur, Lindsey Graham, dijo que la manera de hablar de Trump era "anti-estadounidense".

Pero los defensores de Trump, quienes lo eligieron como vencedor indiscutible de las primarias republicanas, no lo cuestionan.

"Como hispana yo sé lo que es el racismo y la ignorancia en Estados Unidos y entiendo lo que Trump quiere decir y no es racista", dijo Jo-Ann Chase, miembro de la National Diversity Coalition for Trump. "El juez (Gonzalo Curiel, encargado del caso civil contra Trump University) es de La Raza y su herencia y su espíritu de activista demócrata lo enfrenta a la posición que tiene Trump sobre la inmigración ilegal y el muro con México... No hay ataque a los mexicanos, no hay racismo, Trump dice lo que tiene que decir".

Por su parte, el columnista conservador, Rubén Navarrette, contradice a los defensores de Trump y al mismo candidato cuando explica que "La Raza Lawyers Association de San Diego es una organización profesional de abogados y jueces integrados a la cultura predominante", y que no hay que confundir con el Consejo Nacional de la Raza y su agenda latina.

"Si los nativistas están en lo cierto y hay una revolución en marcha, ese grupo (la Raza Lawyers Association) sin duda no será punta de flecha. Entre sus miembros se encuentra

Gonzalo Curiel, juez federal de distrito, que arriesgó su vida para perseguir a narcotraficantes mexicanos mientras era fiscal federal y que ahora debe lidiar con un flagelo quizás más odioso: Donald Trump", escribió Navarrette.

Mientras Trump era el inevitable ganador republicano en solitario, la noche del 7 de junio fue la confirmación del triunfo de Clinton, quien ya contaba con los 2.323 delegados necesarios para la nominación, y se llevó Nueva Jersey, Nuevo México, California y Dakota del Sur; y Sanders ganaba en Montana y de Dakota del Norte.

Los discursos de la noche oscilaron entre el agradecimiento de Hillary Clinton ("Gracias a todos porque hemos hecho historia"), el "ya veremos" de Bernie Sanders ("Vamos a luchar duramente para ganar las primarias en Washington D.C. y luego llevaremos nuestra lucha por la justicia social, económica, racial y medioambiental a Filadelfia", indicó) y el curioso llamado de Trump a los votantes de Sanders ("Os recibimos con los brazos abiertos").

Ahora las voces pro-Clinton y anti-Trump parecen sonar más fuerte. "La comunidad latina siempre ha tenido que luchar por derechos básicos", dijo Lizet Ocampo, directora de "Latinos Vote!" y experta en campañas políticas para la organización People For the American Way. "Ahora la lucha es evitar que un payaso que ha deshumanizado a nuestras comunidades llegue al poder".

El reto, dice Ocampo, es salir a votar y no pensar que Clinton ya ha ganado.

Después de su derrota en 2008 ante el actual presidente, Barack Obama, de cuyo gobierno luego fue secretaria de Estado, Clinton enfatizó el martes 7 su condición de mujer, de luchadora contra los obstáculos y, en un mensaje a los seguidores de Sanders, dijo que entendía de manera "muy personal" lo que era no lograr el objetivo ansiado.

"Hemos logrado algo histórico esta noche", dijo ante miles de seguidores en la sede de su campaña en Brooklyn, Nueva York. "Pero aunque esta noche hemos hecho historia, tenemos que seguir trabajando para continuar escribiéndola", aseveró, aludiendo a los comicios de otoño.

Si todo sigue como es de preveer, y a pesar de las controversia que surjan en las convencciones, lo que parece claro es que en noviembre el electorado deberá elegir entre la marca política y demócrata Clinton y la recién llegada marca Trump a la arena republicana.

No sólo se esperan unos debates presidenciales inéditos, sino los ataques más feroces del candidato más políticamente incorrecto de la historia reciente del país. Trump ha insultado a grupos culturales, a nacionalidades, a todo tipo de seres humanos con calificativos inusuales en la boca de un aspirante a la presidencia de Estados Unidos. Y esos insultos incluyen a miembros de su propio partido. Pero es que a Hillary Clinton la ha llamado "criminal" y ha dicho que debía ir a la cárcel y no a la Casa Blanca. Además, Trump ha conseguido el triunfo parcial en contra de gran parte del aparato de su partido que ahora, poco después de apoyarlo oficialmente, se encuentra a la deriva, rechazando los últimos comentarios del candidato.

Parece, en fin, que la suerte está echada.

Estos son algunos problemas de pareja que enfrentan Hillary Clinton y Donald Trump
Mayo 26, 2016

El virtual candidato republicano a la presidencia, Donald Trump, y la presunta candidata demócrata al mismo cargo, Hillary Clinton, se hallan en un empate técnico tanto en intención de voto, como en popularidad. Además, Trump une a su deseo por convertirse en comandante en jefe, su realidad de ser el insultador máximo de esta campaña. De su colega republicano y ex candidato presidencial, Mitt Romney, dijo que camina como un pingüino, y de sus opositores demócratas llama "crazy" (el loco) a Bernie Sanders y "crooked" a Hillary Clinton (o sea, retorcida, fraudulenta, deshonesta —a Trump le encantaría saber español para poder mostrar variedad léxica en sus discursos).

Pero volvamos al dúo del que podría salir el próximo presidente o presidenta de Estados Unidos. Trump y Clinton empatan en una impopularidad histórica con más de la mitad de los ciudadanos en su contra, según un sondeo publicado por The Washington Post y ABC News. Casi 6 de cada 10 votantes asegura tener una impresión negativa de ambos. Además, al magnate lo rechazan "encarecidamente" el 46 % de los encuestados, frente al 45% de Clinton.

Claro que los políticos pueden sobrevivir al naufragio de su popularidad si cuentan con los votos que les lleven a la meta. Pero ahí tampoco las cosas pintan bien. Y lo que se suponía una victoria de una supuesta candidata Clinton sobre un virtual candidato Trump, ya no es tan clara. Dos sondeos, uno de NBC y The Wall Street Journal, y otro de CBS y The New York Times, otorgan una leve ventaja a Clinton de 6 puntos porcentuales. Pero en otras dos encuestas, de Fox por un lado y de ABC y The Washington Post por otro, Trump supera a Clinton por 3 y 2 puntos, respectivamente. De manera que, según RealClearPolitics sobre los sondeos de intención de voto, hoy Trump y Clinton están virtualmente empatados de cara a las elecciones del 8 de noviembre, ya que el republicano cuenta con un 43,4% de apoyo y la demócrata con un 43,2%.

Y esta tormentosa avalancha estadística tiene su mundo paralelo en la realidad de los escándalos —probados o no, de mayor o menor nivel, pero escándalos mediáticos al fin.

Los investigadores del Departamento de Estado ya han emitido su valoración negativa sobre el uso que Clinton hizo de su correo electrónico cuando era la jefa de la diplomacia de EE.UU. por no cumplir con las regulaciones establecidas.

Clinton utilizó un servidor particular para enviar y almacenar correos electrónicos que generó en el desempeño de sus labores a la cabeza del Departamento de Estado durante cuatro años, cargo que ocupó de 2009 a comienzos de 2013. La ley de Registros Federales obliga a los responsables de todas las agencias a "preservar de manera adecuada y apropiada los registros

de documentación de la organización, funciones, políticas, decisiones y procesos".

Pero a Clinton, la investigación la coloca en un contexto que podría ser "salvador" ya que se analizaron los métodos de comunicación electrónica de secretarios que precedieron a Clinton _Madeleine Albright, Colin Powell y Condoleezza Rice_, y del actual jefe de la diplomacia estadounidense, John Kerry, y se encontró que los problemas eran "sistémicos" y "se extienden más allá del mandato de un solo secretario de Estado". Mal de muchos... ¿salvación de Clinton en el escándalo que no fue?

Por su parte, Trump vive bajo una espada de Damócles llamada contubernios financieros y extrañas declaraciones de impuestos. Ahora el diario británico The Telegraph hace pública una investigación que concluye que el aspirante presidencial republicano llevó a cabo una operación financiera destinada a defraudar "varios millones de dólares" al fisco estadounidense. Los críticos más suaves indican que estas revelaciones ponen en duda el buen criterio de Trump y sus asesores, los más duros recuerdan que éste es el Trump que no quiere revelar sus pagos al fisco hasta después de la elección presidencial del mes de noviembre y que es el mismo magnate que informó encantado que había ganado más de $500 millones mientras persiste el eco de declaraciones suyas en las que se ha vanagloriado de que siempre ha intentando pagar al fisco "tan poco como sea posible".

Y un último tema: a los que pensaban que el problema Clinton pasaría como una simple reprimenda de la burocracia del Estado, les nace otra desazón. La noticia es que el FBI investiga al gobernador de Virginia, el demócrata Terry McAuliffe, muy cercano a Clinton, por unas donaciones que recibió para competir por el Gobierno estatal. Puede ser un caso de financiación ilegal de una campaña. O más.

Como parte de las pesquisas, según CNN, el FBI está examinando las funciones que McAuliffe desempeñó en la directiva de la Clinton Global Initiative, una fundación creada por el expresidente Bill Clinton y que se centra en temas como el cambio climático o las políticas educativas.

Los Clinton, la financiación política y una fundación de alcance mundial... Ojo a lo que se viene. Tal vez por eso siempre he dicho que si Hillary Clinton —un personaje de larga trayectoria en el servicio público y de enorme relevancia, una mujer de Estado, todo un icono de la política estadounidense— llega a la presidencia, es crucial que vaya acompañada de un sólido vicepresidente o vicepresidenta.

Trump Kong vs Hillary
¿Qué hay de King Kong en la lucha por la presidencia?
Octubre 21, 2016

En la película de 1933, Ann Darrow —el personaje de Fay Wray— es una actriz sin trabajo ni hogar, una desamparada que vive en las calles de Nueva York, una víctima de la Gran Depresión. Un director de cine la rescata y se la lleva a Skull Island o Isla Calavera. En la isla, Ann es capturada por los nativos quienes la ofrecen en sacrificio a Kong, a quien consideran un dios. A pesar del terror que siente Ann, Kong se enamora de ella y se la lleva a su cueva. Cuando Ann es rescatada, Kong se enfurece y se inicia una terrible batalla que culmina con la destrucción del poblado y la captura del gigantesco gorila.

Luego viene la llegada a Nueva York, el mundo de los intereses económicos, el show business, la amoralidad de los "reality" en un tiempo donde la televisión aún no existía. Y finalmente la escena de Kong subido al Empire State Building, sujetando a Ann con firme delicadeza y siendo abatido por la realidad de las armas y de la fuerza más bruta que la del gigante Kong.

¿Y qué tiene que ver esto con Hillary Clinton y Donald Trump? Nada. Pero la película narra una brecha imposible, entre sentimientos y realidad, además de ser un aterrador retrato social de quienes quieren generar beneficios económicos aprovechándose de furibundos sentimientos primarios proyectados sobre la humanidad.

Hillary no es Ann Darrow, pero Trump está hoy sujetando con retórica fuerza a todos los que se sienten en la calle, sin futuro. Todos de los que Trump siempre dice: "I love them". Trump arrasó en las primarias republicanas en Nueva York —uno de los estados del país más golpeados por la desigualdad y la brecha económica.

Por su parte, Hillary ganó sin problemas sus primarias demócratas en estados plagados con desigualdad económica y falta de oportunidades. Sin embargo, es Bernie Sanders quien ha sido en todo este tiempo el abanderado demócrata por los desheredados de la tierra.

¿Qué está pasando?

Que Hillary mantiene sólidas posiciones —que Sanders nunca pudo superar— en la comunidad afroamericana y latina, dos segmentos electorales que sufren en carne propia las estadísticas de la recesión económica, de la falta de oportunidades. Hillary —y la marca Clinton en general— tiene una relación, a veces complicada, pero ratificada en el tiempo, con un electorado al que Sanders no fue capaz de atraer.

Mientras, Trump —quien en su día cortejó a Hillary invitándola a bodas y banquetes— es capaz de ser el Kong de los sentimientos desordenados y primarios, el mejor símbolo de una tribu que busca recuperar la esperanza. Por eso, dice Trump, le disparan de todos los flancos sin misericordia.

Para aquéllos que sitúan a Sanders y a Trump como los

polos opuestos que se tocan desde sus partidos, les diré que Trump no está tan lejos de Hillary y Hillary no está tan lejos de Sanders. Los tres son el resultado de la desazón emocional ante un sistema que intenta adaptarse a la nueva relación entre la política, la economía y los ciudadanos.

Trumpreguntas y acusaciones a Clinton
Agosto 25, 2016

Ya hablaremos del tema de la Fundación Clinton (Bill) en la candidatura de Clinton (Hillary) y del "horror" al estilo "corazón de las tinieblas" que les produce a mis amigos republicanos pro Trump tal "conflicto de intereses".

Por eso le recordé no hace mucho a uno de esos republicanos si recuerdan a la compañía privada que mandó en la Casa Blanca durante el mandato de George W. Bush.

Se llamaba y se llama Halliburton y es esa multinacional estadounidense que lideró quien fue vicepresidente de Estados Unidos, Dick Cheney, y luego en la fraudulentamente justificada invasión de Irak esa compañía casualmente recibió exclusivos multimillonarios contratos ya que se trata de una de las corporaciones de servicios petroleros más grandes del mundo.

Pero los republicanos cuando hablan de conflictos de interés tienen problemas de memoria, aunque sea de algo tan cercano como un par de décadas o menos. Cheney, en 1991, cuando era secretario de Defensa para el presidente Bush padre le otorgó contratos millonarios del Pentágono a Halliburton. En 1995, Cheney sale del Gobierno de la nación y "aterriza" como CEO de Halliburton.

En 2001, un artículo en The Wall Street Journal reveló que una subsidiaria de Halliburton había hecho negocios con Irán en la época en que la empresa estaba liderada por el republicano Cheney quien se retiraría durante la campaña presidencial del 2000 después de recibir una compensación (por retirarse) de $36 millones.

Cheney se convertiría en el vicepresidente por ocho años del presidente Bush hijo y, para muchos, el ex CEO de Halliburton fue el presidente en la sombra de esa administración republicana. Se sabe que durante su vicepresidencia recibió cerca de medio millón de dólares en "compensación diferida" de Halliburton.

Casualmente, a las puertas de la Guerra de Irak —propulsada por el presidente Bush y el vicepresidente Cheney—, Halliburton recibió contratos de $7 mil millones para los que solo Halliburton pudo presentar propuestas.

Sí, mis queridos republicanos, ya hablaremos otro día de "conflictos de interés" de los perversos Clinton aunque, la nueva pareja, aún no ha llegado a la Casa Blanca.

A mí es que me interesan todos los conflictos.

Otro día también hablaremos de los correos electrónicos (otra vez) de la ex Secretaria de Estado haciendo lo que otros Secretarios de Estado hicieron en el pasado.

En 2007, cuando el Congreso le preguntó a la administración Bush (hijo) por los correos electrónicos a raíz del despido de ocho fiscales federales, el Fiscal General de la nación, —y amigo personal de Bush—, Alberto Gonzales dijo que los e-mails no se podían presentar porque habían sido enviados por medio de un servidor que no era del gobierno.

Miembros del gobierno Bush hijo habían utilizado el dominio privado gwb43.com, un servidor controlado por el Comité Nacional Republicano. Dos años más tarde se dio a conocer que al menos unos 22 millones de e-mails del gobierno Bush

El baile electoral de los demócratas Bernie Sanders y Hillary Clinton en 2016 visto por Gogue.

habían sido borrados lo que podría haber sido considerado como una violación del Presidential Records Act.

Conflicto de interés, destrucción de e-mails: estos dos conceptos en boca de Donald Trump y los republicanos parecen un nuevo y único pecado demócrata.

Y que conste que no intento justificar a los Clinton —un conflicto de interés será siempre algo injustificable— pero la falta de memoria republicana causa algo cercano a la náusea.

¿Y qué me dicen de los conflictos de interés en los que incurriría un posible presidente Trump, el empresario con intereses económicos en medio mundo?.

Hablaré otro día de la sensación que dan los opositores a Hillary Clinton cuando defienden a Donald Trump: no es que les guste que gane Trump es que no quieren que gane Clinton.

El odio a Clinton les lleva a pasar por alto comentarios criminales (perdón, "sarcásticos") del candidato republicano cuando dijo que para "librarse" de la candidata demócrata habría que hablar con los defensores de la "segunda enmienda" (los defensores del derecho a portar armas). ¿Imaginan un comentario tal en boca de un estadounidense de cultura musulmana, de un afroamericano, de un político hispano?

Al día siguiente el FBI estaría llamando a su puerta. ¿Visitó el FBI las oficinas de Trump después de ese comentario? ¿No es ese comentario algo más grave que serle infiel a una esposa?

La infidelidad hace caer con frecuencia a políticos en este país ¿por qué las brutales, violentas, palabras de Trump no le hacen caer?

La respuesta, mi amigo, está en el viento.

Kaine sí puede
Septiembre, 2016

Me llama Pablo Pardo, corresponsal en Washington del diario El Mundo de Madrid. Me dice que está escribiendo sobre Tim Kaine, el candidato a la vicepresidencia en compañía de la candidata presidencial demócrata Hillary Clinton.

"Llevas más de un año hablando del senador Kaine, entrevistándolo e incluso pronosticando que iba a ser vicepresidenciable con Clinton", me dice Pardo y me pregunta: "¿Cómo es Kaine?" No lo dudo y respondo automáticamente, casi sin pensar, al otro lado del teléfono: "Genuino".

Es una palabra que posee la misma carga significativa en inglés y en español.

Veo a Kaine —y se lo he dicho en persona— como un ejemplo de servidor público: genuino, o sea, auténtico, sin dobleces, consciente de la responsabilidad de su carrera política y dispuesto a "hacer todo el bien que pueda", como me dijo en más de una ocasión.

Es católico y su fe, me dijo, no le ha impedido ejercer sus diferentes cargos políticos. Por el contrario, es uno de sus motores: "haz todo el bien que puedas", insistió en una de nuestras conversaciones. Pero es cierto, me confesó en una ocasión, que tomar ciertas decisiones políticas o legislativas le ha provocado "sleepless nights"(noches sin dormir). Al final, el político Kaine sigue adelante porque sabe que su función es servir a una comunidad diversa, multicultural y de diferentes creencias.

Estoy seguro de que Tim Kaine en campaña va a sorprender. De hecho ya lo hizo en los mítines de Virginia y Florida antes de la Convención demócrata. Pero ahora, cuando realmente empieza en este país la carrera hacia la Casa Blanca, es cuando comprobaremos que se puede ser auténtico, genuino, como persona y como político. Que no hay dobleces ni diferencias, que el candidato Kaine es el ser humano Kaine, el hombre de familia Kaine, el voluntario social y educativo Kaine durante una misión de un año en Honduras cuando estudiaba derecho en Harvard.

La sorpresa no va a ser el manejo del español, utilizado no como un apéndice exótico para llamar la atención —como tantas veces hacen algunos políticos—, sino como un idioma que le sirve para conectar con todo tipo de audiencias y para explicar la profundidad de su mensaje. Es lo que hizo en Virginia cuando explicó el significado de "estar listo" en español para aumentar la carga significativa del estar "ready" para Hillary. No, el excelente y respetuoso uso del español no va a ser la sorpresa de campaña. Esta va a ser la sorpresa: no vamos a ver a un "perro de presa" de Hillary contra el "monstruo" Trump.

El estilo Kaine no es la guerrilla política, sino los argumentos y la claridad basada en principios de servicio público que es como este hombre entiende la política. Si hay alguien que pueda ser empático y pragmático en política ése es el vicepresidenciable Kaine. A este hombre no le salen los insultos, parece que nunca compró ese diccionario. Que nadie espere la "división acorazada" Kaine atacando en nombre de Clinton. Más bien espero ver en acción contra el veneno Trump el antídoto Kaine que allane el

camino de la alternativa Clinton. Puede ser una combinación devastadora a nivel nacional contra la cortedad de miras del tándem Trump-Pence.

Por de pronto, Kaine ya ha demostrado su enorme capacidad para articular su papel como "explicador" de Hillary Clinton.

Primero, explicará siempre en positivo, recuperando cuantas veces sea preciso las palabras de Harry Truman sobre que Estados Unidos no se construyó "sobre el temor", sino sobre "la valentía, la imaginación y una imbatible determinación para llevar adelante el trabajo que se nos presente". Segundo, reforzará las promesas de Clinton, como ya lo ha hecho hablando en español para Telemundo y asegurando que la reforma migratoria va a ser parte de los primeros 100 días de la presidenta Clinton: "Con mi experiencia en el Senado, con colegas bipartidistas, voy a trabajar duro en éste y otros temas" para ayudar a Hillary Clinton, dijo Kaine para quien temas como las oportunidades laborales, el desarrollo económico o la violencia deben "unir a la nación" —o sea, a los políticos— en la búsqueda de soluciones.

Éste es, a mi juicio, el Kaine "constructor de puentes" —como en varias ocasiones me dijo que se sentía— que vamos a ver en un ciclo electoral en el que el Partido Republicano estará representado por un experto en insultos acompañado de un vicepresidenciable cuyo récord parece indicar que sus "convicciones cristianas" son el motor de su intolerancia.

Sigamos con el Kaine explicador de Clinton que, creo, veremos con más frecuencia en campaña. Si se le pregunta a Kaine sobre la postura pro-deportación que Hillary Clinton sostuvo en 2014 durante la crisis migratoria de los menores centroamericanos que cruzan la frontera sur, la respuesta calmará las ansiedades republicanas por el control fronterizo para, de inmediato, poner en contexto la primera reacción de Clinton. Ante la llegada masiva de menores migrantes fue difícil "decidir" al principio, pero luego cuando se vieron las raíces del problema ajustar la reacción política fue más fácil, dirá Kaine. Si como senador, Kaine propuso legislación para proteger a estos menores, como vicepresidente enfatizará que las crisis migratorias se solucionan "trabajando unidos" en este país y con los países de los que huyen los menores.

Estoy convencido de que Kaine es el tipo de vicepresidente que ayudará a proyectar en positivo a la candidata Clinton: cumple con el requisito "geopolítico" —representa al sureño estado de Virginia que es importante inclinar hacia el lado demócrata—, con el prestigio político —se trata de un servidor público con enorme experiencia—, con el mensaje para atraer a una amplia gama de votantes —está considerado un centrista— y "habla español" —no sólo como lengua, sino que conoce y ha interactuado exitosamente con la realidad hispana de Estados Unidos.

Nunca esconderé el enorme respeto que me merece la carrera de servicio público del senador Kaine, un hombre que fue concejal y luego alcalde de su ciudad —Richmond, la capital de Virginia—, luego gobernador de su estado y quien, a petición de Obama, presidiría el Comité Nacional Demócrata para luego ser elegido al Senado.

Soy testigo de su empatía con la comunidad latina. Y su compromiso con el idioma español, como parte integral de la cultura estadounidense. En 2013 Kaine usó el español durante una intervención en el Senado sobre un proyecto de ley de reforma migratoria diciendo, entre otras cosas, lo siguiente: "Creo que es apropiado que por unos minutos explique el proyecto de ley en español, un idioma que se ha hablado en este país desde que misioneros españoles fundaron San Agustín, Florida, en 1565. Casi 40 millones de estadounidenses hablan español, y ellos tienen mucho en juego en este debate".

Kaine —si Clinton es elegida presidenta— será sin duda el vicepresidente de Estados Unidos, en toda su historia, que mejor entiende lo hispanounidense dentro

Tim Kaine y Hillary Clinton en la campaña presidencial de 2016 vistos por Gogue.

de la "americanidad". Como he dicho en una reciente entrevista para Univision.com, "Kaine conoce de verdad nuestra comunidad, no tiene poses de latino. Éste es un político que sabe diferenciar entre una pupusa y una arepa".

Me siento muy honrado de haber podido interactuar con el senador Kaine en los últimos años. Ojalá pueda seguir haciéndolo con el vicepresidente Kaine. Traerá una nueva actitud de la que, estoy seguro, se contagiará toda la Casa Blanca.

Sí se puede.

NUESTROS HIJOS VOTARÁN
Los jóvenes hispanounidenses se sienten cómodos en su piel, son fuertes e idealistas. Definirán la palabra grandeza y la palabra Estados Unidos
Octubre 28, 2016

Cada vez que veo a mi amigo Jorge Ramos —cada tantito o cada tantazo, dependiendo del año— siempre hay un tema del que hablamos y no es la política, ni el Apocalipsis Now de los medios de comunicación, ni siquiera su bronca con Donald Trump. De lo que siempre hablamos es de los hijos.

Jorge y yo somos de la misma generación, llegamos en la misma época a este país y ambos vivimos la catapulta y reinvención estadounidense en nuestras vidas. Él se convirtió en uno de los periodistas más influyentes de este país y yo conseguí una vez tener influencia en los asuntos domésticos de mi casa en el área de Washington.

Jorge y yo compartimos página en este periódico para opinar. Y opiniones no nos faltan. Que nos hagan caso es otra cosa.

Pero la última vez que hablé con Jorge, hace unos meses, no opinamos. Recuerdo que la primera pregunta que me hizo fue sobre mis hijos Xan y Kenia, y recuerdo que la primera pregunta que le hice, en cámara, fue sobre sus hijos Paola y Nicolás. Y le confesé que cuando más me gustan sus columnas es cuando habla de ellos. Hoy es una de esas ocasiones, por eso en lugar de opinar prefiero mirar a la izquierda, hacia mi compañero de página y compartir discurso en paralelo.

Porque nuestros hijos son esos millenials idealistas y fuertes que redefinirán la palabra grandeza y la palabra Estados Unidos.

Un vistazo a las cifras del Censo o una ojeada de rutina a los últimos sondeos del Pew Research Center ofrecen un país abarrotado de votantes cada vez más diversos en su cultura, en lo que se llama "raza" —confuso término de gamas cromáticas desfasadas y cada vez más inútiles.

Y en esa diversidad lidera la población latina, los de aquí, los hispanounidenses impulsados con la nueva fuerza de los jóvenes entre 18 y 34 años.

Aunque en los medios de comunicación en inglés o en español de Estados Unidos no se note, la realidad es que la mayoría de los inmigrantes en este país ya no son los latinos. Y lo cierto es que la mayoría de los latinos de este país nunca fueron inmigrantes. Y hoy lo son menos que nunca.

Hoy, gracias a los millenials, el hispanounidense es un joven ser humano cómodo en su piel a quien las ansiedades raciales del viejo hombre blanco no intimidan en lo más mínimo.

Ésta es una generación que, por primera vez en la historia del país, le ha dicho a los encuestadores de todo tipo — incluyendo al Pew— que su cultura de origen hispano es importante y que la lengua española —la hablen bien o mal— es importante para ellos.

Es una postura nueva, segura de sí misma. El antídoto perfecto contra políticas viejas, caducas, de tupé o los que quieran hacer de tu voto un gueto controlado por la burocracia partidista.

Asi vio Gogue el camino hacia la Casa Blanca de Clinton y Kaine cuando las encuestas decían que podía ser una victoria demócrata, pero no fue.

Es también un llamado de atención hacia los medios de comunicación. Pero ahí los cambios van lentos.

Aunque existe una revolución lingüística en las retransmisiones deportivas —desde el fútbol americano hasta el fútbol de verdad. ¿Y cómo encaja todo esto en este ciclo electoral?

Una nueva generación de hispanounidenses tienen la posibilidad de dejar su marca en la democracia del país. Las cifras oficiales dicen que hay más 27 millones de latinos que podrían acudir a las urnas, o sea, el 12% de los votantes de la nación.

Sabemos que algunos políticos han dicho que no les preocupa el voto latino porque no sale a votar. Y si bien es cierto que se trata del mayor reto de nuestra comunidad, también lo es que desde 2012 el número de votantes hispanos elegibles para votar ha aumentado hasta el punto de representar el 37% del crecimiento de los votantes en los últimos cuatro años.

Sabemos que el voto latino —aunque escaso en su participación: como mucho llega al 48%— ha favorecido tradicionalmente al Partido Demócrata en cada elección desde 1980. El Partido Republicano se ha distanciado de la creciente comunidad hispanounidense. Y no solo en el tema migratorio.

Siempre que he hablado con liderazgo republicano mis fuentes se llenan la boca con que los valores conservadores están en sintonía con la cultura hispana de Estados Unidos y recuerdan aquella frase de Ronald Reagan de que "los hispanos son republicanos, pero aún no lo saben". Pero lo cierto es que la irrefrenable hostilidad de demasiados políticos republicanos y la ausencia de una estrategia de acercamiento hacia nuestro electorado hace que la brecha, en estas elecciones, se haya abierto de una manera tan enorme que tardará en reducirse.

Y el impacto de los millenials añadirá más leña al fuego.

Jorge les recuerda a sus hijos que en 1976 no pudo votar en México y yo les recuerdo a los míos que a partir de aquellos años post-dictadura yo pude empezar a votar en España. Paola, Nicolás, Kenia y Xan tienen en sus manos hacerse oír como generación. Orgullosos de todas sus raíces y de sus padres que los adoran.

A Declaration of Independence from Donald Trump, a vote for Hillary Clinton
November 6, 2016

When in the course of human events a presidential election grows replete with dangerous attitudes, postulates and words, it becomes necessary for one to dissolve his or her neutrality towards a candidate, and decent respect to the opinions of mankind requires that citizens declare the causes which impel them to depart from said neutrality.

As stated in our Declaration of Independence, I "hold these truths to be self-evident, that all men are created equal, that they are endowed by their Creator with certain unalienable Rights, that among these are Life, Liberty and the pursuit of Happiness." And to secure these rights and to overcome the threat of any oppressor, it lies in the hands of citizens, and this writer, the power to disrupt and break any relationship with politicians or candidates with aspirations to govern over us and the decision to act civically against them.

Such civic action, voting in this election cycle, is complex since this writer has failed to bestow his complete confidence in the alternative. But the vote is necessary and our vote is for Hillary Clinton. The only alternative.

Why not Donald J. Trump? Because when a long train of abuses, insults, and threats evinces a design to reduce the people under absolute despotism, it is my right, and it is my duty, as a citizen and political commentator, to help overthrow the oppressive figure that rises before me.

The tale of this American presidential candidate is an account of damages to the democratic and emotional stability of the country told by a tyrant whose words and falsehoods harbor hatred towards fellow citizens and members of the global community.

Trump has tried and convicted in the public square of fanaticism political opponents, judges, media, immigrants and other human beings.

Trump has built walls of doubts and fabricated conspiracy theories that damage our judicial and democratic structures while projecting a light of discredit and contempt on many public servants.

Trump has manipulated our American reality to make us believe _as it is the belief of the militants of racist and neo-Nazi organizations attending his rallies_ that the first African-American President in US history is pro-Islamist and seeks to destroy the white race.

Trump has insulted our democratically elected politicians and the current leadership of the nation not only with inappropriate words, but by articulating a message that portrays them as less competent and with fewer leadership skills than the leaders of foreign dubious democracies and leaders of countries that maintain a tense relationship with the United States.

Trump has positioned himself against the new Americans by questioning US legal immigration practices, opposing laws that would open a door to hope for millions of undocumented immigrants with family in the United States,

rejecting the Citizenship Clause of the Fourteenth Amendment to the United States Constitution, and covering with a mantle of doubt all those who aspire to the American Dream.

Trump has questioned the independence of judicial power, one of the pillars of our democracy.

Trump has grown and enlarged during the course of his presidential campaign relationships with racist groups and individuals that would become disturbing allies in the case that he is elected President of our free and diverse nation.

Trump has threatened to take military action and enact international aggressions that only a dictator would be able to implement.

Trump has called Americans to insurrection and articulated a rhetoric of hostility among the American people of unpredictable consequences.

Trump is a candidate whose character is marked, in words and actions, by the seal that defines a tyrant. This disqualifies him to be the ruler of a free people.

I, therefore, a humble columnist, on behalf of the inalienable right to free public expression bestowed upon me, solemnly request that you vote, but never for the Republican candidate Donald J. Trump. And thus, I, as a free citizen vested with the responsibility of making my vote count and holding my public officials accountable during their time in office, ask that you cast your vote for the Democratic candidate Hillary Rodham Clinton for President of the United States of America.

Una declaración de independencia de Donald Trump, un voto por Hillary Clinton
Noviembre 4, 2016

Cuando ciertas actitudes y posicionamientos y palabras en el contexto del devenir electoral hace necesario romper la neutralidad o el beneficio de la duda con un candidato político es bueno declarar las causas que nos impulsan a la separación.

Es obvio, como se dice en la Declaración de la Independencia de Estados Unidos del poder colonial británico, que todos los seres humanos han sido creados iguales y con derechos inalienables, como la vida, la libertad y la búsqueda de la felicidad. Y para asegurar esos derechos y evitar la opresión de quien los amenaza, reside en las manos de los ciudadanos _y de quien esto escribe y opina_ la facultad de alterar y romper cualquier tipo de relación con políticos _o aspirantes a gobernarnos_ y decidir actuar cívicamente en su contra.

Esa actuación cívica, por medio del voto, en este ciclo electoral, es compleja dado que quien esto escribe no ha conseguido depositar su total confianza en la alternativa. Pero el voto es necesario y nuestro voto es Hillary Clinton. La única alternativa.

¿Por qué no Donald J. Trump? Porque ante un largo tren de abusos, insultos, amenazas y claros trazos de despotismo por venir, es mi derecho, y es mi deber, como comentarista y como ciudadano derrocar la figura opresiva que se levanta ante mi.

El comportamiento de este candidato presidencial estadounidense es un relato de daños y perjuicios a la estabilidad democrática y emocional de todo un país ejercido mediante la tiranía de las palabras y las falsedades que solo abrigan odio hacia otros conciudadanos y miembros de la comunidad global.

Trump ha juzgado y condenado en la plaza pública del fanatismo a contrincantes políticos, jueces, medios de comunicación, inmigrantes y otros seres humanos.

Trump ha sembrado de dudas y teorías conspirativas, sin fundamento alguno, al tejido judicial y a las estructuras democráticas de este país proyectando una luz de descrédito y desprecio sobre muchos servidores públicos.

Trump ha manipulado la historia reciente de Estados Unidos para hacernos creer _como creen los militantes de organizaciones racistas y neo-Nazis que asisten a sus concentraciones_ que el Gobierno presidido por un afroestadounidense es pro-islamista y busca destruir a la raza blanca.

Trump ha insultado a nuestros políticos democráticamente elegidos y al actual liderazgo de la nación no solo con palabras denigrantes, sino que ha dicho de ellos que son menos competentes y menos líderes que los caudillos de dudosas

democracias, algunos de ellos representantes de países que mantienen una tensa relación con Estados Unidos.

Trump se ha posicionado contra los nuevos estadounidenses cuestionando prácticas migratorias legales en el país, oponiéndose a leyes que abrirían una puerta a la esperanza para millones de indocumentados con familia en Estados Unidos, rechazando el principio constitucional de la ciudadanía por nacimiento y cubriendo con el manto de la duda a todos aquéllos que aspiran al Sueño Americano.

Trump ha cuestionado la independencia del poder judicial, uno de los pilares de nuestra democracia.

Trump ha cultivado y agrandado durante la trayectoria de su campaña presidencial la relación con grupos que hacen del racismo y del odio cultural su bandera y, de esta manera, si llegara a la Casa Blanca traería como compañeros de viaje a ideólogos que contradicen los principios fundacionales de este país y las actuales bases y enmiendas constitucionales.

Trump ha amenazado con tomar decisiones bélicas y de agresión internacional que solo un dictador estaría capacitado para ejecutar.

Trump ha llamado a la insurrección entre los propios estadounidenses con tácticas y retórica de una hostilidad entre connacionales de consecuencias impredecibles.

Trump es un candidato cuyo carácter viene marcado, en cada acto y en cada palabra, por lo que define a un tirano y esto le descalifica para ser el gobernante de un pueblo libre.

Por todo eso yo, un servidor y humilde columnista en nombre del derecho inalienable a la libre expresión solemnemente publico, declaro y recomiendo votar; pero nunca votar por el candidato republicano Donald J. Trump para la presidencia de Estados Unidos. Y así, en libertad y con la responsabilidad de hacer seguimiento de nuestro voto, involucrándonos cívicamente en el mandato del próximo presidente para pedirle cuentas cada día de su Gobierno, pido el voto por la candidata demócrata Hillary R. Clinton para la presidencia de Estados Unidos.

Perder ganando, ganar perdiendo así se fraguó la venganza de Donald sobre Hillary
Noviembre 12, 2016

Ya sabemos que la Nasty Mujer no fue capaz de ganarle al Bad Hombre. Sabemos también que ambos candidatos presidenciales tenían mala reputación entre el electorado. Al menos eso dicen las encuestas, pero ¿quién se fía de las encuestas?

Una vez que la dama perdedora aceptó su derrota, muchos republicanos corrieron a abrigar al nuevo inquilino de la Casa Blanca. Pero ¿quién se cree que ganó un republicano? No ganó un republicano, señores, ganó Donald Trump, una marca que es un híbrido político o un parásito intestinal que se alimenta del cuerpo humano y que ese mismo humano necesita porque sin él sería un ser diferente. ¿Y quién quiere ser diferente?

Sin duda, en este ciclo electoral muchas cosas impredecibles han pasado. Pero entre ellas no figura la victoria de Donald Trump. Como tampoco era impredecible la victoria de Hillary Clinton. Porque, mis queridas damas, la señora Clinton ganó en el total de votos emitidos. Sí, ganó el voto popular pero sin los suficientes estados que le dieran el número de compromisarios necesarios para ganar la elección.

Alguno podría pensar que si ganas el voto popular y tu contrincante gana el número de compromisarios estatales, entonces estamos ante un empate. Pero esto no funciona así. Y dado que en estos momentos ser republicano y ser conservador parecen ser dos cosas distintas, la victoria a los puntos —por emplear lenguaje boxístico— es para Trump, para la marca Trump.

Sabemos que la marca Hillary llegó al ring muy golpeada, casi desgastada e incapacitada para generar entusiasmos idealistas —estilo el primer Obama— y capturar la mente y los corazones del estadounidense medio. Pero oiga, la marca Trump llegó como un desaforado elefante abriéndose paso en una cristalería o una tienda de espejos. Al final, la magullada Clinton ganó lo suyo gracias al temor Trump y el alborotado Trump también ganó lo suyo y la Casa Blanca gracias al odio Clinton incentivado por una campaña de mentiras y teorías de la conspiración vía redes sociales ante las que el campamento Clinton no supo reaccionar.

Claro que la aristocracia del Partido Demócrata nunca supo leer la situación del estadounidense blanco que pierde terreno porque la falta de planificación político-económica de poderes federales y estatales permitió el hundimiento social de ciertas industrias (la del carbón o el acero son solo unos ejemplos) sin que esos estadounidenses tuvieran ante sí una alternativa de futuro más que la de perder poder adquisitivo y ganar incertidumbre.

Cuando te hacen caer en la oscuridad te dejas guiar por el primer ciego que aparece y te vuelves sordo a la retórica más absurda o racista porque lo que oyes es que te guían hacia la luz. Claro que no todo el mundo es así.

Ejemplo: en el deprimido sector minero de Pensilvania, la periodista de Efe, Beatriz Pascual, se encontró con desempleados o subempleados que añoran un Estados Unidos

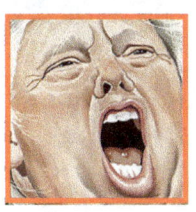

La familia de las presidenciales USA 2016, según Gogue: De pie, Trump; en la cuna, Sanders; sentada, Clinton.

"como antes" que dijeron votarían por Trump; pero también encontró a Tanya James, una mujer blanca y pionera en el año 1979 en el trabajo de la mina. James también lo perdió todo, pero no siente la nostalgia de muchos de sus colegas varones. Por eso, dijo, votaría por Hillary Clinton: "Creo que Trump es una pistola cargada de gatillo fácil", dijo James.

Y hasta aquí hemos llegado: un país dividido. Nada nuevo. Clinton fracasó en su intento de hacer historia, mostrando una clamorosa incapacidad para incrementar el voto de los nichos demográficos. Por ejemplo, (y los números son solo aproximados en este momento) Clinton recibió 10 puntos menos que Obama hace 4 años del voto afroestadounidense, perdió terreno en el voto hispano, menos votos asiáticos, consiguió menos votos de la mujer que Obama hace 4 años, y a pesar de los esfuerzos del senador Sanders hacia el final de la elección, fracasó con el voto joven respecto al récord alcanzado por Obama en la última elección. Sin batir récord en esos votantes nicho la cosa se pone difícil, sobre todo cuando los votantes indignados de Trump salen en masa y el discurso disruptivo y/o racista es abrazado por votantes indecisos.

Hillary no consiguió "enamorar" al votante de Obama.

¿Hay que temer a Trump? El temor de muchos es que se produzca al principio una "guerra cultural" en temas de relaciones raciales, de leyes del aborto, de matrimonio igualitario, de separación familiar en el tema de la inmigración.

La democracia ha traido a Trump hasta aquí y será la democracia quien deberá disponer de él. Ojo, si las ansiedades raciales y los temores se superan, una administración Trump podría incluso hacer cosas buenas, en infraestructuras y en proteger Social Security, por ejemplo.

Pero la respuesta sobre Trump, my friend, está en el viento que diría el último premio Nobel de Literatura. Y la respuesta la iremos dando los medios de comunicación día a día aunque no le gustemos a Trump.

Otras Opiniones

¿Es la forma de aplicar la ley de inmigración por parte de la administración Obama demasiado dura o demasiado blanda? ¿Puede ser ambas cosas? Suzy Khimm escribió en su blog del Washington Post que, hasta julio de 2012, "Obama deportó 1.4 millones" de inmigrantes indocumentados. Según cifras del Departmento de Seguridad Nacional (DHS, por sus siglas en inglés), el récord de Obama significaba 1.5 veces más inmigrantes en promedio de los que Bush deportó cada mes. En el año fiscal de 2012, fueron deportados más de 400.000 inmigrantes —la mayor cantidad anual reportada en la historia del país.

¿Hubo un incremento de inmigrantes no autorizados en Estados Unidos para explicar el récord de Obama? No.

El Pew Center estimó la población indocumentada en 11 millones. Esta población aumentó con Bush y se redujo con Obama debido a la crisis económica, entre otros factores. Entonces, ¿es este aumento en las deportaciones mensuales (más del 50%) prueba de la agresividad de la administración Obama? Sí y no.

El Transactional Record Access Clearing House (TRAC) —que monitorea las estadísticas sobre la aplicación de la ley migratoria— encontró que el número de nuevas deportaciones ordenadas en corte de inmigración se había reducido cada año desde que Obama llegó a la presidencia. Pero no todas las deportaciones son el resultado de audiencias en corte migratoria.

Por ejemplo, alguien puede ser deportado sin necesidad de una audiencia si reingresó al país ilegalmente o puede ser deportado administrativamente al ser culpable de ciertos crímenes. ¿Es posible que ICE esté "puenteando"
las cortes de inmigración más que nunca?

Regresemos al récord de Obama: datos de TRAC indican que entre los casos de deportación que llegan a las cortes migratorias, el porcentaje de quienes reciben permiso para permanecer en el país ha aumentado: de 29.4% en 2010 a 45.1% en 2013.

Una explicación sería que se trata del resultado del Programa de Acción Diferida (DACA) implementado por Obama y que permite a los Dreamers evitar la deportación. Obama asegura que su prioridad son los indocumentados con récord criminal. Pero datos de TRAC dicen que las deportaciones basadas en actos criminales se ha mantenido en un bajo 14% -15%.

Hasta el momento, el legado de Obama está marcado por las deportaciones. El presidente le dijo a José Díaz-Balart de Telemundo que parar las deportaciones "no era una opción".

Al mismo tiempo, gran parte de la base hispana de Obama ha dicho que el único "no se puede" que aceptarán es "no más" deportaciones. Obama le dijo a Díaz-Balart que detener las deportaciones "sería muy difícil de defender legalmente". Sin embargo, podría expandir DACA o parar las deportaciones "de un plumazo" con una orden ejecutiva, según se sugiere en un libro del catedrático Kenneth R. Mayer sobre las inevitables controversias que rodean a las órdenes ejecutivas presidenciales a través de la historia.

Desde la perspectiva legal, no se trata de lo que se puede o no hacer. Se trata del precio político que el presidente esté dispuesto a pagar.

Is immigration law as enforced by the Obama administration too tough or too weak? Can it be both? Suzy Khimm reported in her Washington Post blog that, as of July 2012, "Obama deported 1.4 million" undocumented immigrants since the beginning of his administration. Based on numbers from the Department of Homeland Security (DHS), Obama's record meant 1.5 times more immigrants on average than Bush deported every month. In the end, for Fiscal Year 2012 more than 400,000 immigrants were deported _the most of any year in US history. At the time, Rep. Luis Gutiérrez (D-IL) said that some 90,000 undocumented parents of American-born children were deported each year under Obama's eye.

Was there a large, new wave of undocumented immigrants in America to explain Obama's record? No. The Pew Hispanic Center estimated the undocumented population at 11 million. Actually, this population peaked under Bush and declined under Obama due to the economic crisis, among other factors. So, is this surge (above 50%) in monthly deportations evidence of the Obama administration hawkish approach on immigration? Yes and no.

The Transactional Record Access Clearing House (TRAC) at Syracuse University _which keeps records of immigration enforcement statistics_ found that the number of new "removals" ordered in immigration court has dropped each year that Obama has been in office. But not all deportations are a result of immigration court cases. For example, one can get deported without a hearing when reentering the country illegally or can be removed administratively when convicted of some felonies. Is ICE bypassing immigration courts at a higher rate?

Back to Obama's record: TRAC data indicates that among those deportation cases that reach immigration courts, the share that end in an allowance to stay in the US has risen dramatically _from 29.4% in 2010 to 45.1% in 2013 (October through April). One explanation could be a result of Obama's Deferred Action Program which allows Dreamers to avoid deportation.

While a large part of Obama's Hispanic constituency has reiterated that the only "no se puede" that they will accept is "no más" deportations.

Obama says that his focus is immigrants with a criminal record. But TRAC data (2008-2012) says that deportation orders based on alleged criminal activity has stayed at a low 14% -15%.

So far, Obama's legacy is a record on deportations. Obama told Telemundo's José Diaz-Balart that halting deportations "was not an option." While a large part of Obama's Hispanic constituency has reiterated that the only "no se puede" that they will accept is "no más" deportations. And Obama said to Diaz-Balart that stopping deportations would mean "I would be ignoring the law in a way that I think would be very difficult to defend legally." However Obama could expand the DACA Program or just "With the Stroke of a Pen" stop deportations issuing an Executive Order as suggested by professor Kenneth R. Mayer in a book about the unavoidable controversies surrounding presidential executive orders throughout history.

It is not about what you can or cannot do from a legal perspective. It is about the political cost the president is prepared to pay.

Sobre los Deportadores
¿Quiénes deportan más?
Marzo 16, 2014

4 de marzo: la presidenta y CEO del Consejo Nacional de La Raza, Janet Murguía, acusó al presidente Barack Obama de ser el "Deportador en Jefe".

6 de marzo: el presidente Barack Obama respondió autoproclamándose el "Campeón en Jefe" de la reforma migratoria integral.

En mi columna del 7 de octubre de 2013, titulada "¿Es Obama el Deportador en Jefe?" —Sí, yo lo dije antes que la Sra. Murguía— escribí lo siguiente: "Según cifras del Departmento de Seguridad Nacional (DHS, por sus siglas en inglés), el récord de Obama significaba 1.5 veces más inmigrantes en promedio de los que Bush deportó cada mes. En el año fiscal 2012, fueron deportados más de 400.000 immigrantes —la mayor cantidad anual reportada en la historia del país".

Sin embargo, citando The Transactional Record Access Clearing House (TRAC), también indicaba que entre los casos de deportación que llegaban a las cortes de inmigración, la cantidad que recibía un permiso para quedarse en Estados Unidos había aumentado dramáticamente. Una explicación podía ser el efecto positivo del "Deferred Action Program" de Obama que permitía a los Dreamers evitar la deportación.

Preguntas: ¿Qué hacer sobre el desequilibrio entre demanda laboral y oferta de visas? ¿Qué hacer con los 11 millones de indocumentados que ya están aquí? ¿Qué hacer sobre la integración de familias que viven entre dos países?

Hechos: la reforma migratoria es buena para Estados Unidos y buena para el Hemisferio. La inmigración ha tocado e impactado el tejido socioeconómico y cultural de Estados Unidos, México y un deprimido Triángulo Centro Americano: El Salvador, Guatemala, y Honduras. El "indicador" del Banco Mundial de 2013 dice que uno de cada diez mexicanos y más de uno de cada seis salvadoreños viven en Estados Unidos. Y un 10 por ciento de las personas del Triángulo Centro Americano vive fuera de sus países de origen —la gran mayoría de ellos en Estados Unidos y México.

¿Son México y el Triángulo Centro Americano los verdaderos "deportadores"? Sin duda son parte del problema.

Partidos políticos:

a) El GOP intenta golpear la piñata migratoria enviando al Congreso a políticos cuya estrategia es mirar para otro lado con una venda sobre los ojos. Pero la retórica sobre seguridad fronteriza y ciudadanía no puede esconder la hostilidad del GOP y la falta de visión hacia el tema migratorio.

b) El Partido Demócrata mantiene al inmigrante latino rehén de su retórica sobre la reforma y la ciudadanía ayudado por un presidente que nunca cumple sus promesas.

Obama en su discurso a la nación del 29 de enero, le dedicó 1 minuto y 19 segundos al tema migratorio. 1 minuto y 19 segundos a lo que se ha llamado el tema de derechos civiles más importante del siglo XXI. No alivió las procupaciones de quienes lo escuchaban: un sistema migratorio quebrado necesita arreglarse, y los ataques contra familias inmigrantes vulnerables y las deportaciones masivas deben parar.

About Deporters
Who are they?
March 16, 2014

March 4: The President and CEO of the National Council of La Raza, Janet Murguía, accused President Barack Obama of being "Deporter-in-Chief".

March 6: President Barack Obama replied by proclaiming himself "Champion-in-Chief" of a comprehensive immigration reform.

In my column _Oct 7, 2013_ "Is Obama the Deporter in Chief?", _Yes, this was before Ms. Murguía_ I wrote: "Based on numbers from the Department of Homeland Security (DHS), Obama's record meant 1.5 times more immigrants on average than Bush deported every month. In the end, for Fiscal Year 2012 more than 400,000 immigrants were deported _the most of any year in US history. At the time, Rep. Luis Gutiérrez (D-IL) said that some 90,000 undocumented parents of American-born children were deported each year under Obama's eye."

However, citing The Transactional Record Access Clearing House (TRAC), I also indicated that among the deportation cases that reach immigration courts, the number that ultimately authorize individuals to stay in the US has risen dramatically. One explanation for this could be a result of Obama's Deferred Action Program, which allows Dreamers to avoid deportation.

Issues: What to do about the unbalance between the labor demand and visa supply? What to do about the 11 million immigrants already here? What to do about the integration of families here and abroad?

Facts: Immigration reform is good for the US and good for the Hemisphere. Immigration has touched and impacted the social and cultural fabric of the United States, Mexico, and a depressed Central American Triangle: El Salvador, Guatemala, and Honduras. The 2013 World Bank "indicator" says that about one in ten Mexicans and more than one in six Salvadorans live in the United States. And 10 percent of people from the Central American Triangle live outside their home countries _the majority in the U.S.

Are Mexico and the Central American Triangle the true "deporters"?

Political parties:

a) The GOP is trying to hit the immigration piñata by sending a bunch of politicians to Congress with a strategy of looking the other way while blindfolded. But the rhetoric on border security and citizenship cannot hide the GOP's hostility and lack of vision towards immigration.

b) Immigrants have become hostage of the Democratic Party's rhetoric about reform and citizenship supported by a President who never fulfilled his promises.

Obama in his State of the Union Address, January 29, dedicated 1 minute and 19 seconds to the immigration issue. 1 minute and 19 seconds to what has been called one of most important civil rights issues of the 21st century. Those watching share the same sentiment: A broken immigration system needs to be fixed, and the attacks on vulnerable immigrant families and the mass deportations have to stop.

Immigration Wall
Immigration Reform vs Border Security Legislation
July 19, 2013

Most of the 2,000-mile US-Mexico border is tighter, stronger, and more patrolled than it has ever been. But to agree on a bipartisan Immigration Reform bill that would "fix our broken immigration system," the GOP demands more walls, more Border Patrol agents, and more surveillance devices. And they succeeded in the Senate. The need for a fix is the only shared political capital on Capitol Hill today. Too bad it doesn't buy urgent agreements. Can we afford more immigration inaction? "No," says Congressional Budget Office (CBO) data. Is our border performance so weak that our Republican members of Congress feel compelled to threaten what could become a historical immigration law? Data from borderfactcheck.org points to the contrary.

Border Patrol agents have doubled at the Southern border since 2005, and by the end of 2012 there were 18,516 agents stationed there. Drones patrol in the air, cameras dot the desert, and sensors monitor movements, but the Republican message is the same: No green cards until the Southern border is secure. Sen. John Cornyn (R-TX) wants the border "90 per cent secure," Rep. Mario Díaz-Balart (R-FL) wants "real border security," and even a Democrat, Sen. Charles Schummer, has requested "more technology."

The bill passed the Senate under a consensus for a large-scale buildup for the US-Mexico border. So, can we afford $34 billion a year for 20,000 more agents, according to the CBO estimate? Why are politicians obsessed with border crossings at a time when Border Patrol apprehensions at the Southern border went down dramatically in the last decade?

Besides, it is intriguing to see Congress focused on the "border crisis" when, according to official US Trade numbers, cross-border commerce is busier than ever. In 2011, trade with Mexico totaled $500 billion; US exports across the border are up 77 per cent since 2000, while imports are up 93 per cent. But more than anything else, it is disturbing to witness the rhetorical building of an immigration wall to shut off the positive economic consequences of an immigration reform.

A June 18th CBO report stated that immigration reform would reduce the federal deficit by $158 billion over the next decade. It is economics common sense: adding undocumented workers to the mainstream and allowing more visas for newcomers will raise American output and productivity. Most Republicans should pay attention to COB's predictions: The immigration bill would grow the economy 5.4 per cent in the coming years.

In the current economic environment, can the country afford a border security build up when current measures are yielding positive results? Or is the GOP tactic to transform Immigration Reform into Border Security legislation?

Also, please raise your hand if you know a 90 per cent secure border anywhere in the world. I am ready to cross it.

Un mandato constitucional
El desafío de aprobar una reforma migratoria

Agosto 2, 2013

La Cámara de Representantes debe tomar la iniciativa respecto al proyecto de ley bipartidista de Reforma Migratoria que fue aprobado por el Senado (27 de junio, 2013) siguiendo el mandato de la Corte Suprema después del caso de Arizona (25 de junio, 2012). Según la decisión de la Corte, al intentar aplicar leyes de inmigración, la ley S.B. 1070 de Arizona entró en conflicto con la Constitución de Estados Unidos y su estructura federal.

Y dado que la Constitución otorga al gobierno federal el poder de establecer leyes y política migratoria, y de proteger los derechos tanto de ciudadanos como de no ciudadanos, la Cámara de Representantes debe votar ya el proyecto de ley migratorio, llevarlo a Conferencia con el Senado, y seguidamente enviarle un proyecto de ley consensuado al presidente para que éste lo convierta en ley. No se trata de un tema político, es un mandato constitucional. La decision de la Corte sobre la ley anti-inmigrante de Arizona fue clara: Arizona no puede crear sus leyes migratorias, es el Congreso quien debe actuar. Pero la incapacidad de la Cámara para actuar en el tema migratorio se traduce hoy en una suspensión del gobierno representativo y daña el balance constitucional que se consigue cuando un órgano legislativo es capaz de deliberar y decidir con prontitud.

El presidente de la Cámara de Representantes, el republicano John Boehner, ha esgrimido la Regla Hastert para justificar el actual estado de "cámara lenta" en el tema migratorio. El expresidente de la Cámara, Dennis Hastert (R) dió nombre a esta Regla en 2003 cuando se negó a "acelerar legislación que va contra los deseos de la mayoría en la mayoría" — o sea, más de la mitad de la bancada republicana.

Fiel a esta Regla, Boehner no permite someter a votación un proyecto de ley migratorio hasta que cuente con el 51 por ciento del apoyo republicano. Sin embargo, lo cierto es que la Regla Hastert no se ha seguido cuando la Cámara se ha visto presionada a aprobar ciertos proyectos de ley. El mismo Boehner no siguió la Regla cuando la Cámara votó a favor del proyecto de ley que otorgaba fondos para las víctimas del huracán Sandy.

De hecho, el Congreso se mueve tradicionalmente cuando el partido en la mayoría ve que su postura obstruccionista va a ocasionarle un costo político. ¿Es, entonces, esta capacidad de los republicanos de mantenerse en sus trece en la Cámara un reflejo de la débil influencia hispana en el proceso político? ¿Cuál es el precio que Boehner le hará pagar a su partido por no llevar a voto el proyecto de ley migratorio?¿Piensan los republicanos que pueden recuperar más tarde al electorado hispano? ¿Les importa?

Mientras esperamos por la respuesta del GOP, parece obvio que la reforma migratoria precisa conseguir estatus de "urgente" en las mentes y los corazones de los legisladores. Y hay que añadir presión. ¿Pero quién va a asustar con la Constitución en la mano a políticos que responden a distritos con poca presencia hispana? Desde el Caso Arizona, la Corte Suprema le ha dado el mandato legal al Congreso para aprobar una Reforma Migratoria. Esto implica que ambos partidos deben llegar a un acuerdo cuanto antes. Recordando al senador Ted Kennedy: no se trata de lograr la perfección, sino lo posible, y, en este caso, lo necesario.

A Constitutional Mandate
Both parties must compromise to pass immigration reform
August 2, 2013

The House of Representatives must act regarding the bipartisan Immigration Reform bill passed by the Senate (June 27, 2013) as mandated by the Supreme Court after the Arizona Decision (June 25, 2012). By seeking to enforce immigration laws, Arizona's S.B. 1070 was in conflict with the U.S. Constitution and its federalist structure, the Court ruled.

And since the Constitution gives the power to set immigration law and policy —and to protect the equal rights of citizens and non-citizens- to the federal government, the House must vote on the immigration bill now, get to Conference with the Senate, and send a consensus bill to the President for execution into law.

This is not a political issue, it is a constitutional mandate. The Court's ruling on Arizona's anti-immigration law was clear: Arizona stand down, we have to give Congress a chance to act. But the incapacity of the House to act is in practice a suspension of representative government and clearly hurts the constitutional balance that only a legislative organ capable of deliberating and deciding promptly can achieve.

The Republican Speaker of the House, John Boehner, has brandished the Hastert Rule to justify the current slow motion state of the immigration issue. Former Speaker Dennis Hastert (R) coined the Rule in 2003 when he refused to "expedite legislation that runs counter to wishes of the majority of the majority" —meaning more than half of the Republicans.

Following this Rule, Speaker Boehner will not allow the immigration bill to reach the floor unless it has 51 per cent of the Republican Caucus. However, violations of the Hastert Rule have occurred whenever the House has faced "must-pass" bills.

Boehner himself violated the Rule when the House voted to pass the Hurricane Sandy Relief bill. In fact, action takes place in Congress on issues for which the majority party might pay a political price for opposing. Is the Republican ability to stick to its guns on the immigration issue in the House a reflection of the weak Hispanic influence in the political process? What is the price Boehner will pay for stubbornly keeping the vote on the immigration bill off the floor? Is anybody thinking of the Hispanic vote? Do Republicans think that they can play catch-up with the Hispanic electorate? Do they even care?

While we wait for the GOP response to these questions, it seems obvious that immigration reform needs to gain "must-pass" status in the hearts and minds of the legislators. But who can put the fear of unconstitutionality in partisan minded politicians?

The Supreme Court has mandated that Congress pass Immigration Reform, and that means that both parties must compromise to arrive at a mutually agreeable resolution. Let's remember the late Senator Ted Kennedy: It's not about the perfect, but the possible, and, in this case, the necessary.

La paradójica crisis
Más represión en la frontera genera la "era del indocumentado"
Agosto 15, 2013

"Todo lo que sabemos sobre los indocumentados es erróneo", escribió Ezra Klein, el 10 de agosto en The Washington Post, haciéndose eco del análisis del profesor de la Universidad de Princeton Doug Massey en un estudio publicado en 2007 titulado "Understanding America's Immigration 'Crisis.'" Ojo, la palabra "crisis" va entre comillas. Massey no es un político, conoce el peso que tienen las palabras y "crisis" junto a la palabra inmigración es propio de demagogos y de intereses especiales, no de académicos.

El análisis de Massey se remonta al principio del siglo 20 cuando las empresas estadounidenses "suplicaron" la ayuda de los trabajadores mexicanos, los contrataron y luego les pagaron con promesas rotas. La década de 1920 fue testigo de una explosión de la fuerza laboral inmigrante, luego llegó la "era de las deportaciones", como resultado de la Gran Depresión cuando más de medio millón de mexicanos fueron expulsados de Estados Unidos.

La Segunda Guerra Mundial volvió a generar la demanda de mano de obra extranjera. Es la época del Programa Bracero por el que los trabajadores recibían fácilmente visas para Estados Unidos y cuando se registró uno de los menores índices de cruces ilegales en la frontera US-México.

La "era del inmigrante indocumentado" nace con el fin del Programa en 1965 y la subsiguiente represión migratoria. El número de visas de trabajo expedidas pasaron de unas 400,000 en 1959 a 1.725 en 1979. Sin embargo, cruzar la frontera ida y vuelta en los 80 era más fácil y los trabajadores indocumentados no se veían obligados a quedarse en este país.

En 1986, el Congreso aprobó una ley de reforma migratoria y el presidente republicano Ronald Reagan otorgó una amnistía a tres millones de indocumentados. Una ley migratoria, y una creciente y positiva relación económica en la frontera US-México, debía traducirse en acuerdos laborales más fluidos. Pero no fue así. De hecho, a finales de los 80 comienza la militarización de la frontera sur. Massey dice que cuando Estados Unidos pone más difícil el cruce fronterizo, provoca un resultado imprevisto: el aumento de los inmigrantes indocumentados. Y esto nos lleva a la actual paradójica "crisis": La reducción a cero de inmigrantes indocumentados cruzando la frontera incita al Congreso a enfocarse por encima de todo "a militarizar más una frontera ya militarizada".

La ley migratoria del Senado —actualmente en Limbo, o sea, en la Cámara de Representantes— le dedica una obscena cantidad de dinero a la seguridad fronteriza. A la luz del análisis de Massey, parece que algunos en el Congreso tratan de pervertir el significado de la palabra inmigración —un fenómeno humano, el gran catalizador de la experiencia americana.

"Crisis" migratoria? "Crisis" es lo que gritan siempre aquellos cuyo negocio es mantener viva la "crisis".

The Paradoxical Crisis
Following limitations on immigration, the era of the undocumented immigrant was born
August 15, 2013

"All we know about undocumented immigrants is wrong," wrote Ezra Klein in The Washington Post, echoing Princeton University's Doug Massey, whose historical approach to the immigration issue can be read in a 2007 paper titled "Understanding America's Immigration 'Crisis.'" Note that the word crisis is in quotation marks. Massey is no politician, he knows words have weight and attaching the word "crisis" to immigration is the business of demagogues and special interests, not scholars.

Massey's analysis starts early in the 20th century when American companies "begged Mexican laborers" for help, recruited them, and later paid them in broken promises. There was an enormous increase in the immigrant labor force during the 1920s, which was followed by the "age of deportations" as a result of the Great Depression when almost half a million Mexicans were expelled from the US.

World War II brought back the demand for foreign workers. This was the time of the Bracero Program when workers were granted temporary US visas, and illegal crossings through the US-Mexican border were at their lowest. Following the end of the Program in 1965 and subsequent limitations on immigration _the number of workers visas went from 400,000 in 1959 to 1,725 in 1979_ the era of the undocumented immigrant was born.

However, because the border was less patrolled in the 80s, undocumented laborers were more easily able to both enter and leave the country.

In 1986, Congress passed an immigration reform law, and President Reagan granted amnesty to three million undocumented workers. An immigration law and a thriving economic US-Mexico relationship at the border should have translated into more fluid labor force agreements, right? Not exactly. Actually, the late 80s are the years of the increased militarization of the US-Mexico border. Massey argues that when the US government makes crossing the border more difficult, it provokes an unintended consequence: the increase of undocumented immigrants. This takes us to the present paradoxical "crisis": the fall to zero of undocumented, border-crossing immigrants compels Congress to focus above all "on how to further militarize an already militarized border."

The Senate immigration bill _currently in Limbo a.k.a the House_ appropriates an obscene amount of money to border security. In light of Massey's analysis, it seems that some in Congress are trying to pervert the meaning of immigration _a human phenomenon, the great catalyst of the American experience.

So is there an immigration "crisis"? "Crisis" is always yelled by those whose business is keeping the "crisis" alive.

Just Questions
December 10, 2013

1. Since Facebook's founder, Mark Zuckerberg, recently joined other voices from Silicon Valley calling the cause of immigration reform "one of the biggest civil rights issues of our time," how come Anglo American media keep such a low key coverage on the latest immigration movement _Fast4Families_ and its unique and broad coalition of religious, political, and community voices?

2. Is American media hurting the democratic process by hiding and/or minimizing the immigration issue? Do they know what Fast4Families is? Why did "Occupy Wall Street" and "Occupy DC" get so much coverage while the "civil rights issue of our time" is being neglected?

3. In an opinion column published by The Washington Post, Chef José Andrés wrote _days after becoming an American citizen_: "Right now, the House of Representatives has a chance to make a difference in the lives of millions by allowing a vote on immigration reform, a difference that would benefit America for generations to come. I don't envy Speaker John Boehner's difficult position." Really? Does Speaker Boehner have a "difficult position"? Thank you Chef José Andrés for your vision and your mission; but, should we pity Speaker Boehner or demand action from Congress?

4. According to the White House, President Obama lived briefly, when he was in law school, with his Kenyan-born uncle, Onyango Obama. The problem: Uncle Obama was an undocumented immigrant. Until now uncle Obama faced deportation. But an immigration judge ruled that uncle Obama could stay in the US. Can we apply the same rational to the thousands of families that are being broken by the same system?

5. Executive action to halt all deportations of undocumented immigrants who have not committed serious crimes it'd be politically consistent and within precedent. However, the staggering number of deportations under Obama _1.5 million people in his first term_ has left thousands of children in foster care after their parents were deported, according to a study by the Applied Research Center. For how long will the president repudiate his promises to the Hispanic voter?

6. The stubborn opposition to immigration reform by most Republicans in the House of Representatives contradicts Douglas Holtz-Eakin, a conservative economist and former Congressional Budget Office director, who told Fox News that immigration reform is "an economic policy opportunity." Any questions?

7. Republicans will fail at attracting the new mainstream voter _those who are called "minorities" today. The GOP's message will get lost amidst the noise and disturbance of the politics of hate, ignorance, and inflexibility. And finally, will the GOP end up bending under the firm plea of its own supporters?

1. Dado que el fundador de Facebook, Mark Zuckerberg, se unió hace poco a otras voces de Silicon Valley al llamarle a la causa de la reforma migratoria "uno de los temas de derechos civiles más importantes de nuestro tiempo", ¿cómo es posible que los medios de comunicación estadounidenses mantengan una cobertura tan tacaña del movimiento Fast4Families y su amplia coalición de voces comunitarias, religiosas y políticas?

2. ¿Están los medios dañando la democracia al esconder y/o minimizar el tema migratorio? ¿Conocen Fast4Families? ¿Por qué "Occupy Wall Street" y "Occupy DC" consiguieron tanta cobertura y "el tema de derechos civiles de nuestro tiempo" se mantiene casi ignorado?

3. En una columna de opinión publicada en The Washington Post, el Chef José Andrés escribió —poco después de convertirse en ciudadano estadounidense—: "En este momento, la Cámara de Representantes tiene la posibilidad de hacer la diferencia en la vida de millones de personas si permiten que se vote la reforma migratoria, y esa diferencia beneficiará a Estados Unidos durante generaciones. No envidio la difícil posición en que se encuentra el presidente de la Cámara de Representantes, John Boehner". ¿De veras? ¿Tiene el 'Speaker' Boehner una "difícil posición"? Gracias Chef José Andrés por tu visión y tu misión; pero más que compadecernos por Boehner ¿no deberíamos exigir acción por parte del Congreso?

4. Según la Casa Blanca, el presidente Obama vivió cuando estaba en la escuela de Derecho, con su tío Onyango Obama —inmigrante de Kenia. El problema: tío Obama era un inmigrante indocumentado y hasta ahora enfrentaba la deportación. Pero un juez acaba de decir que se puede quedar en Estados Unidos. Señor juez: ¿Puede aplicar la misma lógica a las miles de familias que se rompen cada día en este país víctimas del sistema?

5. Una orden ejecutiva que detenga las deportaciones de indocumentados que no hayan cometido crímenes serios sería políticamente consistente y con precedente. Sin embargo, el enorme número de deportaciones bajo Obama —más de 1,5 millones sólo en su primer mandato— ha dejado a miles de niños al cuidado de los servicios del gobierno después de que sus padres fueron deportados, según un estudio de Applied Research Center. ¿Durante cuánto tiempo el presidente incumplirá sus promesas con el votante hispano?

6. La oposición republicana a la reforma contradice a Douglas Holtz-Eakin, un economista conservador y ex director de la Oficina Presupuestaria del Congreso quien dijo a Fox News que la reforma migratoria es "una oportunidad en política económica". ¿Alguna pregunta?

7. Los republicanos fracasarán con los nuevos votantes, los que hoy se llaman "minorías". Su mensaje se perderá entre la política del odio y la ignorancia. ¿Terminarán rindiéndose a la evidencia?

Glitch, Health, and Care
October 23, 2013

It made it past Congress to become law, it was validated by the Supreme Court, and it saw the light at the end of a government shutdown tunnel. But will the Affordable Care Act (ACA) _aka Obamacare_ survive an internet meltdown? Probably. Is it possible that the federal government does not know how to subcontract the right tech company? Sure. But how in the world does a law with a goal to give more Americans access to health insurance end up the internet glitch story of the day?

All this media noise! All this GOTCHA! Republican attitude once they thought they could turn the online mess into the legislation's poison pill! Excuse the dramatic tone, but this country still has a health care issue _or crisis. We still stand as the only industrialized nation where health is a privilege. We have one of the most segregated and most expensive health care systems in the world. And the only thing we hear from those who oppose ACA is that this country cannot afford to provide health care to its people.

On November 14, House Speaker John Boehner accused President Barack Obama of destroying "the best health care delivery system in the world." Was the Speaker talking about his Federal Employee Health Benefits Program, which covers hospital, surgical, physician, mental health, prescription drug, emergency care, and other health benefits?

As a fact, the US spends $2.7 trillion a year on health care, or $8,508 per person. This is between $3,000 to $5,000 more than most developed countries. Yet, the return on the investment Americans get falls short in terms of access to care and affordability.

According to the Commonwealth Fund, 37% of Americans don't follow medical recommendations due to cost, and 23% have problems paying their medical bills. Since 75% of those surveyed by the Fund say that the health system needs a profound change, why do the health industry and so many Republicans want to stick to the status quo?

The only "good" thing about the Healthcare.gov mess is that the opposition to any kind of change is not blaming Hispanic immigrants for the increase in health care costs. So if Hispanics _who represent 32% of those with no insurance_ are not to blame, where does the money go? A recent report by the Journal of the American Medical Association (JAMA) indicates that 91% of cost increases in the health system are produced by hospital charges, professional services, drugs and devices, and bureaucratic costs.

The JAMA's report entitled "The Anatomy of Health Care in the United States" calls for "a national conversation, guided by the best data and information, aimed at explicit understanding of choices, tradeoffs, and expectations, using broader definitions of health and value."

In the end, America needs politicians who are able to go beyond today's Healthcare.gov glitch soundbite.

I posted my latest column on my Facebook page. The title was "Glitch, Health, and Care." It was about the Healthcare.gov mess. What I wrote triggered a fast and furious reaction from a gentleman that I love dearly. What follows is a summary of a sparkly Facebook chat:

"…you seem to have joined mainstream media support for possibly the most socialistic program ever visited on the American people. Which is it, Alberto, that you really believe in, individual responsibility or collectivism? Socialized medicine didn't work in the Soviet Union, doesn't work in Spain, England or Cuba, and it won't work here. Pretty soon the same Democrats who shoved it down our throats will be begging for its repeal. And, if Republicans have any brains (a doubtful proposition) they will solve the problems with targeted, discreet legislation so all Americans have access to affordable, quality healthcare. I suggest El Tiempo Latino honor the philosophy of impartial, honest journalism that motivated its founding…"

The author of this comment was Armando Chapelli the former owner and Publisher of El Tiempo Latino. It was Chapelli who trusted me with his beloved paper in 2000 _9 years after its founding in Washington, DC. As Associate Publisher and Editor-in-Chief of El Tiempo Latino, working hand in hand with Chapelli, we started in 2001 an editorial collaboration with The Washington Post that three years later would end into the purchase of El Tiempo by The Post. I was taken aback by the reaction of the "Maestro." I read his Facebook post and shot back with one of my own:

"Armando:

1. In my column I am not supporting any law, 'socialistic' or not. I am calling those who oppose the current health law to tell me what the alternative is. I am asking questions about the real issue _not an internet glitch_ but a health care crisis driven by out of control cost (which by the way should be a conservative point).

2. I am an independent voter with no party affiliations but with the right as a commentator to ask questions to those who oppose something without giving me answers. If you think that the health care status quo in this country is ok, so be it. It is my prerogative to say that Republicans play the game of crying wolf instead of sponsoring legislation to help the current health care mess _and I do not like it. I miss the intellectual conservatives and the democratic intellectuals _people to talk to about issues not to bitch about how to make political-partisan points. I am all for politics not for politicking and hate. This attitude does not make me friends. Although, I still love you and have great respect for you Armando."

It took Chapelli a few minutes to post his answer. It was the most beautiful answer after a heated Facebook talk. He just wrote one single word, in Spanish. A simple, meaningful word. It was not a word of agreement nor surrender. It was the same word used by Cervantes to end "Don Quixote."

Chapelli posted: "Vale."

¿#PapaEnDC bi-religioso?
Francisco visita Estados Unidos
Septiembre 23, 2015

Lo que sigue es un mosaico de twits, incluyendo cosas oídas por ahí sobre #PapaEnDC:

1. Sobre el cambio climático, el Papa Francisco está de parte del 99% de los científicos y en contra del 56% de los republicanos en el Congreso de EEUU. Enfatiza la justicia social —sueldos justos. No se pueden hacer donaciones a la Iglesia como resultado de las injusticias que se cometen con los trabajadores, dijo poco antes de llegar a Washington. Sigue la línea dura y oficial en temas de salud reproductiva y derechos de la comunidad LGBT. Con frecuencia confunde a la izquierda y enoja a la derecha. ¿Es la visita del Papa Francisco a Estados Unidos bipartidista y bi-religiosa? Esa es la cuestión.

2. Vimos a 11.000 personas en la ceremonia de la Casa Blanca: la bienvenida más enorme dada a alguien que llega en un Fiat.

3. "Los inmigrantes enriquecerán a Estados Unidos y a su iglesia", Francis Dixit en inglés. La mayoría de sus discursos en EEUU serán en español. Sólo 4 de sus 18 discursos oficiales serán en inglés. Justo balance.

4. "Saludos a mis hermanos judíos", dijo Francisco en la catedral de San Mateo en DC. El Pontífice comenzó su visita oficial a EEUU el día que los judíos celebran Yom Kippur —el día más sagrado en el calendario judío. Yom Kippur significa "Día de Expiación." Es un día de arrepentimiento de los pecados.

5. Diciendo que no vino a "juzgar" o a "sermonear" a los líderes católicos, Francisco enfatizó que su propósito era ofrecer apoyo y guía en estos retos: "Las víctimas inocentes del aborto, los niños que mueren de hambre o por las bombas, inmigrantes que mueren ahogados en busca de un mejor mañana, los ancianos o los enfermos que son vistos como una carga, las víctimas del terrorismo, de las guerras, la violencia el tráfico de drogas, el medio ambiente…"

6. CNN saltaba entre el Papa y Donald Trump. Por fin, se concentraron en el Papa y en la ceremonia de canonización de Fray Junípero Serra, el primer santo hispano de Estados Unidos. Mientras algunos hispanos académicos y activistas se quejaron por lo del santo, otros aseguraban: ahora los hispanos necesitan algo con menos poder divino y más poder terrenal, como, por ejemplo, un presidente de Estados Unidos.

7. Mientras, en algún lugar en Univisión se escucha esto: "El Papa es el hombre más poderoso y mejor informado del mundo, incluido cualquier servicio secreto".

8. En claytoonz.com, Clay Jones dibuja a un individuo gritándole al Papa mientras éste camina con Obama: "¡Regresa a tu país, marxista, socialista, comunista e invasor!!!" Francisco mira a Obama y pregunta: "¿Es por mi o por usted?" Jones escribe en su blog: "Después de 8 años de gente llamando a Obama lo que no es, como musulmán, socialista, comunista, extranjero, etc. Ahora el Papa tiene que lidiar con lo mismo… Al menos, nadie acusa al Papa de ser musulmán. Todavía no".

What follows is a mosaic of tweets, including things heard or overheard over #PopeInDC. Here we go:

1. On climate change, Pope Francis sides himself with 99% of climate scientists_and against 56% of Congressional Republicans. He is outspoken for social justice _aka wages_ "You cannot make donations to the Church on the back of the injustice that you commit with your employees," he has said prior to his visit to the US. And a hardliner on reproductive health and LGBTQ rights. He often confuses the left and upsets the right: Is Pope Francis' visit to the US bipartisan and bireligious? That's the question.

2. We saw 11,000 people at the White House ceremony: The largest welcome to somebody arriving in a Fiat.

3. "Immigrants will enrich America and its church", Francis Dixit in English. Most of his speeches in the States will be in Spanish. Pope Francis will deliver only four out of his 18 speeches in the U.S. in English. Fair balance.

4. "My greetings to my Jewish brothers", Francis said at Cathedral of St. Matthew the Apostle in D.C. The Pontiff started his official visit to the US on the day Jews observe Yom Kippur _The holiest day in the Jewish calendar.

5. Saying that he had not come to "judge ... or to lecture" the Catholic leaders, Francis said a key purpose of his "apostolic mission" was to offer support and guidance on these challenges: "The innocent victim of abortion, children who die of hunger or from bombings, immigrants who drown in search for a better tomorrow, the elderly or the sick who are considered a burden, the victims of terrorism, wars, violence and drug trafficking, the environment..."

6. CNN was jumping to and fro between the Pope and Donald Trump.

7. In the meantime, somewhere in Univision:"El Papa es el hombre más poderoso y mejor informado del mundo incluido cualquier servicio secreto"

8. At claytoonz.com Clay Jones draws a guy yelling at Pope Francis while walks with Obama: "Go back to where you came from, you illegitimate Marxist, socialist, communists interloper!!!" Francis looks at Obama and asks: "Mine or yours?" Jones writes: "We have had almost 8 years of people accusing Obama of being something he isn't like Muslim, Socialist, Communist, foreign born, etc. Now the Pope has to deal with it... At least no one is accusing the Pope of being Muslim. At least not yet."

Bradlee, mi héroe
En Memoria
Octubre 22, 2014

Sucedió en 2005. The Washington Post acababa de comprar El Tiempo Latino y yo todavía me estaba orientando en el edificio de la calle 15. Mi sentido de la dirección nunca ha sido mi fuerte así que resultaba normal para el observador casual verme dudar por la mañana camino de mi oficina mientras mi cuerpo me empujaba intuitivamente hacia un salón o un espacio que mi mente se negaba a reconocer.

Sucedió una de esas mañanas. Cuando mi mente deambulaba por un limbo geográfico, mis ojos lo vieron —una figura carismática no en altura, sino en aura. Mis ojos entendieron, antes de que mi corazón pudiera aceptarlo, que Mr. Benjamin C. Bradlee caminaba hacia mí. Sufrí entonces lo que llamo "mi momento Einstein": mi reloj iba más lento, mis pasos eran más cortos —espacio y tiempo se hicieron flexibles como en el trayecto de una curvatura. Y un millón de años más tarde, la burbuja estalló. Yo —cuerpo y alma en unísono por primera vez— noté que me encontraba en la cafetería del edificio del Post de la que Bradlee se disponía a salir pasando a mi lado.

Caminaba con la elegancia de un ciudadano del mundo. Pensativo. Tal vez cansado pero nunca exhausto. Llevaba toneladas de historia sobre sus hombros pero el traje le caía amigable. Le hablé con prisas: "Buenos días. No se imagina lo que significa para mí conocerlo aquí... me llamo... y trabajo en..." Bradlee me miró sin escuchar. Yo seguí explicándole que en 1974, cuando terminaba la secundaria en España, nuestro profesor de inglés paró la clase para hablar de lo que estaba pasando en Estados Unidos con un periódico llamado The Washington Post y el Watergate, y habló de un presidente que escondía secretos y de usted, Mr. Bradlee, y de Bernstein y Woodward. También mencionó a una mujer llamada Katharine Graham".

"Yo tenía 17 años y todos esos nombres, el suyo incluido, se me subieron a la cabeza como un buen trago o un shot de bourbon —aquí Bradlee rió como en un poema de T.S. Eliot: Su risa era submarina y profunda".

"Entonces comencé a soñar con los valores que ustedes defendían. En aquellos tiempos en España había una dictadura por lo que la libertad de prensa no formó parte de mi primera juventud. Pero su ejemplo, Mr. Bradlee, inspiró a mi generación... y terminé dedicándome al periodismo... y 30 años después aquí estoy en The Washington Post hablando con usted..."

Bradlee aún me observaba en silencio, revestido de una sedosa y paciente distancia. Yo me había quedado sin aliento después de descargar mis emociones sobre él.

Entonces Bradlee dijo: "Alberto..." Y yo dije: "¿Sí...?" Y Bradlee me dijo: "¡Cállate la boca y tomemos un café!".

No hablamos del Watergate ese día, ni ningún otro día entre 2005 y 2013, cuando nos encontrábamos en el edificio del Post.

Mi querido Mr. Bradlee, el suyo ha sido el viaje de una semilla, como en el poema de Corso: Donde usted se detiene, crecerán árboles.

Que todos los dioses —y todas las diosas— vayan con usted Mr. Bradlee.

Bradlee, My Hero
In Memoria
October 22, 2014

It happened in 2005. The year before, The Washington Post had purchased El Tiempo Latino and I was still figuring out my whereabouts inside the building at 15th Street. My sense of direction has never been one of my strengths, so it was not unusual for a casual observer to see me hesitate while on my way to the El Tiempo Latino offices, my body intuitively dragging me into rooms and spaces that my mind refused to recognize.

It happened one of those mornings. As I wandered through a geographical limbo, my eyes spotted him — a charismatic figure not in height but in aura. My eyes understood before my heart could handle it that Mr. Benjamin C. Bradlee was walking towards me. I then experienced for the first time in my life what I call "my Einstein moment": my watch was running slower, my steps were growing shorter, and space and time became weirdly flexible as if engulfed in a curvature. After what felt like a million years later, the bubble burst. I —body and soul in unison for the first time— noticed that I had reached the cafeteria of the Post building where Bradlee was on his way out and about to pass me by.

He walked in grace like a sharp citizen of the world. Pensive, I thought. Maybe tired but never exhausted. He carried tons of history on his shoulders but his suit fell on him like a comfortable companion. In a haste, I said to him: "Good morning, sir. You cannot imagine what it means to me to meet you here… my name is… and I work at…"

Bradlee looked at me without listening. I continued by explaining that in 1974 I was finishing high school in Spain. One day, our English teacher decided to stop the class to talk about what was happening in the US with a newspaper called The Washington Post and something called The Watergate, and a President hiding secrets and you, sir, Mr. Bradlee, were mentioned as well as Bernstein and Woodward. And my teacher said something about a woman called Katharine Graham.

I was 17 years old, sir, and all those names, yours included, went to my head like a good spirit or a shot of bourbon —here Bradlee laughed like in a T.S. Eliot poem: His laughter was submarine and profound.

And, sir, right and then I started to dream with the values you were defending. You know, at the time in Spain there was a dictatorship and freedom of the press was not part of my young years. But your example, sir…what you guys were doing over here inspired my generation over there… and I ended up in journalism… and 30 years later, sir, I am here in The Washington Post talking to you.

Bradlee was still looking at me, quiet. He seemed covered by a silky and patient distance. I was breathless, exhausted, and relieved after unloading my emotions unto him.

Then, Bradlee said, "Alberto…" and I said, "Yes, sir?" And Bradlee said, "Shut up, let's grab a coffee".

We didn't talk about Watergate that day or any other day between 2005 and 2013.

My dear Mr. Bradlee, your journey has been one of a seed: Where you stop, trees will grow.

May the gods —and the goddesses— be with you, Mr. Bradlee.

Estamos ante una nueva guerra mundial
ISIS vs democracias occidentales
Noviembre 19, 2015

Vuelven a sonar los tambores de la guerra. La retórica del president francés, François Hollande, no es hoy muy diferente del discurso de George W. Bush después del 11 de septiembre de 2001. Pero la similitud termina donde empieza la nueva realidad. Hace 14 años, el mundo occidental abrazó a Estados Unidos hasta que la obsesión estadounidense con Saddam Hussein y la vocación de fracaso que tiene toda intervención para reconstruir culturas distantes desgastó la solidaridad y cuestionó el modelo de las buenas intenciones. En estos años, occidente comprobó lo que ocurre cuando golpeas un avispero —llámese éste Irak o Libia— o cuando se es incapaz de terminar con el horror de Boko Haram en África.

La nueva realidad nada tiene que ver con los "hijos de perra" que están de nuestro lado —según el Teddy Roosevelt de un incipiente imperio— hasta que decidimos que ya no nos gusta su proceder. Esa realidad bipolar, fácil, de poner y quitar peones, de geoestrategia, de realpolitik... Todo eso se ha acabado.

El jihadismo es un reto del siglo XXI contra los valores de las democracias occidentales que se ha sabido nutrir de la relación disfuncional —a veces torpe, a veces éticamente correcta y siempre económicamente interesada— con Oriente Medio, con los países árabes, con África... El llamado Estado Islámico es la explosión nuclear e ideológica de Al Qaeda. Se trata de una explosión bien financiada y bien equipada mediáticamente que incluye 100.000 mensajes diarios en internet. Los bombardeos de occidente —por muy necesarios— no serán nunca suficientes para apagar este fuego. Se necesitará cultivar la inteligencia, desarrollar las contradicciones y ofrecer, y defender, a quienes no tienen más remedio que sucumbir a la jihad, una alternativa en sus propios territorios. Y la solución es difícil porque ya sabemos que el "nation building" de los neoconservadores no funciona en esos territorios. Y uno tiene la sensación de que el asesinato del archiduque de Austria y su esposa en Sarajevo, en 1914, a manos del grupo la Mano Negra y que sería el detonante de la Primera Guerra Mundial, parece un juego de niños comparado con la capacidad destructora del yihadismo antioccidental.

El concepto Estado Islámico es una traducción de como se autodenomina este grupo terrorista que se autoproclama "califato", es decir, un estado regido por un califa o sucesor del Profeta Mahoma. Las siglas ISIS responden a "Islamic State in Iraq and Syria" y surgen como un brazo de Al Qaeda en Irak durante la ocupación de Estados Unidos. Y a raíz de los ataques en París, el presidente francés, Hollande, y el presidente estadounidense, Obama, están utilizando el término "Daesh" que se relaciona con las siglas anteriores pero que en árabe puede tener una connotación negativa o insultante, como "racista que impone sus puntos de vista sobre los otros", según escribió en octubre de 2014 Zeba Khan en el Boston Globe, luego que un artículo de AP reportara que ISIS había amenazado con cortarle la lengua a quien utilizara públicamente el término Daesh.

La experiencia reciente parece indicar que este terrorismo anti democracias occidentales es muy sensible a lo que consideran "insultos" y que se nutren de su capacidad de golpear los valores que representan esos países.

La guerra contra ellos no empezó en París después del 13 de noviembre. ISIS ya había perdido territorio en Irak y Siria, así como a varios líderes, y reportes oficiales estimaban que unos 20.000 militantes terroristas habían muerto. Algunos analistas llegaron a decir que ISIS necesitaba un "facelift". Y entonces llegaron los ataques de París _129 muertos_, Beirut _43 muertos_, y la explosión en el aire de un avión comercial ruso _224 muertos. Todo en el espacio de tres semanas.

De la política de "contención" _que incluye ataques limitados_ de la que Obama habló en ABC News apenas horas antes de la tragedia del 13-N en París se está pasando ya a asumir que "estamos en guerra" y que el presidente ruso, Vladimir Putin, quien ayer era un incómodo y adverso interlocutor, hoy se convierte en un aliado ante el enemigo común.

Esta nueva guerra mundial es multipolar y ataca a una ideología que penetra el tejido social de nuestras propias comunidades occidentales y que encuentra parte de su caldo de cultivo en el fracaso democrático que es el gueto musulmán en algunas ciudades europeas, así como en la selva impredecible del internet que acecha a mentes vulnerables o induce a almas mercenarias.

El 13-N ha empezado una nueva guerra mundial con un campo de batalla expansivo e inquietante.

1. "We as a nation must undergo a radical revolution of values. We must rapidly begin… the shift from a thing-oriented society to a person-oriented society. When machines and computers, profit motives and property rights are considered more important than people, the giant triplets of racism, extreme materialism and militarism are incapable of being conquered." (Rev. Dr. Martin Luther King Jr. at New York City's Riverside Church on April 4, 1967).

2. Wealth is extremely concentrated in this country. A report from the British humanitarian group, Oxfam International, shows that the top 1% American elite has received 95% of wealth created since 2009, after the financial crisis, while the bottom 90% of Americans have become poorer. Dr. G. William Domhoff, a researcher at the University of California, has found that the lower half of the top 1% has far less than those in the top half. Therefore, wealth and income are superconcentrated in the top 0,1%, which is just one in a thousand. At a global level, Oxfam's report shows that the world's richest 85 people now have the same amount of wealth ($1.7 trillion) as the bottom half the world's population combined (that's 3.5 billion people). The world's wealthiest 1% have $110 trillion, 65 times the total wealth of the bottom half of the world. As Oscar Wilde put it: "There is only one class in the community that thinks more about money than the rich, and that is the poor. The poor can think of nothing else."

3. NBC-Latino shut down quietly at the 4th floor of 30 Rockefeller Plaza in New York. The site was around for two years and had just seven journalists on staff. "NBC Latino probably needed to be better appreciated and taken more seriously inside the building, and inside a great American news organization", wrote BuzzFeed's Adrián Carrasquillo who worked for the site between 2011 and 2013. But NBC News is talking about integration not disintegration. They say that redirecting NBCLatino.com to NBCNews.com "will allow its content to reach a much larger audience." We must wait and see. The future of Latino media does not look bright under the umbrella of large Anglo corporations. Will the Messiah be a committed billionare who understands the power of intangibles good Latino journalism brings to the American fabric?

4. Why has the President of Change and Hope dissapointed you? Because you have looked for change and hope outside of yourself. Any revolution must be personal to be worth it. Do not expect from a political leader to give you what you cannot deliver for yourself in your daily life. Whether you believe that "sí se puede" or "no se puede," you are 100% right! Believe in yourself and contemplate your political environment. No anger. No judgement. Remember Aristotle: "Contemplation is the highest form of activity."

1. "Nuestra nación necesita una revolución radical de valores. Debemos comenzar rápidamente... el cambio de una sociedad centrada en las cosas materiales a una sociedad centrada en las personas. Cuando las máquinas y las computadoras, el interés en los beneficios y los derechos de propiedad se consideran más importantes que las personas, la tríada gigantesca del racismo, el materialismo extremo y el militarismo no puede ser vencida". (Rev. Dr. Martin Luther King Jr. en la Iglesia Riverside de New York City el 4 de abril de 1967).

2. La riqueza está concentrada de manera extrema en este país. Un informe del grupo humanitario británico, Oxfam International, muestra que el 1% de la élite económica estadounidense ha recibido el 95% de la riqueza creada desde 2009, después de la crisis financiera, mientras que el 90% de los estadounidenses, en la parte baja de la escalera social, se han vuelto más pobres. Además, el catedrático G. William Domhoff, investigador en la universidad de California, ha encontrado que una mitad de ese 1% privilegiado tiene mucha menos riqueza que la otra mitad del mismo grupo. Por tanto, riqueza e ingresos están superconcentrados en la mitad superior de ese 1%. O sea, en el 0,1%, lo cual es uno de cada mil. A nivel global, el informe de Oxfam muestra que las 85 personas más ricas del mundo ahora acumulan la misma riqueza ($1.7 billones) que la mitad inferior de toda la población del mundo (unas 3.5 mil millones de personas). El 1% de los más ricos del mundo tienen $110 billones, 65 veces la riqueza total de la mitad de las personas del mundo. Como diría el gran Oscar Wilde: "Sólo hay una clase social que piense más en el dinero que los ricos, los pobres. Los pobres no piensan en otra cosa".

3. NBC-Latino se cerró en silencio en el cuarto piso del número 30 de la Rockefeller Plaza en Nueva York. El sitio web funcionó durante dos años con tan sólo siete periodistas en plantilla. "Tal vez NBC Latino necesitó haber sido mejor apreciado y tomado más en serio en el edificio y al interior de una gran compañía periodística estadounidense", escribió el reportero de BuzzFeed Adrián Carrasquillo quien trabajó para la empresa entre 2011 y 2013. Ahora NBC News habla de integración no de desintegración. Dicen que enviar NBCLatino.com a NBCNews.com "aumentará la audiencia de su contenido". Habrá que verlo. El futuro de los medios latinos no parece muy luminoso al amparo de grandes corporaciones anglo. ¿Será el mesías un comprometido multimillonario que entienda el poder de los intangibles que la buena prensa latina aporta al tejido estadounidense?

4. ¿Por qué te ha decepcionado el Presidente del Cambio y la Esperanza? Porque buscaste esos valores fuera de ti. Tanto si crees que "sí se puede" o que "no se puede," ¡Tienes razón! Cree en ti y contempla a los políticos. Sin ira. Sin juzgar. Recuerda a Aristóteles: "La contemplación es la mayor forma de actividad".

The Rise of the Spanish Speaker
The United States has the second largest Spanish speaking population on the planet

August 8, 2013

The old joke goes that if you speak three languages you are trilingual, if you speak two languages you are bilingual; but if you only speak one language you are American. Such a self-deprecating statement concerning the American attitude toward languages other than English is currently being challenged by the rapid growth in Spanish language programs across the country. In spite of the narrow-minded_borderline racist_ English Only initiatives in some local jurisdictions, the number of language immersion programs in the United States almost doubled between 2005 and 2011, and the latest information from the International Baccalaureate Organization reports 1,438 World Schools in this country. In Montgomery County Public Schools (MCPS) alone, seven Elementary Schools and five Middle Schools offer immersion programs in Spanish, Chinese, and French. MCPS defines language immersion as an educational approach in which students are taught the curriculum content through the medium of a second language.

In a country increasingly multicultural, where the "minority" is mainstream in many markets, we must leverage the asset of our diversity to enrich our lives as Americans and effectively communicate with the world.

The United States has the second largest Spanish speaking population on the planet. Hispanics represent 16 per cent of America's population, but it will surge to 30 per cent by 2050, according to estimates by the Pew Research Center. Data from Scarborough Research indicates that 52 per cent of Hispanics in the Washington, D.C. metropolitan area speak Spanish the most in their household. Scarborough also estimates that there are more than 145,000 readers of Spanish language newspapers in the DC area, and 85 percent of adults who read Spanish newspapers in our area read El Tiempo Latino. Not bad for the "dying" newspaper industry.

This is a thriving reality indeed. Spanish was the first European language that took root in what today is the United States. Spanish is not a foreign language in the "land of the free" but the other language of this land whose presence enables a country of English speakers to become more powerful and influential —two words with economic and cultural repercussions.

As author Julie Barlow once told me: "It is not only about Hispanics speaking Spanish, Americans study Spanish more than any other language." Barlow, who is the co-author of "The Story of Spanish," pointed out that some Americans are ambivalent about a language portrayed as "spoken by people who entered the country illegally." However, she said, those who promote English Only are probably sending their kids to Spanish immersion programs. The rise of Spanish speakers in America is not for the narrow minded, nor for the impatient.

Fútbol y ansiedades raciales
"Odio el fútbol"
Julio 9, 2014

El fútbol —también conocido como "soccer"— es la única narrativa no estadounidense que une al mundo. Tal vez por eso la Copa del Mundo FIFA Brasil 2014 ha generado tanta controversia, tanto ruido y tanta furia entre las patrioteras personalidades del día.

Cuando todo acabe, la mitad de la población del planeta habrá seguido la Copa del Mundo. Pero lo que molesta a los guardianes de la pureza anglo-estadounidense no es que el mundo gire alrededor de un balón, sino que el seguimiento apasionado se cuele en los inmaculados hogares estadounidenses.

La columnista Ann Coulter escribe: "Este creciente interés por el fútbol solo puede ser un signo de la decadencia moral de la nación". ¿Con qué asocia el fútbol la inquieta mente de Coulter? Es obvio que relaciona el "beautiful game" con grupos sociales o "razas" que no viven aquí —"the land of the free". Grupos sociales (hordas, en la mente de Coulter) que han invadido esta tierra que no es su tierra (la de las "hordas").

Parece que Coulter trata de identificar a los perversos amantes del fútbol con latinos no europeos cuya incapacidad para hablar inglés les arroja en brazos de un deporte manchado por una raíz impura. Pero esto es lo que yo interpreto. Coulter escribe lo siguiente: "Si más 'americanos' ven fútbol hoy en día se debe al cambio demográfico que produjo la ley de inmigración de 1965 de Teddy Kennedy. Les aseguro que ningún americano cuyo bisabuelo haya nacido aquí está viendo fútbol. Sólo nos queda esperar que, además de aprender inglés, estos nuevos americanos abandonen con el tiempo el fetiche del fútbol".

Coulter y otras "personalidades" mediáticas han decidido atacar al fútbol simplemente porque no es un deporte "americano".

Sin embargo, le puedo proporcionar a Coulter una lista de estadounidenses que han caído durante esta Copa del Mundo en la actividad anti-americana de seguir los partidos. Entre ellos está el presidente Barack Obama y sus asistentes a bordo del Air Force One, así como los miembros de las Fuerzas Armadas de EE.UU. en las bases de Afganistán. ¿Y qué me dicen de los 25 millones de estadounidenses que vieron el partido entre USA y Portugal? Fue el partido más visto en la historia del fútbol en Estados Unidos, superando la audiencia de las finales de la NBA y de la MLB World Series. En comparación con el Mundial de 2010, la audiencia en EE.UU. ha aumentado un 50%. Temo que esto sumerge a Coulter en un mar de preocupaciones raciales.

Este mar de preocupaciones no sólo anega las almas de "personalities" como Coulter, también golpea las mentes de lectores que escriben a su periódico local diciendo: "Odio el fútbol". Es el caso de Kent Zakour quien escribió en la Gazette de Montgomery, Maryland: "El fútbol es el deporte más popular del mundo porque otros países no tienen las mismas oportunidades que nosotros".

Concluyo con las palabras de Mark Glaudemans de Olney, Maryland, otro lector de la Gazette quien le contestó a Zakour: "Odie el fútbol, pero por favor no se moleste en explicarnos su odio".

Fútbol and Racial Anxieties
"I Hate Soccer"
July 9, 2014

Fútbol —a.k.a. soccer— is the only non-American narrative binding the world. Perhaps that is why the FIFA World Cup Brazil 2014 has generated so much controversy, so much sound and fury among the jingoistic personalities of the day.

When it is all over, half the population of the planet will have followed the World Cup. But what bothers the gatekeepers of Anglo-American purity is not that the world revolves around a ball, but that the passionate following creeps into the immaculate American household.

Columnist Ann Coulter writes, "Any growing interest in soccer can only be a sign of the nation's moral decay." What does Coulter's skewed mind associate fútbol with? It is obvious that she relates the beautiful game with social groups or "races" that do not live here— the land of the free. Social groups (or hoards, in Coulter's mind) have invaded this land that is not their land.

It seems like Coulter tries to associate the wicked lovers of futbol with non-European Latinos whose inability to speak English compels them to embrace a sport with an impure heritage. But that is just my interpretation. Coulter writes the following: "If more 'Americans' are watching soccer today, it's only because of the demographic switch effected by Teddy Kennedy's 1965 immigration law. I promise you: No American whose great-grandfather was born here is watching soccer. One can only hope that, in addition to learning English, these new Americans will drop their soccer fetish with time."

Coulter and other American media "personalities" have decided to attack fútbol simply because it is not an "American" sport.

However, I can provide Coulter with a list of Americans who have engaged during this World Cup in the un-American activity of following fútbol, such as President Barack Obama and some of his assistants on board Air Force One, as well as members of the Armed Forces at US bases in Afghanistan.

And what about the 25 million American viewers who watched the USA vs Portugal game? This was the most watched fútbol match in the history of the sport in the US, surpassing the ratings of the NBA Finals and the MLB World Series. In comparison to the 2010 World Cup, fútbol viewership in America has increased by 50%. I guess this throws Coulter into a sea of racial worry.

This sea of racial worry not only drowns the souls of "personalities" like Coulter, it also engulfs the minds of concerned readers who write letters to their local newspapers that read: "I hate soccer." So was the case of Kent Zakour who wrote to the Montgomery County Gazette saying, "Soccer is only the world's most popular sport because other countries don't have the same opportunities as we do."

I conclude by echoing the words of Mark Glaudemans of Olney, Maryland, another Gazette reader who answered Zakour in a letter to the editor: "Hate soccer but please don't bother explaining this hate to us."

The Other State of the Union in Univision & Telemundo
January 21, 2015

The formal basis for the State of the Union Address is from the U.S. Constitution. After 1913, when Woodrow Wilson revived the practice of presenting the message to Congress in person, it became a platform for the President to rally support for his agenda. Technological changes further developed the State of the Union into a forum for the President to speak directly to the American people. The shortest speech: President George Washington, 1790, 1,089 words. Barack Obama _January 20, 2015_ spoke 6,718 words _close to President Lincoln's average.

Members of the press have access to the written speech hours before the President shows up in front of the cameras. But I always watch after dinner, as my private "sobremesa," with delight _looking for those off-script moments, paying attention to body language, scanning faces and gestures as much as the TV cameras allow.

This year I added another element in my State of the Union Address ritual. I checked social media through the corner of my eye. And I fell in love with the comment flow by an experienced reporter in Washington, DC _somebody I respect and appreciate in her intelligent irony. Her name is Patricia Guadalupe (PG) and what follows is a selection of her Facebook postings in real time.

Introduction: The Obama's motorcade left the White House at 7:40 p.m. on a cold, clear night en route to the Capitol for the president's State of the Union address before the 114th Congress. American media were there.

PG: "Hello Spanish-language networks, don't complain when the Dems and the GOP blow you off for the presidential debates and the White House doesn't pay attention when you say you're a real news network. No j... con eso. You got the novelas going on instead of the State of the Union."

PG: "Obama enters the pie in the sky part of the speech about getting along, kumbaya etc, and meanwhile on Univision, the novela has started with a mom crying over her daughter going out with a Don Nadie and on the Telemundo some guy is threatening another guy about some money he's owed."

PG: "Obama mentions Dreamer kids, and on Univision the mom continues the whole discussion with her daughter over the Don Nadie boyfriend."

PG: "Obama is talking terrorism, on Univision the girl is unsure what to do with the guy who likes her, on Telemundo the crying continues."

PG: "Obama talked about Cuba, meanwhile on Univision, the girl continues to be undecided about whether she likes the poor guy ...or the rich guy... On Telemundo the crying has finally stopped."

PG: "Obama is talking about hunting down terrorists; meanwhile on Univision, a woman with huge breasts is having a drink with some guy she's not sure she loves, and on Telemundo the rancher is still trying to convince the girl to go out with him.

PG: "Obama is talking about free Internet, on Univision the girl can't decide who to love. On Telemundo there's some crying going on."

PG: "Obama is talking about more infrastructure projects which would probably benefit a lot of Latinos in construction jobs, but meanwhile on Univsion, the father of the girl in the short skirt is asking her who is that guy who keeps calling her and he looks poor and don't pay attention to him, and on Telemundo, the rancher is insisting that the girl in love with the priest (he of course doesn't know that) go out with him."

PG: "Obama is talking about lower mortgage premiums and free community college, and meanwhile on Univision, the woman in the short skirt is talking to her best friend who is secretly in love with her boyfriend and seeing him on the side, and on Telemundo, the rancher has come by to talk to the girl in love with the priest."

PG: "Obama is talking about universal childcare which will probably benefit a ton of Latinos, but over on Univision, a woman with a lot of makeup and a short skirt is crying over loving some guy who doesn't pay attention to her, while on Telemundo the fight continues with the two guys loving the same woman who prefers to hang out with the parish priest."

Final score:
#SOTU: 1 - Univision & Telemundo: 0

El otro State of the Union Address
En Univisión & Telemundo
Enero 22, 2015

La base formal y legal para el 'State Of the Union Address' (SOTU) radica en la Constitución de Estados Unidos. Después de 1913, cuando Woodrow Wilson reavivó la práctica de presentarse ante el Congreso en persona, se convirtió en una plataforma para que el presidente defienda su agenda. La prensa tiene acceso al discurso escrito muchas horas antes de que el presidente comparezca ante las cámaras. Pero yo siempre acudo a la cita televisiva, después de cenar, como si de mi privada sobremesa se tratara. Y lo hago encantado, a la busca y captura de esos momentos que se caen del guión, prestando atención al lenguaje corporal, escaneando rostros y gestos en la medida que las cámaras me lo permiten.

Este año añadí otro elemento a mi ritual: las redes sociales. Y me quedé prendido del flujo de comentarios de una experimentada reportera de Washington, DC _alguien a quien respeto y de quien aprecio su inteligente ironía. Se llama Patricia Guadalupe (PG) y lo que sigue es una selección de sus entradas en Facebook.

Introducción: La comitiva presidencial salió de la Casa Blanca a las 7:40 p.m. en una noche fría y clara, en dirección al Capitolio para que el presidente hable ante el Congreso 114.

PG: "Que no se quejen los canales en español de que el Partido Demócrata o el GOP los ignore en los debates presidenciales y que la Casa Blanca no preste atención cuando le dicen que son canales de noticias. No j... con eso. Están poniendo novelas en lugar del State Of the Union".

PG: "Obama habla sobre el entendimiento y todas esas cosas, pero en Univisión ya comenzó la novela con una madre llorando porque su hija está saliendo con Don Nadie y en Telemundo un tipo amenaza a otro por una cuestión de dinero".

PG: "Obama menciona a los dreamers y en Univisión la madre sigue discutiendo con la hija sobre el novio ese, Don Nadie".

PG: "Obama hablaba de Cuba, pero en Univisión la joven sigue indecisa sobre si le gusta más el chico pobre que es buena persona... o el rico que es un... En Telemundo ya se acabaron los llantos".

PG: "Obama habla sobre cómo luchar contra los terroristas, pero en Univisión una mujer de pechos enormes está tomando un trago con un tipo al que no está segura si ama, y en Telemundo el ranchero trata de convencer a la muchacha de que sea su novia".

PG: "Obama habla sobre la necesidad de generar más proyectos de infraestructura _que sin duda crearán oportunidades a parte de la fuerza laboral latina_... pero en Univisión el padre de la chica con la falda cortísima insiste en preguntarle quién es ese joven que siempre la llama por teléfono".

PG: "Obama dice que hay que reducir las tasas de las hipotecas y que el college debe ser gratis, pero en Univisión la joven de la falda cortísima está hablando con su mejor amiga quien está secreta y perdidamente enamorada de su novio a quien ve sin que su amiga se entere.... y en Telemundo, el ranchero acaba de llegar para hablar con la chica que está enamorada del cura..."

Resultado final:
SOTU: 1 - Univisión & Telemundo: 0

Foto Alfredo Duarte Pereira.

Global Education Blooms Here
Language immersion in the area
August 3, 2014

While walking the corridors of Communikids Preschool in Falls Church, Virginia, I listen to a three-year-old say "J'ai une chenille." She is showing her class a hairy caterpillar in a mesh enclosure. Moments later a four-year-old brings over an ant farm and shouts "¡Mira las hormigas!", in flawless Spanish. Neither of these children are native speakers of the language. They are English speakers who have been immersed in French or Spanish as part of the program of study.

"We hope these children become the global citizens of the future. By teaching languages we not only teach them a useful global skill but also build a better understanding of the world and impart the disposition to work, play, and live with people from different cultures", explains Raúl Echevarría, Communikids' Co-Founder and Curriculum Director. "Yes, we teach world languages but we also intentionally develop cross-cultural skills that are at a premium in the globally minded society," explained Echevarría.

The DC region is in the midst of a Global Education explosion with an expanding number of schools heralding the development of multilingualism and cross-cultural skills as an essential part of their mission. For decades Oyster-Adams Bilingual School and Washington International School have been carrying out global education programs in the DC area. These established schools have recently been joined by globally minded preschool like Communikids, internationally focused charter schools like the Yu-Yin Academy, Elsie Whitlow Stokes and Mundo Verde, and private schools such as Maryland International Day School in Prince George's County.

"Parents want these programs because they want their children to succeed. They recognize the changes that are taking place in our society and are demanding that educators provide children with the tools to succeed in this new environment. People realize that speaking multiple languages and getting along with people from different cultures is essential to succeed whether you are in Washington or Timbuktu," says Echevarría.

The local Global Education boom is not only due to the rise of China, or the crisis in the Middle East. While these international forces are responsible for some of the impetus, there are powerful domestic forces involved as well. Of particular importance is the increased presence of Spanish in the United States.

The proliferation of Global Education in our area provides local leaders, instructional content providers, policy makers and social entrepreneurs with an opportunity to promote the inclusion of these important global skills to the national debate on education.

It is time to join forces with these new schools to make Global Education a priority. The challenge lies on cultivating the resources we have in our region so we can scale these programs to the rest of the world from Washington all the way across to Timbuktu.

La Educación Global Florece Aquí
Immersión temprana en lenguas
Agosto 3, 2014

Al caminar por los pasillos de la escuela preescolar Communikids en Falls Church, Virginia, escucho a una pequeña de 3 años decir "J'ai une chenille." Le está enseñando a la clase una oruga peluda en una cajita con malla. Poco después un niño de cuatro años trae un hormiguero en un recipiente transparente y grita: "¡Mira las hormigas!", en perfecto español. Ninguno de estos niños tienen el español o el francés como lengua materna. Son inglés hablantes que viven inmersos en el español o el francés como parte de su programa de estudios.

"Esperamos que estos niños se conviertan en los ciudadanos globales del futuro. Al enseñarles idiomas no solo les enseñamos una útil herramienta global, sino también a entender mejor el mundo y a estar predispuestos a trabajar, jugar y vivir con personas de culturas diferentes", explica Raúl Echevarría, cofundador de Communikids y su director académico. "Sí, enseñamos idiomas pero también desarrollamos habilidades multiculturales que son altamente apreciadas en nuestra sociedad globalizada", dice Echevarría.

La región de DC vive la explosión de la Educación Global. Hay cada vez más escuelas que sitúan como una misión esencial el desarrollo de las habilidades multiculturales y multilingües. Por décadas la Oyster-Adams Bilingual School y la Washington International School han liderado los programas de Educación Global en nuestra región. A estas escuelas se les ha unido recientemente centros preescolares con una mentalidad global como Communikids, escuelas charter con un foco internacional como la Yu-Yin Academy, Elsie Whitlow Stokes y Mundo Verde, así como escuelas privadas, como la Maryland International Day School en el condado de Prince George's.

"Los padres quieren estos programas porque quieren que sus hijos tengan éxito en la vida. Reconocen los cambios que están ocurriendo en nuestra sociedad y exigen que los educadores les proporcionen a sus hijos las herramientas para triunfar en este nuevo ambiente. Saben que hablar idiomas y saber relacionarse con personas de diferentes culturas es esencial para el éxito ya estés en Washington o en Timbuktú", comenta Echevarría.

El 'boom' de la Educación Global no se debe solo al crecimiento de China o a la crisis de Oriente Medio. Si bien estas fuerzas internacionales son responsables de parte del ímpetu, también existen poderosas fuerzas en el ámbito local. De particular importancia es la creciente presencia del español en Estados Unidos.

La proliferación de la Educación Global en nuestra área ofrece a los líderes locales, a los proveedores de contenidos, a los ejecutores de las políticas públicas y a los emprendedores sociales la oportunidad de incluir las habilidades globales en el debate nacional sobre educación.

Hay que apoyar a estas nuevas escuelas para hacer de la Educación Global una prioridad. El reto: cultivar los recursos que hay en nuestra región para proyectar estos programas al resto del mundo, de Washington a Timbuktú.

A Tale of Two Bills
The best and worst times in US immigration reform history
April 15, 2014

This is one of the best and worst times in US immigration reform history. It is the age of wisdom and the age of foolishness. It is the spring of hope, it is the winter of despair. We have everything to live for, and we have nothing to live for.

Everyone is going straight to Heaven and straight to hell.

Basically, it is just like the current immigration reform bill only seen by obstructionist legislators in terms of extremes. But in terms of our recent history, this is the frustrating tale of two Senate Bills in the context of an eerie déjà vu.

Senate Bill 2611, _the McCain-Kennedy bill_ was brought to a vote on May 25, 2006 and passed 62-36. The late Democratic Senator, Ted Kennedy, and the Republican Senator John McCain were the bipartisan "Gang of Two" of their time. Then in the Fall of 2006, the House of Representatives refused to move on comprehensive immigration reform.

Fast forward: Senate Bill 744 passed the Senate on June 27, 2013, 68-32, sponsored by the bipartisan "Gang of Eight".

2013: The non-partisan Congressional Budget Office (CBO) estimated this reform bill would reduce the US fiscal deficit by $197 billion over the next ten years. The Social Security Administration said that this bill, if it becomes law, would help add $276 billion in revenue over the next 10 years while costing only $33 billion.

2006: The CBO projected that the legislation ultimately would increase the size of the U.S. economy by between 0.8 percent and 1.3 percent _amounts that were higher than the Bush Administration estimate of the impact of the 2001 and 2003 tax cuts on the economy if the tax cuts were made permanent.

The 2006 immigration bill passed by the Senate also would have contributed to strengthening Social Security finances, according to the Social Security actuaries.

2013-2014: Currently, Obama is the President of "no se puede" and of unfulfilled immigration promises _aka "The Deporter in Chief"_ for Hispanics. Democrats are the politicians who best play the blaming game, and Republicans seem to have no soul while skating on thin ice.

2006: In his second term President Bush continued to advocate for comprehensive immigration reform. His allies were Kennedy and McCain. His enemies came from both sides of the aisle. Bush was probably the most committed President on immigration reform: He met with Mexican President Vicente Fox nine times to develop a comprehensive bi-lateral initiative in search of the "whole enchilada." The 2001 September 11th terrorist attacks brought a halt to the Fox-Bush expectations, but early in 2004 Bush gave a speech outlining a plan that would provide undocumented immigrants legal status and ultimately citizenship. Eventually the House killed the bill.

The moral of the story: History repeats itself when there is not enough power base to support or pressure legislators. Let's build it _and, please, start with the House next time.

Caricatura de GOGUE que recibió uno de los Premios José Martí de Prensa hispana.

Historia de 2 propuestas de ley
Malos tiempos para la reforma migratoria
Abril 15, 2014

Es el mejor y el peor de los tiempos en la historia de la reforma migratoria en Estados Unidos. Época de sabiduría y de estupidez. La primavera de la esperanza y el invierno de la desesperación.

Tenemos todo por lo que vivir y ninguna razón para vivir. Todos los implicados se van al Cielo o directamente al infierno.

Básicamente, es como si la actual propuesta de ley de reforma migratoria fuera vista sólo por legisladores obstruccionistas en términos extremos. Pero en términos de nuestra historia reciente, ésta es la frustrante historia de dos propuestas de ley del Senado en el contexto de una espeluznante repetición.

La propuesta del Senado 2611, _el proyecto de ley McCain-Kennedy_ se votó el 25 de mayo de 2006 y se aprobó por 62-36. El senador demócrata Ted Kennedy y el republicano John McCain fueron la "Pandilla de Dos" de su tiempo. Y en el otoño de 2006, la Cámara de Representantes rechazó la reforma migratria integral.

"Fast forward": la propuesta del Senado 744 se aprobó el 27 de junio de 2013 por 68-32, patrocinada por la bipartidista "Pandilla de los Ocho".

2013: La agencia no partidista "Congressional Budget Office" (CBO) estimó que el proyecto de ley reduciría el déficit fiscal en $197 mil millones en una década. La "Social Security Administration" expresó que, de ser ley, la propuesta añadiría $276 mil millones en ingresos en una década a un costo de sólo $33 mil millones.

2006: el CBO estimó que la legislación propuesta incrementaría el tamaño de la economía nacional entre 0.8% y 1.3% _superior al estimado de la administración Bush sobre el impacto económico de los recortes a impuestos de 2001 y 2003 si éstos se hicieran permanentes. La propuesta migratoria de 2006 hubiera contribuido al fortalecimiento de las finanzas de "Social Security", según fuentes de la agencia.

2013-2014: hoy Obama es el presidente del "no se puede" y de promesas migratorias no cumplidas _también conocido como el "Deportador en Jefe"_ para los hispanos. Los demócratas juegan a echarle las culpas a los republicanos y éstos parecen carecer de alma mientras se deslizan sobre una fina capa de hielo político.

2006: cuando fue reelegido, el presidente Bush siguió abogando por la reforma migratoria. Sus aliados fueron Kennedy y McCain. Sus enemigos procedían de ambos partidos. Bush fue el presidente más comprometido con la reforma: se reunió nueve veces con el presidente mexicano Vicente Fox en busca de una iniciativa bilateral. Los ataques terroristas del 11 de septiembre de 2001 frenaron el proceso. Pero en 2004, Bush delineó un plan que ofrecía estatus legal a millones de indocumentados. El plan "moriría" en manos de la Cámara Baja.

Moraleja: la historia está condenada a repetirse si no existe una base poderosa para apoyar o presionar a los legisladores. Construyamos esa base. Y por favor, la próxima vez, aprobemos la propuesta primero en la Cámara de Representantes.

1. Christmas: Celebrating the life of an immigrant Jewish family.
2. Executive Actions: After two decades of working with the Hispanic community, writing about Latino concerns, and listening to the human story, there is always a heart breaking common denominator: The story of people who convinced themselves that if they worked hard enough and achieved enough, they and their families would be rewarded in the land of opportunity. But the law of the land wouldn't accept their presence and only a presidential, last minute, unilateral action would provide a temporary DACA for baby Jesús and a temporary DAPA for his parents, María and José.
3. Attitude: Let's question politics and media that stereotype the Latino community and let's question ourselves: treat women like equals, stay in school, stay away from drugs, and, if you're a parent, keep your child disciplined and focused on academics. All dreams have a price, and we pay for them with our everyday behavior. Only we, as individuals, are the key to change.
4. Generation: The experts claim that Hispanic Millennials have many common qualities with their American colleagues: youth, a familiarity with technology and social networking, and an independent spirit. But there are some things that make Hispanics unique: their ties to their Latino roots, their strong family relationships, and their attachment to their countries of origin. This generation brings with it a cultural wealth that can make the US more powerful and more prosperous than ever, but only if this country learns to appreciate and capitalize on it.
5. Cuba: President Dwight D. Eisenhower began isolating the island in October 1960, and the embargo would be officially implemented in 1961 by President John F. Kennedy. A few years after my 1991 reporting from Havana, in a conversation with Colonel Beruvides in Miami, I heard that some in the Cuban exile estimated that the transition to democracy would cost half a million lives. Revenge, they told me, was inevitable. Washington, Europe, and The Vatican could stop the blood shed, I thought. But Washington has been slow and stubborn, dedicating its energy to politicking while abandoning a hemispheric vision. Now they offer us a US-Cuba thaw in the form of a spy exchange. There are no "significant steps toward democracy, beginning with the freeing of all political prisoners," in Cuba as Obama requested in May 2008 while campaigning in Florida as a condition "to begin normalizing relations." So why now? Thanks to Pope Francisco or as a result of a geoeconomic window of opportunity? The collapse of oil prices puts Cuba's stalwart partner, Venezuela, and to a lesser degree Russia in dire straits. Cuba finds itself vulnerable. The Obama Administration decides that this is the perfect time to make the spy swap and send a message of economic opportunities for the US. I have so many questions. But it's not about the perfect, just the possible, and, soon, the necessary.

Cuentos políticos de Navidad
Entre la inmigración y Cuba
Diciembre 18, 2014

La esquizofrenia cotidiana de una dictadura no se cura de un día para otro, pero tal vez el gran Guillermo Cabrera Infante esboce hoy una mueca de media sonrisa en su cosmos de Scotch, y tantos artistas callados, y tantas voces ahogadas, tanto gay reprimido y tanto rock & roll silenciado, y tanto seguir la corriente de la revolución de manual se remuevan en la sal de la tierra. Ojalá pronto en Cuba la biología sea revolucionaria.

1. Navidad: Celebrar la vida de una familia judía inmigrante.
2. Acciones ejecutivas: Después de dos décadas de trabajar con la comunidad hispana, de escribir sobre lo latino y de escuchar la historia humana y emocional de las familias, hay siempre un descorazonador denominador común: la historia de personas convencidas de que si trabajaban duro y lograban lo suficiente, ellos y sus familias recibirían la recompensa en la tierra de la oportunidad. Pero la ley de la tierra no acepta su presencia y sólo una acción unilateral, de último minuto, del presidente le proporcionó un DACA temporal al bebé Jesús y un DAPA temporal a sus padres, María y José.
3. Actitud: Cuestionemos a los políticos y a los medios de comunicación que estereotipan a la comunidad latina y cuestionémonos a nosotros mismos: tratemos a las mujeres como iguales, eduquémonos, no caigamos en las drogas, mantengamos a nuestros hijos disciplinados y enfocados en la educación. Todos los sueños tienen un precio y pagamos por ellos con nuestro comportamiento diario. Solo nosotros, como individuos, somos la clave del cambio.
4. Generación: Los expertos dicen que los milenials hispanos tienen mucho en común con sus colegas estadounidenses: juventud, tecnología y redes sociales, y un espíritu independiente. Pero hay cosas que hacen de los jóvenes hispanos algo único: el vínculo con sus raíces latinas, las fuertes relaciones familiares, y su identificación con sus países de origen. Esta generación trae una riqueza cultural que puede hacer de Estados Unidos un país mejor.
5. Cuba: El presidente Dwight D. Eisenhower comenzó el aislamiento de Cuba en 1960. El embargo se implementó oficialmente con el presidente John F. Kennedy en 1961. Pocos años después de reportar desde La Habana, en 1991, en una conversación con el coronel Beruvides en Miami, escuché que algunos en el exilio estimaban que la transición a la democracia de la isla costaría medio millón de muertos. La revancha, me dijeron, era inevitable. Entonces pensé que sólo Washington, Europa y el Vaticano podrían evitar la tragedia. Pero Washington ha sido lento y tenaz, dedicando su energía al politiqueo y abandonando la visión hemisférica. Ahora nos ofrecen un deshielo de relaciones USA-Cuba disfrazado de intercambio de espías. ¿Gracias al Papa Francisco o como resultado de una ventana de oportunidad geoeconómica? La crisis en Venezuela y Rusia hacen a Cuba más vulnerable y la administración Obama decide que éste es el momento para iniciar gestos de aproximación. Tengo tantas preguntas. Pero quizás no se trate de lo perfecto, sólo de lo posible y, pronto, de lo necesario.

A 1976 act of Congress is the only law in US history that mandated the collection of data for a specific ethnic group: "Americans of Spanish origin or descent". The legislation described Hispanics as "Americans who identify themselves as being of Spanish-speaking background and trace their origin or descent from Mexico, Puerto Rico, Cuba, Central and South America and other Spanish-speaking countries."

"The slashing allows all of us, kicking and screaming, to check the right box." This is the first step to being vocal and influential.

Being a Hispanic in the US is not only about linguistic background but also about self-identification. According to the Census, only 4% of immigrants from Brazil and 1% of immigrants from Portugal and Philippines self-identify as Hispanics when they fill out the Census forms. Latino: "A person of Latin-American descent living in the US." Therefore most of Latinos are Hispanics while Portuguese and French speakers of the Americas are Latinos but not Hispanics. Unless they identify themselves as Hispanics in their Census forms. This is The US of A: you have a choice.

I have heard people passionately refusing to be called "Hispanic" and claiming to be only "Latinos" because they do not want to identify themselves with Spain _the old colonial power. Maybe those "Latino Only" people should also project their animosity against the old Roman Empire. But I have news for the anti-Hispanic, Latino-only camp: The "Latino concept" was coined in the 1830s by the French Empire to join a "Latin America" with a "Latin Europe." The term "Latin America" was supported by Napoleon III during the French invasion of Mexico to fabricate a cultural kinship between France and Mexico and generate the perception of a common enemy in Anglophone America. Are those escaping their Hispanic roots embracing a French, imperial allegiance? What a funny paradox!

And then there is my good friend, Grace Flores-Hughes who helped establish "Hispanic" as the government's word of choice for people of Spanish origin _a term that made it onto the official U.S. census form in 1980.

"There are many Hispanic activists who think that Richard Nixon did it. Well, no, Richard Nixon didn't have time to be doing this. When I explain it, they get relieved. They were holding this anger that some nasty Anglo named them. Well, no, it wasn't. It was this little Hispanic bureaucrat," says Flores-Hughes who has no problem with "the slashing that they do _the Hispanic slash Latino slash_ is good." The important thing, she says, it is to get counted: "The slashing allows all of us, kicking and screaming, to check the right box." This is the first step to being vocal and influential.

The woman who called us "Hispanics" says that we _Hispanics_ have to be more vocal when being stereotyped or when we disagree with a public policy issue. We must do it in a united front. We shouldn't allow others to define us but rather we should speak out about what we truly believe in and demand national media time _not only on Hispanic stations.

Lo que aprobó en 1976 el Congreso es la única ley en la historia de Estados Unidos que obligó a recoger datos sobre un grupo étnico específico: "Americans of Spanish origin or descent". La legislación describió a los hispanos como "Americans who identify themselves as being of Spanish-speaking background and trace their origin or descent from Mexico, Puerto Rico, Cuba, Central and South America and other Spanish-speaking countries."

La mujer que nos llamó "Hispanics" dice que ése fue el primer paso para tener influencia y añade que los hispanos tienen que hacer más ruido.

Ser hispano en Estados Unidos no es solo cuestión de lengua _el español_ sino también, por ley, una cuestión de elección personal. Según el Censo, sólo 4% de los inmigrantes de Brasil y 1% de los inmigrantes de Portugal y Filipinas se identifican como hispanos cuando llenan el formulario.

Latino: "Persona de origen latinoamericano que vive en Estados Unidos". Por tanto, la mayoría de los latinos son hispanos, y los hablantes de portugués y francés de las Américas son latinos, pero no hispanos. A no ser que se identifiquen como hispanos en el formulario del Censo. Estamos en Estados Unidos: aquí se puede elegir hasta la identidad.

Conozco personas que rechazan con pasión cuando se les llama "hispanos" y exigen ser llamados "latinos" porque, dicen, no quieren ser identificados con España, el viejo poder colonial.

Tal vez esos "latinos-exclusivos" deberían dirigir sus odios hacia el antiguo imperio romano _los invasores de la Península Ibérica_ ya que del latín sale el español. Pero tengo malas noticias para los "latino-exclusivos": el término "latino" fue acuñado en los 1830s por el imperio francés para unir una "Latino América" con una "Latino Europa". "Latino América" fue el término que difundió Napoleon III durante la invasión francesa de México para fabricar una empatía cultural con los mexicanos y generar la percepción de un enemigo común: la América Anglo. ¿Están los "latino-exclusivos" abrazando la causa imperial francesa? ¡Oh, paradoja!

Y luego está mi amiga Grace Flores-Hughes, la dama que ayudó a establecer "Hispanic" en los años 70 como el término gubernamental para identificar a toda una comunidad _un término que fue parte de los formularios del Censo en 1980.

"Hay activistas hispanos que piensan que lo hizo el presidente Richard Nixon. Pue no, Richard Nixon no tenía tiempo para hacer esas cosas. Ya no tienen que dirigir su enfado hacia un Anglo porque les dio ese nombre. No lo hizo. La culpable fue una insignificante burócrata hispana como yo", dice Flores-Hughes quien asegura no importarle el exceso de barras en el censo: "El hispano/barra/latino/barra es bueno". Lo importante es que nos hagamos contar, dice, y que _protestando y gritando_ llenemos la casilla correcta.

La mujer que nos llamó "Hispanics" dice que ése fue el primer paso para tener influencia y añade que los hispanos tienen que hacer más ruido cuando son estereotipados o cuando no estamos de acuerdo con ciertas políticas. Tenemos que hacerlo unidos, señala. Y no debemos permitir que nos definan los otros _Anglos. Tenemos que exigir atención a nivel nacional.

My 14 Untweetable Tweets
Crisis of the Migrant Kids
June 26, 2014

1. Reasons for lack of #immigrationReform: There is always a philosophy for lack of action, lack of leadership, and lack of courage.
2. #ImmigrationReform will not solve the US immigration issue. It will help ease the family separation and the human anxieties that place children in the hands of coyotes specialized in human trafficking.
3. Can you find any USA founding principles at the US-Mexico border?
4. US Customs & Border Protection (USCBP) projects 70,500 children ("unaccompanied alien children," in gov terminology) will be apprehended at the US-Mexico #border in 2014.
5. Children coming from Mexico are usually sent back. At the end of 2014, USCBP estimates that more than 17,000 kids will be returned to Mexico.
6. In 2014 for the first time ever most of the children are coming from Central America. Honduras alone is home for more unaccompanied migrant children than Mexico, and the amount of children from Guatemala is similar to those from Mexico.
7. Under laws passed by Congress in 2002 and 2008 in order to fight human trafficking, the #Border Patrol is required to take into custody child migrants who are not from Mexico. The Patrol transfers them to the #OfficeofRefugeeResettlement.
8. The US Border Patrol has reacted poorly to the crisis. The union for the agents @BPUnion posted this tweet on June 14: "New annual job rating areas: babysitting, Diaper Changing, Burrito Wrapping, Cleaning Cells. Law Enforcement? What's That? #lowmorale"
9. The @WhiteHouse has reiterated that the migrant kids cannot be eligible to any kind of immigration relief such as the Obama administration's Deferred Action for Childhood Arrivals program.
10. @Cecilia44 Cecilia Muñoz, Director of the @WhiteHouse Domestic Policy Council said to Univision's @jorgeramosnews that the unaccompanied migrant children caught at the border will be immediately put in "deportation proceedings."
11. A #deportation proceeding can be the only chance for some of these children to get some form of humanitarian relief such as #asylum or #SpecialImmigrantJuvenile Status.
12. Cause for the children exodus: maras/gangs violence in their home countries, lack of economic opportunities, abuse at home, missinformation on the US immigration issue.
13. A report from the Office of the UN High Commissioner for Refugees #unhcrwashington says that "Children arriving to the US from these four countries _El Salvador, Honduras, Guatemala, Mexico_ continue to rise in numbers as do the numbers among them with potential international protection needs."
14. Qs: Why parents put their kids in the hands of criminals? Why so many young adults risk their lives on top of the train called "La Bestia"? Should the US call for an #ImmigrationSummit with Mexico and Central America?

Mis 14 tuits no tuiteables
La crisis de los niños migrantes
Junio 26, 2014

1. Razones para la falta de #ReformaMigratoria: hay siempre una filosofía para la falta de acción, la falta de liderazgo y la falta de valentía.
2. #ReformaMigratoria no solucionará el tema migratorio de EE.UU. Aliviará la separación familiar y las ansiedades humanas que entregan niños en manos de coyotes especializados en tráfico de personas.
3. ¿Alguien ha visto los principios fundacionales de EE.UU. en la frontera con México?
4. US Customs & Border Protection (USCBP) estima que 70.500 niños ("unaccompanied alien children," en terminología gob) serán detenidos en la #frontera EE.UU.-México en 2014.
5. Los niños que llegan de México casi siempre se envían de vuelta rápidamente. Al final de 2014, USCBP estima que más de 17.000 niños serán devueltos a México.
6. En 2014 por primera vez la mayoría de los niños migrantes procedían de América Central. Honduras supera a México en el país de procedencia de los menores inmigrantes sin compañía. Y el número de niños procedente de Guatemala ya iguala a los mexicanos.
7. Según leyes aprobadas por el Congreso en 2002 y 2008 para luchar contra el tráfico de personas, la #PatrullaFronteriza debe custodiar a los niños que no procedan de México. La Patrulla los transfiere a la #OfficeofRefugee Resettlement.
8. La Patrulla fronteriza ha reaccionado mal a la crisis. El sindicato de los agentes @BPUnion envió este tuit el 14 de junio: "Nuevas áreas para valorar el trabajo: cuidado de niños, cambiar pañales, envolver burritos, limpiar celdas. ¿Vigilar el cumplimiento de la ley? ¿Qué es eso? #moralbaja"
9. @LaCasaBlanca reiteró que los niños migrantes no califican para ningún amparo migratorio como la #DeferredActionforChildhoodArrivals de la administración.
10. @Cecilia44 Cecilia Muñoz, directora del Consejo de Política Doméstica de @LaCasaBlanca le dijo a #Univisión @jorgeramosnews que los niños migrantes que llegaban sin compañía y eran detenidos en la frontera entrarían de inmediato en "proceso de deportación".
11. Un proceso de #deportación puede ser la única chance para que muchos de estos niños consigan algún tipo de ayuda humanitaria, como #asilo o #SpecialImmigrant #JuvenileStatus.
12. Causas para el éxodo de los niños: violencia de #maras-pandillas en sus países de origen, falta de oportunidades, abuso en el hogar, desinformación sobre el tema migratorio en Estados Unidos.
13. Un informe del Alto Comisionado de Naciones Unidas para los Refugiados #unhcrwashington dice que los niños que llegan de estos cuatro países —El Salvador, Honduras, Guatemala, México— "aumentan en número al igual que aumentan las necesidades de posible protección internacional".
14. ¿Por qué los padres confían a sus hijos a criminales? ¿Por qué tantos adolescentes arriesgan sus vidas subiéndose al tren #LaBestia? ¿Debería EE.UU. organizar una #CumbreMigratoria en la región?

10 Años con The Post
The Washington Post compró El Tiempo Latino en 2004
Mayo 16, 2014

Tengo en mis manos un ejemplar de la primera edición de El Tiempo Latino —21 de marzo, 1991. En ese periódico, nuestro fundador, Armando Chapelli, escribió sobre la visión y la misión de nuestra publicación. Era un mensaje sobre las contribuciones hispanas a esta nación: "Serviremos a este país como un puente. Siempre mantendremos el tesoro cultural de nuestras pasadas tradiciones, pero nos unirá la magna tarea de construir el futuro de la nación".

"Fast forward" 13 años —17 de mayo, 2004. The Washington Post compra El Tiempo Latino. Tengo sobre la mesa de mi oficina la edición de El Tiempo en la que contamos la compra. Guardo como un tesoro mi foto con Donald E. Graham, presidente de The Post Company; con Boisfeuillet Jones, Jr. editor y CEO de The Post; y con el Maestro, Armando Chapelli.

Habíamos llegado a aquel momento histórico después de largas reuniones y exhaustivas conversaciones.

Hubo tres managers involucrados en las coversaciones: Kristen Holmes, Zulema Tijero, y yo mismo. Cuando la compra concluyó, comenzamos a operar bajo la supervisión de Chris Ma —que en paz descanse—, entonces vicepresidente de Desarrollo Empresarial de The Washington Post. Con la ayuda del gran Mr. Ma, El Tiempo Latino vivió los dolores del crecimiento y sorteó los obstáculos del mercado. El Tiempo Latino se convirtió en una publicación del Post —el único producto hispano de la empresa— sin dejar de ser una organización independiente. Conseguimos generar algunas sinérgias con el Post a nivel editorial y establecimos algunas alianzas exitosas a nivel publicitario. Pero lo más importante: nos convertimos en un ejemplo de la importante estatura de la comunidad hispana en el área de Washington, DC. Ha sido un viaje valiosísimo. Siento orgullo de nuestro pequeño y galardonado equipo profesional —del pasado y del presente. Tengo el privilegio de pertenecer a una organización que ha ayudado a su comunidad. Gracias a alguno de nuestros artículos, algunos inmigrantes salieron de los centros de detención, madres pudieron reunirse con sus hijos e hijas, estudiantes hispanos recibieron el ánimo y la ayuda para graduarse, y muchos seres humanos sintieron el respeto que se merecen. Además, El Tiempo se convirtió en la plataforma para muchos profesionales hispanos. Hoy, antiguos empleados de El Tiempo trabajan en otras compañías de comunicación, incluido The Washington Post. Algunos han escrito libros y uno se alzó con un campeonato mundial de "kickboxing". ¡Sí, con El Tiempo Latino, se puede!

En los pasados 10 años, hemos sido testigos de los cambios brutales sufridos por la industria. Por eso cuando en 2013, el fundador de Amazon.com, Jeff Bezos, compró The Washington Post —incluyendo El Tiempo en la compra— muchos vieron el camino de la tecnología en el horizonte. El Tiempo Latino del 9 de agosto de 2013 contó la compra de Bezos con este titular: "Un nuevo rumbo periodístico." Estamos listos para el viaje.

(NOTA: The Washington Post vendió El Tiempo Latino en diciembre de 2016 por lo que el Post ya no cuenta con un producto en español)

10 Years at The Post
The Washington Post bought El Tiempo Latino in 2004
May 16, 2014

I have in front of me a copy of the first edition of El Tiempo Latino —March 21st, 1991. In that issue, our founder, Armando Chapelli, wrote about the vision and mission of our publication. It was a message about Hispanic contributions to this nation: "To this country we will serve as the bridge. We will forever have with us the cultural treasure of our past traditions, but we will be united by the magnanimous task of building this nation's future." Fast forward 13 years —May 17th, 2004. The Washington Post buys El Tiempo Latino. I have on my desk El Tiempo's issue where we run a front page story about the purchase. I treasure my photo with Donald E. Graham, Chairman of the Post Company; with Boisfeuillet Jones, Jr. Publisher and CEO of The Post; and with the Maestro, Armando Chapelli.

We had arrived to that historical moment after long and comprehensive talks and meetings.

There were three El Tiempo Latino managers involved in the discussions: Kristen Holmes, Zulema Tijero, and myself. When the purchase was complete, we started to operate under the supervision of the late Chris Ma, VP of Business Development for The Washington Post. With the great Mr. Ma's help, El Tiempo Latino went through growing pains and over market obstacles.

El Tiempo Latino became a publication of the Post —the only Hispanic product of the company— while remaining an independent organization. We were able to generate some synergies with the Post at an editorial level and established some successful advertisement partnerships, but most importantly we became an example of the meaningful stature of the Hispanic community in the Washington, DC area. This has been a rewarding trip. I am proud of El Tiempo Latino's small, efficient, and award-winning staff —past and present. I have the privilege to be part of an organization that has helped our community enormously. As a result of some of our published stories, immigrants have been released from detention centers, mothers have been reunited with their sons and daughters, Hispanic students have had the encouragement to graduate from college, human beings have received the respect they deserve. Also, El Tiempo has been the jumping board for many Hispanic professionals. Today, former El Tiempo employees work at other media companies, including The Washington Post. Some have written their own books and one became world champion of kickboxing. Yes, with El Tiempo Latino it is possible! Throughout the past 10 years, we have witnessed the brutal changes suffered by the industry. That is why when in 2013, the founder of Amazon.com, Jeff Bezos, bought The Washington Post —including El Tiempo in the purchase— many experts saw a technology path ahead as part of the future of newspapering. El Tiempo Latino's issue dated August 9th, 2013 told the news of Bezos' purchase with this headline: "A New Journalistic Path Ahead."

We are ready for the journey.

(NOTE: The Washington Post sold El Tiempo Latino in December 2016. The Post does not have a Spanish language product right now)

The American Dream in Washington, DC
Reading Dr. Pumar
February 6, 2015

In the academic paper Searching for the American Dream: Lessons from Hispanics Residing in Washington, D.C., Professor Enrique S. Pumar examines the rates of socio-economic attainment among Hispanic immigrants in the District of Columbia.

Pumar, who chairs the Department of Sociology at The Catholic University of America, shows in his research the human face of a tough reality and the "immigrant optimism."

"Neither the emotional and material costs of their journeys, the trepidations after their arrival, nor the uncertain path to citizenship seem to diminish immigrants' optimism about the opportunities the United States often provides," writes Pumar.

Pumar cites three of his interviews with immigrants residing in DC. In one, a Guatemalan described how he fled when his village was destroyed and many neighbors were killed by the military during that country's civil war. In another, a Bolivian immigrant told Pumar about the hardships she encountered after moving to DC. Lastly, a Salvadoran recounts his arrival in DC penniless and without social support.

And all three stories have a common denominator _accomplishment and success. The Guatemalan completed an associate degree and now promotes his culture in DC. The Bolivian became a community activist and a successful professional. And the Salvadoran is a successful business owner with two children who attended prestigious universities.

This is Pumar's point: "The American Dream is as much a 'pulling' mechanism to attract migrants to our shore, as it is an ideology to legitimize the relative success of migrants and their various rates of incorporation into American society."

Reading Pumar's research made me think of my experience as a journalist covering the Hispanic community for many years. I've seen the human face of the immigration issue and I know that it is personal. It is a human story that I find in the lives of my coworkers and in the experience of many of our Hispanic public servants.

Just a few days ago, DC Mayor Muriel Bowser appointed Jackie Reyes to lead the Office on Latino Affairs (OLA). Reyes brings to the position a compelling immigrant story, and a pertinent public service resume. She also fits Dr. Pumar's migrant findings.

Here, at El Tiempo Latino, we are also a consequence of the diaspora and exemplify the uncertain path of becoming in America.

I believe that our awards and our rewards in life are in exact proportion to our service. I have seen El Tiempo Latino employees and collaborators getting green cards and then citizenship and then a new life full of promise.

Because of our community involvement, students have been helped, dreams have been achieved, and hope has been restored for many. That's why we keep telling the stories of an attainable dream. Those are the intangibles this humble publication brings to the community table. We understand Dr. Pumar's research.

El show anti inmigrante
Julio 7, 2016

Entre todas las cosas que los senadores federales podrían hacer para mejorar la vida de los estadounidenses, el liderazgo republicano decide que es urgente para la nación presionar a las familias inmigrantes. Al final no se salieron con la suya, pero es indignante que se juegue a la política a costa de los más débiles. El Senado, de mayoría republicana, no consiguió los 60 votos que necesitaba para aprobar legislación que atacaba a las llamadas "ciudades santuario" (jurisdicciones que protegen al indocumentado) y que impondría penas de cárcel de cinco años como mínimo para los inmigrantes que volvieran al país después de ser deportados.

El resultado de la votación, el 6 de julio, fue de 53 votos a favor y 44 en contra, con lo que los senadores republicanos, promotores del texto, no lograron los 60 votos necesarios para poder someter a votación final el proyecto de ley.

La idea del senador republicano por Pensilvania Pat Toomey, y de otros como él, es ayudar a los conservadores cuyo asiento está en peligro en las elecciones legislativas de noviembre, como es su caso frente a la demócrata Katie McGinty. Y no se les ocurre otra cosa que decirles a sus votantes lo "duros" que son en inmigración porque, para ellos (y solo para ellos), la inmigración indocumentada (lo que ellos llaman "ilegales") es la culpable de todos los males que aquejan a Estados Unidos. El proyecto de ley, ahora bloqueado, llevaba por título "Detener las peligrosas ciudades santuario" y pretendía recortar fondos federales a los gobiernos locales que prohíben a los agentes de la ley cooperar con las autoridades de inmigración cuando detienen a un inmigrante indocumentado, salvo en los casos que haya una orden judicial por delitos penales.

"Voy a seguir mi lucha para tomar realmente medidas que pongan fin a las políticas peligrosas de las ciudades santuario y hacer más segura a Pensilvania", dijo Toomey en un comunicado.

"Al centrarse en legislaciones contra las llamadas 'ciudades santuario', los republicanos están legislando a favor de la visión de (Donald) Trump de que los inmigrantes y latinos son criminales y una amenaza pública", aseguró el líder de la minoría demócrata en la Cámara alta, Harry Reid.

No importa que no haya datos que apoyen esa perversa ecuación que identifica a los inmigrantes indocumentados con criminales. Toomey y los suyos siguen a la carga. La llamada Federación para una Reforma Migratoria Justa (FAIR, en inglés) dice que al no destruir las "ciudades santuario" los senadores ponen a "la nación, ante un mayor riesgo de extranjeros criminales y terroristas potenciales", dijo el director de FAIR, Dan Stein quien habló de un indocumentado que, hace un año, mató a una mujer en San Francisco.

Lo que habría que preguntarse es por qué un Partido Republicano metido en el laberinto de la demagogia anti inmigrante con un virtual candidato presidencial llevando la voz cantante se empeña en hacer propuestas de ley tan poco relevantes para los tiempos que corren. Si les interesa la reforma migratoria que lo digan. Silencio. Lo único que se oye es que por el bien de la nación hay que atacar a familias trabajadoras que, hoy, no tienen papeles.

A este nefasto coro del 6 de julio se unió el senador que un día tuvo pretensiones presidenciales, Ted Cruz, quien propuso otro texto que no prosperó y por el que pretendía promulgar sentencias mínimas obligatorias para los indocumentados reincidentes. De nuevo, cortinas de humo para no apagar el fuego: gastar millones de dólares en aumentar la población carcelaria con trabajadores sin papeles en detrimento de los fondos para autoridades locales y estatales.

La directora de Latinos Vote!, un grupo de People for the American Way (PFAW), Lizet Ocampo acusó a los senadores republicanos de seguir la línea trazada por Donald Trump por la que se demoniza a los inmigrantes y se pone énfasis en la separación de familias trabajadoras. Por su parte, la vicepresidenta de PFAW, Marge Baker, reprochó a los senadores no hacer su trabajo en temas legislativos al negarse a considerar al nominado del Presidente Obama para la Corte Suprema. Por el contrario, "los senadores prefieren jugar a la política con las vidas de las personas", dijo Baker. Algo que reiteró el director interino de Latino Victory, César Blanco, y dijo que "denunciamos a los republicanos y los demócratas que votaron a favor de unos proyectos de ley que pondrían a nuestras comunidades en serio peligro".

Como estadounidenses y como inmigrantes debemos sentirnos ofendidos cuando se disfraza de legislación un burdo ataque contra una población que demuestra cada día en los campos, en los centros de trabajo de este país su honestidad, su generosidad y su capacidad de superación.

Antes de votar hay que recordar.
La memoria transforma sociedades para bien.

Creada en 1974 por el presidente Richard Nixon, la Oficina Presupuestaria del Congreso, (CBO por sus siglas en inglés) es una agencia federal que le proporciona al Congreso análisis no partidario del presupuesto federal y de la economía. Ya que un informe del CBO conlleva una gran credibilidad, es inquietante que quienes se oponen a la reforma migratoria utilicen datos de esta agencia para justificar su oposición al actual proyecto de ley de inmigración.

"The Economic Impact of S. 744, The Border Security, Economic Opportunity, and Immigration Modernization Act", así se llama el informe hecho público por el CBO en junio del 2013 que hizo que el senador Jeff Sessions (R-Ala.) nos advirtiera a todos que el proyecto de ley migratorio iba a ser "el mayor golpe contra los pobres y la clase media estadounidense". Fox News se hizo eco de la preocupación del senador republicano al reportar que —basándose también en el análisis del CBO— el proyecto de ley migratorio reduciría los salarios y haría "más pobres a los trabajadores estadounidenses".

Lo que sigue es un rápido resumen de lo que dice el informe del CBO sobre la propuesta como la aprobó el Senado:

1. Reducirá los déficits presupuestarios federales en $197 mil millones entre 2014 y 2023, y en $700 mil millones entre los años 2024 y 2033.
2. Impulsará la productividad.
3. Dado que el promedio de la fuerza laboral migratoria es poco cualificada, se estima que el salario promedio caerá en el corto plazo un 0.1%. Pero los salarios aumentarán un 0.5% hacia 2033 debido a un aumento a largo plazo en la tasa de rendimiento del capital.
4. La proyectada pequeña disminución en salarios promedio sugiere que el residente promedio estadounidense no estará peor que con la legislación vigente.

Por lo tanto, según el CBO, implementar la propuesta de ley migratoria en su actual estado "aumentaría el tamaño de la fuerza laboral y el empleo; subirían los salarios promedio en 2025 y en los años siguientes (pero bajarían antes de esa fecha); se aumentaría ligeramente la tasa de desempleo hasta el 2020; se impulsaría el capital de inversión; aumentaría la productividad; y todo traería una subida en las tasas de interés".

La tozuda oposición a la reforma de la mayoría de los republicanos contradice a Douglas Holtz-Eakin, un economista conservador y ex director del CBO quien en declaraciones a Fox News dijo que la reforma migratoria era "una oportunidad económica". Por su parte, el senador republicano Marco Rubio mostró un sentimiento similar al decir que "El CBO confirmó lo que sabían los economistas conservadores: reformar nuestro sistema migratorio es beneficioso para la economía, los trabajadores y los contribuyentes".

Dada la falta de datos contundentes para mantener su posición, los republicanos que intentan aniquilar el proyecto de ley para la reforma migratoria se quedan tan solo con lo que Seth Freed Wessler de Colorlines.com llama "las ansiedades raciales y culturales que alimentan su antipatía ante cualquier apertura de las leyes de inmigración".

Created in 1974 by President Richard Nixon, the Congressional Budget Office (CBO) is a federal agency that provides nonpartisan analysis of the federal budget and the economy for the U.S. Congress. Since a CBO report carries tons of credibility, it is disturbing when the anti-immigration reform camp claims CBO data to justify its opposition to the current immigration bill. "The Economic Impact of S. 744, The Border Security, Economic Opportunity, and Immigration Modernization Act" was a report released by the CBO in June, 2013 which prompted Sen. Jeff Sessions (R-Ala.) to warn us all that the immigration reform bill would be "the biggest setback for poor and middle-class Americans of any legislation Congress has considered in decades." Fox news echoed the Republican Senator concerns toward the bill reporting that _based on the CBO analysis_ it was clear that the immigration bill would lower wages and make "American workers poorer."

What follows is a quick summary of what the CBO report says about the immigration bill as passed by the Senate:

1. It will decrease federal budget deficits by $197 billion over the 2014-2023 period and $700 billion over the 2024-2033 period.
2. It will boost economic output.
3. Due to the average low-skilled nature of immigrants, average wages are estimated to fall in the short-run by 0.1%. However, wages should see a 0.5% increase by 2033 due to a long-run increased rate of return on capital.
4. The projected minimal decrease in average wages suggests that the average US resident will not be worse off under the legislation.

Therefore, according to the CBO report, enacting the immigration reform bill as is would "increase the size of the labor force and employment; increase average wages in 2025 and later years (but decrease them before that); slightly raise the unemployment rate through 2020; boost the amount of capital investment; raise the productivity of labor and capital; and result in higher interest rates."

The stubborn opposition to immigration reform by most Republicans in the House of Representatives contradicts Douglas Holtz-Eakin, a conservative economist and former CBO director, who told Fox News that immigration reform is "an economic policy opportunity." In a quote to The Associated Press, Republican Senator Marco Rubio declared a similar position: "The CBO has further confirmed what most conservative economists have found: reforming our immigration system is a net benefit for our economy, American workers and taxpayers." Considering the lack of evidence to support their anti-immigration stance, those Republican lawmakers in the House trying to kill the bill are left with what Seth Freed Wessler of Colorlines.com calls, "nothing but the familiar cultural and racial anxieties that fuel their antipathy to any opening of the country's immigration laws."

We are Robert Menéndez
Is the "Menéndez lesson" that Hispanic leaders need to be two times as good and three times as careful?
April 8, 2015

We crucify people well. We know how to bury our living public servants. Regardless of their flaws or alleged crimes, we certainly know how to kill, bury, and pray. But, who is paying attention to what the indictment really says?

Allegedly __ Senator Robert Menéndez helped a friend who was a donor. Is that a crime? To put it another way: Are constituent services criminal? Is helping donors criminal? What really is 'quid pro quo' in the daily routine of Congress? Do global corporations lobby to get benefits from Congress while funding the campaigns of both parties? Could anyone believe that the emperor has no clothes?

On any given day in the Serengeti, cheetahs eat zebras indiscriminately extracted from the herd because of their weakness or bad luck. Is our politics the same? The survival of the fittest? Are Hispanic leaders just weaker?

Cisneros, Richardson, Menéndez... we have lost __ in recent years __ some of our most prominent leaders and influencers.

Menéndez fall from grace is a tragic loss for the Hispanic community and for the Nation, whether or not a jury finds him innocent or guilty. Right or wrong, good or bad, the highest ranking Hispanic political leader is now like a zebra being eaten on the Serengeti.

And as a Hispanic, one fears the day when you may wake up mindlessly singing 'Where have all the leaders gone?'

Remember the attacks on Richardson? They say he made a mistake with the Clintons. Remember when Linda Chavez was taken out because she allegedly hired an undocumented nanny? Or when Henry Cisneros was "Garyhartted" in a love affair? And why did Federico Peña disappear?

Yes, they say we now have the Castro Brothers, Villaraigosa, Cruz, or Rubio... Shouldn't they be careful to never lose sight that they may never really be fully accepted? That they may be the weaker zebras in the herd?

Is the "Menéndez lesson" that Hispanic leaders need to be two times as good and three times as careful?

Is the lesson to never miscalculate "realpolitik"? That the system is uncomfortable when Hispanics exercise real power?

And where were the Senator's advisors? Was it "the crisis of the VIP" __ When no one around a US Senator does their job to prevent these problems? Especially when he is the chairman of the Foreign Relations Committee? Does it matter that this VIP is Hispanic?

In the end, I blame Menéndez's advisors. Was Menéndez imprudent? Probably. Did somebody not handle Menéndez's best interests? Definitely. Is the Senator innocent or guilty? Let the courts decide.

Menéndez's "bad luck" also exposes the fundamental weakness of the entire Hispanic community leadership.

Where are our voices?

With friends like these, Senator Menéndez and other Hispanic political leaders can't afford to have enemies.

Todos somos Robert Menéndez
¿Es "la lección Menéndez" que los líderes hispanos necesitan ser el doble de buenos y el triple de cuidadosos?
Abril 8, 2015

Crucificamos bien al otro. Sabemos enterrar muy bien a nuestros servidores públicos vivos. Más allá de sus faltas o supuestos crímenes, lo que mejor hacemos es matarlos, enterrarlos y rezar por ellos. ¿Pero quién se ha leído detenidamente lo que realmente dice la acusación?

Supuestamente, el senador Robert Menéndez le hizo favores a un amigo que donó dinero a su campaña. ¿Es esto un crimen? O para ponerlo de otra manera: ¿Es un acto criminal que un político ayude a quien le apoya? ¿Se puede considerar ilegal ayudar a un donante político? ¿Cuál es el significado real de 'quid pro quo' —dar algo a cambio de algo— en la rutina diaria del Congreso? ¿Las corporaciones globales que hacen lobby en Washington, DC, consiguen beneficios del Congreso mientras financian las campañas de ambos partidos? ¿Quién sabe que el emperador está desnudo?

Un día cualquiera en el Serengeti, las chitas comen cebras que extraen de la manada aprovechándose de su debilidad o de su mala suerte. ¿Es así como funciona nuestra política? ¿La supervivencia del más fuerte? ¿Son más débiles los líderes hispanos?

Cisneros, Richardson, Menéndez... en los últimos años, hemos perdido a algunos de nuestros líderes más importantes e influyentes.

La caída en desgracia de Menéndez es una trágica pérdida para la comunidad hispana y para la nación, ya sea declarado inocente o culpable. Para bien o para mal, el líder político hispano de más alto rango parece hoy una cebra que es devorada en el Serengeti.

Y como hispano, temo que llegue un día en que despierte y, sin pensar, tararee la canción "¿Adónde se han ido todos los líderes?".

¿Recuerdan los ataques contra Richardson? Dicen que cometió un error con los Clinton. ¿Recuerdan cuando Linda Chávez fue descartada porque supuestamente había contratado a una nanny indocumentada? ¿O cuando a Henry Cisneros le destaparon un lío de faldas? ¿Y por qué desapareció Federico Peña?

Es cierto, ahora dicen que tenemos a los hermanos Castro, a Villaraigosa, a Cruz, a Rubio... ¿No deberían andarse con ojo y no olvidar que tal vez no son completamente aceptados? ¿Que tal vez un día serán las cebras más débiles de la manada? ¿Es "la lección Menéndez" que los líderes hispanos necesitan ser el doble de buenos y el triple de cuidadosos? ¿Que hay que hilar fino en la "realpolitik"? ¿Que el sistema se siente incómodo cuando los hispanos ejercen el poder?

¿Y dónde estaban los consejeros del senador? ¿Y más cuando éste era el presidente del Comité de Relaciones Exteriores del Senado?

Al final, culpo a los consejeros de Menéndez. ¿Fue Menéndez imprudente? Probablemente. ¿Hubo alguien que no cuidó los intereses de Menéndez? Sin duda. ¿Es el senador inocente o culpable? Una corte debe decidirlo.

La "mala suerte" de Menéndez deja al descubierto una debilidad fundamental en el liderazgo nacional de la comunidad hispana. ¿Dónde están nuestras voces?
Con amigos como éstos, el senador Menéndez y otros líderes políticos hispanos no necesitan tener enemigos.

What is the cost of insulting or denigrating a human being? Do stereotypes or racist hyperbole incur a greater cost when spouted by a Presidential candidate? Is it more expensive to attack one group but not another? What's the going rate to use a privileged bully pulpit to publicly belittle a Black, a Jew, a Homosexual or an Asian?

I don't know the answer. But I do know that the price of insulting the Latino community in general and more specifically the Mexican community has become quite clear in recent days.

Businessman and GOP Presidential candidate Donald Trump has just disclosed his earnings to the Federal Elections Commission. According to the document, Trump has amassed a fortune worth $10 Billion. The same statement claims that Trump does business with more than 500 corporations and organizations. We learned that, for example, the 14 episodes of the TV show "The Apprentice" on NBC earned Trump $213 million. Not that long ago, NBC said it had ended its relationship with Trump because of his comments about Mexican immigrants. Among other things, Trump said they were "drug dealers" and "rapists".

Do $10 Billion bestow upon Trump the power to become the foremost racist in the United States? Is $213 million the price of admission to stand on a power stage and besmirch an entire community?

More questions. Last week in the wake of Trump's verbal diarrhea of racism, WAMU's Senior Reporter Armando Trull, began asking uncomfortable questions of his own —Such is the lot of our chosen profession. Those questions centered around celebrity chef Jose Andres' plans to open a flagship restaurant inside the DC Old Post Office Pavilion which Trump is renovating into a luxury hotel.

Those questions prompted a change.org petition from Andres fans that garnered 3,000 signatures asking Andres to pull out. Andres did so a day before hundreds of people including Latino community leaders and politicians protested in front of the future International Trump Hotel.

Trull kept asking uncomfortable questions. Why didn't some of the city's most powerful elected officials attend the rally? Why was DC Mayor Muriel Bowser's voice not heard at that rally castigating the offensive words of a businessman who is sure to play an important role in the city? Where was the District Office of Latino Affairs? Its Director, Jackie Reyes, usually shows up at just about any Latino related event taking place within a 100 mile radius of Mt. Pleasant, but she was nowhere to be seen or heard at the Dump Trump rally. Was Ms. Reyes' AWOL because her agency is under the Mayor's office and she is a Bowser appointee?

The truth is that Bowser's reaction can be characterized as soft. So soft as to weaken the seriousness of Trump's verbal attack against the Latino immigrant community. During an interview on WTOP radio the Mayor underscored that Trump's investment in DC would revitalize Pennsylvania Avenue. She said she hoped Trump would take back his comments because they were senseless and idiotic. It's obvious that for the Mayor, the important thing is the Trump Hotels' 272 rooms and the $200 million investment.

So here are some more uncomfortable questions.

Was the Mayor influenced by the money Trump and his children have donated to her and her inaugural? Would District leaders have reacted differently if Trump had said African-Americans were "criminals" and "rapists"?

How hypocritical is it for Latino leaders to pressure chef Jose Andres to back out of his deal with Trump even at the risk of a lawsuit while those same leaders fail to question DC officials for taking Trump money and keeping silent?

How can Latino leaders that have called Trump's comments "racist hate speech" allow Mayor Bowser to dismiss Trump's words as merely "idiotic"?

What indeed is the price of idiocy, racism and silence?

¿Por qué DC no reacciona contra Trump?
¿Y si Trump insultara a los afroamericanos?
Julio 16, 2015

¿Cuánto cuesta insultar, denigrar a otro ser humano? ¿Tienen un precio los estereotipos y la verborrea racista cuando los articula un candidato presidencial? ¿Cuesta más atacar a un grupo que a otro? ¿Cuál es el precio a pagar por menospreciar públicamente, desde una tarima de poder e influencia social, a un afroamericano, a un judío, a un homosexual, a un asiático...?

No lo sé. Pero parece que estos días se ha hecho público el precio del insulto a la comunidad mexicana en particular, e hispanounidense en general. El empresario y candidato presidencial en las primarias republicanas, Donald Trump, acaba de declarar sus ganancias ante la Federal Election Commission. Según el documento, Trump amasa una fortuna de "más de $10 mil millones". La misma declaración explica que Trump hace negocios con más de 500 grupos y corporaciones. Y ahora se sabe que, por ejemplo, las 14 temporadas de la serie de TV "The Apprentice" en el canal NBC le reportaron $213 millones —hace poco NBC aseguró haber terminado su relación con Trump a raíz de sus declaraciones sobre los inmigrantes mexicanos a quienes llamó, entre otras cosas, "violadores y narcotraficantes". ¿Es $10 mil millones la cantidad que le da el poder a Trump para ejercer de racista público número uno? ¿Son $213 millones una de las cuotas a pagar por insultar desde una posición de poder a toda una comunidad?... Sigamos con las preguntas. Hace unas semanas, y luego de la verborrea racista de Trump, mi amigo y colaborador de El Tiempo Latino, Armando Trull —Senior Reporter para la estación radial WAMU— comenzó a hacer preguntas incómodas (así es la vida y el rol del periodista) sobre los planes del famoso chef José Andrés de abrir un restaurante en el hotel de lujo de DC que Trump está construyendo en lo que era el Old Post Office Pavilion de la capital de la nación.

Las preguntas de Trull provocaron una campaña de presión del sitio web change.org que recogió 3.000 firmas e hizo que el chef José Andrés anunciara que se retiraba del proyecto en el hotel de Trump un día antes de que cientos de personas, incluyendo a algunos líderes comunitarios y políticos latinos, se manifestaran ante el futuro International Trump Hotel en DC.

Pero Trull continuó haciendo preguntas incómodas: ¿Por qué no acudieron a la manifestación los líderes políticos y municipales de la capital? ¿Por qué la alcaldesa Muriel Bowser no se dejó ver ni oir ante lo ofensivo de las palabras de un empresario que seguro tendrá una presencia importante en DC?

Lo cierto es que la reacción de Bowser puede ser calificada de blanda. De una blandura que parece quitarle importancia a la gravedad del ataque verborreico del empresario contra la comunidad inmigrante hispana. En una entrevista radiofónica con WTOP, la alcaldesa enfatizó que la inversión de Trump en DC iba a revitalizar Pennsylvania Avenue. Y al valorar la controversia migratoria desatada por Trump, Bowser dijo que esperaba que el empresario retirara sus comentarios porque "no tienen sentido". Bowser calificó los comentarios de "idiotez". Es obvio que para la alcaldesa lo importante ahora es el hotel de Trump con 272 habitaciones y una inversión de $200 millones.

Pero la ausencia de la alcaldesa y de los concejales de DC en las voces contra el candidato presidencial y empresario resulta inquietante.

Más preguntas incómodas:
¿Le influye a la alcaldesa que Trump y su familia hayan donado dinero a su campaña?
¿Si Trump hubiera llamado a la comunidad negra de Estados Unidos violadores y criminales habría sido diferente la reacción del liderazgo de DC?
¿No es hipócrita que los líderes latinos presionen al chef José Andrés para que se retire del trato con Trump y se exponga a una demanda legal cuando, al mismo tiempo, no cuestionan a los líderes del gobierno de DC por aceptar sin rechistar el dinero de Trump, limitándose a caracterizar lo que la mayoría del liderazgo latino ha llamado lenguaje racista y de odio como "una idiotez"?
¿Por qué el liderazgo latino no presiona a los políticos de DC?
¿Cuál es el precio de la idiotez y del racismo?

I Love Concha Buika
April 3, 2014

5 reasons to love Spanish-African singer and rising global music star Concha Buika

1. Her voice and demeanor are smoky, husky, layered, perilously imperious, soulful, an unforgettable wailing emotion, the successive sums of summers… or as Octavio Paz would say: The panting of fresh water troubled by the sea.

2. She is cante, coplas, jazz, flamenco, blues, the howling "morriña" of a bagpipe playing with an incoercible energy that emanates from the soil and whose sounds can make us immortal. Because she says things like "I want to prove that it doesn't matter where a musician comes from-people understand it. It doesn't matter where I perform- Turkey, France, Japan, the U.S. _something in the atmosphere tells me they understand the words I am singing."

3. On her latest and most diverse album La Noche Más Larga (The Longest Night), Concha Buika continues to break down the walls that surround flamenco, the root source of everything she does, but a tradition that can't contain her ever-evolving vision. For the first time in her career Buika, along with her two main musical partners pianist Iván "Melón" Lewis and percussionist Ramón Porrina, were the overall producers of the album. It was recorded in Madrid, Miami, and New York with musicians from both sides of the Atlantic.

That CD garnered Buika her first GRAMMY nomination for "Best Latin Jazz CD" and a Latin GRAMMY nomination for "Recording of the Year" for the song "La Nave del Olvido" (Ship of Oblivion).

4. Nearly half of the songs on the new album were written completely by Buika, and actually credited to her, which has not always been the case in the past, due in part to the singer's lack of attention to the business side of her career. Buika says her steady touring all over the globe has given her greater and greater confidence, and provided the sense of identity that's eluded her for decades. "My parents were born in one place [Equatorial Guinea] and I was born in another [the Spanish island of Mallorca]. When I grew up in Spain many people used to say, 'You're not from here,' and my family from Africa would say I wasn't from Africa, so it was always tricky for me. But now, travelling around the world, I discovered a piece of me in every country I travel in. I discovered that the world is my house. My 'self' is full of things from everywhere in the world. What I try to do when I sing is to follow my free note. It doesn't know about borders."

5. Rare is the artist to garner comparisons to Nina Simone, Chavela Vargas, and Cesaria Evora, but Buika has been compared to all of them. She has clearly inherited their steely independence and uncompromising creative vision.

"I think it's the bravest record that I've made. I wanted to put our craziness and our sound in there," she says.

Cinco razones para amar a la cantante afroespañola y ascendiente estrella musical global Concha Buika.

1. Su voz y postura es brumosa, rasposa, sofisticada, peligrosamente imperiosa, animosa, inolvidable emoción quejumbrosa, las sumas sucesivas de los veranos... o como diría Octavio Paz: el jadeo del agua dulce turbada por el mar.

2. Ella es cante, coplas, jazz, flamenco, blues, la larga morriña clamorosa de una gaita tocando con energía incoercible que emana de la tierra y cuyos sonidos nos pueden hacer inmortales. Porque dice cosas como ésta: "quiero probar que no importa el origen de un músico para que la gente lo entienda. No importa donde cante _Turquía, Francia, Japón, Estados Unidos_ algo en el ambiente me dice que entienden las palabras que canto".

3. En "La Noche Más Larga", su último CD y el más diverso, Concha Buika vuelve a derrumbar los muros del flamenco, la raíz y fuente de todo lo que hace, pero una tradición que no puede embalsar su visión en evolución constante.

Por primera vez en su carrera, Buika, junto a sus dos colaboradores principales, el pianista Iván "Melón" Lewis y el percusionista Ramón Porrina, fueron los productores de este trabajo, grabado en Madrid, Miami, y Nueva York con músicos de ambos lados del Atlántico. El CD le trajo a Buika su primera nominación a los GRAMMY como "Best Latin Jazz CD" y una nominación a los Latin GRAMMY como "Grabación del Año" por la canción "La Nave del Olvido".

4. Buika es la autora de casi la mitad de las canciones del CD, y de hecho se le da crédito por ello _algo que no siempre había ocurrido en el pasado, en parte, por la falta de atención de la artista al aspecto empresarial de su carrera.

Buika dice que sus constantes giras por el mundo le han dado cada vez más confianza. Y que en estos viajes con coartada artística le han proporcionado un sentido de identidad que se le había negado y escapado por décadas.

"Mis padres nacieron en un lugar (Guinea Ecuatorial en África) y yo nací en otro: la isla española de Mallorca. Cuando estaba creciendo en España, la gente me solía decir: 'Tú no eres de aquí', y mi familia africana me decía que yo no era de África, así que nunca fue fácil. Pero ahora, al viajar por todo el mundo, he descubierto un pedazo de mi en cada país al que llego. He descubierto que el mundo es mi hogar. Quién yo soy es una gran cantidad de cosas de muchas partes del mundo. Lo que trato de hacer cuando canto es seguir mi propia libertad. Un camino que no sabe de fronteras".

5. Ha sido comparada con Nina Simone, Chavela Vargas, y Cesaria Evora. Sin duda, Buika ha heredado su espíritu independiente y su visión creativa que no sabe de ataduras. "Este es mi disco más valiente. Quería que se llenase de nuestra locura y de nuestro sonido", dice.

Y lo ha conseguido.

7 PREGUNTAS SOBRE LOS HISPANOUNIDENSES
Charla con Francisco Moreno, director ejecutivo del Instituto Cervantes en Harvard
Octubre 18, 2014

La situación del español en Estados Unidos aparenta ser muy favorable según los valores estadísticos. La Oficina del Censo de los Estados Unidos ofrece una cifra de hispanos superior a los 54 millones, hispanos que ya se han convertido en la mayoría de las llamadas minorías culturales que integran el país. Y además, el crecimiento de esta comunidad ya es hegemónico en algunos estados: el Pew Research Center informa de que, desde marzo de 2014, los «hispanos» se han convertido en el grupo étnico mayoritario, por encima de los «blancos no hispanos», en los estados de Nuevo México y California, y que pronto lo serán en los de Texas y Florida.

Las cifras referidas a los hispanounidenses son francamente llamativas. Y para poner el tema en perspectivas hablamos con Francisco Moreno, director ejecutivo del Instituto Cervantes en la Universidad de Harvard, donde lidera el «Observatorio de la lengua española y las culturas hispánicas en los Estados Unidos».

Si bien no todos los hispanos de Estados Unidos hablan español, en este país hay más hispanohablantes que en la mayoría de los países de la esfera iberoamericana...

Cierto es que los números no lo son realidad demográfica que fundamentó el acceso de Barak Obama a la presidencia.

Estamos entonces ante una realidad fascinante...

Así es, pero esa misma realidad está sirviendo de justificación al temor ideológico de la intelectualidad conservadora representada por Samuel Huntington (Samuel P. Huntington fue un influyente politólogo conservador que trabajó por más de 50 años en la Universidad de Harvard), quien sostiene abiertamente que Estados Unidos está en «riesgo» de un conflicto racial de gran escala y de convertirse en una sociedad bilingüe.

¿Se puede definir lo hispano?

Para entender la realidad hispana, hay que conocer los debates que se están entablando dentro de la propia comunidad latina y, en definitiva, en el conjunto de la sociedad estadounidense. Esos debates giran en torno a dos cuestiones interconectadas: la de la homogeneidad de la comunidad hispana y la de su grado asimilación. Estas cuestiones no son las únicas que interesan, evidentemente. En el mundo académico también se proponen discusiones sobre la naturaleza del español de los Estados Unidos o sobre el peso relativo de la historia hispánica anterior a 1848, pero no se valoran como cruciales para el devenir de la sociedad estadounidense, especialmente por parte de los analistas anglos.

¿Solo una comunidad hispana homogénea será garantía para el futuro del español en Estados?

El debate sobre la homogeneidad de los hispanos en los Estados Unidos comenzó a plantearse cuando su potencia demográfica se asoció a unos posibles efectos sociopolíticos y económicos. El avance hacia la articulación de una comunidad hispana es evidente, de modo que la progresiva homogeneización de los grupos hispanos podría favorecer la autoconciencia de la comunidad latina, mientras que la pervivencia de la heterogeneidad aceleraría su disolución en la sociedad general.

Tal vez por ello, cuatro de cada cinco hispanos piensan que su comunidad «necesita un líder».

Esa "asimilación" de la que tanto se habla, ¿pone en riesgo la lengua española?

Lo cierto es que, si se produjera la asimilación de un modo completo, llevaría al abandono de la lengua. En esta línea se interpretan algunos datos recogidos por el Censo de 2010: el creciente conocimiento y el buen dominio del inglés por parte de los latinos (de un 90% en el caso de la tercera generación) y el aumento de la preferencia por el consumo de noticias transmitidas solamente en inglés. Estos índices, no obstante, pueden ponerse en contraste con otros, no menos significativos, como los niveles de audiencia de las televisiones, como los de la cadena en español Univisión, que en los últimos meses está siendo la más vista en el conjunto de los Estados Unidos, superando a NBC, ABC, CBS o FOX.

¿Qué es el Observatorio del español que usted dirige?

Es un proyecto del Instituto Cervantes en la Universidad de Harvard que se materializó en 2013 en forma de «Observatorio de la lengua española y las culturas hispánicas en los Estados Unidos» mediante la firma de un convenio de colaboración institucional. Paralelamente, el Instituto Cervantes firmó un acuerdo con el Banco Santander para la financiación del Observatorio durante cuatro años. El objetivo del Observatorio es convertirse en un punto de referencia internacional para el estudio, el análisis prospectivo y el diagnóstico de la situación de la lengua española y las culturas hispánicas en los Estados Unidos, con especial atención a su evolución social, su presencia entre los hispanohablantes, incluidas sus minorías, y su coexistencia con otras lenguas.

¿Cómo coexiste el foro y el centro de estudios dentro del Observatorio?

La misión del Observatorio es elaborar y organizar un programa de proyectos y actividades para el análisis y la reflexión sobre la presencia hispana, en todas sus dimensiones. Con este fin, el centro se constituye como foro de estudio, intercambio y debate entre expertos de Harvard University, de universidades estadounidenses, de países de Hispanoamérica y España. Los proyectos y actividades del Observatorio se ordenan en cuatro grandes áreas de contenido: lengua, minorías, educación y pensamiento. Estas cuatro esferas son tratadas por dos medios principales: los proyectos e informes —al fin y al cabo, un «observatorio» debe «observar» para a continuación divulgar lo observado— y las actividades académicas. Los informes del Observatorio son el fruto de la investigación del personal integrado en sus estructura y de los trabajos encargados a expertos de reconocido prestigio de los Estados Unidos o de cualquier otro país, especialmente de los hispanohablantes. La publicación que articula todo ello se llama "Informes del Observatorio / Observatorio Reports" y es una publicación en línea, mensual, gratuita y bilingüe, accesible a través de http://cervantesobservatorio.fas.harvard.edu o de academia.edu. A propósito de estos informes y como desarrollo de nuestros campos de interés se organizan también actividades académicas y culturales que ayudan a difundir y promover la identidad del español y de las culturas hispánicas en el seno de la propia Harvard University y en el entorno de Nueva Inglaterra principalmente.

Hispanic Heritage Month: The season of giving speeches to explain how rational it is to postpone executive action on immigration reform until after an uncertain election that, if won, will produce the conditions to finally fulfill the campaign promise to the Latino voter by the Comander in Chief. My dear, timid Latino electorate: It is not when, it is if. Therefore, this is the plan: You go out and vote. If you make lots of Democrats win, then Congress might consider revisit your immigration issue. But if we lose in November then forget it and relax. Wait until 2016 and vote for another Democratic President who will promise to pass your immigration thing if you are able to vote while singing a mariachi song backwards and show proof that you are able to raise a family of four on minimum wage.

Ebola: A river in northern Congo (Zaire), where a virus responsible for a severe and often fatal hemorrhagic fever first emerged in 1976. It is unknown how the virus attacks cells. It can be transmitted through contact with bodily fluids. Unsanitary conditions and lack of adequate medical supplies have been factors in its spread. Note: Right-wing media figures are accusing President Obama of purposely wanting "to infect the nation with Ebola" because he wants a "redistribution" of wealth, and a new "civil war." Yes, these people really exist, know how to write, have American passports and can be named. However, naming them here would take up an unhealthy amount of space.

Immigrants: According to some opinionators from the media nuts environment, immigrants are disease-ridden people who are being provided safe harbor by President Obama. According to the Merriam Webster Dictionary, immigrant is a plant or animal that becomes established in an area where it was previously unknown. There is also another definition: An immigrant is a person who keeps coming to the US to take up permanent residence. According to some media sources, it is always the same guy.

Dreamers: Those youngsters who dream of America because they are Americans. Congress gave them the name but never passed the legislation after their name: The Development, Relief, and Education for Alien Minors (DREAM) Act. For years Congress had the key to heaven for these kids __the legal status they deserve__ but they preferred to play politics with these young souls and kept them in limbo.

A Federalist Question: The Supreme Court declared that immigration policy shapes our destiny, expressly stating that our history "is in part made by the stories, talents, and lasting contributions of those who crossed oceans and deserts to come here." Since tomorrow's history is today's immigration policy, why the President and the Speaker of the House never acted to prewrite history and lead the nation to comprehensive immigration reform?

Felipe Fernández-Armesto publicó recientemente el libro "Our America. A Hispanic History of the United States" donde el catedrático de University of Notre Dame genera una absorbente narrativa en la que reafirma lo obvio: "Lo hispano de Estados Unidos es más que migraciones. Los hispanos precedieron a Estados Unidos en lo que es ahora su territorio nacional. Su presencia ha sido parte de la historia de esta tierra por más tiempo que cualquiera de los otros intrusos llegados a través del Atlántico, incluyendo a los anglo-estadounidenses".

Nadie lo diría viendo la realidad hispana de EE.UU. según los medios de comunicación de hoy. Para ellos somos inmigrantes con graves problemas de estatus legal.

El año pasado, esta columna se tituló "Feliz Herencia Cautiva" e incluyó muchas preguntas sin respuesta.

Tenemos demasiados líderes y una clamorosa ausencia de liderazgo hispano ¿Dónde están esas voces que llenan los corazones y las mentes de una comunidad y la llena de propósitos? Los hispanos estamos permitiendo que nos definan los demás —llámense enojados, viejos, hombres blancos en TV; algunos políticos en el Congreso; o los mismos activistas hispanos. ¿Por qué a los hispanos se les retrata siempre como "ilegales" o como una comunidad llena de fracasados? ¿Por qué no existimos en los medios de comunicación —excepto por esa triste cuota de sangre, sudor y lágrimas que parece correspondernos en TV y en Hollywood? ¿Por qué una población hispana de 50 millones con pasaportes estadounidenses o estatus de residencia legal casi nunca forma parte de una conversación inteligente? ¿Por qué los comunicadores de TV difaman a la comunidad hispana sin que pase nada? ¿Por qué nuestros medios en español están abarrotados de estereotipos y atacan la inteligencia de la audiencia hispana? Tantas preguntas…

Entiendo que la idea del Mes de la Herencia Hispana es reconocer las raíces hispanas de los inmigrantes. Esa es la manera en que los hispanos nos hicimos estadounidenses. Nosotros somos los gringos. ¿Cómo es posible que un grupo de Peregrinos —100 renegados religiosos británicos— se convirtieran en los estadounidenses esenciales y nosotros —hispanohablantes, exploradores, fundadores de ciudades y catalizadores de la nueva cultura americana— terminemos siendo "el otro", el extranjero, el inmigrante?

Así las cosas, el productor de PBS, Ken Burns, ignora o borra el papel de los hispanos en sus documentales —la Guerra Civil, la Segunda Guerra Mundial o el actual sobre Roosevelt. Burns y otros nos envían un mensaje inquietante: "¿Hispanos? No, gracias.".

Hispanics? No, Thanks
A Reality Check
October 2, 2014

Hispanics are an essential part of our present —17% of the population, huge economic power and growing voting influence— but we need not to forget that, as historian Felipe Fernández-Armesto puts it, "Hispanics belong in the entire story of the country, as part of its origins and part of every important episode in its unfolding."

Fernández-Armesto published early this year the book "Our America —A Hispanic History of the United States" where the Professor at the University of Notre Dame creates an absorbing narrative stating the obvious: "The Hispanic United States encompasses more than migrants. Hispanics preceded the United States in what is now national territory. Their presence has been a longer part of the history of the land than that of any other intruders from across the Atlantic, including Anglo-Americans."

And then there is the US Hispanic reality as portrayed by American media: Immigrants with legal status issues. That's who we are.

Last year, this column had "Happy Hostage Heritage" as a title. And included many questions: We have too many Hispanic leaders and a clamorous lack of Hispanic leadership —where are those voices that fill up the hearts and minds of a community and make that community feel full of purpose? Hispanics are allowing others to define them —be it white, old, grumpy men on TV; some politicians in Congress; or Hispanic activists: Why are Hispanics always portrayed as "illegals," or a community of underachievers? Why don't Hispanics exist in media —besides the sorrowful quota of blood, sweat, and tears allocated to us on TV or Hollywood? Why isn't a Hispanic population of 50 million people —all of who have American passports or legal residence statuses— ever part of an intelligent conversation? When "white" broadcasters defame the Hispanic community, why does it not trigger any consequences? Why is our own Hispanic media full of stereotypes, and why does it constantly attack the intelligence of the Hispanic audience? So many questions...

I do understand that the idea of Hispanic Heritage Month is to recognize the Hispanic roots of immigrants who made it in America. But, let me check a history book: those are not Hispanic roots, those are American roots. That is the way Hispanics became US Americans. Therefore, we are the gringos. How is it that a small group of Pilgrims —100 British religious renegades— became quintessential Americans while we —Spanish speakers, explorers, founders of cities and catalysts of the new American culture— end up being "the other," the foreigner, the immigrant?

And then there is PBS producer Ken Burns ignoring or deleting the role of Hispanics in his documentaries —from the American Civil War, the World War II documentary or the current Roosevelt production. Burns is a great producer who —as others in media today— send us a disturbing message: "Hispanics? No, gracias."

HISPANIC EMOTIONS
LETTER TO A FRIEND
APRIL 3, 2015

My great poet and friend: I do have answers to your questions and uncertainties.

You know that I am an optimist and a sufferer —an anguished optimist. Indeed, there are lights in this land of shadows. But it is in our hands to come out of the shadows —those imposed by others and those self-imposed. I do have examples —some built with my own hands— to offer you in the form of an answer, but at the end of the day all starts with you... Never wait for the gift from the Great White Father nor expect a solution coming from the yelling posture of any messiah.

Let us learn to build together. Let us learn to enjoy the success of others, to help avoid the failure of others, to help others. The others are us... Being Latino or Hispanic —I do not fear the word— is a tool, not a destiny. If the United States of America is the end of the journey, so be it. But never forget the root that sustains you, the essence that feeds you, the language that gives meaning and emotion to motionless matter.

This will allow you to embrace your surroundings, to accept yourself and the others.

For me success is helping others to succeed. Indeed for some of us success is also to feel fully satisfied in our everyday struggles. It is success —and a real triumph for me— to enjoy the opportunity of carrying on the Hispanic agenda in this everchanging land.

I can only tell you: Choose between moving forward and moving on, but —hell— just move!

And as my beloved poet, Octavio Paz, would say: Deserve your dreams.

In his The Labyrinth of Solitude, Paz says that "It is always difficult to give oneself up; few persons anywhere ever succeed in doing so, and even fewer transcend the possessive stage to know love for what it actually is: a perpetual discovery, and immersion in the waters of reality, an unending re-creation."

And it is the 'unending re-creation' where I want you to focus. The new land is life —and there is nothing new about life. Remember that here, there, and everywhere you are the center who needs to reconnect, re-create.

Move happily, aware that there is a legacy if you are present. Yes, America is a propitious territory to find yourself and beyond yourself, somewhere, I wait for your arrival.

We need you in this Hispanusa as you, meaning: as a neverending promise, as an exciting possibility.

And what about me? You asked. Well, now I see —meaning I feel— there is a new journey ahead of me.

And I still feel an enormous solitude, a clamorous silence, a touchless negligence at the hands of many in the Hispanic community, in the Latino intelligentsia.

But the agenda continues. The dream never ceases. The path is wide open. And Don Quijote is alive because the motherland is not a geopolitical concept but a spiritual feeling.

EMOCIONES HISPANAS
Carta a un amigo
Abril 3, 2015

Mi gran amigo y poeta: claro que tengo respuestas a tus preguntas e incertidumbres.

Sabes bien que soy un optimista y un sufridor —un optimista angustiado.

No tengo la menor duda de que hay luces en esta tierra de sombras. Pero es bien cierto que está en nuestras manos salir de las sombras, aquéllas que nos imponen los otros y aquéllas que nos imponemos a nosotros mismos. Tengo ejemplos —algunos construidos con mis propias manos— para ofrecerte en forma de respuesta, pero al final todo empieza con uno mismo... Nunca esperes por la dádiva del Gran Padre Blanco ni albergues esperanzas en la postura gritona de ningún mesías.

Aprendamos a construir juntos. Aprendamos a disfrutar del éxito de los otros, a evitar que el otro fracase, a ayudar.

Los otros somos nos(otros)... Ser latino o hispano —que no me espanta el nombre— es una herramienta no un destino.

Si Estados Unidos de América es el final del viaje, sea. Pero nunca olvides la raíz que te sostiene, la esencia que te alimenta, la lengua que proporciona significado y emoción a la materia sin moción.

Esto te permitirá aceptar tu entorno, abrazarte a ti mismo y a los otros.

Porque para mí el éxito es ayudar a los otros a tener éxito. De hecho, para algunos de nosotros el éxito radica en sentirnos completamente satisfechos con nuestras luchas diarias. Es éxito —y para mí un triunfo— disfrutar la oportunidad de llevar adelante la agenda hispana en esta tierra en constante transformación.

Solo esto te puedo decir: elige entre cambiar y avanzar. Pero, por lo que más quieras, ¡muévete!

Y como mi amado poeta, Octavio Paz, escribió: merece tus sueños. En su "El Laberinto de la Soledad", Paz dice que es siempre difícil entregarse al otro y que pocas personas lo consiguen. Y muchas menos trascienden el estado posesivo para conocer el amor por lo que realmente es: un descubrimiento perpetuo, una inmersión en las aguas de la realidad, una re-creación sin fin.

Y es en esa 're-creación sin fin' en la que quiero que te concentres. La nueva tierra es la vida —y no hay nada nuevo en esto de la vida. Recuerda que aquí o allá o en cualquier parte tú eres el centro que necesita reconectarse, re-crearse. Muévete feliz, consciente de que existe un legado si tú estás presente. Sí, Estados Unidos es un territorio propicio para encontrarte. Y más allá de ti mismo, en algún lugar, espero tu llegada.

Te necesitamos en esta Hispaniausa a ti, es decir, a tu promesa interminable, a tu posibilidad emocionante.

¿Y de mí qué? Me preguntas. Veo —siento— un nuevo camino por delante. Y todavía me golpea una enorme soledad, un silencio clamoroso, esa intacta negligencia en manos de muchos en la comunidad hispana, en la intelligentsia latina.

Pero la agenda continúa. El sueño nunca cesa. El camino es ancho. Y Don Quijote vive porque la patria no es nacional, sino del espíritu.

¿A DÓNDE VA VENEZUELA?
Entrevista con Leopoldo Martínez Nucete
Febrero 26, 2016

Leopoldo Martínez Nucete es abogado y político internacionalista que vive en Estados Unidos, luego de ser diputado en Venezuela. Preside el Centro para la Democracia y el Desarrollo en las Américas y el Latino Victory Project, y es Editor-Jefe de @IQLatino. Desde 2010 es miembro del equipo de estrategia política internacional y movilización de las diáspora venezolana en el exterior para la Mesa de Unidad Democrática, coalición de partidos opositores que acaba de derrotar al chavismo en las elecciones parlamentarias del pasado 6 de diciembre.

¿Por qué habla usted del anuncio "chucuto" de Maduro?

Da la impresión de que el Gobierno de Maduro no termina de comprender el problema económico. Sus medidas de ajuste siempre llegan tarde y se quedan cortas ante la inmensa distorsión creada a lo largo de tres años, debido el aplazamiento del cambio por razones políticas. Además, los ajustes llegan ajenos a un plan que responda con claridad tres interrogantes:

1. ¿Cuál es el mapa financiero para resolver el conflicto entre mantener el nivel exigido de importaciones y el servicio de la deuda al día?
2. ¿Cómo dar la vuelta al problema de producción petrolera con nuevas inversiones, en el contexto de esta nueva realidad de precios bajos?
3. ¿Qué medidas concretas, de impacto en sectores de posible reactivación en el corto plazo, se tienen, como podrían ser la construcción (viviendas e infraestructura), el agro y la capitalización para el relanzamiento de las empresas básicas así como las empresas de servicios (sector eléctrico, agua)?

Parece que persiste la brecha entre política y economía en Venezuela...

Así es. El Gobierno no termina de entender que para salir de este cuello de botella, para derrotar los obstáculos y reactivar la economía, la respuesta no es simplemente política; y que los ajustes deben estar vinculados a una estrategia cuyas claves son la inversión privada y el emprendimiento.

Y tampoco ha dado muestras de haber captado el hecho de que ambas cosas dependen de confianza, expresada en un marco jurídico de respeto a los derechos individuales y la propiedad privada, de un poder judicial efectivo e imparcial para la defensa de los derechos individuales; y de una inversión sostenida en capital humano (educación y salud) e infraestructura de apoyo a la producción (transporte, servicios, comunicaciones, energía) que nos haga competitivos, que es donde debe enfocarse el Estado como agente de la reactivación económica.

¿Y la deuda externa?

La deuda externa, contraída en el contexto de la actual estructura de precios del petróleo, de bajos volúmenes de producción y dependencia absoluta de las importaciones, es sencillamente insostenible sin un refinanciamiento coherente, que cambie el perfil del endeudamiento nacional y ofrezca dinero fresco para financiar la transición en medio de los déficits y distorsiones, incluyendo recursos para sostener programas sociales bien enfocados. Esa transición debe estar acompañada, además, por un mecanismo de conversión de deuda en inversiones, que permita reducir el monto de la deuda y orientar flujos de capital hacia los sectores con impacto empleador y reactivador en el corto plazo. Para ello, de nuevo, la clave es crear confianza, ofrecer credibilidad, con base en planes que evidencien un amplio acuerdo político y empresarial. Esto nadie parece entenderlo en el Gobierno.

¿Cómo salir del círculo?

No es difícil predecir hacia dónde va Venezuela, a la luz de las medidas incompletas y sin visión de largo aliento que nos propone Maduro. Vamos hacia la profundización de la crisis social y económica, que no quede ninguna duda, lamentablemente. Y con ello nos aproximamos a un proceso urgente de transición que debemos hacer todo el esfuerzo para canalizar por la vía del diálogo y las instituciones democráticas, en el marco de la Constitución.

¿Puede llegar ese cambio del que usted habla desde el interior del sistema, de las instituciones?

La pregunta que flota es: ¿quiénes en el oficialismo lo entienden? No tardaremos mucho en saberlo... Esperamos. Por el bien del país.

En Venezuela "los demócratas no luchamos contra alguien, sino por la patria de todos"
Leopoldo Martínez Nucete
Mayo 17, 2016

"Yo puedo decir hoy que estamos siendo víctimas de la agresión mediática, política, diplomática y de las amenazas más graves que ha vivido nuestro país en los últimos 10 años, si no es la más grave la que en este momento nosotros estamos enfrentando". Así se expresó el presidente de Venezuela, Nicolás Maduro, el martes 17 de mayo durante una rueda de prensa en el palacio presidencial de Miraflores en Caracas. Maduro dijo esto 24 horas después de que se oficializara un decreto de "estado de excepción y emergencia económica", dictada para hacer frente a supuestas amenazas de golpe de Estado a la Administración del líder chavista. En este momento, la oposición venezolana promueve el trámite para solicitar un referendo revocatorio del mandato de Maduro, que gobierna Venezuela desde 2013 tras la muerte del fallecido presidente Hugo Chávez (1999-2013).

Hoy el país vive el caos de la inseguridad política, la violencia y la carencia de productos de primera necesidad. El Tiempo Latino ha vuelto a conversar con el politólogo Leopoldo Martínez Nucete, ex diputado venezolano que vive en Washington, DC. Martínez Nucete se mostró "esperanzado" en el futuro de Venezuela porque, dijo, los demócratas (venezolanos) no luchamos contra algo ni contra alguien, mucho menos contra hermanos conciudadanos. Nosotros luchamos por el país, la patria de todos que está en las calles y que encontraremos al final del revocatorio".

¿Cómo interpreta la respuesta del Gobierno de Venezuela a la petición de un referendo revocatorio del mandato de Maduro?
Su plan es claro: dilatar esto hoy y siempre, pensando que puede relegarlo al año próximo, para no arriesgar el control de la Presidencia, que quedaría en manos de quien sea el Vicepresidente. Y quedó claro también que intentarán intimidar al opositor en la calle con represión y una estrategia de burlas y fintas que lo frustren y desmoralicen. Sueñan, incluso, con un rebote económico favorable: apuestan, sin base alguna, a la recuperación de los precios del petróleo. Vano espejismo. Pero también necesitan que la Unidad Democrática pierda la paciencia y se salga de la avenida del revocatorio, perdiendo la legitimidad de que hoy goza.

irresponsable es la conducta del Gobierno al decretarlo sin fundamento alguno. El Gobierno y el TSJ vienen desconociendo la voluntad popular al despojar de facultades a la AN y el Consejo Nacional Electoral ha venido cerrándole cambio arbitrariamente al referendo revocatorio.

¿Salirse de lo que usted llama "la avenida del revocatorio" llevaría al país al sendero de la violencia, al derrocamiento por la fuerza?
Eso no parece que vaya a ocurrir, porque está bien claro que los demócratas no podemos equivocarnos. La única senda posible es la que nos lleva al revocatorio. Por ese camino, constitucional y pacífico, que ha sido eficiente para reagrupar y consolidar las fuerzas de la Unidad, se debe continuar transitando, contra viento y marea. Es sencillo, esa es la ruta respaldada por la

comunidad internacional, tanto como por la gran mayoría de los venezolanos.

¿No hay conspiración internacional contra el Gobierno de Venezuela?

La oposición actúa siempre apegada a la Constitución, los ex presidents Rodríguez Zapatero (de España), Leonel Fernández (República Dominicana) y Torrijos (Panamá) se han ofrecido como facilitadores del diálogo cuyo objetivo es garantizar la aplicación de la Constitución... La última palabra la tiene el actual Gobierno venezolano.

El presidente Maduro acaba de decir que Washington es el "centro financiero" que quiere propiciar una intervención extranjera en Venezuela...

Maduro siempre anda a la busca y captura de culpables. La retórica del enemigo externo no se la cree nadie en el país. Su credibilidad y apoyo popular sigue en picada.

¿El revocatorio es entonces la única solución?

Sea que ocurra ahora o el año próximo. Porque su resultado desembocará en unas elecciones o una transición negociada. En ese sentido, tiene mucha importancia la señal nuevamente enviada por El Vaticano para actuar como referente o instancia para alcanzar acuerdos, bien para aceptar el revocatorio, o para una transición. No perdamos de vista el hecho de que, por lo general, las transiciones las hacen los que salen y no los que entrarán al poder.

Usted ha escrito en una de sus columnas en la prensa venezolana que es consciente que por pensar así le han "tachado de ingenuo", por no querer enfatizar que en Venezuela hay una dictadura...

Y he respondido que la estrategia binaria no funciona. No es en ese terreno de la confrontación adonde debemos llevar nuestra lucha, ni al empoderamiento de lo sectores más radicales del oficialismo. El uso de una estrategia como la que proponemos puede, incluso, quebrar la cohesión del chavismo con la expectativa de la convivencia democrática, aislando a quienes se atrincheran por miedo en el poder. La estrategia político-electoral no puede ser binaria, ni en los medios de lucha (la ruta electoral) ni en el discurso político. Se debe combinar la presión institucional con la calle, siempre en forma pacifica y organizada.

Además, ha dicho usted que se debe situar "la lucha y la movilización por las elecciones regionales en el contexto de la presión del revocatorio"...

Porque es fundamental convertir a los líderes regionales de la alternativa democrática, que serian gobernadores, en jefes de campaña del referendo revocatorio. Las elecciones regionales no son contingentes (no dependen del capricho del funcionario ni de la crispación de las circunstancias), están en el calendario constitucional y, lo que es crucial, el pronóstico de triunfo para la alternativa democrática que representa la Unidad es increíblemente prometedor. Este recorrido político encuentra su cimiento en una narrativa nacional, incluyente, donde el cambio social y económico que se aspira impulsar, se articule con la descentralización del poder y los recursos fiscales en áreas vitales para el ciudadano como son los programas sociales, la educación, la salud, la seguridad ciudadana y la infraestructura.

¿No teme usted al "cansancio" político en Venezuela? ¿No le teme al antagonismo sin solución entre sus compatriotas?

Cansancio nunca, esperanza siempre. Todo lo podemos superar los venezolanos. Nos acompaña la esperanza en el porvenir, el anhelo de dar por terminada esta etapa de fracaso, divisiones y estancamiento. Los demócratas no luchamos contra algo ni contra alguien, mucho menos contra hermanos conciudadanos. Nosotros luchamos por el país, la patria de todos, que está en las calles y que encontraremos al final del revocatorio.

Apocalypse Now
News and technology are now an indissoluble marriage
May 14, 2015

I understand that we live in apocalyptic times for newspapers so let me plug in here a modern view: "Ours is a brand-new world of allatonceness. 'Time' has ceased, 'space' has vanished. We now live in a global village... a simultaneous happening. We are back in acoustic space. We have begun again to structure the primordial feeling, the tribal emotions from which a few centuries of literacy divorced us."

This was written by Marshall McLuhan in 1968. It feels good to go back to the future.

Technology is making horizontal what once was vertical, hierarchical. The rain of information poures down or up or stays richly interconnected in a flat dam on the verge of breaking down. Audiences are gaining leverage throughout the news information industry. Audiences do not conform any more to being fed. Now they demand to be also proactive feeders.

The business model is changing and the new models need to satisfy economic demands still anchored in the past.

Dailies are becoming weeklies or online only products. Pay to play is proliferating with different results. And the news environment is becoming noisier, less reliable, a little uncontrollable, crowded; but, at the same time, exciting and full of possibilities.

There is nothing to fear but the old model itself. Welcome to the chaos of interactivity, interconnectivity, and excess __all of which has its origins in the early days of the newspaper industry. Back to the future again.

Washington Post Executive Editor, Martin Baron, delivered last April "The 2015 Hays Press-Enterprise" lecture at the University of California, Riverside with a speech titled "Journalism's Big Move: What to discard, Keep, and Acquire in Moving From Print to Web." Baron said that he has worked in the journalism industry for 39 years, "and never have I seen a moment of so much excitement and yet so much anxiety."

"Excitement because journalism is being thoroughly reimagined. Anxiety because... journalism is being thoroughly reimagined __ because our traditional economic model is disintegrating".

Between 2004 and 2010 High-speed broadband developed, then we had Google, Facebook, Youtube, Twitter, Kindle, iPhone, Instagram, Whatsapp, and the iPad.

The speed and mobility brought by technology are not only eroding the economic foundation of the news industry, it is changing the news ecosystem. Yes, the medium is (also) the message. News and technology are now an indissoluble marriage.

In the new era, Baron is confident and enthusiastic, focused on possibilities. He sees journalists with an entrepreneurial spirit. In the new era, he says, everyone, regardless of position, must be a leader. With ideas and initiatives. "It used to be... that we hired people who could learn from us. Now we aim to hire people who can teach us what we need to know."

And __as McLuhan would say__ embrace multiple models for exploration.

Entiendo que vivimos en tiempos apocalípticos para la industria de la información en general y para los periódicos en particular, así que permitan que reproduzca aquí una cita moderna: "Vivimos en un mundo nuevo, a estrenar, en el que todo sucede al mismo tiempo. El "tiempo" ha cesado y el "espacio" se ha esfumado. Vivimos en una aldea global... en un suceder simultáneo. Regresamos al espacio acústico. Hemos vuelto a estructurar el sentimiento primigenio, las emociones tribales de las que unos cuantos siglos de alfabetización nos habían separado".

Esto lo escribió Marshall McLuhan en 1968. Y uno se siente bien regresando al futuro. Marcha atrás para llegar al futuro. La tecnología está haciendo horizontal, lo que una vez fue vertical, jerárquico. La lluvia de información se derrama hacia abajo o hacia arriba o permanece densamente interconectada en un embalse a punto de estallar y desbordarse.

Las audiencias ganan espacios de poder en la industria de la información. Las audiencias ya no se conforman con ser alimentadas. Ahora exigen ser también alimentadores proactivos.

El modelo económico está cambiando y los nuevos modelos necesitan satisfacer exigencias aún ancladas en el pasado.

Los diarios se están convirtiendo en semanarios o en productos en línea. El acceso a contenidos de pago comienza a proliferar con resultados diversos. Y el ambiente de la noticia se vuelve más ruidoso, menos fiable, un poco incontrolable, invadido; pero al mismo tiempo, emocionante y lleno de posibilidades. No se debe temer más que al viejo sistema. Bienvenidos al caos de la interactividad, de la interconectividad y del exceso. Todo lo cual tiene sus orígenes en los años del nacimiento de la industria de la prensa escrita. De nuevo, yendo hacia atrás llegamos al futuro.

El director de The Washington Post, Martin Baron, habló en abril en la universidad de California, Riverside. Su conferencia se tituló: "La Gran Mudanza del Periodismo: Qué descartar, Mantener y Adquirir a la hora de pasar de lo Impreso a la Web". Baron dijo que en sus 39 años en la profesión, éstos son tiempos llenos de emoción y ansiedad. "De emoción porque el periodismo se está reimaginando por completo. De ansiedad porque el periodismo se está reimaginando por completo —porque nuestro modelo económico tradicional se está desintegrando".

Entre 2004 y 2010 se desarrolla la banda ancha, aparecen Google, Facebook, Youtube, Twitter, Kindle, iPhone, Instagram, Whatsapp, y iPad. La velocidad y movilidad traída por la tecnología no solo erosionan la base económica de la industria, cambian el ecosistema de la información. Sí, el medio es (también) el mensaje. Noticias y tecnología son ya un matrimonio indisoluble.

Y Baron se siente entusiasmado, enfocado en las posibilidades. Y ve periodistas emprendedores. En la nueva era, dice, todos deben ser líderes, con ideas e iniciativas.

"Antes contratábamos gente para que aprendiera de nosotros. Ahora aspiramos a contratar gente que nos enseñe lo que necesitamos saber".

Y, como diría McLuhan, que abrace múltiples modelos de exploración.

Los hispanos trascienden el concepto de raza
Identidad, raza y definiciones
Junio 18, 2015

Una amiga hispana me dijo una vez: "En mi familia hay o ha habido africanos negros, chinos y europeos blancos; pero yo no me considero afroamericana, asiática o blanca. Yo soy hispana. También puedo decir que soy cubana y americana (estadounidense)". Esto es un problema para la Oficina del Censo. Dado que la raza es uno de los indicativos para que se cumplan leyes de igualdad en el empleo y otras normas contra la discriminación, ¿cómo va el Censo a monitorear a una población multi-racial que se resiste a clasificaciones tradicionales?

Este mes, Ana González Barrera —del Pew Research Center— y Mark Hugo López —director de investigaciones hispanas en el Pew— publicaron las conclusiones de un nuevo sondeo sobre los estadounidenses pluri-raciales. Los resultados indican que para dos tercios de los hispanounidenses, su raíz hispana es parte de su identidad racial, y no algo que se pueda separar o añadir.

Esto sugiere que los hispanos tienen una visión única del concepto de raza que no se corresponde necesariamente con las definiciones oficiales del gobierno de Estados Unidos, explicaron los expertos.

Estos son algunos de los datos del sondeo: 69% de los jóvenes latinos entre 18 y 29 años dicen que sus raíces latinas forman parte de lo que entienden como su raza. Y esta idea es compartida por otros latinos de diferente edad, incluyendo a las personas a partir de los 65 años. El mismo punto de vista lo comparten hispanos que tienen el español como idioma principal (67%) o el inglés (66%).

Al ser preguntados sobre su raza en formularios del Censo, muchos latinos no eligen ninguna de las clasificaciones raciales que se ofrecen. En mayor número que otros grupos, los latinos indican que su raza es "otra raza", y muchos escriben en los formularios respuestas como "mexicano", "hispano" o "latinoamericano".

¿Están los hispanounidenses trascendiendo el concepto de raza? Probablemente. Al menos la raza entendida como una caja clasificatoria cerrada. Parecen decirnos que la raza fluye, evoluciona y que en el siglo 21 se necesitan reformulaciones que calmen viejas ansiedades. Hemos superado el concepto del siglo 19 que concebía la raza como una perversa herramienta al servicio del colonialismo. Luego, el siglo 20 trajo cambios que hoy se cuestionan. Después de la Segunda Guerra Mundial, la raza se convierte en algo clave con la caída de los colonialismos, el comienzo de los movimientos de derechos civiles y el surgir de las migraciones a escala mundial. ¿Traerá el globalizado siglo 21 un estado de "color ciego" y pluralismo racial? El sociólogo de Temple University, Howard Winant, dice que vivimos en un mundo "postcolonial, postsegregacionista (o al menos post segregación oficial) y racialmente heterogéneo (si no "integrado")".

El "viejo orden racial mundial" se mantiene, pero ha sido herido casi de muerte.

¿Podemos superar la raza? ¿Podemos relajarnos ante la confusión, la ansiedad y la lucha racial? Tal vez no. Pero algo nuevo sucede ante nosotros. Y personas, como los hispanos, comienzan a dictar la nueva sociología de la raza.

Cosas de la vida y del metro
Reflexiones en Washington, DC
Junio 25, 2015

A veces uno piensa que la vida es como el metro en el área metropolitana de Washington, DC. Nunca nada funciona al 100 por 100. Los elevadores que están ahí para ascenderte a la cotidiana realidad están siempre en boca de una mujer que notifica, vía altoparlantes borrascosos, la larga lista de estaciones en las que misteriosas averías hacen inservible la mecánica de devolver a su realidad urbana al pasajero.

Por su parte, las escaleras mecánicas son siempre una incógnita a solventar por piernas cansadas y mentes borrosas en el subterráneo. Cuando no está petrificada la escalera de subida, lo está la de bajada. O las dos, aunque ese día funciona el elevador que no es capaz de impedir una cola tan irregular y peligrosa como una anaconda. Y en silencio, los pasajeros demuestran, una vez más, que hay esperanza para el ser humano.

La gente, educadamente, se sonríe entre suspiros de paciencia descreída y algún comentario frustrado pero de baja intensidad. Y el más osado se pregunta: ¿Por qué se tardan en arreglar una escalera mecánica lo que llevaba construir una catedral medieval? Sin exagerar: he visto edificios en Bethesda o en Silver Spring alzarse entre voces de esa eficiente mano de obra de torre de Babel bilingüe —español/inglés— más rápido que algunos trabajos en escaleras mecánicas de alguna estación de nuestro amado metro.

El eslogan de Metro es "Forward", pero la sensación es lenta. Es un medio de transporte que personalmente me encanta y es una de las ventajas de esta gran ciudad que son las ciudades en las que vivimos los que habitan y visitan Washington, DC. Pero, hay que admitirlo, es también tan atractivo como surrealista, tan útil como frustrante, tan incomprensible y sorpresivo como la vida misma.

No es mi intención criticar o atacar a las autoridades de Metro —hoy no, al menos. El Tiempo Latino y The Washington Post cubren y tratan de explicar regularmente lo que rodea a este necesario medio de transporte. Luz Lazo, quien trabajó para El Tiempo Latino durante unos años y hoy escribe sobre transporte en las páginas locales del Post, es una de las reporteras que leo —y "sigo", como se hace ahora con los periodistas— para estar al tanto de las sorpresas y las controversias. El transporte urbano es, al fin y al cabo, parte de nuestra identidad comunitaria, lo que nos define y descubre nuestra complejidad sicosocial.

Y hablando de esto: ¿Por qué nos lleva tanto tiempo unir Silver Spring con Bethesda? ¿Por qué nunca se construyó una estación en Georgetown? ¿Por qué se tarda tanto en unir un aeropuerto internacional con nuestra joven —apenas 40 años— estructura de metro?

Hay quien responde con un simple "falta de planificación adecuada". Pero, a veces, la planificación esconde ansiedades raciales y otros inconfesables criterios sicosociológicos... el debate de estos días es la seguridad. El chairman de la NTSB, Christopher Hart, reconoció el 22 de junio, durante una audiencia para presentar la investigación sobre el accidente en un túnel del metro el 12 de enero en el que perdió la vida una pasajera, que la coordinación y los mecanismos de seguridad dejaron mucho que

desear. Y seis años después del trágico accidente de la Línea Roja, la alcaldesa de DC Muriel Bowser inauguró el Legacy Memorial Park en recuerdo de las nueve víctimas.
Allí estuvo Evelin Fernández, la hija de la salvadoreña Ana Fernández quien perdió la vida en el más grave accidente en la historia de Metro. Evelin, rodeada de sus hermanos, rindió tributo a su madre. Dijo que la echaba de menos y que añoraba su sonrisa.
Pero también expresó que se sentía feliz por haber criado a sus maravillosos hermanos. La vida, como el metro, puede ser dura y dulce al tiempo. Nunca perfecta al cien por cien.

The Pit and the Pendulum
Midterm Elections —Nov. 4, 2014
November 7, 2014

Midterm elections _Nov. 4, 2014_ will be remembered as the night of terror for the Democratic Party. Your usual midterm hell many presidents endure. Bill Clinton uttered his mea culpa accepting his share of responsibility in the results. George W. Bush in his post midterm speech explained his defeat repeating in a variety of tones of voice, "It was close!" And President Barack Obama said "I hear you" while assuring reporters that he was ready to share a glass of bourbon with now Senate Majority Leader Mitch McConnell. But what went wrong at the Democratic Halloween Party?

Like in the E.A. Poe's tale, democratic runners were thrown into a political dungeon where they fell asleep. And when they woke up, the movement of the pendulum was endangering their existence and the enclosing walls of the electoral dungeon were forcing them into the pit of demographics.

According to exit polls, the Republican wave was fueled by 75% of white votes _no surprise there_, but a Republican friend _a.k.a. source_ told me that African-Americans went from a 6% support of Romney in 2012 to a 10% in 2014 _really? Black voters made up 12% of the national electorate. It's easy to get lost in the percentages labyrinth, but it is a fact that Democrats didn't receive the same high support from "minorities." Latinos made up eight percent of voters and they picked Democrats by a margin of 28 percent _compared to the whopping 44 percentage points they gave Obama over Romney. It was also an older electorate that gave sweeping victories to the GOP to take enough seats to seize control of the Senate for the first time since 2007.

The results show that Republicans do not need most of the so-called minority vote. Just enough. But for the GOP it is still somewhat early for rejoicing. They cannot afford to enter Congress like an elephant in a glass shop.

Obama already talked about areas of potential compromise such as investments in infrastructure or international trade agreements, but issues Republicans have been hostile to such as raising the minimum wage and immigration reform were favored or implicitly endorsed by voters on Tuesday. In fact, anti-immigrant politicking was not a lifeline for Republicans. Frank Sharry, Executive Director of America's Voice, pointed out that Republican candidates across the country who ran hard on anti-immigrant politics went down to defeat. However, "the three Republican Senators who voted for the Senate immigration bill in 2013 and were up for reelection last night _Lamar Alexander in Tennessee, Susan Collins in Main, and Lindsey Graham in South Carolina_ each won their reelection handily," said Sharry.

It is time to take politics out of the pit. Republican Senator Ted Cruz _a Texan_ put it this way: "Give us a gun, a horse, and an open plain and we will conquer the world." The average American only needs a ballot to conquer common sense.

El pozo y el péndulo
Elecciones del 4 de noviembre de 2014
Noviembre 7, 2014

Las elecciones del 4 de noviembre de 2014 se recordarán como las noche del pánico y el desconcierto del partido Demócrata. Es el infierno por el que pasan muchos presidentes. Bill Clinton entonó en su día el mea culpa y aceptó su parte de responsabilidad en los resultados. George W. Bush en su discurso postelectoral de este tipo de elecciones explicó la derrota de los suyos repitiendo, en una variedad de tonos de voz: "¡Muy apretada!" Y el presidente Barack Obama dijo "Mensaje recibido" mientras les aseguraba a los periodistas que estaba listo para tomarse un bourbon con el ahora líder de la mayoría republicana del Senado Mitch McConnell. ¿Pero qué les pasó a los demócratas?

Como en el cuento de E.A. Poe, a los candidatos demócratas los metieron en una mazmorra política donde se quedaron dormidos. Y al despertar, vieron que el movimiento del péndulo ponía en peligro sus vidas y que las paredes electorales se les venían encima para arrojarlos al cruel pozo de la demografía.

Según sondeos a pie de urna, la ola republicana fue impulsada por el votante blanco —75%—, pero un amigo republicano —o sea, una fuente— me aseguró que los afroamericanos pasaron del 6% que le dieron a Romney en 2012 al 10% ahora —¿De veras? El votante negro representó el 12% del electorado. No nos perdamos en el laberinto de los porcentajes, pero es un hecho que los demócratas no recibieron el mismo alto apoyo de las "minorías". Los latinos fueron el 8% de los votantes y eligieron a demócratas por un margen del 28% —poco comparado con el arrasador 44% de margen que le dieron a Obama sobre Romney.

Así fue como el GOP le arrebató a los demócratas los escaños que le dieron el control del Senado por primera vez desde 2007.

Los republicanos saben que no necesitan la mayoría del voto de las minorías. Solo el suficiente. Pero no deben lanzar las campanas al vuelo. Saben que no pueden entrar en el Congreso como un elefante en una cristalería.

Obama ya habló de áreas de compromiso, pero hay que tener presente que temas a los que los republicanos se han opuesto, como el aumento del salario mínimo y la reforma migratoria, fueron votados o apoyados implícitamente el martes. De hecho, el politiqueo anti-inmigrante no le ayudó a los republicanos. Frank Sharry, director ejecutivo de America's Voice, señaló que los candidatos republicanos que hicieron campaña basándose en políticas contra los inmigrantes salieron derrotados. Sin embargo, "los tres senadores republicanos que votaron a favor de la propuesta de ley de reforma migratoria de 2013 y se presentaron a la reelección —Lamar Alexander de Tennessee, Susan Collins de Main, y Lindsey Graham de South Carolina— fueron reelegidos sin problemas", dijo Sharry.

Habrá que sacar del pozo a la política. El senador republicano Ted Cruz —tejano— dijo esto: "Dénnos una pistola, un caballo y una llanura y conquistaremos el mundo". Pero los estadounidenses solo necesitan votar para conquistar el sentido común.

A Nation of Laws, Principles & Immigrants
Migrant Kids Crisis
July 13, 2014

President Obama went to Texas and paid for the lunch of a family at a BBQ restaurant in Austin. The menu: three pounds of brisket, two pounds of ribs, a half-pound of sausage and a half-pound of turkey for a party of four. Total: $102.50, according to a New York Post report. Also, on June 9, he challenged Gov. Rick Perry to rally Republicans in support of a $3.7 billion emergency measure aimed at solving the humanitarian crisis at the Mexican border.

Perry asked Obama to visit the border, a call that Obama rejected. "This isn't theater; this is a problem," he said. "I'm not interested in photo-ops. I'm interested in solving a problem." BUT #1: Obama is a leader facing one of the most wrenching humanitarian crisis of his administration and he is refusing to visit the cruel playground at the US southern border. #2: As a President and a Nobel Peace Prize recipient, Obama should be talking to the Border Patrol, visiting the conditions these migrant children are enduring, and showing the right measure of concern and interest beyond Washington politics. #3: Will his visit to the border be interpreted as a "photo-op"? Probably, but it would be much more meaningful and consequential than showing up at a BBQ restaurant in Austin.

The Obama administration predicts that 90,000 unaccompanied minors could be apprehended before the end of this fiscal year Sept 30, a more than three-fold increase over 2013. The new projection is said to include about 70,000 unaccompanied migrant children from Central America.

Homeland Security Secretary Jeh Johnson told the Senate Appropriations Committee that immigration agencies will begin to run out of money in mid-August without the aggregation of funds from Congress. That's why some politicians are now trying to barter with the crisis in order to change the laws protecting the migrant children. Johnson warns that the 2008 law "reflects fundamental values and commitments of this country that we should continue to adhere to." Indeed we are a nation of laws, principles, and immigrants. But Johnson has the wrong recipie to solve the crisis: "People in Central America need to see illegal migrants coming back," Johnson said. "We have to return people. They need to see people coming back." Wrong: Migrants have lost money, lives, and dreams, but they keep heading north because they come from dysfunctional countries where the US interests are focused on commercial and/or geopolitical issues _countries where the welfare of their population is secondary.

The migrant children crisis is heart breaking, but there are no easy, fast solutions. Let's start with comprehensive immigration reform. All the Speaker of the House has to do is allow the Will of Congress to be enacted. And, all the President has to do is refuse to enforce a legal regime which emphasizes deportations.

If there's a will, there's a way. If you will the end, you must will the means, they don't just appear. To eat soup, use a spoon, not a fork.

A Few Immigration Qs & As
Crisis at the Border
August 14, 2014

Q.: So now Obama is going to take action on his own?
A.: Since Congress has been quiet _stagnant_ on the immigration front, President Barack Obama asked the Justice and Homeland Security departments to come up with steps he could take on his own. We expect an announcement at the end of August. Obama's answer to the immigration issue could include:
1. Expanding the deferred deportation program of 2012 for DREAMers _children brought to the US illegally by their families.
2. Granting some kind of legal status to the foreign parents of U.S. citizens, and allowing some undocumented immigrants to apply for temporary work permits.

Q.: How many immigrants will benefit if Obama takes action?
A.: The total number of immigrants affected could reach 5 million or more, some analysts say.

Q.: Is this as an "amnesty" as President Reagan did in 1986?
A.: The Immigration & Reform Act of 1986 was a bipartisan bill signed into law by President Reagan that granted legal status to immigrants who had already been living in the United States continuously since 1982. At the time 2.7 million undocumented immigrants were awarded green cards _including one million farm workers. But the 1986 law didn't stop unauthorized immigration.

Q.: Why will a new Immigration Law solve the crisis?
A.: If legislators have learned from the past we will improve the current system. The immigration rhetoric has been the major enemy of immigration reform. It is crucial that the President signs an Immigration Bill into law to stop the suffering of a part of the nation's labor force. It is a moral imperative that the US be compassionate, pragmatic and realistic on the immigration issue.

Q.: Why has Obama not taken action?
A.: Leadership is easy to articulate and difficult to implement. As a President he has to juggle three difficult aspects of the issue: The legal perspective, the policy perspective, the political perspective.

Q.: Is it really possible to establish an orderly, fair immigration flow into the country?
A.: Hopefully that is what a new law would achieve. However there is only one idea currently circulating that aims at ensuring that the illegal labor market dries up. It is a "non-Citizen Worker Permit" called The Red Card Solution (www.redcardsolution.com).

Q.: Is Immigration an issue that affects American families?
A.: A poll conducted in 2013 found that 85% of undocumented immigrants have a family member who is a U.S. citizen. Among these, 62% have at least one U.S. born child, and 29% have a spouse who is a U.S. citizen or legal permanent resident.

Q.: Is immigration a Latino problem?
A.: Yes and no. Anti-Latino immigration rhetoric does not change, but immigration does. Most new immigrants are not Latinos and most Latinos are not immigrants. Asia surpassed Latin America as the dominant source of new immigrants: 45% vs. 34% in 2012.

La extraña pareja de la reforma migratoria
Obama-Boehner
Junio 27, 2014

1. La única razón por la que el Congreso no aprueba una reforma migratoria integral es porque el presidente de la Cámara de Representantes, Boehner, se niega a permitir que se produzca la votación de la propuesta de ley, ya que el balance de fuerzas en la Cámara y la opinión de analistas y observadores parece indicar que el voto sería favorable.
2. Por tanto, si "la voluntad del Congreso" es apoyar la reforma —a la luz de la decisión de la Corte Suprema sobre Arizona—, el presidente de la Cámara debe permitir que se exprese la voluntad del Congreso.
3. Mientras, el presidente Obama insiste en que debe cumplir las actuales leyes de inmigración —incluyendo la deportación de padres de niños ciudadanos— aunque estas leyes que el presidente aplica vayan en contra de la potencial voluntad del Congreso. Cuando, como consecuencia de la decisión de la Corte Suprema sobre Arizona, el presidente debería cesar la aplicación de estas leyes y utilizar el poder de una Orden Ejecutiva, en combinación con el poder del "púlpito" presidencial para ayudar a que se exprese la voluntad del Congreso.
4. Pero el jefe del ejecutivo, contraviniendo el mandato de la Corte Suprema, decide conscientemente aplicar la ley de un sistema de inmigración disfuncional, haciendo caso omiso de la voluntad del Congreso que se ha manifestado a favor de que se reemplace el actual sistema con una reforma migratoria.
5. Por tanto, tenemos al presidente de la Cámara, Boehner, embarullado en una lucha retórica mientras el tema en cuestión sufre por negligencia. Boehner se niega a permitir que se escuche la voz de la Cámara de Representantes y Obama decide ignorar su autoridad ejecutiva mientras aplica el imperfecto régimen actual que está en conflicto directo con la voluntad del Congreso. De lo cual se deduce que Boehner y Obama trabajan unidos para evitar que el Congreso se exprese. Boehner lo hace evitando que tenga lugar una votación y Obama por medio de su insistencia en aplicar un régimen legal que todos cuestionan, en lugar de utilizar su poder ejecutivo y negarse a aplicar leyes que estarían en conflicto con la voluntad del Congreso.
6. Por lo cual, ambos líderes se comportan de manera contraria a su deber en referencia a lo mandado por la Corte Suprema y, —lo más preocupante—, la Corte ha declarado que si el gobierno federal no actúa, los estados podrían tener derecho a ejercitar sus poderes en el tema migratorio, según se deduce por el reciente rechazo de la Corte a revisar una ley de Nebraska en la que se prohíbe alquilar vivienda a residentes indocumentados.
7. Todo lo que Boehner tiene que hacer es permitir que la Cámara Baja se exprese. Todo lo que Obama tiene que hacer es negarse a aplicar la legalidad vigente que provoca deportaciones cuestionables.
8. ¿Por qué Obama prefiere implementar el actual régimen legal?
9. ¿Por qué Boehner no permite la votación?

Suena a politiqueo, apoyado por grupos de interés, que se traduce en el quebrantamiento de la ley.

Immigration, an American Issue
December 11, 2014

Immigration is an American policy issue that should not get entangled by the politics of the day —partisan bickering aimed at scoring points with an ill informed constituency and exacerbating racial and/or cultural anxieties.

Immigration is an engine for economic prosperity and —in the US— the fuel that keeps the American Dream running.

The non-partisan Congressional Budget Office, the Social Security Administration, and at least one chairman of the Federal Reserve have stated that the immigration flow into this country —legal and unauthorized— is more an asset than a liability.

Even a conservative politician such as Jeb Bush warns, "the failure to maintain a reliable pipeline for low-skilled labor —or worse yet, efforts to drive such workers out of the country— thus bodes disastrous economic consequences…" In his 2013 book —"Immigration Wars"— Bush mentions the billions of dollars in annual gross domestic product lost in Alabama when the state clamped down on illegal immigration. Bush, it seems, will try to be the Republican candidate for President in 2016, and he is currently advocating for the GOP to pass "sensible" immigration bills in 2015 when Republicans will control Congress.

The Republican focus should be on governing and reforming the dysfunctional immigration system. Instead, the Chairman of the House Judiciary Committee Rep. Bob Goodlatte (R-VA) called President Barack Obama's executive actions on immigration "one of the biggest constitutional power grabs ever," and Goodlatte is considered a moderate by govtrack.us.

Many Republican politicians tend to use the word democracy and the deport-them-all solution in the same sentence. For me Democrats play political games as well by juxtaposing the words "citizenship" and "immigrant" while pushing bills in front of the opposition. And they continue playing games by selling the executive action to provide temporary relief to millions of unauthorized immigrants as a heroic milestone on the part of the President, despite his administration setting historical records on deportations.

Let's finish with a game of 4 points:

1. Democracies do not engage in mass deportations.
2. A deportation approach towards immigration would be as damaging to the economy as to the morale of the country —85% of Hispanic citizens say they have a family member who is an undocumented immigrant.
3. I don't like Band-Aids —aka Obama's DACA and DAPA programs—, but Republicans and Democrats should argue when appropriate, agree when needed, and enact legislation for the greater good.
4. A humanistic, balanced, family-centered, and economically pragmatic immigration legislation is the lasting change this nation needs.

La reforma del sistema migratorio no es una opción política que el presidente de la Cámara de Representantes, John Boehner, pueda rechazar o que el presidente Barack Obama pueda abandonar. Hace dos años, la Corte Suprema, en "Arizona vs. United States", pidió la no interferencia de los Estados para permitirle al Gobierno Federal la oportunidad de reestructurar nuestro disfuncional sistema de inmigración. Hasta la fecha, el Gobierno Federal no ha cumplido con el objetivo.

El presidente encarna un símbolo nacional de unidad para armonizar facciones dispares de la población y cumplir objetivos en el mejor interés de la nación.

El presidente de la Cámara Baja, elegido por la totalidad de los representantes, es un símbolo nacional de igualdad, con el poder de influir en la adopción de soluciones legislativas que alcancen el objetivo mencionado.

Tanto el presidente de la nación como el presidente de la Cámara de Representantes, deberían ser conscientes de que la carga jurídica y federalista de la Corte Suprema, al darle la prerrogativa al Gobierno Federal, también les impone el deber de aprobar una reforma migratoria amplia. Por tanto, ni el Congreso ni el Presidente deben permitir que el proceso se traduzca en inacción. La Corte Suprema ha indicado que la reforma debe ser "amplia" y regir bajo las actuales condiciones económicas y sociales. Debe ser sólida, justa y consistente con el debido proceso para ciudadanos y no ciudadanos.

Las decisiones se basarán en "una voluntad política informada por medio de la búsqueda de un discurso cívico racional". El tiempo es esencial en este proceso.

Y a pesar de todo, nuestro sistema migratorio sigue en ruinas. Y los Estados mantienen sus privilegios cuando el Gobierno Federal no sabe o no quiere actuar.

Muchos niños están perdiendo el derecho fundamental de ser criados por sus propios padres, y entregados al sistema de "foster care" cuando sus padres son deportados. Empresas estadounidenses deben absorber costos de operación, riesgos legales, y pérdidas en productividad porque las normativas migratorias son contrarias a las realidades del mercado. Las familias sufren una dramática fragmentación.

El país pierde ingresos, no sólo por la deportación de trabajadores, sino porque los beneficios de una enorme cantidad de empresas estadounidenses dependen de esa fuerza laboral. Aliados extranjeros enfrentan la pérdida de miles de millones en remesas y en inversiones directas por parte de esos trabajadores y sus familias. La Corte Suprema declaró que la política migratoria modela nuestro destino al decir que nuestra historia "es producto en parte del talento y la contribución de quienes cruzaron océanos y desiertos para llegar aquí". La historia de mañana la define la política migratoria de hoy. El presidente Obama y el presidente Boehner deben actuar ya para prescribir la historia y ofrecerle a la nación una reforma migratoria amplia. Después de todo, como dijo Guthrie en 1940, "esta tierra se hizo para ti y para mí".

Whose Land Is It, Anyway?
Tomorrow's history is today's immigration policy
June 8, 2014

Comprehensive immigration reform is not a political option for Speaker Boehner to reject or for President Obama to abandon. Two years ago, the Supreme Court, in Arizona vs. United States, required the States to stand-down to allow the federal government the opportunity to restructure our dysfunctional immigration system. To date, the federal government has not achieved the objective.

The President is a national symbol of unity, singularly positioned to coalesce disparate factions of the population to achieve objectives deemed to be in the best interest of the country. The Speaker of the House, elected by the entirety of the people's legislative chamber, is a national symbol of equality, with the power to influence both the House and the Senate to adopt legislative solutions to accomplish these objectives.

The President and the Speaker should be mindful that the Supreme Court's federalism jurisprudence that accords deference to the federal government also imposes on it an affirmative duty to conclude comprehensive immigration reform. Therefore, neither Congress nor the President has the authority to continue to allow the political process to yield inaction. The Supreme Court clarifies that the rule must be "comprehensive", and further sets forth that this unified system must be functional under current social and economic conditions. It must operate in a manner that is firm, fair, and consistent with due process for citizens and non-citizens, taking into account the full range of relevant issues (human rights, economics, education, domestic policy, foreign affairs, etc.). Policy decisions must be based on a "political will informed by searching, thoughtful, rational civic discourse." Time is of the essence.

Yet our current immigration system remains broken. And the States retain the power reserved to them if the federal government fails to act. Children are being deprived of the fundamental right to be raised by their own parents, placed into foster care when their mothers and fathers are deported. American business is absorbing increased operating costs, compliance risk, and losses in productivity due to immigration requirements contrary to market realities. Families are fractured.

The country is losing revenue not only from deported workers but also from the multitude of businesses whose profits depend on them. Foreign allies confront losing billions in remittances and foreign direct investment provided by these workers.

The Supreme Court declared that immigration policy shapes our destiny, expressly stating that our history "is in part made by the stories, talents, and lasting contributions of those who crossed oceans and deserts to come here." Tomorrow's history is today's immigration policy—the President and the Speaker must act now to prewrite history and lead the nation to comprehensive immigration reform. After all, as Guthrie declared in 1940, "this Land was made for you and me."

The Love of Ingrid & Catherine
They fight for their marriage
August 7, 2014

Ingrid and Catherine first met in 1992 during a tea dance at the Spy Club in Washington, DC.

Or as they put it: "The story began when Ingrid Marie Duran, the child of Chicano activists from Boyle Heights met Catherine Marie Pino, the child of a conservative Hispanic Catholic family from Albuquerque." Then time goes by while love knows not what time is.

And since "Time is nothing if not amenable" _the great Elizabeth Bishop dixit_ in 2002, when Ingrid was running the Congressional Hispanic Caucus Institute (CHCI), Catherine became one of the CHCI Board of Directors. Destiny, friends and cosmic alliances put them back together again.

Two years later, they became a couple in love and business partners. At the time, they also announced that they were leaving their respective careers with nothing in hand but a dream and "a song".

They say that their announcement caused quite a scandal in the DC Latino world. Somehow they knew that the usual suspects of their environment would not understand their decision.

That they had each other, that they loved each other and that they could sing a song only they could hear _in Oscar Wilde's words.

Catherine and Ingrid currently live in Virginia with their adopted Maltese, Allegro Pino Duran. Last March I was invited to their engagement party in Virginia at the house of a dear friend of mine _a great conservative dame. Yes, there is still sense and sensibility _and probably heart and brains_ in the US conservative arena.

Although marriage equality isn't a reality in Virginia, change is clearly on the horizon, they say.

Like many Virginians, Ingrid and Catherine were thrilled when a federal judge struck down the same-sex marriage ban earlier this year.

And Virginia Attorney General Mark Herring said August 5 he would ask the Supreme Court to review a decision that struck down the state's ban on same-sex marriage, although he supports the lower court's decision.

"I believe the district and appeals courts ruled correctly in striking down Virginia's discriminatory marriage ban, but it has long been clear that the Supreme Court will likely have the final word. I want that decision to come as soon as possible and I want the voices of Virginians to be heard," Herring said in a statement.

Family and friends have encouraged Ingrid and Catherine to move to the District of Columbia or to Maryland where they will be more fully accepted and their marriage will be respected.

Why fight for their love in Virginia? Because they want "to be heard", because they believe that progress is possible for Virginia, especially with Terry McAuliffe as governor. They want to be part of change, and acceptance, in the community where they live and love. Catherine and Ingrid feel that marriage is the ultimate American symbol of the union of two people in love.

El amor de Ingrid y Catherine
Luchan por el derecho a casarse
Agosto 7, 2014

Ingrid y Catherine se conocieron en 1992 durante un baile celebrado en el Spy Club de Washington, DC. Pero a ellas les gusta contarlo así: "La historia comienza cuando Ingrid Marie Durán, hija de activistas chicanos de Boyle Heights, conoce a Catherine Marie Pino, hija de una familia católica, hispana y conservadora de Albuquerque".

Luego el tiempo pasa aunque el amor no sepa qué es el tiempo.

Y ya que "El tiempo no es nada si no es complaciente" _la gran Elizabeth Bishop dixit_ en 2002, cuando Ingrid dirigía el Congressional Hispanic Caucus Institute (CHCI), Catherine se convirtió en miembro de la junta directiva del CHCI. El destino, los amigos y las alianzas cósmicas las volvieron a unir.

Dos años más tarde se unieron como pareja en el amor y en colaboradoras en la vida profesional. Anunciaron entonces que abandonaban sus carreras, sin nada en las manos que no fuera la pasión por un sueño y "una canción".

Dicen que su decisión causó un "escándalo" en el ambiente latino de DC. De alguna manera, ellas sabían que los sospechosos habituales de ese ambiente no las iban a entender.

Que se tenían la una a la otra, que se amaban, y que podían cantar una canción que solo ellas podían escuchar, Oscar Wilde dixit.

Catherine e Ingrid hoy viven en Virginia con su perro maltés adoptado, Allegro Pino Durán. En marzo fui invitado a la fiesta para celebrar su compromiso, en Virginia, en la casa de una querida amiga _una gran dama conservadora. Sí, todavía existe sentido y sensibilidad _y probablemente corazón y cerebro_ en algún lugar de la arena conservadora.

Aunque no existe hoy igualdad matrimonial en Virginia, el cambio está al caer, dicen. Ingrid y Catherine celebraron cuando un juez federal rechazó la prohibición virginiana contra los matrimonios entre personas del mismo sexo, a principios de 2014.

Y el Fiscal General de Virginia, Mark Herring dijo el 5 de agosto que solicitaría a la Corte Suprema que revise esa decisión contra la prohibición del estado a los matrimonios entre personas del mismo sexo, aunque él apoya la decisión de la corte.

"Creo que la corte de apelaciones y de distrito hizo lo correcto al rechazar la prohibición discriminatoria que existe en Virginia sobre el matrimonio, pero está claro que la Corte Suprema tiene la última palabra. Deseo que esa decisión se tome lo antes posible y quiero que se escuchen las voces de los virginianos", expresó Herring en un comunicado.

Familiares y amigos han animado a Ingrid y Catherine a mudarse a DC o a Maryland donde serían más aceptadas y su matrimonio respetado. ¿Por qué luchar por su amor en Virginia? Porque quieren que se les "escuche", porque creen que el progreso en Virginia es posible, sobre todo con Terry McAuliffe como gobernador. Quiere ser parte del cambio en la comunidad donde viven y aman.

Catherine e Ingrid sienten que el matrimonio es un valioso símbolo estadounidense de unión entre dos personas que se aman.

Orgullo Borinqueño
El Regimiento 65 de Infantería, los Borinqueneers, recibió la Medalla de Oro del Congreso
Mayo 27, 2016

"Por los caminos de la ley y el bien, marcha el Regimiento de mi Borinquen".

Así dice un verso de la Marcha del Regimiento 65 de Infantería, conocido como los borinqueneers.

Creado en 1899, el regimiento formó parte de una unidad segregada de las Fuerzas Armadas de Estados Unidos que luchó, entre otros conflictos, en la Primera y Segunda Guerra Mundial y en la Guerra de Corea. Su entrega y sacrificio —incluidos los agravios racistas y discriminatorios— forman parte de la historia militar estadounidense.

El 13 de abril, Washington recibió con los brazos abiertos a unos 300 de esos legendarios soldados. Con sus medallas sobre el pecho, sus gorras con referencias a la Guerra de Corea o a la II Guerra Mundial, estos soldados acompañados de familiares abarrotaron con emoción la Sala de la Emancipación del Capitolio para escuchar el homenaje de boca de algunos representantes políticos. Antes de partir hacia Washington, en el aeropuerto de San Juan, el presidente de la Asociación de Retirados del 65 infantería, Javier Morales, dijo a la prensa que "estos veteranos siempre estaban calladitos en sus casas y nunca recibieron ningún reconocimiento. Ahora finalmente se les hace justicia".

El Presidente de la Cámara Paul Ryan (R-WI), el Líder de la Mayoría del Senado Mitch McConnell (R-KY), el Líder Demócrata del Senado Harry Reid (D-NV), y la Líder Demócrata de la Cámara Nancy Pelosi (D-CA) presentaron la Medalla de Oro del Congreso a representantes de los borinqueneers en Emancipation Hall. Durante la ceremonia, el presidente de la Cámara de Representantes, Paul Ryan, expresó personalmente su felicitación al coronel Manuel Siverio y al sargento mayor José Colón con quienes conversó animadamente.

Posteriormente, los veteranos recibieron una réplica de la Medalla y un certificado presentados por la empresa Goya Foods.

"Es un gran honor para Goya formar parte de este día tan especial y tener la oportunidad de presentar a cada uno de los veteranos del Regimiento 65 de Infantería una Medalla de Honor especial por su increíble dedicación y servicio a los Estados Unidos", dijo Bob Unanue, presidente de Goya Foods. "Siempre tenemos que recordar y reconocer a todos los soldados estadounidenses que lucharon y continúan luchando por la independencia y las libertades que tenemos".

Delfin Díaz Mández, veterano de la Segunda Guerra Mundial y de la Guerra de Corea, alzó con alegría la réplica de la Medalla que la empresa Goya le otorgó junto a sus compañeros

La entrega de la medalla a Díaz Mández corrió a cargo de su sobrino, Carlos G. Ortíz, vicepresidente de Goya.

"Se ha hecho justicia", dijo Ángel Acevedo, un veterano de tres guerras. "Hay que estar emocionado porque después de mucho sufrimiento y prejuicio, nos reconocen por tanto tiempo derramando nuestra sangre por la democracia".

El salón del hotel washingtoniano en la noche de los borinqueneers se abarrotó de nostalgias, de orgullo y de ritmo. El Brass Quintet del Ejército de Estados Unidos interpretó boleros, salsa y sones.
Y no tardaron en ponerse a bailar, entre las mesas de la gala, octogenarios condecorados por sus méritos de guerra. Es lo que ocurre cuando al valor se le añade la sangre caribeña.
Pero hubo también un momento para el reposo del espíritu: sonó el himno de Estados Unidos y sonó La Borinqueña.
Un hombre con su gorra de veterano sujetaba un cuadro en el que se veía el retrato de un soldado y unas fotos con escenas bélicas. "Es mi padre", dijo. "Yo estoy aquí para honrar su memoria, porque lo que estos hombres han hecho no se debe olvidar nunca". El hombre se identificó como Dennis Freytes, vicepresidente regional de National Association for Uniformed Services.
"Elocuente, inspiradora y honrosa", así calificó el Congresista Pedro Pierluisi el reconocimiento del Congreso a los borinqueneers.
 "Cuando despedí en San Juan a un grupo que se dirigía a Washington yo dije que los borinqueneers representan lo mejor de Puerto Rico, representan lo mejor de los veteranos de Puerto Rico y les digo que hoy en el Congreso se confirmó", dijo Pierluisi. La de los borinqueneers fue la segunda Medalla de Oro del Congreso de Estados Unidos que se concede a hispanos desde la otorgada, de forma póstuma en 1973, al pelotero Roberto Clemente.
 En la Guerra de Corea más de 60.000 reservistas voluntarios puertorriqueños lucharon bajo la bandera estadounidense y 6.000 de ellos lo hicieron en el Regimiento 65 de Infantería, el primero en enfrentarse al enemigo coreano y de los últimos en regresar a su país, después de cerca de tres años.
Se calcula que una de cada cuatro bajas de esa guerra fue de puertorriqueños.

Delfín Díaz Mández levanta la réplica de la Medalla de Oro del Congreso que le fue otorgada a los Borinqueneers en Washington. Foto: Alfredo Duarte.

Justice Sotomayor Stands and Delivers
The Emperor Has No Clothes When It Comes to Race in America
May 2, 2014

Justice Sotomayor had the courage and the intellect to stand and deliver an equal protection jurisprudence for our times, and to allow us to see that the Emperor has no clothes when it comes to race in America.

On April 22, 2014, the Supreme Court, led by Justice Sotomayor in dissent, delivered a 100-page opinion, in Shuette v. Bamn, that provides our nation with a bold treatise on civil rights and political liberty, revealing both the landscape and the landmines to combating today's denials of equal protection of our laws.

By upholding Michigan's voter-approved ban on race as permissable attribute for public universities admissions preferences, the Court has allowed the voters of a State "to do what our Constitution forbids," says Sotomayor in her 58-page dissent.

Sotomayor restates the law of equal protection and the role of the Supreme Court to remediate state circumvention of federal constitutional protections, weaving the Court's precedent from the Civil War era through the 20th Century landmarks into this century's grappling with how to reposition this jurisprudence to serve our future. Sotomayor called-upon the Court to stand and deliver liberty and justice for all by applying equal protection within the context of contemporary discrimination dynamics, especially in higher education, the specific issue addressed in Michigan.

At the heart of the issue is the use of special preferences in college admissions _ legacy, race, geographic origin, athletic ability, donor relationships, uncommon talents, or peculiar interests_ , a US constitutionally-valid common practice.

Under Michigan law, the members of the institution's board determine these policies. However, Shuette arose because Michigan voters amended their state constitution to prohibit these boards from exercising their authority to select students based on race, but did not impose any restriction on their discretion to select students with any other attributes for special preference. Thus, this amendment singled-out only those students who have race as their special attribute and denies them the equal protection of Michigan's higher education law.

Therefore, it appears effortless to conclude, as did Justice Sotomayor and Justice Ginsberg, that the Michigan amendment violates the equal protection clause of the 14th amendment of the US Constitution.

The Michigan amendment on its face targets race specifically as opposed to any other attribute, and therefore, the only purpose of the amendment is to ensure that the race-attributed students are unable to have an equal opportunity to have their attribute accorded special preference.

The future of equal opportunity depends on the current interpretation of our past. But nobody should try to push us back in time.

Sotomayor's dissent redevelops equal protection jurisprudence so it is useful for the current and likely future challenges.

La jueza Sotomayor se levanta
En lo racial, la verdad no siempre concuerda con la mayoría
Mayo 2, 2014

La jueza Sotomayor levantó su voz para ofrecer el criterio jurídico de nuestro tiempo a la protección igualitaria ante la ley, y permitirnos así comprender que —en lo que se refiere al tema racial en Estados Unidos—, el emperador va desnudo. O sea, la simple verdad no concuerda con la mayoría.

El 22 de abril de 2014, La Corte Suprema hizo pública una opinión de 100 páginas, en "Shuette vs. Bamn", que le proporciona a nuestra nación un contundente tratado sobre derechos civiles y libertad política que revela tanto el paisaje como el terreno minado en el combate por la actual negación de la protección igualitaria de nuestras leyes.

Al ratificar la votación de Michigan que prohibe usar la raza como un atributo aceptable en las preferencias de admisión en universidades públicas, la Corte le ha permitido a los votantes de un estado "hacer lo que la Constitución prohibe", dice Sotomayor en el documento de 58 páginas con el que disiente de la decisión de la Corte.

Sotomayor reformula la ley de protección igualitaria y el papel de la Suprema Corte para remediar el intento estatal por burlar protecciones constitucionales a nivel federal. Y lo hace trayendo a colación precedentes de la Corte desde la época de la Guerra Civil, pasando por el siglo XX y llegando a cómo, en este siglo, se puede posicionar el criterio jurídico para servir las necesidades del futuro.

Sotomayor le pidió a la Corte libertad y justicia para todos asegurando igualdad en la protección en el contexto de las dinámicas discriminatorias contemporáneas, sobre todo en el mundo universitario, tema tratado en Michigan. La clave del tema es la aplicación de preferencias en el proceso de admisión universitaria —basadas en raza, origen, habilidades deportivas, relación con donantes, talentos excepcionales, o intereses únicos—, una práctica común validada por la constitución.

Según la ley de Michigan, el consejo de administración de la institución determina estas políticas. Pero "Shuette" surge porque los votantes del estado enmendaron su constitución para prohibirle a las instituciones la selección de estudiantes basándose en la raza como atributo especial, pero sin poner restricciones en la selección basada en otros criterios. Por tanto, la enmienda afecta solo a ciertos estudiantes a los que se les niega el derecho a la protección igualitaria en el acceso a la educación superior. Por lo cual, la jueza Sotomayor y la jueza Ginsberg, concluyen que la enmienda de Michigan vulnera la cláusula de protección igualitaria de la 14 enmienda de la Constitución de Estados Unidos.

Dado que la enmienda de Michigan afecta sólo a la raza, su único propósito es evitar que ciertos estudiantes tengan la oportunidad de conseguir que su atributo sea asumido como una preferencia.

El futuro de la igualdad de oportunidades depende de la interpretación de nuestro pasado. Y nadie debería llevarnos hacia atrás.

La jueza Sotomayor, al disentir con la Corte, crea jurisprudencia en el tema de la protección igualitaria para que sea útil ante el reto de hoy y del futuro.

¿Quién limpiará tu inodoro Donald Trump?
Estados Unidos es un país Latinoamericano
Agosto 6, 2015

Al intentar responder a las durísimas declaraciones de Donald Trump sobre el tema migratorio y en contra de los inmigrantes mexicanos, Kelly Osbourne dijo en el show de TV The View: "Si sacas a todos los latinos de este país, ¿quién va a limpiar tu inodoro (toilet), Donald Trump?... ¿Sabes a qué me refiero?".

Yo sé a qué te refieres, mi querida Kelly. Pero tengo una pregunta: ¿Cuál es la diferencia entre tu torpe estereotipo "liberal" y la difamación e insulto de Donald hacia los mexicanos, y por extensión, hacia todos los inmigrantes hispanos en Estados Unidos? El "modelo de negocio" de Mr. Trump consiste en hacer ruídos cavernícolas cuando es incapaz de articular una versión racional e inteligente de la realidad estadounidense.

Entonce, ¿qué somos los hispanos para ti? ¿Quién soy yo, mis hijos, mis amigos, mis vecinos, la señora que nos ayuda a limpiar la casa, el caballero que me ayuda a arreglar cosas en la casa _ya que arriesgo la vida cada vez que intento golpear un clavo con un martillo?_ En qué quedamos: ¿Somos limpiadores de inodoros o violadores? ¿Somos trabajadores desechables o narcotraficantes? ¿Somos "ilegales" o "legales en libertad condicional" gracias a la generosidad de Kelly Osbourne y Donald Trump?

Éste es el problema que Kelly, Donald y tantos otros tienen a la hora de hablar de la fuerza laboral estadounidense: sólo ven inmigrantes latinos _también conocidos como mexicanos_ cruzando ilegalmente la frontera sur. No está claro, sin embargo, en qué momento esta gente se convierte en violadores, narcotraficantes, o limpiadores de baños o inodoros... En otras palabras, los hispanos no existen a no ser que se acerquen a las pulcras puertas blancas y anglo estadounidenses ofreciéndose para cortar la hierba.

¿Es tu culpa, Kelly? ¿Es la culpa de Donald? Sí y no.

Tienen ustedes todo el derecho a ignorar la realidad de su país incluso aunque uno de ustedes aspire a convertirse en presidente. La Casa Blanca no siempre está habitada por la persona más sabia. Lo que me molesta es que su ignorancia parece ser el resultado de la ausencia de hispanos en uno de los grandes igualadores del país: los medios de comunicación. Hay una clamorosa ausencia de expertos hispanos en los medios en inglés. ¿Algún ejemplo? Nunca veo en TV al neurocirujano de Johns Hopkins University Alfredo Quiñones-Hinojosa, ni al Dr. Roberto Trujillo, presidente y CEO de TruBios en Rockville, Maryland _por cierto, ambos son mexicanos, o sea, estadounidenses. Ni a la doctora Ligia Peralta, MIT Sloan Program in Innovation & Global Leadership y miembro del consejo asesor presidencial en VIH/AIDS. ¿Y dónde están los hispanounidenses en los paneles sobre asuntos públicos? Empiezo a estar harto de ver solo anglos y afroamericanos (la palabra clave es "solo") hablando del voto latino y del latino boom en TV nacional. ¿Dónde están los expertos hispanos? ¿Es tan difícil encontrarlos entre 54 millones de hispanounidenses? Mis queridos Kelly y Donald, entiendo por qué no nos ven. Y entiendo lo difícil que debe ser concluir que EEUU es un país Latinoamericano.

Who is going to clean your toilet?
The US is a Latin American country
August 6, 2015

In an effort to respond to Donald Trump's controversial stance on immigration, Kelly Osbourne said on the TV show The View: "If you kick every Latino out of this country, then who is going to be cleaning your toilet, Donald Trump?... you know what I mean?".

I know what you mean, my dear Kelly. But I have a question: Is there a difference between your silly, well-intentioned, "liberal" stereotype and Donald's badmouthing, insulting, and denigrating Mexicans and —by extension— all Hispanic immigrants in the United States?

Mr. Trump's "business model" consists in making caveman noises when he is unable to articulate an intelligent, rational account of the American reality.

So, what are we Hispanics in your view? Who am I, my children, my friends, my neighbors, the lady who helps keep my house clean, the gentleman who works as my handyman (since I almost kill myself every time I try to hit a nail with a hammer)? Are we toilet cleaners or are we rapists? Are we expendable manual laborers or are we drug traffickers? Are we "illegals" or are we "legals on parole" thanks to the generosity of Kelly Osbourne and Donald Trump?.

This is the problem that Kelly, Donald, and many others run into when they talk about America's labor force: They only see Latino immigrants —aka Mexicans— crossing the South border illegally. It is not clear, though, when exactly they become rapists, narcotraffickers, or toilet cleaners... In other words, Hispanics do not exist unless they go to white American doorsteps offering to cut the grass.

Is this your fault, Kelly? Is it Donald's? Yes and no.

You have the right to ignore your country's reality even if you aspire to become the next president. The White House is not always the home of the wisest leader. What is disturbing to me is that I see your ignorance as a result of the Hispanic absence in one of the great equalizers in the land: Media. I see a clamorous absence of Hispanic experts in English language media. Some examples? I never see Johns Hopkins University neurosurgeon Dr. Alfredo Quiñones-Hinojosa, or Dr. Roberto Trujillo, President & CEO at TruBios in Rockville, Maryland —both who are Mexican —I mean, Americans. I never see Dr. Ligia Peralta, MIT Sloan Program in Innovation and Global Leadership and member of the Presidential Advisory Council on VIH/AIDS. And where are the Hispanic —I mean, American— experts in media roundtables? I am getting tired of only seeing white Americans and African-Americans —key word being "only"— talking about the Latino vote and the Latino boom in serious national broadcasts. Where are the Hispanic experts? Can't they find at least one in a population of 54 million?

You see, Kelly and Donald? I understand why you don't see us. I understand how difficult it might be for both of you to conclude that the United States is a Latin American country.

Deporten a Mr. Trump
¿Puede el GOP permitirse la "marca" Trump?
Noviembre 11, 2015

Immigrantes: Según algunos opinadores del hábitat lunático mediático, los inmigrantes son seres portadores de enfermedades peligrosas a quienes el presidente Barack Obama acoge poniendo en riesgo de infección a todo el país. Según el diccionario de la Real Academia Española, inmigrante viene de inmigrar que, "Dicho de un animal" significa "Instalarse en un territorio distinto del suyo originario". Y "Dicho del natural de un país" significa "Llegar a otro para establecerse en él, especialmente con idea de formar nuevas colonias o domiciliarse en las ya formadas". Hay otra definición: un inmigrante es una persona que sigue viniendo a Estados Unidos a establecerse, a veces, porque el sistema migratorio lo atrapa y no lo deja salir. Según algunos medios de comunicación en inglés, se trata siempre del mismo individuo, también conocido como "mexicano".

Donald Trump: Y entonces vivimos el 16 de junio de 2015 _una fecha que vivirá en la infamia_ el día en que Donald Trump anunció su candidatura a la presidencia por el Partido Republicano. Y lo hizo durante una conferencia de prensa (más "conferencia" que "prensa") en la que dijo que era muy rico al tiempo que aprovechó para puntualizar que México envía a Estados Unidos "gente que tiene muchos problemas y nos traen esos problemas a nosotros. Traen drogas. Traen crimen. Son violadores de mujeres..." Está claro que el Donald, el multimillonario, puede ser fuente de gran cantidad de entretenimiento para descerebrados. Pero su discurso de odio e ignorancia _su falta de empatía hacia los otros seres humanos¬_ no hace gracia. Durante el debate de los precandidatos presidenciales republicanos, el 10 de noviembre, Trump invocó la política de deportaciones de los años 50 implementada por el presidente Eisenhower, mejor conocida como "Operación Espaldas Mojadas" cuando cientos de miles de inmigrantes fueron acorralados, detenidos y deportados. ¿Será éste el GOP de 2016? ¿Puede permitirse el GOP esta "marca" Trump a largo plazo? Tal vez no. ¿Tendrá la Casa Blanca un inquilino llamado Presidente Trump? Ojalá que no. Sería un "momento Berlusconi" para la nación. En términos de fútbol, Trump es un delantero impredecible y fallón _ driblador extraño, cabeceador peludo, y experto en trucos sucios. La pesadilla de cualquier defensa.

Dreamers: Son jóvenes que sueñan con EEUU porque son estadounidenses. El Congreso les dio el nombre pero nunca aprobó la legislación que los nombra: Development, Relief, and Education for Alien Minors (DREAM) Act. Por años el Congreso ha tenido la llave del cielo para estos chicos _el estatus legal que merecen_ pero han preferido jugar a la política con estas jóvenes almas y mantenerlas en el limbo.

La Corte Suprema: Dijo que la política migratoria es nuestro destino al decir que nuestra historia "es en parte las vidas, talentos, y contribuciones de quiees cruzaron océanos y desiertos para venir aquí". Ya que la historia de mañana es la política migratoria de hoy, ¿por qué nos abruman Trump y los suyos con tanta ignorancia y hostilidad?

Deport Señor Trump
Will this be the GOP of 2016?
November 11, 2015

Immigrants: According to some opinionators from the media nuts environment, immigrants are disease-ridden people who are being provided safe harbor by President Obama. According to the Merriam-Webster Dictionary, an immigrant is a plant or animal that becomes established in an area where it was previously unknown. There is also another definition: An immigrant is a person who keeps coming to the US to take up permanent residence. According to some media sources, it is always the same guy _A Mexican.

Donald Trump: And then we lived through June 16, 2015 _a date that will live in infamy_ when Donald Trump announced that he was running for president by saying that he was very rich and pointing out that Mexico sends to the United States "people that have lots of problems, and they're bringing those problems with us. They're bringing drugs. They're bringing crime. They're rapists. And some, I assume, are good people." Sure, Trump _the Real Estate mogul_ can be entertaining but his hate speech and his ignorance _his lack of human empathy_ is not funny. During the debate, November 10, Trump invoked President Eisenhower's deportation policy of the 1950s, better known as "Operation Wetback" when hundreds of thousands of immigrants were rounded up and deported. Will this be the GOP of 2016? Can the GOP afford the Trump brand in the long term? Probably no. Will the White House host President Trump _a.k.a. A Berlusconi moment for the country_? Hopefully no. In soccer terminology, Donald Trump is an unpredictable, missing goals prone striker _strange dribbler, wooly header, and dirty tricks expert. A defender's nightmare.

Dreamers: Those youngsters who dream of America because they are Americans. Congress gave them the name but never passed the legislation after their name: The Development, Relief, and Education for Alien Minors (DREAM) Act. For years, Congress had the key to heaven for these kids _the legal status they deserve_ but they preferred to play politics with these young souls and kept them in limbo.

A Federalist Question: The Supreme Court declared that immigration policy shapes our destiny, expressly stating that our history "Is in part made by the stories, talents, and lasting contributions of those who crossed oceans and deserts to come here." Since tomorrow's history is today's immigration policy, why the Republican candidates keep filling the airwaves with so much ignorance, hostility, and nonsense toward immigrants?

The Incoherence of the Incoherence
The Importance of Averroes
January 15, 2015

This is the title of a key work by one of the great minds of the Muslim world. In The Incoherence of the Incoherence or The Destruction of the Destruction as was the title of a Latin translation, Arab philosopher Averroes defends the use of Aristotelian philosophy and views within Islamic thought.

He aimed at creating harmony between faith and philosophy by claiming that Aristotle was right and Quran was the eternal truth.

Averroes saw religion second only to philosophy. Philosophy, he seemed to imply, should decide what to be interpreted allegorically and what literally.

But the Iberian Muslim thinker lost his intellectual battle _some of his writings were burned_ and what prevailed were the principles that emphasized the weaknesses of human understanding and promoted the need for a strong, unquestionable faith. Undoubtedly, Averroes's rationalist views collided with the orthodox views of his powerful contemporaries.

Had Averroes's thought been accepted by the Arab political establishment of his time today's relationship between the Arab world and the Western world would be different _closer?

I might be incurring in wishful thinking or worse, philosophical fantasies. Christian Europe in the Middle Ages and later suffered from the same fundamentalist religious arrogance as did many other theocracies. Averroes has been described as the founding father of secular thought in Western Europe, but indeed it would take centuries for these views to materialize into civil societies and tolerant democracies.

Averroes (1126-1198) _Ibn Rush, in Arabic_ was born and buried in Córdoba (present-day Spain). He lived at a time when the Arabic and the Islamic empire developed a civilization that fostered education and priced literature, philosophy, medicine, mathematics, and science. This was a period when many cultural leaders were not only Arabs but also Christians and Jews.

Today's gap between the Western and the Arab world needs thinkers to build bridges. We have an overabundance of prophets and soldiers ready to spread the rage of any given god on the face of the earth, and a clamorous lack of thinkers, relationship builders.

Somebody such as our Medieval Averroes ready to engage philosophers and theologians, god and the cosmos. We cannot quiet the noise of intolerance nor mitigate the pain of a bullet with the simplicity of a pencil. We shouldn't be forced to choose between the pen or the sword. It is simpler than that. We need to think about the human community we share. We cannot stuff up with liberty and principles a few organs of our world body while we starve or bleed to death the other half of our humanity. Only tolerance and human discovery through dialog works against intolerance.

Hate is not an Arab word.

Only God _Love_ is the source of all plurality even though he is simple and changeless, Averroes said.

La Incoherencia de la Incoherencia
Je Suis Charlie
Enero 15, 2015

Éste es el título de la obra fundamental de una de las grandes mentes del mundo musulmán. En "La Incoherencia de la Incoherencia" o "La Destrucción de la Destrucción" como se tituló en una traducción al latín, el filósofo árabe Averroes defiende el uso de la filosofía aristoteliana al interior del pensamiento islámico, sin incompatibilidades.

Buscaba crear armonía entre fe y filosofía asegurando que Aristóteles estaba en lo cierto y que el Corán era la verdad eterna. Para Averroes la religión venía después de la filosofía la cual _parecía implicar el sabio_ debía decidir lo que se debía interpretar alegóricamente y lo que se debía interpretar literalmente.

Pero este pensador ibérico y musulmán perdió su batalla intelectual _ algunos de sus escritos fueron quemados_ y lo que triunfó fueron los principios que enfatizaban la debilidad del entendimiento humano y promovían la necesidad de una fe fuerte e incuestionable. Sin duda, la visión racionalista de Averroes chocó contra la ortodoxia de sus poderosos contemporáneos.

De haber sido aceptado el pensamiento de Averroes por el establecimiento político árabe de su tiempo, las actuales relaciones entre el mundo árabe y el mundo occidental habrían sido diferentes ¿Más cercanas?

Tal vez, al decir esto, incurra en exceso de ingenuidad o, peor, en fantasías filosóficas. La Europa cristiana de la Edad Media y de siglos posteriores sufrió de la misma arrogancia religiosa fundamentalista que otras muchas teocracias.

A Averroes se le ha llamado el padre fundador del pensamiento secular de la Europa occidental, pero debieron pasar siglos antes de que esta mentalidad se materializara en sociedades civiles y tolerantes democracias.

Averroes (1126-1198) _Ibn Rush, en árabe_ nació y fue enterrado en Córdoba (lo que hoy es España). Vivió una época en la que el imperio árabe e islámico desarrolló una civilización que promovía la educación y valoraba la literatura, la filosofía, la medicina, las matemáticas y la ciencia.

Una época en la que los líderes culturales del imperio no eran solo árabes, sino cristianos y judíos.

La brecha actual entre el occidente democrático y el mundo árabe necesita de pensadores que construyan puentes. Contamos con una sobreabundancia de profetas y soldados listos para desplegar la ira de cualquier dios sobre la faz de la tierra, y una clamorosa escasez de pensadores, de constructores de relaciones.

Alguien como nuestro medieval Averroes listo para dialogar con filósofos y teólogos, con dios y con el cosmos. No se puede silenciar el ruido de la intolerancia ni mitigar el dolor de las balas con la simplicidad de un lápiz. Pero no se nos debería forzar a elegir entre la pluma y la espada. Es más simple. Pensemos en la comunidad humana que compartimos. No podemos atiborrar de libertad y principios una parte de nuestro cuerpo mientras desangramos la otra parte de nuestra humanidad. Solo la tolerancia y el descubrimiento humano derrota a la intolerancia.

Odio no es una palabra árabe. Solo Dios _el Amor_ es fuente de toda pluralidad aunque él/ella sea simple e inmutable, dice Averroes.

23 DE JUNIO: EL DÍA DE LA INFAMIA SUPREMA
Junio 24, 2016

Es cierto que la Corte Suprema de Estados Unidos empató 4-4, el 23 de junio de 2016, derrotando así las medidas migratorias de Obama que aliviarían a casi cinco millones de personas que son estadounidenses de vida, pero sin papeles.

Pero que los anti-inmigrantes no echen las campanas al vuelo. Es cierto que la corte de Texas (y los otros 25 estados que cuestionaron la legalidad de las órdenes ejecutivas de Obama) puede mantener el bloqueo al alivio migratorio que pretendía la Casa Blanca. Sin embargo, este caos provocado por el "día de la infamia" de la Corte Suprema, este Pearl Harbor del movimiento pro inmigrante estadounidense, puede provocar un contraataque de consecuencias tan pacíficas como transformativas. Porque, en definitiva, la Corte lo dejó todo en el aire, a millones de familias en el limbo, pero esa crueldad de hoy puede ser lo que en un futuro cercano abra la puerta a una solución que se acerque más a la palabra justicia.

Recuerden esto quienes hoy sufren: la Corte Suprema no emitió una opinión, lo cual, según expertos, hace posible que las medidas de Obama se acepten a la larga. Claro que para que lo que acabo de decir tenga sentido, se necesita que la supuesta candidata demócrata, Hillary Clinton, gane la Casa Blanca (el virtual candidato republicano Donald Trump ya ha dicho que, como presidente, se cargaría todo lo que huela a legislación Obama).

■ La "vergüenza" de María Gómez, presidenta de Mary's Center.

El dolor es real. La presidenta de la clínica comunitaria Mary's Center, María Gómez, nos lo dijo con contundencia: "DACA: ¡Qué vergonzosa decisión!"

"Como presidenta de un centro que apoya y trabaja con miles de familias inmigrantes, honestas y trabajadoras, me siento completamente avergonzada y decepcionada del fallo de la Corte Suprema de bloquear la implementación de DACA y la expansión del DAPA.

Esta decisión deja en el limbo a millones de familias cuya única opción de sobrevivir a la violencia, el vandalismo y la falta de mano dura del gobierno de sus países, fue huir de sus tierras para buscar un mejor futuro", expresó Gómez cuyo trabajo con la comunidad inmigrante ha sido reconocido por la Casa Blanca.

"Es absurdo que la Corte Suprema ofrezca tan poco apoyo a familias necesitadas que se han dedicado a trabajar de sol a sol y han ayudado a crecer la economía de este país. La decisión de los jueces Roberts, Kennedy, Alito y por supuesto, Thomas, uno de nuestros mayores detractores, es una vergüenza para este país y un insulto para nuestros inmigrantes", apuntó Gómez al tiempo que dijo sentirse alarmada por la falta de sensibilidad de una Corte que, en "un país que supuestamente está construido sobre la base de los valores familiares" parece dar a entender que "las familias son importantes siempre y

cuando no sean inmigrantes".

"¡Qué ironía!", exclamó la presidenta de Mary's Center. "Un país edificado en su mayoría por inmigrantes, ahora está juzgando sus bases. Igual de irónico es que los gobernantes demanden que todos trabajemos y seamos autosuficientes para no depender de los programas de subsidio, y al mismo tiempo, le esté bloqueando la oportunidad de trabajar bajo la ley a los inmigrantes.

Pareciera que a la Corte Suprema le faltó ver que las familias inmigrantes, con ley o sin ella, siguen siendo las más trabajadoras pese a la angustia de pensar que un día dejarán de ver a sus hijos, norteamericanos, por causa de una deportación injusta y una decisión arbitraria de sus jueces".

El escenario que describe Gómez es bien conocido por muchas familias en este país y por quienes nos dedicamos a informar sobre la comunidad inmigrante hispana en Estados Unidos: "Me pregunto qué puede ser peor para un hijo que ser levantado a la media noche por golpes en la puerta de su hogar de la migra y luego ver a sus padres esposados, dejándolos a la deriva de una ley sin futuro", dijo Gómez.

Y repitió Gómez las palabras del legislador demócrata por Illinois, Luis Gutiérrez: "no deberían preocuparse por los cinco millones de inmigrantes que se ven afectados por esta decisión (de la Corte Suprema); que se preocupen por los 40 millones de inmigrantes que son residentes y ciudadanos que muy pronto van a gobernar este país".

"Estoy de acuerdo con usted congresista Gutiérrez", dijo la presidenta de Mary's Center. "Muy pronto llegará el día en que estos niños y jóvenes tomarán las riendas de los Estados Unidos. Cuando llegue ese día, ellos les demostrarán a quienes los han señalado por sus orígenes, que a pesar de las injusticias y los señalamientos que dejaron cicatrices difíciles de sanar, por sus venas solo corre amor y patriotismo por el país que los vio crecer y progresar".

■ Esto es lo que no entiende el profesor Gonzales de Harvard

Roberto G. Gonzales de la Harvard Graduate School of Education y autor de 'Lives in Limbo: Undocumented and Coming of Age in America" escribió que la Corte Suprema bloqueó un pequeño programa migratorio que ha prestado un servicio enorme a la sociedad estadounidense. Hace cuatro años, la administración Obama anunció un programa que ha cambiado vidas y ha permitido que jóvenes inmigrantes se libren de la amenaza de la deportación inminente dándoles además la posibilidad de trabajar legalmente en el país. Gracias a las medidas de Obama, gracias a DACA, unos 730.000 jóvenes se han insertado en la sociedad y todos nos hemos beneficiado con ello.

Cuenta Gonzales en un artículo publicado en The Washington Post, el 24 de junio —un día después de la decisión de la Corte—, que su equipo de Harvard llevó a cabo un sondeo con jóvenes "DACAmentados" en el que se comprobó el impacto positivo del programa en la sociedad estadounidense: oportunidades económicas, educacionales y el enorme logro emocional para los jóvenes. Y explica el profesor de Harvard que "estos jóvenes no viven aislados, pertenecen a familias que merecen el alivio" migratorio para construir un Estados Unidos más fuerte como sociedad y como país.

El profesor Gonzales lo tiene claro y basa su optimismo en la toma de contacto con la realidad inmigrante.

■ Preguntas y una respuesta optimista.

La pregunta es ¿qué contacto con la realidad tienen nuestros jueces? Después del 23-J, uno siente que la Corte Suprema tiene graves problemas para funcionar (ante la ausencia de un juez cuyo nombramiento los republicanos también han bloqueado) como una de las ramas —la judicial— imprescindible en nuestro sistema de separación de poderes.

Y parece que los supremos jueces no saben cómo diferenciar su visión o prejuicio del inmigrante de su misión: decidir interpretando las leyes. La jueza del Supremo, Sonia Sotomayor, no tiene dudas cuando durante la audiencia en abril de United States vs Texas dijo (en traducción mía del inglés): "Los 11 millones de indocumentados viven aquí en las sombras y afectan a nuestra economía lo querramos o no. Si el Congreso realmente no quiere que tengan un impacto económico entonces debería estipular la cantidad de dinero necesaria para deportarlos a todos, pero no lo ha hecho".

Pero el juez Samuel Alito pareció perderse en la nebulosa de la retórica que aleja al juez de lo humano: "¿Cómo es posible trabajar legalmente en Estados Unidos sin estar legalmente en Estados Unidos?", preguntó Alito apresurándose a decir que el suyo era un argumento lingüístico.

Tal vez necesitaba el magistrado consultar la sabiduría del Quijote de Cervantes. Aprendería entonces que en la vida real las dos cosas (los opuestos) coexisten, en especial cuando los políticos del Congreso se niegan a establecer un marco legal amplio y compasivo que acepte la realidad migratoria de este país. Hay millones de personas en Estados Unidos que carecen de estatus legal pero que trabajan legalmente.

Destruir esta paradoja —negando la realidad, dando vía libre a las deportaciones indiscriminadas en las que la administración Obama ya es una experta— crearía más caos social, caos económico y un terrible daño emocional en comunidades a lo largo y ancho del país.

Ése es el caos que esperan los demagogos, los nativistas, los racistas, los que no entienden o se oponen a los valores estadounidenses. Es el caos que la Corte Suprema puede evitar —aunque las medidas migratorias de Obama sean una cura leve a un mal que pide a gritos una reforma migratoria que solo un Congreso con políticos valientes puede conseguir.

Cuatro de esos supremos jueces prefieren elucubrar con el lenguaje, esconderse en su torre de marfil y mirar para otro lado. Necesitamos un nuevo juez, cuanto antes, que entienda que la ley no existe si se separa de las calles. DACA y DAPA son solo el primer paso de un largo viaje en la experiencia estadounidense. Parece que habrá que esperar a las elecciones de noviembre para empezar el camino.

¿Por qué indultan sólo al pavo?
Pido la nacionalidad para los dreamers y el camino a la ciudadanía para quien lo merece
Noviembre 23, 2016

Indultar: Perdonar a alguien total o parcialmente la pena que tiene impuesta, o conmutarla por otra menos grave.
Indultar: Exceptuar o eximir de una ley u obligación.
Indulto: Gracia que excepcionalmente concede el jefe del Estado, por la cual perdona total o parcialmente una pena o la conmuta por otra más benigna.

1. Si con la llegada de la festividad de Acción de Gracias, el presidente perdona a un pavo eximiéndole de la obligación de morir en el horno de nuestra felicidad. El presidente puede y debe, como imperativo moral, ofrecer una gracia excepcional hacia aquellos jóvenes dreamers que vinieron a este país de niños, sin documentos, pero que con el tiempo regularizaron su situación en la patria de los afectos, de la vida conducida con éxito social y contribución comunitaria a pesar de la tensión, la congoja, el estrés de ver a su familia contra las cuerdas de la ley mientras ellos jugaban limpio con las leyes del único país que conocen. ¿Por qué entonces indultar sólo a un pavo?

2. Si el presidente de Estados Unidos _el presente, muchos del pasado y el que viene_ ha reconocido que el sistema migratorio está quebrado, es disfuncional, no funciona ni sirve a las necesidades del mercado justo y de una sociedad sana en lo económico y en lo ético en el trato a los seres humanos, ¿por qué el presidente actual se ha empeñado en implementar el absurdo marco legal migratorio imperante elevando el número de redadas en vecindarios de trabajadores, separando familias, creando pánico en comunidades locales y consiguiendo un récord en el número de deportaciones donde la mayoría de los deportados no son autores de crímenes graves? ¿Por qué en lugar de presionar no ejercemos más el perdonar? ¿Y por qué indultamos sólo a un pavo?

3. Si la actual legislación migratoria no funciona, ¿por qué presionar a los trabajadores que contribuyen a un mercado laboral que se aprovecha de ese mal funcionamiento? ¿Por qué no ayudar a esas familias inmigrantes integradas en el tejido laboral y comunitario del país a salir de las sombras? ¿Por qué no hacer eso en lugar de indultar sólo a un pavo?

4. Si el presidente electo consiguió millones de votos procedentes del sentimiento anti-inmigrante, procedentes del odio al otro cuando del otro se crea una imagen distorsionada, interesada, al servicio de la cosificación, de la deshumanización, ¿por qué no contraatacar esos sentimientos antiamericanos con un perdón medido, moralmente impulsado y pragmáticamente enraizado en los intereses nacionales? ¿Por qué no hacer eso en lugar de indultar sólo a un pavo?

5. Si el presidente electo cuando sea presidente va a poder utilizar su mandato de servidor público para servir sus intereses privados y los de su familia gracias al poder que le dan los ciudadanos con sus impuestos. ¿Por qué no servir los intereses de millones de familias estadounidenses en cuyo seno viven,

con temor, honrados trabajadores indocumentados? ¿Por qué no hacer eso en lugar de indultar sólo a un pavo?

6. Si una enorme variedad de estudios socio-económicos _de fuentes políticas e institucionales diversas_ demuestran el valor positivo de los inmigrantes, documentados o no, en nuestra economía y en el impacto comunitario de vecindarios enteros, ¿Por qué no pedir la regularización y el tratar cara a cara, como personas, a millones de trabajadores, en lugar de propagar el temor y amenazar con la represión? ¿Por qué en lugar de ser inclusivos indultamos sólo a un pavo?

7. Si los jóvenes hispanos "Made in USA" _con o sin papeles_ son la clave demográfica y cultural que está revolucionando este país y generando tantas expectativas como ansiedades _que se lo pregunten al presidente electo, todavía anclado en la percepción (que algunos llaman realidad) de que los hispanos son inmigrantes sin papeles que violan, matan y trafican con drogas_ ¿Por qué no escuchar sus voces? ¿Por qué no aceptamos su multiculturalidad y su solidaridad con quienes no tienen papeles hoy?

¿Y por qué nos limitamos a indultar sólo a un pavo?

8. Charlie Brown le recuerda a Snoopi: "Nos vamos a morir un día". Y Snoopi contesta: "Pero todos los demás no". ¿Por qué no utilizamos todos los otros días para celebrar la vida y quienes contribuyen a nuestro alrededor con su trabajo y el amor a sus familias? ¿Por qué entonces no superamos nuestros prejuicios, nuestro temor, nuestros cálculos políticos y promulgamos legislación inclusiva, ciudadanía para los jóvenes, valerosos, dreamers y un camino de estabilidad y esperanza para millones de familias?

Luego, si quiere el presidente, que indulte también a un pavo.

Porque también somos negros debemos celebrar nuestra afrohispanidad

Septiembre 11, 2016

Se dice que en Cuba los gallegos son más importantes que Dios, porque Dios hizo a la mujer blanca, Dios hizo a la mujer negra, pero los gallegos hicieron a la mulata... Este chiste políticamente incorrecto, lleno de la malicia inofensiva y confusa de nuestro patético machismo, se cuenta en la novela "Gallego" del escritor cubano Miguel Barnet, a quien conocí en La Habana en 1991. Pero la primera vez que lo escuché fue, a finales de los años 80 del siglo XX, por boca del antropólogo español Camilo Cela Conde —hijo del Premio Nobel de Literatura Camilo José Cela.

El chiste expone la bella realidad del mestizaje, pero no desentierra la negación, la discriminación y el prejuicio que por generaciones ha acompañado a las personas afrodescendientes en las diferentes comunidades de las Américas.

¿Saben ustedes dónde se ven más mujeres blancas, sobre todo rubias o güeritas, por minuto? En la televisión hispana de Estados Unidos... Esto también es un chiste cuya verdad es fácil de comprobar —aunque no me lo contó ningún antropólogo ni lo leí en ninguna novela.

La televisión en español de Estados Unidos aún no ha descubierto el profundo significado de la palabra diversidad y está lejos de esforzarse en ser un mínimo reflejo de la audiencia a la que se dirige y debiera servir.

Cuando en Estados Unidos la comunidad afroestadounidense celebra su herencia, su historia, sus retos y sus logros —entre los que se encuentra el haber podido acceder profesionalmente a la radio, la televisión y la prensa en general—, los medios de comunicación latinos se obstinan en darle la espalda a la realidad. Lo fenotípicamente negro brilla por su ausencia y cuando aparece lo hace habitualmente retratado en "nuestras" televisiones en el marco del humor, del espectáculo —siempre carne de personaje secundario.

Por eso recibo como una ondanada de aire fresco el mensaje, la labor y la energía de Silvia Díaz Moore, una afroparaguaya residente en Maryland que pregona a los cuatro vientos la belleza y el orgullo de los afrodescendientes, sobre todo de las mujeres negras que, dice, son "fuertes" ("kuña mbarete", en guaraní). Y me llena de energía leer en esta edición de El Tiempo Latino y en washingtonpost.com la fuerza afroperuana cargada de espiritualidad de mi bella amiga y gran artista Vicky Leyva. El mundo ya ha descubierto los ritmos afroperuanos, o la cultura Garífuna de Honduras, incluso algunos museos empiezan a prestarle atención a la experiencia afromexicana o, de pronto, hace unos años, Miss Colombia "hizo historia" porque era afrodescendiente. ¿Por qué tanta sorpresa?

Hace unas semanas, hablamos en washingtonpost.com con Marvin Figueroa, director político de la campaña de Hillary Clinton en Virginia.

"Mi historia de lucha y perseverancia es común a nuestra comunidad inmigrante, es la historia de miles de madres solas que lo arriesgan todo para ofrecerles un mejor futuro a sus hijos", expresó Figueroa.

"Yo soy orgullosamente Garífuna", dijo para referirse al grupo étnico descendiente de africanos y aborígenes caribes yarahuacos originario de varias regiones de Centroamérica y el Caribe. Se estima que son más de 600.000 los residentes en Honduras, Belice, Guatemala, Nicaragua, y Estados Unidos.

"No hablo garífuna, pero bailo punta porque la cadera aún me funciona", sonrió Figueroa. "Siempre hablo de nuestra historia, yo nací en un pueblo Garífuna en Honduras, pero en el Bronx donde me crié también hay garífunas, y en el área metropolitana de Washington donde vivo", explicó y dijo que no habla la lengua garífuna que, junto con la danza y la música fue proclamada por la Unesco Patrimonio Cultural Inmaterial de la Humanidad en 2001.

En México, la Costa Chica, una región entre Acapulco y Puerto Angel/Puerto Escondido en la costa del Pacífico hoy conoce su "tercera raíz", aunque por siglos no la reconoció. Lo cierto es que 200 años después de la "conquista" la población africana doblaba a la europea.

Pero la afromexicanidad ha sido siempre un reto para muchos mexicanos y méxico-estadounidenses.

Hace unos años conversamos con María Cristina Campos Clark. Para ella, la discriminación por ser afro siguió la ruta de su propia historia: desde su Ciudad de México natal hasta su llegada a Bethesda, Maryland, en 1968. Para esta afromexicana, encontrar un espacio de pertenencia fue un desafío de vida: "en México nunca me aceptaron por ser negra, y aquí los afroamericanos jamás me aceptaron por tener acento", contó.

Campos Clark contó que de niña tuvo que pelear "hasta con los puños" para que la llamaran por su nombre y no "mulata", "negrita" o "chinita": "Había mucho racismo y maltrato, en la escuela no me dejaban estar en las obras de teatro y, si me daban algún papel, era el de diablo".

Con 17 años llegó a Maryland para trabajar al servicio de una familia de diplomáticos. Se casó con un afroamericano y tuvo dos hijos, Carlos Antonio y Margarita Pilar. El matrimonio, cuenta, no funcionó. "Las mujeres afro de aquí no me aceptaban y mis propios compatriotas nunca me reconocieron como tal", dijo.

Por su parte, los afrocolombianos llegaron a estar tan marginados que en 1958 se les negaron por ley sus derechos. La llamada "ley de Negritudes" no llegaría hasta 1993 cuando se les devolvió el derecho a poseer sus tierras. Y en el Caribe, ¿cuánto cuesta encontrar liderazgo político y profesional afrodescendiente? Además, la miseria castiga al 92% de los afrolatinoamericanos. La mayoría de los 150 millones de afrodescendientes en América Latina y el Caribe vive por debajo de la línea de la pobreza, en medio de la marginalidad y la exclusión.

No dejemos de hablar de los afrodescendientes porque nosotros también somos negros. Y no dejemos de contar chistes (aunque sean malos) si ello sirve para mirarnos al espejo.

Silvia Díaz Moore, una afroparaguaya residente en Maryland. Foto: Alfredo Duarte Pereira.

QUÉ HERENCIA HISPANA
Mis hijos no son inmigrantes. De hecho, la mayoría de los nuevos inmigrantes no son latinos y la mayoría de los latinos no son inmigrantes

Tuve el privilegio de ser el orador invitado ante un grupo de miembros del gobierno federal de Estados Unidos con motivo del Mes de la Herencia Hispana. El tema era "Hispanic Americans: Embracing, Enriching and Enabling America" y mi primera reacción fue que los hispanos "embrace" mucho. De hecho nos encanta abrazar y besar al otro. Yo, personalmente, cuando dudo si besar o dar la mano opto por abrazar que, parece, es el estilo estadounidense.

¿Enriching? Sin duda. Un ejemplo: Sofía Vergara es la actriz de TV mejor pagada del país. Sofía es rica, enriquece al país y supongo que añade valor o significado a los estadounidenses. ¿Y Enabling? Yo lo traduzco como "sí se puede" (con permiso de mi amiga Dolores Huerta inventora de la frase). Concluyo entonces que el lema "Hispanic Americans: Embracing, Enriching and Enabling America", podría ser traducido como "Los hispanounidenses te abrazarán, te besarán, te harán rico, y en el proceso harán más poderoso a Estados Unidos".

Le conté a mi audiencia de empleados federales incluyendo a miembros de la Agencia de Seguridad Nacional que llevo 25 años en este país y conozco el precio y el valor de la experiencia inmigrante, de la experiencia americana. Los momentos duros, los trabajos de circunstancias y mal pagados, el recomenzar incesante, las decisiones que marcan tu vida para siempre. Y les hablé de mis hijos.

Mis hijos no son inmigrantes. De hecho, la mayoría de los nuevos inmigrantes no son latinos y la mayoría de los latinos no son inmigrantes.

Pero eso no se aprende viendo la televisión en Estados Unidos. Y cambiar de canal no ayuda ni mejora las cosas. Lo que se necesita es cambiar mentalidades y, tal vez, el equipo ejecutivo de la mayoría de los medios de comunicación estadounidenses. Mis hijos, dije, son hispanos milenials, poderosos, bellos, idealistas. Representan el 80% de nuestro crecimiento demográfico en sus edades. Según datos de Nielsen, el 65% de los hispanos milenials nacieron en EEUU y casi la mitad de ellos son bilingües y biculturales. Su cultura hispana y su idioma español son muy importantes para esta generación que no aguanta estereotipos ni basura racista.

Estos jóvenes están hechos en Estados Unidos _Made in USA_ con ingredientes hispanos. Ellos son clave en la revolución demográfica y en la evolución cultural de Estados Unidos. Y, supongo, esto crea ansiedades raciales en los medios de comunicación estadounidenses y en la arena política. Pero como mi discurso trataba de Herencia Hispana, me vi en la obligación de responder a la pregunta ¿qué es eso de los hispanounidenses?

La acción del Congreso en 1976 es la única ley en la historia de Estados Unidos que obligó a la recolección de datos sobre un grupo étnico específico: "Estadounidenses de origen hispano". La legislación describió a los hispanos como "estadounidenses que se identifican a sí mismos de raíz hispanohablante e identifican sus orígenes en México, Puerto Rico, Cuba, América Central y del Sur y otros países en los que se habla el idioma español".

Y entonces hablé de mi amiga Grace Flores-Hughes quien en sus tiempos de funcionaria en el gobierno federal ayudó a establecer la palabra "Hispano" como término oficial que llegaría a formar parte de los formularios del Censo en 1980.

"Hay muchos activistas hispanos que piensan que esto fue cosa del presidente Richard Nixon. Pues no, Richard Nixon no tenía tiempo para andar haciendo estas cosas. Y cuando lo explico, los activistas se calman. Estaban furiosos ante la posibilidad de que un anglo les hubiera dado un nombre. Pero no fue él, sino yo una burócrata hispana", me dijo Flores-Hughes quien asegura que no tiene problemas con eso de "Hispano/Latino" y cualquier barra que se le quiera añadir. Es bueno, dice. Pero lo importante es hacernos contar. Es el primer paso para tener una voz y empezar a ser influyentes en este país.

Porque, como dice el historiador Felipe Fernández-Armesto, lo hispanounidense no tiene que ver solo con migraciones, sino que es parte de la historia de lo que es Estados Unidos desde sus comienzos.

Pero luego está la realidad hispana de Estados Unidos retratada en TV o en boca de algunos políticos: inmigrantes con problemas de papeles, eso es lo que somos para algunos.

Tal vez porque carecemos de voces fuertes como hispanounidenses. Por eso no existimos o lo hacemos solo como estereotipos. Mi conclusión chequeando la historia: los hispanounidenses son gringos también. ¿Cómo es posible que un pequeño grupo de peregrinos _100 renegados religiosos británicos_ se hayan convertido en la esencia de lo estadounidense mientras nosotros, hispanohablantes, exploradores, fundadores de ciudades y catalizadores de la nueva cultura americana, nos hayamos convertido en "el otro", el extranjero, el inmigrante?

¿QUIÉNES SON ESTOS JÓVENES?
"MADE IN USA" ES LA CLAVE DEMOGRÁFICA Y CULTURAL QUE ESTÁ REVOLUCIONANDO ESTE PAÍS Y GENERANDO TANTAS EXPECTATIVAS COMO ANSIEDADES
OCTUBRE 7, 2016

Son hispanos entre 18 y 34 años, pertenecen a una generación nacida mayoritariamente en Estados Unidos, hablan inglés y reivindican el español como parte de su cultura.

Les llaman "milenios" y, según algunas proyecciones demográficas, representarán más del 80 por ciento del crecimiento poblacional del país en esas edades.

Según el Censo del 2010, los hispanos representaron más de la mitad (56%) del crecimiento poblacional en EEUU en la primera decada del siglo XXI. Ahora es el turno de los "milenios" hispanos. Ellos pueden cambiar la manera de vivir y relacionarse de los estadounidenses. Las empresas de marketing y los medios de comunicación ya están prestando atención; pero, por ahora, parece que nadie ha conseguido comunicarse de manera efectiva y, sobre todo, recíproca con ellos.

Proliferan las conferencias especialmente en el terreno del mercadeo sobre cómo venderles cosas a estos jóvenes que parecen representar una de las generaciones más idealistas, desprendidas y anti consumistas de las últimas décadas. Y si a ello le añadimos el componente hispano y multicultural, la mezcla es bella, atractiva y explosiva.

Los expertos aseguran que los milenios hispanos comparten con sus compañeros estadounidenses de generación, la juventud, la familiaridad con las tecnologías y las redes sociales, y el espíritu independiente; pero hay algo que los hace únicos: su apego a sus raíces latinas, su relación con sus familias y los países de origen de sus familias.

Recientemente, Juan Carlos Dávila, vicepresidente y gerente general del Hispanic Market Center of Excellence de la empresa Nielsen, dijo que aunque el 65 por ciento de los Hispanic Millennials nacieron en Estados Unidos, un 40 por ciento son bilingües lo que representa un aumento del 73 por ciento en la última década.

Su cultura y su otra lengua es muy importante para esta generación. "They are made in the USA with Hispanic ingredients," expresó Davila.

"Made in USA" es la clave demográfica y cultural que está revolucionando este país y generando tantas expectativas como ansiedades. Que se lo pregunten a Donald Trump y a sus seguidores, todavía anclados en la percepción (que algunos llaman realidad) de que los hispanos son inmigrantes sin papeles que violan, matan y trafican con drogas. La percepción que en algunas filas conservadoras y en algunos guetos liberales llaman realidad de que los hispanos ven telenovelas y votan demócrata repetitivamente sin pensar.

Pues bien, estos jóvenes hispanos dinamitan tanta percepción, tanto eslogan populista y barato, tanto espejismo de políticos mediocres y analistas ciegos que solo saben hablar inglés.

Porque mientras los ejecutivos de históricos (viejos) y prestigiosos (viejos) medios de comunicación todavía a estas alturas de nuestra realidad social se preguntan si deben utilizar inglés o español, si hay ciertos temas que les interesen más a los jóvenes hispanos, si ya que estos jóvenes hablan inglés no deberían olvidarse de esa "cosa mexicana"... mientras estos hombres blancos para quienes lo hispano es un alienígena de Marte o un insecto al que hay que analizar con pinzas (todo con tal de no aceptar que lo hispano es una parte substancial de la realidad estadounidense tan legítima como lo anglo)... mientras estas cosas ocurren y las empresas y los políticos cometen error tras error y procuran no invitar a latinos a la mesa (por eso hay ausencia de expertos hispanos en la televisión, en la prensa en general, en los altos cargos directivos con capacidad de decisión en las empresas, en los dos principales partidos políticos del país)... Mientras todo esto es nuestro pan de cada día, el poder de compra (poder político-económico es otra cosa) de los jóvenes latinos se dispara a los 1,3 billones de dólares.

¡Pero aún nos faltan tantas cosas! Aunque no está mal el empujón que estos jóvenes le dieron a la campaña de Hillary Clinton. Empujón a un lado. Advirtiéndole a los Clinton y a los demócratas que no los traten con paternalismo y que su abstención o su enojo puede hacerle daño a esos liberales lentos en aceptar con hechos (no con palabras) la latinidad estadounidense sin complejos ni restricciones.

No hace mucho lo decía el actor Edward James Olmos cuando durante una conferencia nacional recordó que el futuro no está en los números, sino en entender el comportamiento humano. Por eso, esta generación no debería ser solo apetecida por las marcas, las empresas, o los partidos.

Las instituciones educativas deberían ayudarles a solidificar su biculturalidad para convertirlos en los líderes globales del futuro.

Esta generación trae una riqueza cultural que puede hacer más rico y más poderoso a este país, si este país sabe apreciarlo y aprovecharlo.

En junio de 2017, Avendaño recibió un premio Emmy por el reportaje "Tim Kaine en Honduras". Foto: Grace Rivera-Oven

About the Author

Alberto Avendaño has created a body of work in books, magazines, and newspapers and on the web. He is an award winning journalist, poet and translator. His writing spans the realms of politics, culture and sports. Avendaño worked for The Washington Post as Executive Editor of El Tiempo Latino from 2004 to 2016. He has been a TV personality in Spain and in the US he has worked on radio and TV _ In June 2017 he received an Emmy Award. He has received several José Martí Awards for Hispanic journalism in the United States. Avendaño is a member of the North American Spanish Language Academy, Chairman of the Plaza Institute in Washington, founder of The ñ Group, and he is founding member of the Harris Institute for Hispanic and International Communication at Texas Tech University.

Alberto Avendaño es escritor y periodista con una carrera profesional en dos mundos (España y Estados Unidos) y en tres idiomas (español, inglés y gallego). Fue cofundador del Grupo de Comunicación Poética Rompente, vanguardia literaria en Galicia durante los años de la transición democrática española (1975-1982). Es autor de literatura infantil y ganador de dos premios Barcos de Vapor en España y, como traductor al gallego de clásicos anglosajones, recibió en el año 2000 en Cartagena de Indias el premio internacional de traducción de la IBBY. Como periodista trabajó para la RTVG en España y para The Washington Post en Estados Unidos. Posee varios premios nacionales José Martí de Prensa Hispana y un Premio Emmy en Estados Unidos. Avendaño es miembro de la Academia Norteamericana de la Lengua Española, preside el Plaza Institute en Washington, ha fundado The ñ Group y es miembro fundador del Thomas J. Harris Institute for Hispanic and International Communication en Texas Tech University.

www.ingramcontent.com/pod-product-compliance
Lightning Source LLC
Chambersburg PA
CBHW081342080526
44588CB00016B/2358